Fundamentos de la Educación Cristiana

Elena G. de White

Derechos Reservados Originales © 1913 por
Ellen G. White

Derechos Reservados © 2019 por
A Thinking Generation Ministries

ISBN 979-8-9851965-7-3

1. La educación adecuada 5
2. Cristo el Educador 27
3. Un llamado a nuestros estudiantes 29
4. Reflexiones sobre la educación 35
5. Una visita a College City 39
6. El hogar y la escuela 41
7. La importancia del ejercicio físico 45
8. La integridad de Daniel bajo prueba 49
9. La importancia de la educación 53
10. El peligro de leer libros ficticios 59
11. Las escuelas de los hebreos antiguos 61
12. El cortejo y el matrimonio 65
13. La importancia de la educación en la obra de Dios 71
14. La educación adecuada para los jóvenes 75
15. El valor del estudio de la Biblia 81
16. El Libro de los libros 85
17. La responsabilidad de los padres 91
18. Educación y salud 95
19. Educación en el hogar 97
20. Embriaguez mental 107
21. Los libros en nuestras escuelas 111
22. El maestro de la verdad, el único educador seguro 115
23. Los tesoros con los que guardar la mente 121
24. La ciencia de la salvación, la primera de las ciencias 125
25. El carácter cristiano ejemplificado en profesores y alumnos   129
26. Por la sabiduría, el mundo no conoció a Dios 133
27. La relación de la educación con la obra de Dios 137
28. La necesidad de obreros capacitados 145
29. A maestros y estudiantes 151
30. La mejor educación y su propósito 159
31. Cristo como maestro 163
32. La educación más esencial para los obreros del Evangelio   167
33. Los estudiantes deciden su destino eterno 169
34. El formalismo, no la organización, un mal 175
35. A los maestros 181
36. La suspensión de estudiantes 193
37. A los estudiantes en el colegio de Battle Creek 199
38. Se requiere que los estudiantes sean obreros con Dios 203

39. Estudien la Biblia por sí mismos 213
40. El trabajo y la educación... 215
41. La base de la verdadera educación... 227
42. Cuidado con las imitaciones 229
43. Una preparación rápida para la obra 231
44. La educación esencial 253
45. Educación diligente y minuciosa 257
46. Libros y autores en nuestras escuelas 263
47. El libro de las grandes lecciones.. 269
48. Una educación superior.. 271
49. El Divino Maestro.. 275
50. La verdadera educación 281
51. La educación manual 289
52. La influencia educativa del entorno 293
53. Importancia de la formación física 297
54. El ejemplo de Cristo en contraste con el formalismo 307
55. Un ejemplo divino.. 311
56. La Biblia, el libro más importante para la educación en nuestras escuelas   313
57. Disciplina escolar correcta... 319
58. La Biblia en nuestras escuelas 327
59. Testimonio especial relacionado con la política 333
60. Sembrando junto a todas las aguas 341
61. El trabajo de nuestras escuelas de formación 343
62. Debemos colonizar alrededor de nuestras instituciones 347
63. Lecciones de la vida de Salomón... 351
64. Los maestros como ejemplos de integridad cristiana 355
65. Lo esencial en la educación 361
66. Un mensaje para los maestros.. 363
67. Provisión hecha para nuestras escuelas.. 367
68. Docente, conózcase a sí mismo 371
69. El Trabajo que tenemos por Delante.. 373
70. Consejos a los Profesores... 377
71. El verdadero ideal para nuestros jóvenes... 383
72. Un Mensaje para Nuestros Jóvenes 387

La educación adecuada

Tratar con las mentes de los jóvenes es la obra más hermosa en que se hayan empeñado jamás los y mujeres. Debe ejercerse el mayor cuidado en la educación de los jóvenes, a fin de variar la manera de instruirlos, con el propósito de despertar las facultades más elevadas y nobles de la mente. Los padres y los maestros no están ciertamente preparados para educar debidamente a los niños si no han aprendido primero la lección del dominio propio, la paciencia, la tolerancia, la bondad y el amor. ¡Qué puesto importante es el de los padres, tutores y maestros! Son muy pocos los que comprenden las necesidades más esenciales de la mente, y cómo se ha de dirigir el intelecto que se desarrolla, los pensamientos y sentimientos en constante crecimiento de los jóvenes.

Hay un tiempo para desarrollar a los niños, y otro para educar a los jóvenes; es esencial que en cada escuela se combinen ambos en extenso grado. Se puede preparar a los niños para que sirvan al pecado, o para que sirvan a la justicia. La primera educación de los jóvenes amolda su carácter, tanto en su vida secular como en la religiosa. Salomón dice: "Instruye al niño en su carrera: aun cuando fuere viejo no se apartará de ella". Proverbios 22:6. Este lenguaje es positivo. La preparación que Salomón recomienda consiste en dirigir, educar y desarrollar. Para hacer esta obra, los padres y los maestros deben comprender ellos mismos el "camino" por el cual debe andar el niño. Esto abarca más que tener simplemente un conocimiento de los libros. Abarca todo lo que es bueno, virtuoso, justo y santo. Abarca la práctica de la templanza, la piedad, la bondad fraternal y el amor a Dios y unos a otros. A fin de alcanzar este objeto, debe recibir atención la educación física, mental, moral y religiosa de los niños.

La educación de los niños, en el hogar y en la escuela, no debe ser como el adiestramiento de los animales; porque los niños tienen una voluntad inteligente, que debe ser dirigida para que controle todas sus facultades. Los animales necesitan ser adiestrados, porque no tienen razón ni intelecto. Pero a la mente humana se le debe enseñar el dominio propio. Debe educársela para que rija al ser humano, mientras que los animales son controlados por un amo, y se les enseña a someterse a él. El amo es mente, juicio y voluntad para la bestia. Un niño puede educarse de tal manera que no tenga voluntad propia, como el animal. Aun su individualidad puede fundirse con la de aquel que dirige su adiestramiento; para todos los fines y propósitos, su voluntad está sometida a la voluntad del maestro.

Los niños así educados serán siempre deficientes en energía moral y responsabilidad individual. No se les ha enseñado a obrar por la razón y los buenos principios; sus voluntades han sido controladas por otros y su mente no ha sido despertada para que se expanda y fortalezca por el ejercicio. Sus temperamentos peculiares y capacidades mentales no han sido dirigidos ni disciplinados para ejercer su mayor poder cuando lo necesiten. Los maestros no deben detenerse allí, sino que deben dar atención especial al cultivo de las facultades más débiles, a fin de que se cumplan todos los deberes, y se las desarrolle de un grado de fuerza a otro a fin de que la mente alcance las debidas proporciones.

En muchas familias, los niños parecen bien educados, mientras están bajo la disciplina y el adiestramiento; pero cuando el sistema que los sujetó a reglas fijas se quebranta, parecen incapaces de pensar, actuar y decidir por su cuenta. Estos niños han estado durante tanto tiempo bajo una regla férrea sin que se les permitiera pensar o actuar por su cuenta en lo que les correspondía, que no tienen confianza en sí mismos para obrar de acuerdo con su propio juicio u opinión. Y cuando se apartan de sus padres para actuar independientemente, el juicio ajeno los conduce en dirección equivocada. No tienen estabilidad de carácter. No se les ha hecho depender de su propio juicio a medida que era posible, y por lo tanto su mente no se ha desarrollado ni fortalecido en forma debida. Han estado durante tanto tiempo absolutamente controlados por sus padres, que fían por completo en ellos; sus padres son para ellos mente y juicio.

Por otro lado, no se debe dejar a los jóvenes que piensen y actúen independientemente del juicio de sus padres y maestros. Debe enseñárseles a los niños a respetar el juicio experimentado y a ser guiados por sus padres y maestros. Se los debe educar de tal manera que sus mentes estén unidas con las de sus padres y maestros, y se los ha de instruir para que comprendan lo conveniente que es escuchar sus consejos. Entonces, cuando se aparten de la mano guiadora de sus padres y maestros, su carácter no será como el junco que tiembla al viento.

La formación severa de la juventud, sin dirigirla adecuadamente para que piense y actúe por su cuenta, en la medida en que lo permitan su capacidad e inclinación mental, a fin de que por este medio puedan tener un crecimiento de pensamiento, sentido de autoestima y confianza en su propia capacidad de obrar, producirá siempre una clase débil en poder mental y moral. Y cuando se hallen en el mundo para actuar por su cuenta, revelarán el hecho de que fueron adiestrados como los animales, y no educados. Su voluntad, en lugar de ser guiada, fue forzada a someterse por la dura disciplina de padres y maestros.

Aquellos padres y maestros que se jactan de ejercer el dominio completo de la mente y la voluntad de los niños que están bajo su cuidado, dejarían de jactarse si pudiesen ver la vida futura de los niños así dominados por la fuerza o el temor. Carecen casi completamente de preparación para tomar parte en las severas responsabilidades de la vida. Cuando estos jóvenes ya no estén bajo el cuidado de sus padres y maestros, y estén obligados a pensar y actuar por su cuenta, es casi seguro que seguirán una conducta errónea y cederán al poder de la tentación. No tienen éxito en esta vida; y se advierten las mismas deficiencias en su vida religiosa. Si los instructores de los niños y los jóvenes pudiesen ver desplegados delante de ellos el resultado futuro de su disciplina errónea, cambiarían su plan de educación. Esa clase de maestros que se congratulan de dominar casi por completo la voluntad de sus alumnos, no son los que tienen más éxito, aunque momentáneamente las apariencias sean halagadoras.

Dios no quiso nunca que una mente humana estuviese bajo el dominio completo de otra. Los que se esfuerzan porque la individualidad de sus alumnos

La educación adecuada

se funda en la suya, para ser mente, voluntad y conciencia de ellos, asumen terribles responsabilidades. Estos alumnos pueden, en ciertas ocasiones, parecerse a soldados bien adiestrados. Pero, cuando se elimine la restricción, no actuarán en forma independiente, basados en principios firmes que existan en ellos. Los que tienen por objeto educar a sus alumnos para que vean y sientan que tienen en sí el poder de ser hombres y mujeres de principios firmes, preparados para afrontar cualquier situación de la vida, son los maestros de mayor utilidad y éxito permanente. Puede ser que su obra no sea vista bajo los aspectos más ventajosos por los observadores descuidados, y que sus labores no sean apreciadas tan altamente como las del maestro que domina la mente y la voluntad de sus alumnos por la autoridad absoluta; pero la vida futura de sus alumnos demostrará los mejores resultados de ese mejor plan de educación.

Existe el peligro de que tanto los padres como los maestros ordenen y dicten demasiado, mientras que no mantienen suficientes relaciones sociales con sus hijos o alumnos. Con frecuencia se muestran demasiado reservados y ejercen su autoridad en una forma fría y carente de simpatía, que no puede conquistar el corazón de sus hijos y alumnos. Si hiciesen acercar a los niños a sí y les demostrasen que los aman, y manifestasen interés en todos sus esfuerzos, y aun en sus juegos, siendo a veces niños entre los niños, podrían hacer muy felices a éstos y conquistarían su amor y su confianza. Y los niños respetarían y amarían más temprano la autoridad de sus padres y maestros.

Los hábitos y principios de un maestro deben considerarse como de mayor importancia que su preparación literaria. Si es un cristiano sincero, sentirá la necesidad de interesarse por igual en la educación física, mental, moral y espiritual de sus alumnos. A fin de ejercer la debida influencia, debe tener perfecto dominio de sí mismo y su propio corazón debe estar henchido de amor por sus alumnos, cosa que se revelará en su mirada, sus palabras y actos. Debe ser de carácter firme, para poder amoldar la mente de sus alumnos, como también instruirlos en las ciencias. La primera educación de los jóvenes modela generalmente su carácter para toda la vida. Los que tratan con los jóvenes deben ser cuidadosos para despertar sus cualidades mentales, a fin de que sepan dirigir sus facultades de manera que puedan ejercitarlas con el mayor provecho.

El encierro prolongado en la escuela

El sistema educacional seguido en lo pasado durante generaciones ha sido destructivo para la salud y hasta para la vida misma. Muchos niños han pasado cinco horas diarias en salones de clase sin ventilación adecuada ni espacio suficiente para la saludable acomodación de los alumnos. El aire de tales salones pronto se vuelve tóxico para los pulmones que lo inhalan. Niñitos de miembros y músculos endebles y cerebros no plenamente desarrollados, han estado encerrados en esas aulas con perjuicio para ellos. Muchos no tienen más que un débil asidero como punto de partida para la vida. El encierro diario en la escuela los convierte en nerviosos y enfermos. Sus cuerpos carecen de desarrollo debido al estado de agotamiento del sistema nervioso. Y si la lámpara de la existencia se apaga, los padres y maestros no piensan haber tenido participación directa en la extinción de la chispa vital. Al lado de las sepulturas de sus hijos, los atribulados padres consideran su aflicción como un acto de la Providencia, cuando, a causa de una ignorancia inexcusable, fue su propia conducta lo que destruyó la vida de sus hijos. Blasfeman al atribuir la muerte a un designio de la Providencia. Dios quería que los pequeñuelos viviesen y fuesen disciplinados, que pudieran poseer hermosos caracteres, le glorificasen en este mundo y le loaran en el mundo mejor.

Los padres y maestros, al asumir la responsabilidad de enseñar a estos niños, no sienten el deber que tienen ante Dios de instruirse acerca del organismo humano, de modo que puedan tratar con acierto los cuerpos de sus hijos y alumnos para conservarles la vida y la salud. Miles de niños mueren a causa de la ignorancia de padres y maestros. Madres hay que dedican horas de trabajo innecesario a sus propios vestidos y los de sus hijos, con fines de ostentación, y luego alegan que no disponen de tiempo para leer y obtener la información necesaria para el cuidado de la salud de sus hijos. Consideran menos molesto confiar sus organismos a los médicos. Para estar de acuerdo con la moda y las costumbres, muchos padres han sacrificado la salud y la vida de sus hijos.

El conocimiento del maravilloso organismo humano: los huesos, los músculos, el estómago, el hígado, los intestinos, el corazón y los poros de la piel, y el comprender la mutua dependencia de los órganos entre sí para el saludable funcionamiento de todos, es un estudio en que las más de las madres no se interesan. Nada saben acerca de la influencia del cuerpo sobre la mente y de ésta sobre aquél. La mente, que es lo que une lo finito a lo infinito, es algo que ellas, al parecer, no comprenden. Cada órgano del cuerpo ha sido hecho para estar subordinado a la mente. Es ella la capital del cuerpo. A los niños se les permite generalmente consumir carne, especias, manteca, queso, carne de cerdo, pasteles y condimentos. Se les deja comer sin regularidad y entre las comidas alimentos malsanos. Estas cosas producen trastornos del estómago, activan la acción de los nervios en forma antinatural y debilitan el intelecto. Los padres no se dan cuenta de que están sembrando la semilla que producirá enfermedad y muerte.

Muchos niños se han arruinado para toda la vida por forzar la inteligencia descuidando la vigorización de sus fuerzas físicas. Otros tantos han muerto en la infancia, debido al proceder falto de juicio de padres y maestros al forzar sus jóvenes inteligencias con adulaciones o amenazas cuando eran demasiado pequeños para estar encerrados en una escuela. Se les recargó la mente de lecciones cuando, en vez de hacerlos estudiar, se les debería haber dejado hasta que su constitución física fuese bastante fuerte como para resistir el trabajo mental. A los niñitos se les debiera dejar tan libres como los corderitos para correr al raso, ser libres y felices; y debiera proporcionárseles las oportunidades más favorables para poner los cimientos de una constitución sana.

Los padres deberían ser los únicos maestros de sus hijos hasta que éstos hayan llegado a la edad de ocho o diez años. Tan pronto como sus inteligencias puedan comprenderlo, los padres deberían abrir ante ellos el gran libro divino de la naturaleza. La madre debería tener menos apego a lo artificial de su casa y a la confección de vestidos que ostentar, y hallar tiempo para cultivar, lo mismo en ella que en sus hijos, el amor por los hermosos pimpollos y las flores. Llamando la atención de sus hijitos a tanta diversidad de colores y variedad de formas, puede familiarizarlos con Dios, que creó todas las bellezas que los atraen y deleitan. Puede elevar sus inteligencias hasta su Creador y despertar en sus tiernos corazones el amor hacia su Padre celestial, que manifestó tan grande amor hacia ellos. Los padres pueden asociar a Dios con todas sus obras creadas. La sola aula de los niños desde los ocho a los diez años de edad debería ser el aire libre, entre el florecer de las plantas y el hermoso panorama de la naturaleza. Y los tesoros de la naturaleza deberían ser su único libro de texto. Estas lecciones, grabadas en las mentes de tiernos niños, entre las agradables y atrayentes escenas de la naturaleza, no serán olvidadas inmediatamente.

Para tener salud, alegría, vivacidad y cerebro y músculos bien desarrollados, los niños y jóvenes deberían permanecer mucho tiempo al aire libre y tener ocupaciones y distracciones debidamente sistematizadas. Los que están continuamente encerrados en la escuela y limitados a los libros, no pueden tener una sana constitución física. El ejercicio a que el cerebro está sometido por el estudio, sin un ejercicio físico correspondiente, tiende a atraer la sangre a ese órgano, y la circulación en el organismo queda desequilibrada. El cerebro recibe exceso de sangre y las extremidades demasiado pocas. Debiera haber reglas que ajustasen los estudios a ciertas horas, dedicando luego una parte del tiempo al trabajo físico. Y si los hábitos del niño en el comer, vestir y dormir están en armonía con las leyes naturales, podrá educarse sin sacrificar la salud física y mental....

Decadencia física de la especie humana

El libro del Génesis ofrece una reseña muy clara de la vida social e individual, y a pesar de ello no tenemos noticia de que un niño naciera ciego, sordo, lisiado, deforme o imbécil. No se registra un caso de muerte natural en la infancia, la niñez o la temprana edad viril. No hay relato alguno referente a hombres y mujeres que muriesen de enfermedad. Las noticias necrológicas del libro del Génesis dicen: "Y fueron todos los días que vivió Adán novecientos y treinta años, y murió", y "fueron todos los días de Set novecientos y doce años; y murió". Acerca de otros, el relato dice que alcanzaron gran edad, y murieron. Era tan raro que un hijo muriera antes que su padre que tal acontecimiento fue considerado digno de anotarse. "Y murió Harán antes que su padre Taré". Harán era ya padre al tiempo de su muerte.

Dios dotó originalmente al hombre de una fuerza vital tan grande que le ha permitido resistir la acumulación de enfermedad atraída sobre la especie humana como consecuencia de hábitos pervertidos, y ha subsistido por espacio de seis mil años. Este hecho es de por sí suficiente para evidenciarnos la fuerza y energía eléctrica que Dios dio al hombre en ocasión de su creación. Se requirieron más de dos mil años de delitos y satisfacción de las pasiones bajas para hacer sentir en grado apreciable la enfermedad corporal a la familia humana. Si Adán, al tiempo de su creación, no hubiese sido dotado de una vitalidad veinte veces mayor que la que los hombres tienen actualmente, la especie, con sus presentes métodos de vida y sus violaciones de la ley natural, se habría extinguido. Al tiempo del primer advenimiento de Cristo, el género humano había degenerado tan rápidamente, que acumuladas enfermedades pesaban sobre aquella generación, y abrían paso a una marea de dolor y a una carga de miseria indescriptible.

Me ha sido presentada la desdichada condición del mundo en la época actual. Desde la caída de Adán, la raza humana se ha estado degenerando. Me han sido mostradas algunas de las causas de la deplorable condición presente de hombres y mujeres formados a la imagen de Dios; y la comprensión de lo mucho que es menester hacer para contrarrestar, aunque sea en pequeña escala, la decadencia física, mental y moral, causó dolor y desaliento a mi corazón. Dios no creó a la humanidad en su débil condición presente. Este estado de cosas no es obra de la Providencia sino del hombre; ha sido ocasionado por hábitos errados y abusos, por la violación de las leyes que Dios estableció para regir la existencia del hombre. Por ceder a la tentación de satisfacer el apetito, Adán y Eva fueron los primeros en perder su elevado, santo y feliz estado. Y a la misma tentación se debe el que los humanos se hayan debilitado. Han consentido que el apetito y la pasión ocupen el trono y reduzcan a la esclavitud a la razón y la inteligencia.

La violación de la ley física, y su consecuencia, el sufrimiento humano, han prevalecido por tanto tiempo, que hombres y mujeres consideran el presente estado de enfermedad, sufrimiento, debilitamiento y muerte prematura, como la porción que tocara en suerte a la humanidad. El hombre

La educación adecuada

salió de las manos de su Creador perfecto y hermoso, y a tal punto lleno de vitalidad, que transcurrieron más de mil años antes de que sus apetitos corrompidos y pasiones, y la general violación de la ley física, hiciesen sentir notablemente sus efectos sobre la raza humana. Las generaciones más recientes han sentido el peso de la enfermedad y los achaques más rápida y duramente aún que cualquier otra generación. La vitalidad ha quedado muy debilitada por la satisfacción del apetito y la pasión lujuriosa.

Los patriarcas desde Adán hasta Noé, con pocas excepciones, vivieron aproximadamente mil años. Desde los días de Noé, la longevidad ha venido disminuyendo. En los días de Cristo se llevaban a él de toda ciudad, población y aldea, enfermos de toda clase de males para que él los sanara. Y la enfermedad se ha mantenido invariablemente en aumento a través de generaciones sucesivas desde aquel período. Debido a la continuada violación de las leyes de la vida, la mortalidad ha aumentado hasta un grado alarmante. Los años del hombre se han acortado al punto de que la presente generación baja a la tumba aun antes de la edad en que las generaciones que vivieron durante los dos primeros milenios que siguieron a la creación entraran en la escena de sus actividades.

La enfermedad ha sido transmitida de padres a hijos de una generación a otra. Niños de cuna están miserablemente perjudicados a causa de los pecados que cometieron sus padres, en detrimento de su vitalidad. Han recibido en herencia hábitos incorrectos en el comer y vestir y una vida en general relajada. Muchos nacen dementes, deformes, ciegos, sordos y un sinnúmero son deficientes intelectualmente. La ausencia de principios que caracteriza a esta generación, y que se manifiesta en su desprecio de las leyes de la vida y la salud, es asombrosa. Prevalece la ignorancia sobre este asunto, cuando la luz está brillando alrededor. La principal ansiedad de los más es: ¿Qué comeré? ¿qué beberé? y ¿con qué me vestiré? No obstante, todo lo que se ha dicho y escrito respecto de cómo debiera tratarse nuestro cuerpo, el apetito es la gran ley que gobierna a hombres y mujeres, por regla general.

Dios dotó al hombre de una fuerza vital tan grande que ha resistido el acúmulo de enfermedades provocadas por la humanidad como consecuencia de hábitos pervertidos, y ha continuado durante seis mil años. Este hecho por sí mismo es suficiente para evidenciar la fuerza y la energía eléctrica que Dios dio al hombre en su creación. Fueron necesarios más de dos mil años de crimen y de indulgencia de las bajas pasiones para que la enfermedad corporal llegara a la raza en gran medida. Si Adán, en su creación, no hubiera estado dotado de veinte veces más fuerza vital que la que tienen ahora los hombres, la raza, con sus actuales hábitos de vida en violación de la ley natural, se habría extinguido. En el momento del primer advenimiento de Cristo, la humanidad había degenerado tan rápidamente que un acúmulo de enfermedades se abatió sobre aquella generación, provocando una marea de desdicha y un peso de miseria inexpresable.

La miserable condición del mundo en la época actual se ha presentado ante mí. Desde la caída de Adán, la raza ha ido degenerando. Se me ha mostrado algunas de las razones de la actual condición deplorable de los hombres y mujeres, formados a imagen de Dios. Y la sensación de lo mucho que hay que enmendar para detener, aunque sea en cierto grado, la decadencia física, mental y moral, hizo que mi corazón enfermara y desfalleciera. Dios no creó la raza en su actual condición de debilidad. Este estado de cosas no es obra de la Providencia, sino del hombre; ha sido provocado por hábitos erróneos y abusos, por la violación de las leyes que Dios ha hecho para gobernar la existencia del hombre. Por la tentación de satisfacer el apetito, Adán y Eva cayeron primero de su estado elevado, santo y feliz. Y es por la misma tentación que la raza se ha debilitado. Han permitido que el apetito y la pasión tomen el trono y sometan a la razón y al intelecto.

Las facultades morales se debilitan porque los hombres y las mujeres no viven obedeciendo las leyes de la salud y hacen de este gran tema un deber personal. Los padres heredan a su descendencia sus propios hábitos pervertidos, y las enfermedades repugnantes corrompen la sangre y enervan el cerebro. La mayoría de los hombres y mujeres permanecen en ignorancia de las leyes de su ser, y complacen el apetito y la pasión a expensas del intelecto y la moral, y parecen dispuestos a permanecer en la ignorancia del resultado de su violación de las leyes de la naturaleza. Complacen el apetito depravado en el uso de venenos lentos, que corrompen la sangre, y debilitan las fuerzas nerviosas, y en consecuencia traen sobre sí la enfermedad y la muerte. Sus amigos llaman al resultado de este curso la dispensación de la Providencia. En esto insultan al Cielo. Se rebelaron contra las leyes de la naturaleza, y sufrieron el castigo por abusar así de sus leyes. El sufrimiento y la mortalidad prevalecen ahora en todas partes, especialmente entre los niños. ¡Qué grande es el contraste entre esta generación, y las que vivieron durante los primeros dos mil años!

Importancia de la preparación en el hogar

Pregunté si no se podía evitar esta marea de desgracias y hacer algo para salvar a la juventud de esta generación de ruina que les amenaza. Me mostraron que una gran causa del deplorable estado de cosas existente es que los padres no se sienten en la obligación de educar a sus hijos para que se amolden a la ley física. Las madres aman a sus hijos con un amor idolátrico, y complacen su apetito cuando saben que perjudicará su salud, y por lo tanto les traerá enfermedades e infelicidad. Esta cruel bondad se manifiesta en gran medida en la generación actual. Los deseos de los niños se gratifican a expensas de la salud y de un temperamento feliz, porque es más fácil para la madre, por el momento, gratificarlos que retener aquello por lo que claman.

De este modo, las madres siembran la semilla que brotará y dará fruto. Los niños no son educados para negar sus apetitos y restringir sus deseos. Y se convierten en egoístas, exigentes, desobedientes, ingratos e impíos. Las madres que realizan esta labor cosecharán con amargura el fruto de la semilla que han sembrado. Han pecado contra el Cielo y contra sus hijos, y Dios les pedirá cuentas.

La educación adecuada

Si la educación de generaciones atrás se hubiera llevado a cabo según un plan totalmente diferente, la juventud de esta generación no estaría ahora tan depravada y sin valor. Los directores y profesores de las escuelas debieron haber sido aquellos que entendían la fisiología, y que tenían interés, no sólo en educar a la juventud en las ciencias, sino en enseñarles cómo preservar la salud, para que pudieran utilizar sus conocimientos de la mejor manera posible después de haberlos obtenido. Debió haber establecimientos conectados con las escuelas para llevar a cabo varias ramas de trabajo, para que los estudiantes pudieran tener empleo y el ejercicio necesario fuera de las horas de clase.

El empleo y recreación de los estudiantes debió haber sido regulado con referencia a la ley física, y debió haber sido adaptado para preservar para ellos el tono saludable de todos los poderes del cuerpo y la mente. Así se habría podido obtener un conocimiento práctico de los negocios mientras se adquiría su educación literaria. A los estudiantes en la escuela se les debió haber despertado su sensibilidad moral para que vieran y sintieran que la sociedad tiene reclamos sobre ellos, y que deben vivir en obediencia a la ley natural, para que puedan, por su existencia e influencia, por precepto y ejemplo, ser una ventaja y bendición para la sociedad. Debe inculcarse a los jóvenes que todos tienen una influencia que se manifiesta constantemente en la sociedad, para mejorar y elevar, o para rebajar y degradar. El primer estudio de los jóvenes debería ser conocerse a sí mismos y saber cómo mantener su cuerpo en condiciones de salud.

Muchos padres mantienen a sus hijos en la escuela casi todo el año. Estos niños pasan por la rutina del estudio mecánicamente, pero no retienen lo que aprenden. Muchos de estos alumnos constantes parecen casi desprovistos de vida intelectual. La monotonía del estudio continuo cansa la mente, y se interesan poco por sus lecciones; y para muchos la aplicación a los libros resulta dolorosa. No tienen un amor interior por el pensamiento, ni una ambición por adquirir conocimientos. No fomentan en ellos hábitos de reflexión e investigación.

Los niños tienen gran necesidad de una educación adecuada, para que puedan ser útiles en el mundo. Pero cualquier esfuerzo que exalte la cultura intelectual por encima de la formación moral está mal orientado. Instruir, cultivar, pulir y refinar a los jóvenes y a los niños debe ser la principal carga tanto de los padres como de los maestros. Los razonadores cercanos y los pensadores lógicos son pocos, por la razón de que las falsas influencias han frenado el desarrollo del intelecto. La suposición de padres y maestros de que el estudio continuo fortalecería el intelecto ha resultado errónea, pues en muchos casos ha tenido el efecto contrario.

En la educación temprana de los niños, muchos padres y maestros no comprenden que es necesario prestar la mayor atención a la constitución física, para asegurar una condición saludable del cuerpo y del cerebro. Se ha tenido la costumbre de animar a los niños a asistir a la escuela cuando son meros bebés, que necesitan los cuidados de una madre. Cuando tienen una edad delicada, con frecuencia se les amontona en aulas mal ventiladas, donde se sientan en posiciones incorrectas en bancos mal construidos, y como resultado los jóvenes y tiernos cuerpos de algunos se han deformado.

Es muy probable que la disposición y los hábitos de la juventud se manifiesten en la madurez. Usted puede doblar un árbol joven en casi cualquier forma que elija, y si permanece y crece como lo ha doblado, será un árbol deformado, y siempre dirá de la lesión y el abuso recibido de su mano. Puede que, tras años de crecimiento, intente enderezar el árbol, pero todos sus esfuerzos serán inútiles. Siempre será un árbol torcido. Este es el caso de las mentes de los jóvenes. Deben ser entrenadas con cuidado y ternura en la infancia. Pueden ser entrenadas en la dirección correcta o en la equivocada, y en sus vidas futuras seguirán el curso en el que fueron dirigidas en la juventud. Los hábitos formados en la juventud crecerán con el crecimiento y se fortalecerán con la fuerza, y generalmente serán los mismos en la vida posterior, sólo que se fortalecerán continuamente.

Vivimos en una época en la que casi todo es superficial. Hay muy poca estabilidad y firmeza de carácter, porque la formación y la educación de los niños desde la cuna es superficial. Sus caracteres se construyen sobre arena movediza. La abnegación y el autocontrol no han sido moldeados en sus caracteres. Han sido acariciados y consentidos hasta que se han estropeado para la vida práctica. El amor al placer controla las mentes, y los niños son halagados y consentidos hasta su ruina. Los niños deben ser formados y educados de tal manera que esperen las tentaciones y calculen para afrontar las dificultades y los peligros. Se les debe enseñar a tener control sobre sí mismos, y a superar noblemente las dificultades; y si no se precipitan voluntariamente al peligro, y no se colocan innecesariamente en el camino de la tentación; si evitan las malas influencias y la sociedad viciosa, y luego se ven inevitablemente obligados a estar en compañía peligrosa, tendrán fuerza de carácter para defender lo correcto y preservar los principios, y saldrán con la fuerza de Dios con su moral intacta. Si los jóvenes que han sido educados adecuadamente hacen de Dios su confianza, sus poderes morales resistirán la prueba más poderosa.

Pero pocos padres se dan cuenta de que sus hijos son lo que su ejemplo y disciplina han hecho de ellos, y que son responsables del carácter que sus hijos desarrollan. Si los corazones de los padres cristianos estuvieran en obediencia a la voluntad de Cristo, obedecerían el mandato del Maestro celestial: "Buscad primero el reino de Dios y su justicia, y todas estas cosas os serán añadidas". Si los que profesan ser seguidores de Cristo sólo hicieran esto, darían, no sólo a sus hijos, sino al mundo incrédulo, ejemplos que representarían correctamente la religión de la Biblia.

Si los padres cristianos vivieran obedeciendo las indicaciones de la Maestra divino, conservarían la sencillez en el comer y en el vestir, y

La educación adecuada

vivirían más de acuerdo con la ley natural. No dedicarían entonces tanto tiempo a la vida artificial, a hacerse cargo de preocupaciones y cargas que Cristo no les ha impuesto, sino que les ha ordenado positivamente que las eviten. Si el reino de Dios y su justicia fueran la primera y más importante consideración de los padres, se perdería muy poco tiempo precioso en ornamentaciones externas innecesarias, mientras que las mentes de sus hijos se descuidan casi por completo. El precioso tiempo que muchos padres dedican a vestir a sus hijos para exhibirlos en sus escenas de diversión sería mejor, mucho mejor, emplearlo en cultivar sus propias mentes, a fin de que sean competentes para instruir adecuadamente a sus hijos. No es esencial para la salvación o la felicidad de estos padres que utilicen el precioso tiempo de prueba que Dios les ha prestado, en vestir, visitar y cotillear.

Muchos padres alegan que tienen tanto que hacer que no tienen tiempo para mejorar sus mentes, para educar a sus hijos para la vida práctica, o para enseñarles cómo pueden convertirse en corderos del redil de Cristo. No será hasta el arreglo final, cuando se decidan los casos de todos, y los actos de toda nuestra vida sean expuestos a nuestra vista en presencia de Dios y del Cordero y de todos los santos ángeles, que los padres se darán cuenta del valor casi infinito de su tiempo mal empleado. Muchos verán entonces que su rumbo equivocado ha determinado el destino de sus hijos. No sólo no han conseguido para ellos las palabras de encomio del Rey de la gloria: "Bien hecho, siervo bueno y fiel, entra en el gozo de tu Señor", sino que oyen pronunciar sobre sus hijos la terrible denuncia: "¡Apartaos!" Esto separa a sus hijos de antemano de las alegrías y las glorias del Cielo, y de la presencia de Cristo. Y ellos mismos también reciben la denuncia: "Vete, siervo malo y perezoso". Jesús nunca dirá, "Bien hecho", a aquellos que no se han ganado el "bien hecho" por sus vidas fieles de abnegación y sacrificio para hacer el bien a los demás y para promover Su gloria. Aquellos que viven principalmente para complacerse a sí mismos en lugar de hacer el bien a los demás, se encontrarán con una pérdida infinita.

Si se pudiera despertar en los padres el sentido de la temible responsabilidad que recae sobre ellos en la labor de educar a sus hijos, dedicarían más tiempo a la oración y menos a la exhibición innecesaria. Reflexionarían, y estudiarían, y orarían fervientemente a Dios por la sabiduría y la ayuda divina, para formar a sus hijos de manera que desarrollen caracteres que Dios apruebe. Su ansiedad no sería saber cómo pueden educar a sus hijos para que sean alabados y honrados por el mundo, sino cómo pueden educarlos para que formen caracteres hermosos que Dios pueda aprobar.

Se necesita mucho estudio y una ferviente oración por la sabiduría celestial para saber cómo tratar con las mentes juveniles; porque mucho depende de la dirección que los padres den a las mentes y voluntades de sus hijos. Equilibrar sus mentes en la dirección correcta y en el momento adecuado, es una labor importantísima; pues su destino eterno puede depender de las decisiones que se tomen en algún momento crítico. Cuán importante es, entonces, que las mentes de los padres estén tan libres como sea posible de preocupaciones perplejas y desgastantes en las cosas temporales, para que puedan pensar y actuar con serena consideración, sabiduría y amor, y hacer de la salvación de las almas de sus hijos la primera y más elevada consideración. El gran objetivo que los padres deben tratar de alcanzar para sus queridos hijos debe ser el adorno interior. Los padres no pueden permitirse que los visitantes y los extraños reclamen su atención, y al robarles el tiempo, que es el gran capital de la vida, les imposibiliten dar a sus hijos cada día esa paciente instrucción que deben tener para dar la dirección correcta a sus mentes en desarrollo.

Esta vida es demasiado corta para malgastarla en diversiones vanas y triviales, en visitas poco provechosas, en vestimentas innecesarias para la exhibición o en diversiones excitantes. No podemos permitirnos el lujo de malgastar el tiempo que Dios nos ha dado durante el cual podemos bendecir a los demás, y acumular para nosotros un tesoro en el cielo. No tenemos demasiado tiempo para cumplir con los deberes necesarios. Debemos dedicar tiempo a la culturización de nuestros propios corazones y mentes, a fin de estar capacitados para el trabajo de nuestra vida. Al descuidar estos deberes esenciales, y conformarnos con los hábitos y costumbres de la sociedad mundana de moda, nos hacemos un gran daño a nosotras mismas y a nuestros hijos.

Las madres que tienen mentes jóvenes que entrenar, y los caracteres de los niños que formar, no deben buscar la excitación del mundo para estar alegres y felices. Tienen una importante labor en la vida, y ellas y los suyos no pueden permitirse el lujo de gastar el tiempo de forma poco provechosa. El tiempo es uno de los talentos importantes que Dios nos ha confiado, y por el que nos pedirá cuentas. Una pérdida de tiempo es una pérdida de intelecto. Las facultades de la mente son susceptibles de un alto cultivo. Es el deber de las madres cultivar sus mentes y mantener sus corazones puros. Deben perfeccionar todos los

La educación adecuada

medios a su alcance para su mejora intelectual y moral, a fin de estar capacitadas para mejorar las mentes de sus hijos. Aquellas que dan rienda suelta a su disposición a estar en compañía, pronto se sentirán inquietas a menos que visiten o reciban visitas. Tales personas no tienen el poder de adaptarse a las circunstancias. Los necesarios y sagrados deberes del hogar les parecen comunes y sin interés. No tienen amor por examinarse a sí mismos o la disciplina propia. La mente está hambrienta de las variadas y excitantes escenas de la vida mundana; se descuidan los hijos para complacer la inclinación; y el ángel registrador escribe: "Siervos inútiles". Dios diseña que nuestras mentes no sean inútiles, sino que logren el bien en esta vida.

Si los padres sintieran que es un deber solemne que Dios les ha encomendado educar a sus hijos para que sean útiles en esta vida; si adornaran el templo interior del alma de sus hijos e hijas para la vida inmortal, veríamos un gran cambio en la sociedad para mejor. No se manifestaría entonces una indiferencia tan grande hacia la piedad práctica, y no sería tan difícil despertar la sensibilidad moral de los niños para que comprendan las exigencias que Dios tiene sobre ellos. Pero los padres se despreocupan cada vez más de la educación de sus hijos en las ramas útiles. Muchos padres permiten que sus hijos adquieran hábitos erróneos y sigan su propia inclinación, y no logran inculcar en sus mentes el peligro de que lo hagan, y la necesidad de que sean controlados por los principios.

Con frecuencia, los niños comienzan un trabajo con entusiasmo, pero, al quedar perplejos o cansados de él, desean cambiar y apoderarse de algo nuevo. Así, pueden apoderarse de varias cosas, encontrarse con un poco de desánimo y abandonarlas; y así pasan de una cosa a otra, sin perfeccionar nada. Los padres no deben permitir que el amor al cambio controle a sus hijos. No deben estar tan ocupados con otras cosas que no tengan tiempo para disciplinar pacientemente las mentes en desarrollo. Unas pocas palabras de aliento, o un poco de ayuda en el momento adecuado, pueden llevarlos a superar sus problemas y desánimo, y la satisfacción que obtendrán al ver terminada la tarea que emprendieron, los estimulará a un mayor esfuerzo.

Muchos niños, por falta de palabras de aliento, y un poco de ayuda en sus esfuerzos, se desaniman, y cambian de una cosa a otra. Y arrastran este triste defecto en la vida madura. No consiguen tener éxito en nada de lo que emprenden, porque no se les ha enseñado a perseverar en circunstancias desalentadoras. Así, toda la vida de muchos resulta un fracaso, porque no tuvieron una disciplina correcta cuando eran jóvenes. La educación recibida en la infancia y la juventud afecta a toda su carrera empresarial en la vida madura, y su experiencia religiosa lleva un sello correspondiente.

El trabajo físico para los estudiantes

Con el actual plan de educación, se abre una puerta a la tentación para los jóvenes. Aunque por lo general, tienen demasiadas horas de estudio, a su vez tienen muchas horas sin nada que hacer. Estas horas de ocio se emplean con frecuencia de forma imprudente. El conocimiento de los malos hábitos se transmite de unos a otros, y el vicio aumenta enormemente. Muchos jóvenes que han sido instruidos religiosamente en casa, y que salen a las escuelas relativamente inocentes y virtuosos, se corrompen al asociarse con compañeros viciosos. Pierden el respeto por sí mismos y sacrifican los principios nobles. Entonces están preparados para seguir el camino descendente; porque han abusado tanto de sus conciencias que el pecado no parece tan excesivamente pecaminoso. Estos males, que existen en las escuelas que se dirigen según el plan actual, podrían remediarse en gran medida si se pudieran combinar el estudio y el trabajo. Los mismos males existen en las escuelas superiores, sólo que en mayor grado; pues muchos de los jóvenes se han educado en el vicio, y sus conciencias están cauterizadas.

Muchos padres sobrevaloran la estabilidad y las buenas cualidades de sus hijos. No parecen considerar que estarán expuestos a las influencias engañosas de una juventud viciosa. Los padres tienen sus temores cuando los envían a cierta distancia a la escuela, pero se lisonjean de que, como han tenido buenos ejemplos e instrucción religiosa, serán fieles a los principios en su vida escolar. Muchos padres no tienen más que una ligera idea de hasta qué punto existe el libertinaje en estas instituciones de enseñanza. En muchos casos los padres han trabajado duro y han sufrido muchas privaciones por el preciado objetivo de que sus hijos obtengan una educación completa. Y después de todos sus esfuerzos, muchos tienen la amarga experiencia de recibir a sus hijos de su curso de estudios con hábitos disolutos y constituciones arruinadas. Y con frecuencia son irrespetuosos con sus padres, poco agradecidos e impíos. Estos padres maltratados, que se ven así recompensados por unos hijos ingratos, se lamentan de haber enviado a sus hijos lejos de ellos, para que se expongan a las tentaciones y vuelvan a ellos destrozados física, mental y moralmente. Con esperanzas defraudadas y corazones casi rotos, ven a sus hijos, de los que tenían grandes esperanzas, seguir un curso de vicio y arrastrar una existencia miserable.

Pero están los de principios firmes, que responden a la expectativa de padres y maestros. Pasan por el curso de la escolarización con la conciencia tranquila, y salen con buenas constituciones, y una moral no manchada por influencias corruptoras. Pero el número es escaso.

Algunos estudiantes ponen todo su ser en sus estudios, y concentran su mente en el objeto de obtener una educación. Trabajan el cerebro, pero las facultades físicas permanezcan inactivas. El cerebro se sobrecarga de trabajo, y los músculos se debilitan porque no se ejercitan. Cuando estos estudiantes se gradúan, es evidente que han obtenido su educación a costa de la vida. Han estudiado día y noche, año tras año, manteniendo su mente continuamente en la recta final, mientras que no han ejercitado suficientemente sus músculos. Lo sacrifican todo por el conocimiento de las ciencias, y pasan a la tumba.

Las jóvenes se entregan con frecuencia al estudio, descuidando de otras ramas de la educación aún más esenciales para la vida práctica que el estudio de los libros. Y después de haber obtenido su educación, a menudo son inválidas de por vida. Han descuidado su salud al permanecer demasiado tiempo en el interior, privadas del aire puro del cielo y de la luz del sol que Dios les ha dado. Estas jóvenes podrían haber salido sanas de sus escuelas, si hubieran combinado con sus estudios el trabajo doméstico y el ejercicio al aire libre.

La salud es un gran tesoro. Es la posesión más rica que pueden tener los mortales. La riqueza, el honor o el aprendizaje se compran muy caro, si es a costa de la pérdida del vigor de la salud. Ninguno de estos logros puede asegurar la felicidad, si falta la salud. Es un pecado terrible abusar de la salud que Dios nos ha dado; porque todo abuso de la salud nos debilita para la vida, y nos convierte en perdedores, aunque ganemos cualquier cantidad de educación.

En muchos casos, los padres que son ricos no sienten la importancia de dar a sus hijos una educación en los deberes prácticos de la vida, así como en las ciencias. No ven la necesidad, por el bien de la mente y la moral de sus hijos, y por su utilidad futura, de darles un conocimiento profundo del trabajo útil. Esto es lo que deben hacer sus hijos, para que, si llega la desgracia, puedan salir adelante con una noble independencia, sabiendo utilizar sus manos. Si tienen un capital de fuerza, no pueden ser pobres, aunque no tengan un dólar. Muchos que en su juventud se encontraban en circunstancias acomodadas, pueden ser despojados de todas sus riquezas, y quedar con padres y hermanos que dependen de ellos para su sustento. Entonces, ¡qué importante es que cada joven sea educado para el trabajo, para que esté preparado para cualquier emergencia! Las riquezas son realmente una maldición cuando sus poseedores dejan que se interpongan en el camino de sus hijos e hijas para que obtengan un conocimiento del trabajo útil, para que puedan estar capacitados para la vida práctica.

Los que no se ven obligados a trabajar, con frecuencia no tienen suficiente ejercicio activo para la salud física. Los jóvenes, por falta de tener sus mentes y manos empleadas en un trabajo activo, adquieren hábitos de indolencia, y con frecuencia obtienen lo que es más temible, una educación callejera, holgazaneando en las tiendas, fumando, bebiendo y jugando a las cartas.

Las jóvenes leen novelas, excusándose del trabajo activo porque tienen una salud delicada. Su debilidad es el resultado de su falta de ejercicio de los músculos que Dios les ha dado. Pueden pensar que son demasiado débiles para hacer las tareas domésticas, pero trabajarán en el ganchillo y el encaje de bolillos, y conservarán la delicada palidez de sus manos y rostros, mientras sus madres, cargadas de cuidados, se afanan en lavar y planchar sus prendas. Estas jovencitas no son cristianas, pues transgreden el quinto mandamiento. No honran a sus padres. Pero la madre es la más culpable. Ella ha consentido a sus hijas y las ha eximido de cargar con su parte de los deberes domésticos, hasta que el trabajo se ha vuelto desagradable para ellas, y aman y disfrutan de una delicada ociosidad. Comen, y duermen, y leen novelas, y hablan de las modas, mientras sus vidas son inútiles.

La pobreza, en muchos casos, es una bendición, pues evita que la juventud y los niños se arruinen por la inacción. Las facultades físicas, así como las mentales, deben cultivarse y desarrollarse adecuadamente. El primer y constante cuidado de los padres debe ser ver que sus hijos tengan constituciones firmes, para que sean hombres y mujeres sanos. Es imposible alcanzar este objetivo sin el ejercicio físico. Por su propia salud física y por su bien moral, se debe enseñar a los niños a trabajar, aunque no sea necesario en lo que respecta a la necesidad. Si quieren tener caracteres puros y virtuosos, deben tener la disciplina del trabajo bien regulado, que pondrá en ejercicio todos los músculos. La satisfacción que tendrán los niños al ser útiles, y al negarse a sí mismos para ayudar a otros, será el placer más saludable que jamás hayan disfrutado. ¿Por qué deberían los ricos robarse a sí mismos y a sus queridos hijos esta gran bendición?

Padres, la inacción es la mayor maldición que ha caído sobre la juventud. No se debe permitir que vuestras hijas se queden en la cama hasta altas horas de la mañana durmiendo las preciosas horas que Dios les ha prestado para que las utilicen con el mejor propósito, y de las que tendrán que dar cuenta a Él. La madre hace un gran daño a sus hijas al soportar las cargas que deberían compartir con ella para su propio bien presente y futuro. El curso que siguen muchos padres al permitir que sus hijos sean indolentes, y gratifiquen su deseo de leer romances, los incapacita para la vida real. La lectura de novelas y cuentos son los mayores males en los que puede incurrir la juventud. Las lectoras de novelas y cuentos de amor siempre fracasan a la hora de ser madres buenas y prácticas. Son constructoras de castillos de aire, que viven en un mundo irreal, imaginario. Se vuelven sentimentales y tienen fantasías enfermizas. Su vida artificial las estropea para cualquier cosa útil. Están empequeñecidos en cuanto a intelecto, aunque pueden halagarse de que son superiores en mente y modales. El ejercicio de las labores domésticas es la mayor ventaja para las jóvenes.

El trabajo físico no impedirá el cultivo del intelecto. Ni mucho menos. Las ventajas obtenidas por el trabajo físico equilibrarán a la persona y

La educación adecuada

evitarán que la mente se esfuerce demasiado. El trabajo se hará sobre los músculos y aliviará el cansado cerebro. Hay muchas chicas apáticas e inútiles que consideran poco femenino dedicarse a un trabajo activo. Pero sus caracteres son demasiado transparentes para engañar a las personas sensatas en cuanto a su verdadera inutilidad. Tontean y se ríen, y son todo apariencia. Parecen como si no pudieran decir sus palabras con justicia y franqueza, sino que torturan todo lo que dicen con ceceos y simulaciones. ¿Son estas señoritas? No han nacido tontas, sino que han sido educadas como tales. No se requiere una cosa frágil, indefensa, demasiado vestida y simpática para hacer una dama. Se requiere un cuerpo sano para un intelecto sano. La solidez física y el conocimiento práctico de todas las tareas domésticas necesarias nunca serán obstáculos para un intelecto bien desarrollado; ambos son muy importantes para una dama.

Todas las facultades de la mente deben ponerse en uso y desarrollarse, para que los hombres y las mujeres tengan mentes bien equilibradas. El mundo está lleno de hombres y mujeres unilaterales, que han llegado a serlo porque un conjunto de sus facultades fue cultivado, mientras que otras fueron empequeñecidas por la inacción. La educación de la mayoría de los jóvenes es un fracaso. Estudian en exceso, mientras que descuidan lo que pertenece a la vida práctica. Los hombres y las mujeres se convierten en padres sin tener en cuenta sus responsabilidades, y su descendencia se hunde más en la escala de la deficiencia humana que ellos mismos. Así, la raza se degenera rápidamente. La aplicación constante al estudio, tal y como se conducen ahora las escuelas, está incapacitando a la juventud para la vida práctica. La mente humana tendrá acción. Si no es activa en la dirección correcta, lo será en la incorrecta. Para preservar el equilibrio de la mente, el trabajo y el estudio deben estar unidos en las escuelas.

En las generaciones pasadas se debió haber previsto una educación a mayor escala. En conexión con las escuelas debieron haber existido establecimientos agrícolas e industriales. También debió existir un profesorado de labores domésticas. Y una parte del tiempo de cada día debió haberse dedicado al trabajo, para que las facultades físicas y mentales se ejercieran por igual. Si se hubieran establecido escuelas según el plan que hemos mencionado, no habría ahora tantas mentes desequilibradas.

Dios preparó para Adán y Eva un hermoso jardín. Les proporcionó todo lo que requerían sus necesidades. Plantó para ellos árboles frutales de todas las variedades. Con una mano liberal les abrazo de sus bondades. Los árboles de utilidad y belleza, y las hermosas flores, que brotaron espontáneamente, y florecieron en rica profusión a su alrededor, no debían conocer nada de la decadencia. Adán y Eva eran realmente ricos. Poseían el Edén. Adán era el señor de su hermoso dominio. Nadie puede cuestionar el hecho de que era rico. Pero Dios sabía que Adán no podía ser feliz si no tenía empleo. Por lo tanto, le dio algo que hacer; debía adecentar el jardín.

Si los hombres y las mujeres de esta época degenerada tienen una gran cantidad de tesoros terrenales que, en comparación con ese paraíso de belleza y riqueza que se le dio al señor Adán, son muy insignificantes, se sienten por encima del trabajo y educan a sus hijos para que lo consideren degradante. Tales padres ricos, por precepto y ejemplo, instruyen a sus hijos en que el dinero hace al caballero y a la dama. Pero nuestra idea del caballero y la dama se mide por el intelecto y el valor moral. Dios no estima por la vestimenta. La exhortación del inspirado apóstol Pedro es: "Cuyo adorno no sea el externo de trenzar el cabello, ni el de llevar oro, ni el de vestirse; sino el hombre oculto del corazón, en lo que no es corruptible, el adorno de un espíritu manso y tranquilo, que es de gran valor a los ojos de Dios". Un espíritu manso y tranquilo es exaltado por encima del honor o las riquezas mundanas.

El Señor ilustra cómo estima a los ricos mundanos, que elevan sus almas a la vanidad a causa de sus posesiones terrenales, mediante el hombre rico que derribó sus graneros y construyó otros mayores, para tener espacio para repartir sus bienes. Olvidado de Dios, no reconoció de dónde procedían todas sus posesiones. No ascendió ningún agradecimiento a su bondadoso Benefactor. Se felicitó a sí mismo de este modo: "Alma, tienes muchos bienes acumulados para muchos años; descansa, come, bebe y alégrate". El Maestro, que le había confiado riquezas terrenales con las que bendecir a sus semejantes y glorificar a su Hacedor, se enfadó justamente por su ingratitud, y le dijo: "Necio, esta noche tu alma te será requerida; entonces, ¿de quién serán esas cosas que has provisto? Así es el que atesora para sí, y no es rico para con Dios". Aquí tenemos una ilustración de cómo el Dios infinito estima al hombre. Una extensa fortuna, o cualquier grado de riqueza, no asegurará el favor de Dios. Todas estas bondades y bendiciones vienen de Él, para probar, probar y desarrollar el carácter del hombre.

Los hombres pueden tener una riqueza ilimitada; sin embargo, si no son ricos hacia Dios, si no tienen interés en asegurarse el tesoro celestial y la sabiduría divina, son considerados insensatos por su Creador, y los dejamos justo donde Dios los deja. El trabajo es una bendición. Es imposible que disfrutemos de salud sin trabajo. Todas las facultades deben ser puestas en uso para que se desarrollen adecuadamente, y para que los hombres y las mujeres tengan mentes bien equilibradas. Si a los jóvenes se les hubiera dado una educación completa en las diferentes ramas del trabajo, si se les hubiera enseñado tanto el trabajo como las ciencias, su educación les habría sido más ventajosa.

Una tensión constante sobre el cerebro mientras los músculos están inactivos, debilita los nervios, y los estudiantes tienen un deseo casi incontrolable de cambios y diversiones excitantes. Y cuando se les vuelve a liberar, después de estar confinados al estudio varias horas al día, son casi salvajes. Muchos nunca han sido controlados en casa. Se les ha dejado seguir la inclinación, y piensan que la restricción de las horas de estudio es un impuesto severo para ellos; y al no tener nada que hacer después de las horas de estudio, Satanás sugiere el deporte y la frivolidad para un cambio. Su influencia sobre los demás estudiantes es desmoralizadora. Los

La educación adecuada

estudiantes que han tenido los beneficios de la enseñanza religiosa en casa, y que ignoran los vicios de la sociedad, con frecuencia son los que mejor se relacionan con aquellos cuyas mentes han sido moldeadas en forma inferior, y cuyas ventajas para la cultura mental y la formación religiosa han sido muy limitadas. Y corren el peligro, al mezclarse en la sociedad de esta clase, y al respirar una atmósfera que no es elevadora, sino que tiende a rebajar y degradar las morales, de hundirse al mismo nivel bajo que sus compañeros. Es el deleite de una gran clase de estudiantes, en sus horas de desocupación, pasar un rato elevado. Y muchos de los que salen de sus casas inocentes y puros, se corrompen por sus asociaciones en la escuela.

Me ha llevado a preguntarme: ¿Debe sacrificarse todo lo valioso de nuestra juventud para que obtenga una educación escolar? Si hubiera habido establecimientos agrícolas e industriales conectados con nuestras escuelas, y si se hubieran empleado maestros competentes para educar a la juventud en las diferentes ramas de estudio y trabajo, dedicando una parte de cada día al perfeccionamiento mental y otra al trabajo físico, habría ahora una clase más elevada de jóvenes que entrarían en el escenario de la acción para tener influencia en la sociedad de moldeo. Muchos de los jóvenes que se graduarían en tales instituciones saldrían con estabilidad de carácter. Tendrían perseverancia, fortaleza y valor para superar los obstáculos, y unos principios tales que no se dejarían llevar por una influencia equivocada, por muy popular que fuera. Tendría que haber habido maestras experimentadas que dieran lecciones a las jóvenes en el departamento de cocina. Las jóvenes deberían haber sido instruidas en la confección de prendas de vestir, en el corte, la confección y el arreglo de prendas, y así educarse para los deberes prácticos de la vida.

Para los hombres jóvenes, debería haber establecimientos donde pudieran aprender diferentes oficios, que pusieran en ejercicio sus músculos, así como sus poderes mentales. Si la juventud no puede tener más que una educación unilateral, ¿qué es más importante, un conocimiento de las ciencias, con todas las desventajas para la salud y la vida, o un conocimiento del trabajo para la vida práctica? Respondemos sin vacilar: esto último. Si hay que descuidar una, que sea el estudio de los libros.

Hay muchas muchachas que se han casado y tienen familia, que tienen muy poco conocimiento práctico de los deberes que corresponden a una esposa y madre. Saben leer y tocar con un instrumento de música, pero no saben cocinar. No pueden hacer un buen pan, que es muy esencial para la salud de la familia. No saben cortar ni confeccionar prendas de vestir, pues nunca aprendieron a hacerlo. Consideran que estas cosas no son esenciales, y en su vida de casadas son tan dependientes de alguien que haga estas cosas por ellas como lo son sus propios hijos pequeños. Es esta ignorancia inexcusable respecto a los deberes más necesarios de la vida lo que hace que muchas familias sean infelices.

La impresión de que el trabajo es degradante para la vida de moda ha llevado a la tumba a miles de personas que podrían haber vivido. Aquellos que sólo realizan trabajos manuales, con frecuencia trabajan en exceso sin darse períodos de descanso; mientras que la clase intelectual sobrecarga el cerebro y sufre por falta del vigor saludable que da el trabajo físico. Si los intelectuales compartieran en cierta medida la carga de la clase trabajadora, y fortalecieran así los músculos, la clase trabajadora podría hacer menos, y dedicar una parte de su tiempo a la cultura mental y moral. Los de hábitos sedentarios y literarios deberían hacer ejercicio físico, aunque no tengan necesidad de laborar en lo que a medios se refiere. La salud debería ser un incentivo suficiente para llevarlos a unir el trabajo físico con el mental.

La cultura moral, intelectual y física deben combinarse para tener hombres y mujeres bien desarrollados y equilibrados. Unos están capacitados para ejercer una mayor fuerza intelectual que otros, mientras que otros están inclinados a amar y disfrutar del trabajo físico. Ambas clases deben tratar de mejorar en lo que son deficientes, para poder presentar a Dios todo su ser, un sacrificio vivo, santo y aceptable para Él, que es su servicio razonable. Los hábitos y costumbres de la sociedad no deben calibrar su curso de acción. El inspirado apóstol Pablo añade: "Y no os conforméis a este mundo, sino transformaos por medio de la renovación de vuestra mente, para que comprobéis cuál es la buena voluntad de Dios, agradable y perfecta".

Las mentes de los hombres pensantes se esfuerzan demasiado. Frecuentemente usan sus poderes mentales pródigamente; mientras que hay otra clase cuyo objetivo más alto en la vida es el trabajo físico. Esta última clase no ejercita la mente. Sus músculos se ejercitan, mientras que sus cerebros son robados de la fuerza intelectual; al igual que las mentes de los hombres pensantes son trabajadas, mientras que sus cuerpos son robados de la fuerza y el vigor por su negligencia en ejercitar los músculos. Los que se contentan con dedicar su vida al trabajo físico, y dejan que otros piensen por ellos, mientras ellos se limitan a llevar a cabo lo que otros cerebros han planeado, tendrán fuerza muscular, pero intelectos débiles. Su influencia para el bien es pequeña en comparación con lo que podría ser si utilizaran sus cerebros además de sus músculos. Esta clase cae más fácilmente si es atacada por la enfermedad, porque el sistema está vitalizado por la fuerza eléctrica del cerebro para resistir la enfermedad.

Los hombres que tienen buenas facultades físicas deberían educarse a sí mismos para pensar, así como para actuar, y no depender de otros para que sean cerebros para ellos. Es un error popular entre una gran clase considerar el trabajo como algo degradante. Por eso los hombres jóvenes están muy ansiosos por educarse para ser profesores, oficinistas, comerciantes, abogados y para ocupar casi cualquier puesto que no requiera trabajo físico. Las mujeres jóvenes consideran que las tareas domésticas son degradantes. Y aunque el ejercicio físico requerido para realizar las labores domésticas, si no es demasiado severo, está calculado para promover la salud, buscarán una educación que las capacite para ser maestras u oficinistas, o aprenderán algún oficio que las confine en

La educación adecuada

el interior a un empleo sedentario. El brillo de la salud se desvanece de sus mejillas y la enfermedad se apodera de ellos, porque se les priva del ejercicio físico y sus hábitos se pervierten en general. Todo esto porque está de moda. Disfrutan de la vida delicada, que es la debilidad y el decaimiento.

Es cierto que hay alguna excusa para que las jóvenes no elijan el trabajo de la casa como empleo, porque quienes contratan a las chicas de la cocina las tratan genéricamente como sirvientas. A menudo sus empleadores no las respetan y las tratan como si fueran indignas de ser miembros de sus familias. No les conceden los privilegios que dan a la costurera, a la copista y a la profesora de música. Pero no puede haber un empleo más importante que el de las tareas domésticas. Para cocinar bien, para presentar alimentos saludables en la mesa de forma atractiva, se requiere inteligencia y experiencia. El que prepara los alimentos que se van a colocar en nuestros estómagos, para que se conviertan en sangre para nutrir el sistema, ocupa un puesto de lo más importante y elevado. El puesto de copista, modista o profesor de música no puede igualar en importancia al del cocinero.

Lo anterior es una declaración de lo que se podría haber hecho con un sistema de educación adecuado. El tiempo es demasiado corto ahora para lograr lo que podría haberse hecho en generaciones pasadas; pero podemos hacer mucho, incluso en estos últimos días, para corregir los males existentes en la educación de la juventud. Y como el tiempo es corto, debemos ser serios y trabajar con celo para dar a los jóvenes esa educación que es coherente con nuestra fe. Somos reformistas. Deseamos que nuestros hijos estudien lo mejor posible. Para ello, debe dárseles un empleo que ponga en ejercicio los músculos. El trabajo diario y sistemático debe constituir una parte de la educación de la juventud, incluso en esta época tardía. Ahora se puede conseguir mucho conectando el trabajo con las escuelas. Siguiendo este plan, los alumnos adquirirán elasticidad de espíritu y vigor de pensamiento, y podrán realizar más trabajo mental en un tiempo determinado que el que podrían realizar sólo con el estudio. Y podrán salir de la escuela con sus constituciones intactas, y con fuerza y valor para perseverar en cualquier posición en la que la providencia de Dios les coloque.

Como el tiempo es corto, debemos trabajar con diligencia y doble energía. Puede que nuestros hijos nunca entren en la universidad, pero pueden obtener una educación en aquellas ramas esenciales que pueden convertir en un uso práctico, y que darán cultura a la mente, y pondrán en uso sus poderes. Muchos jóvenes que han pasado por un curso universitario no han obtenido esa verdadera educación que pueden poner en uso práctico. Pueden tener el nombre de tener una educación universitaria, pero en realidad sólo son bobos educados.

Hay muchos jóvenes cuyos servicios Dios aceptaría, si se consagraran a Él sin reservas. Si ejercieran en el servicio de Dios esas facultades de la mente que usan para servirse a sí mismos y para adquirir propiedades, serían obreros serios, perseverantes y exitosos en la viña del Señor. Muchos de nuestros jóvenes deberían dedicar su atención al estudio de las Escrituras, para que Dios los utilice en su causa. Pero no llegan a ser tan inteligentes en el conocimiento espiritual como en las cosas temporales; por lo tanto, no hacen la obra de Dios que podrían hacer con aceptación. No hay más que unos pocos para advertir a los pecadores y ganar almas para Cristo, cuando debería haber muchos. Nuestros jóvenes generalmente son sabios en los asuntos mundanos, pero no son inteligentes en cuanto a las cosas del reino de Dios. Podrían dirigir sus mentes en un canal celestial y divino, y caminar en la luz, pasando de un grado de luz y fuerza a otro, hasta que pudieran convertir a los pecadores a Cristo, y señalar a los incrédulos y abatidos un camino brillante hacia el cielo. Y cuando la guerra haya terminado, podrán ser bienvenidos al gozo de su Señor.

Los jóvenes no deben emprender la labor de explicar las Escrituras y dar conferencias sobre las profecías, cuando no tienen un conocimiento de las importantes verdades bíblicas que tratan de explicar a los demás. Pueden ser deficientes en las ramas comunes de la educación y, por lo tanto, no hacer la cantidad de bien que podrían hacer si hubieran tenido las ventajas de una buena escuela. La ignorancia no aumentará la humildad ni la espiritualidad de ningún profeso seguidor de Cristo. Las verdades de la palabra divina pueden ser mejor apreciadas por un cristiano intelectual. Cristo puede ser mejor glorificado por aquellos que le sirven inteligentemente. El gran objetivo de la educación es capacitarnos para utilizar las facultades que Dios nos ha dado de la manera que mejor represente la religión de la Biblia y promueva la gloria de Dios.

Estamos en deuda con Aquel que nos dio la existencia, por todos los talentos que nos han sido confiados; y es un deber que le debemos a nuestro Creador cultivar y mejorar los talentos que nos ha encomendado. La educación disciplinará la mente, desarrollará sus poderes y los dirigirá comprensivamente, para que podamos ser útiles en el avance de la gloria de Dios. Necesitamos una escuela en la que a los que acaban de entrar en el ministerio se les enseñen al menos las ramas comunes de la educación, y en la que también puedan aprender más perfectamente las verdades de la palabra de Dios para este tiempo. En relación con estas escuelas, deben darse conferencias sobre las profecías. Aquellos que realmente tienen buenas habilidades como las que Dios aceptará para trabajar en su viña, se beneficiarían mucho con sólo unos pocos meses de instrucción en una escuela de este tipo.
—Testimonios para la Iglesia, Tomo 3, páginas 147-178, 1872..

Cristo el Educador

La mente humana es susceptible del más alto cultivo. Una vida dedicada a Dios no debe ser una vida de ignorancia. Muchos hablan en contra de la educación porque Jesús eligió a pescadores sin educación para predicar su evangelio. Afirman que Él mostró preferencia por los incultos. Muchos hombres cultos y honorables creyeron en sus enseñanzas. Si éstos hubieran obedecido sin miedo las convicciones de sus conciencias, le habrían seguido. Sus habilidades habrían sido aceptadas, y empleadas en el servicio de Cristo, si las hubieran ofrecido. Pero no tenían poder moral, frente a los sacerdotes fruncidos y los gobernantes celosos, para confesar a Cristo, y aventurar su reputación en relación con el humilde galileo.

Él, que conocía los corazones de todos, lo comprendió. Si los educados y los nobles no harían el trabajo para el que estaban capacitados, Cristo seleccionaría a hombres que fueran obedientes y fieles en el cumplimiento de su voluntad. Eligió a hombres humildes y los relacionó con Él, para poder educarlos para que llevaran adelante la gran obra en la tierra cuando Él la dejara.

Cristo fue la luz del mundo. Era la fuente de todo conocimiento. Fue capaz de capacitar a los pescadores indoctos para que recibieran la alta comisión que Él les daría. Las lecciones de la verdad dadas a estos hombres humildes eran de poderosa importancia. Iban a conmover al mundo. No parecía más que una cosa sencilla para que Jesús conectara a estas personas humildes con Él mismo; pero fue un acontecimiento que produjo resultados tremendos. Sus palabras y sus obras iban a revolucionar el mundo.

Jesús no despreciaba la educación. La más alta cultura de la mente, si se santifica mediante el amor y el temor de Dios, recibe su más plena aprobación. Los humildes hombres elegidos por Cristo estuvieron con Él tres años, sometidos a la influencia refinadora de la Majestad del Cielo. Cristo fue el mayor educador que el mundo conoció.

Dios aceptará a los jóvenes con su talento, y su riqueza de afecto, si se consagran a Él. Pueden alcanzar el punto más alto de la grandeza intelectual; y si están equilibrados por el principio religioso pueden llevar adelante la obra que Cristo vino del Cielo a realizar, y al hacerlo ser colaboradores del Maestro.

Los estudiantes de nuestras escuelas tienen el valioso privilegio, no sólo de obtener un conocimiento de las ciencias, sino también de aprender a cultivar y practicar las virtudes que les darán caracteres simétricos. Son agentes morales responsables de Dios. Los talentos de la riqueza, la posición y el intelecto son dados por Dios en confianza al hombre para su sabia mejora. Estas variadas encomiendas Él los ha distribuido proporcionalmente a los poderes y capacidades conocidos de sus siervos, a cada uno su obra.

El Dador espera devoluciones correspondientes a los dones. El don más humilde no debe ser despreciado ni dejado inactivo. El pequeño riachuelo no dice: no fluiré por mi estrecho canal porque no soy un río poderoso. Las espirales de hierba no se niegan a crecer porque no son árboles del bosque. La lámpara no se niega a dar su pequeña luz porque no es una estrella. La luna y las estrellas no se niegan a brillar porque no tengan la luz brillante del sol. Cada persona tiene su propia esfera y vocación peculiar. Los que aprovechan al máximo las oportunidades que Dios les ha dado devolverán al Dador, en su mejora, un interés proporcional al capi-tal confiado.

El Señor no recompensa la gran cantidad de trabajo. No considera tanto la grandeza del trabajo como la fidelidad con que se realiza. Los siervos buenos y fieles son recompensados. A medida que cultivemos los poderes que Dios nos ha dado aquí, aumentaremos en conocimiento y percepción, y seremos capaces de comprender y valorar la vida inmortal. Aquellos que han abusado de los privilegios que Dios les ha dado en esta vida, y se han conformado con su ignorancia, teniendo sus mentes completamente ocupadas con temas de valor trivial para ellos mismos o para los demás, no comprenderán la responsabilidad personal, ni someterán las malas tendencias, ni fortalecerán los altos propósitos para una vida más pura, más elevada y más santa.

Los jóvenes deben ser aprendices para el otro mundo. La perseverancia en la adquisición de conocimientos, controlada por el temor y el amor a Dios, les dará un mayor poder para el bien en esta vida, y quienes hayan aprovechado al máximo sus privilegios para alcanzar los logros más elevados aquí, se llevarán estas valiosas adquisiciones a la vida futura. Han buscado y obtenido lo que es imperecedero. La capacidad de apreciar las glorias que "el ojo no ha visto, ni el oído ha oído", será proporcional a los logros alcanzados en el cultivo de las facultades en esta vida.

Aquellos que vacíen sus corazones de vanidad y basura, por la gracia de Dios podrán purificar las cámaras de la mente, y convertirla en un almacén de conocimiento, pureza y verdad. Y llegará continuamente más allá de los estrechos límites del pensamiento mundano, a la inmensidad del Infinito. La justicia y la misericordia de Dios se revelarán a las percepciones morales. Se discernirá el carácter grave del pecado, con sus resultados. El carácter de Dios, su amor manifestado al dar a su Hijo para morir por el mundo, y la belleza de la santidad, son temas exaltados para la contemplación. Estos fortalecerán el intelecto, y llevarán al hombre a una estrecha comunión con el Infinito. —*Review and Herald*, 21 de junio

Un llamado a nuestros estudiantes

Hemos tenido muchos temores de que los estudiantes que asisten al Battle Creek College no reciban todo el beneficio que podrían, en el sentido de la cultura religiosa, de las familias que les proporcionan habitaciones. Algunas familias no disfrutan de las dulces influencias de la religión de Cristo, aunque sean cristianos declarados. La influencia que esta clase de personas ejerce sobre los estudiantes es más objetable que la de aquellos que no tienen pretensiones de piedad. Estos formalistas irreligiosos e irresponsables pueden presentarse ante el mundo con hojas pretenciosas, mientras que, al igual que la higuera estéril, están totalmente desprovistos de aquello que sólo nuestro Salvador valora: el fruto para su gloria. No conocen la obra realizada en el corazón por la gracia de Dios. Estas personas ejercen una influencia que es perjudicial para todos con los que se asocian. Debería haber comités, para ver que los hogares provistos para los estudiantes no estén con meros formalistas, que no tienen ninguna importancia para las almas de la querida juventud.

Se puede hacer mucho por aquellos que están privados de las influencias suavizantes y subyugantes del círculo familiar. El espíritu manifestado por mucha muestra que el lenguaje del corazón es: ¿Soy yo el guardián de mi hermano? No tengo ninguna carga o responsabilidad aparte de mi propia familia. No tengo ninguna carga o interés especial por los estudiantes que ocupan habitaciones en mi casa. Yo preguntaría a estas personas si tienen cargas y sienten responsabilidades por sus propios hijos. Lamento ver tan poca ansiedad por parte de algunos padres para que todas las influencias que rodean a sus hijos sean favorables a la formación del carácter cristiano; pero aquellos que sí tienen cargas del alma por sus propios seres queridos no deberían limitar egoístamente su interés a su propia familia. Jesús es nuestro ejemplo en todas las cosas; pero no nos ha dado ningún ejemplo de tal egoísmo como el que vemos manifestado por muchos que profesan ser sus seguidores. Si permanecemos en Cristo, y su amor permanece en nosotros, amaremos a aquellos por los que Cristo murió; porque Él ha ordenado a sus seguidores que se amen unos a otros como Él los ha amado. ¿Obedecemos este mandato los que profesamos su nombre? Si fallamos en este punto, lo haremos también en otros. Si Cristo hubiera estudiado su propio beneficio, conveniencia y placer, el mundo se habría dejado perecer en su pecado y corrupción.

Una extraña indiferencia en referencia a la salvación de las almas parece haberse apoderado de muchos profesos cristianos. Los pecadores pueden estar pereciendo a su alrededor, y ellos no tienen ninguna carga particular en el asunto. ¿Dirá Cristo a estos indiferentes: "Bien hecho, siervo bueno y fiel, entra en el gozo de tu Señor"? El gozo de Cristo consiste en ver las almas redimidas mediante el sacrificio que Él ha hecho por ellas.

Los jóvenes, hombres y mujeres, que no están bajo las influencias del hogar, necesitan que alguien se ocupe de ellos y manifieste algún interés por ellos; y los que hacen esto están supliendo una gran carencia, y están haciendo tan verdaderamente una obra para Dios y la salvación de las almas como el ministro en el púlpito. Esta obra de benevolencia desinteresada al trabajar por el bien de la juventud no es más de lo que Dios requiere de cada uno de nosotros. Con cuánta seriedad debe trabajar el cristiano experimentado para evitar la formación de esos hábitos que estropean indeleblemente el carácter. Que los seguidores de Cristo hagan que la palabra de Dios sea atractiva para la juventud. Que sus propios caracteres, suavizados y subyugados por las bellezas de la santidad, sean un sermón diario, cada hora, para la juventud. No manifestéis ningún espíritu de refunfuño, sino ganadlos a la santidad de vida y a la obediencia a Dios. Algunos profesores, por su amargura, repelen a los jóvenes. Los corazones de los jóvenes son ahora como cera imprimible, y pueden llevarlos a admirar el carácter cristiano; pero en unos años la cera puede convertirse en granito.

Hago un llamamiento a los cristianos profesos de Battle Creek, como iglesia y como individuos, para que asuman las responsabilidades que Dios les ha dado. Caminen con Dios ustedes mismos; y ejerzan una influencia sobre los jóvenes que los preserve de caer bajo las múltiples tentaciones que se hacen atractivas para seducir a los jóvenes de esta generación. Satanás está consiguiendo el comienzo del pueblo profeso de Dios. Parece que están dormidos ante los peligros de los jóvenes y la ruina que los amenaza. Satanás exhibe exultante sus victorias obtenidas sobre la juventud; y los que profesan ser soldados de la cruz le permiten tomar a sus víctimas de debajo del mismo tejado, y parecen maravillosamente reconciliados.

Los casos de muchos son considerados como desesperados por quienes no tendieron una mano amiga para salvarlos. Algunos de ellos podrían haberse salvado; e incluso ahora, si se manifestara un interés adecuado por ellos, podrían ser alcanzados. ¿Qué tenemos cualquiera de nosotros que no hayamos recibido? Somos deudores de Cristo por cada capacidad, cada gracia, cada buen pensamiento y cada acción apropiada. De nosotros mismos no tenemos nada de lo que presumir. Con humildad, inclinémonos al pie de la cruz; y que todas nuestras palabras y actos sean tales que ganen a otros para Cristo, y no los alejen de Él.

Un llamado a nuestros estudiantes

Me dirijo a ustedes que residen en el gran centro de la obra. No podéis ser unos formalistas descuidados e irreverentes para vosotros solos. Muchos testigos os miran, y muchos siguen vuestro ejemplo. Una vida irreligiosa no sólo sella vuestra propia condena, sino que también arruina a los demás. Vosotros que vivís donde hay que mantener intereses de tanto peso, debéis ser hombres minuciosos, centinelas fieles, nunca desprevenidos. Un momento incauto gastado en la facilidad egoísta o en la auto gratificación puede dar al enemigo una ventaja que años de trabajo duro no pueden recuperar. Quienes elijan Battle Creek como su hogar deben ser hombres y mujeres de fe y oración, fieles a los intereses de quienes los rodean. No hay seguridad sólo mientras caminen con Dios.

Habrá diversidad de carácter entre los jóvenes que asistan al Colegio de Battle Creek. Han sido educados y formados de manera diferente. A muchos se les ha dejado seguir la inclinación de sus propias mentes inexpertas. Los padres han creído amar a sus hijos, pero han demostrado ser sus peores enemigos. Han dejado que la maldad se desborde. Han permitido que sus hijos acaricien el pecado, que es como acariciar y acariciar una víbora, que no sólo picará a la víctima que la acaricia, sino a todos con los que se relaciona.

Algunos de estos niños acariciados se encuentran entre los estudiantes que asisten a nuestro colegio. Los profesores, y todos los que se interesan por los estudiantes y quieren ayudarlos, tienen una tarea poco envidiable al tratar de beneficiar a esta clase de jóvenes rebeldes. No han estado sometidos a sus padres en casa, y no tienen idea de tener una cabeza en la escuela o en los hogares donde se alojan. Cuánta fe, y paciencia, y gracia, y sabiduría se requieren para tratar con esta juventud descuidada, que tanto se lamenta. Los padres engañados pueden incluso ponerse del lado de los niños en contra de la disciplina en la escuela y en el hogar. Quieren impedir que los demás cumplan con el deber que Dios les exige, y que ellos han descuidado groseramente. Qué sabiduría de Dios se necesita para tratar con justicia y amar la misericordia en estas circunstancias difíciles. Qué difícil es equilibrar en la dirección correcta las mentes que han sido deformadas por esta mala gestión. Mientras que algunos han sido desenfrenados, otros han sido gobernados en exceso; y cuando se han alejado de las manos vigilantes que llevaban las riendas del control con dureza, dejando de lado el amor y la misericordia, han sentido que no se dejarían dictar por nadie. Desprecian la sola idea de la restricción.

¿No deberían contar con las fieles oraciones de los hijos de Dios quienes tienen la difícil tarea de educar a estos jóvenes y moldear sus caracteres? Los cuidados, las cargas y las pesadas responsabilidades deben recaer en la suerte del maestro concienzudo y temeroso de Dios, así como en la de los padres y madres de Israel que residen en Battle Creek. Todos los cristianos sinceros, que valoran a las almas por las que murió Cristo, se esforzarán sinceramente por hacer todo lo que esté en su mano para corregir incluso los errores y descuidos de los padres naturales. Los maestros sentirán que tienen el deber de preparar a sus alumnos ante el mundo y ante Dios con caracteres simétricos y mentes bien equilibradas. Pero los maestros no pueden soportar toda esta carga, y no se debe esperar que sean los únicos responsables de los buenos modales y la moral elevada de sus alumnos. Cada familia que les proporciona habitaciones debe tener reglas a las que deben ajustarse. No se les hará un favor a ellos ni a sus padres si se les permite adquirir hábitos anárquicos y romper o estropear los muebles. Si tienen espíritus exuberantes y energía reprimida, déjenlos hacer trabajos manuales vigorosos, hasta que el cansancio los prepare para apreciar el descanso en sus habitaciones.

Las habitaciones de algunos de los alumnos del año pasado mostraban un registro desfavorable de los inquilinos. Si los estudiantes son groseros y maleducados, sus habitaciones suelen poner de manifiesto este hecho. Los que alquilan las habitaciones no deberían tolerar el deporte imprudente, las risas bulliciosas y los horarios tardíos. Si permiten esta conducta en los estudiantes, les hacen un grave daño, y se hacen, en gran medida, responsables de la mala conducta. Las habitaciones de los estudiantes deben ser visitadas con frecuencia, para ver si son favorables a la salud y a la comodidad, y para comprobar si todos viven de acuerdo con las normas de la escuela. Debe señalarse cualquier negligencia, y se debe trabajar fielmente con los alumnos. Si son insubordinados y no se dejan controlar, estarán mejor en casa, y el colegio estará mejor sin ellos. Nuestro colegio no debe depravarse por culpa de unos pocos estudiantes insubordinados. Los colegios de nuestra tierra son muchos de ellos lugares en los que los jóvenes corren el peligro de volverse inmorales y depravados a través de estas malas asociaciones.

Las asociaciones de nuestros estudiantes es un asunto importante y no debe ser descuidado. Muchos de los que vienen a nuestro colegio son cristianos confesos. Se debe manifestar un interés especial por ellos, y se les debe alentar en sus esfuerzos por vivir una vida cristiana. Deben ser protegidos, en la medida de lo posible, de las tentaciones que se encuentran los jóvenes en cualquier dirección que tomen. Para quienes han tenido años de experiencia, las tentaciones que sobrevienen a estos jóvenes pueden parecer tan ligeras y triviales que retirarán sus simpatías de los tentados y probados. Esto es un error. Su propia vida y su experiencia temprana pueden haber sido incluso más variadas que las de los jóvenes a los que censurarían por su debilidad.

Muchos de los que profesan ser seguidores de Cristo son débiles en cuanto a poder moral. Nunca han sido héroes de la cruz, y son fácilmente atraídos de su lealtad a Dios por placeres egoístas o amuletos. Estas personas deben ser ayudadas. No se les debe dejar al azar a la hora de elegir sus compañeros y compañeras. Aquellos que aman y temen a Dios deberían llevar la carga de estos casos sobre sus almas, y deberían moverse discretamente para cambiar las asociaciones desfavorables. Los jóvenes cristianos que se inclinan a dejarse influenciar por asociados irreligiosos deben tener por compañeros a aquellos que fortalezcan las buenas resoluciones y las inclinaciones religiosas. Un joven bien dispuesto y con inclinaciones religiosas, e incluso un profesor de religión, puede perder sus impresiones religiosas al asociarse con alguien que habla con ligereza de las cosas sagradas y religiosas, y tal vez las ridiculiza, y que carece de reverencia y conciencia. Un poco de levadura puede fermentar la masa. Algunos son débiles en la fe; pero si se les coloca con compañeros de habitación apropiados, cuya influencia sea fuerte para lo correcto, pueden equilibrarse en la dirección correcta, obtener una valiosa experiencia religiosa y tener éxito en la formación del carácter cristiano.

Me gustaría que nuestros hermanos y hermanas velaran por las almas como si tuvieran que dar cuenta. Mi mente se ha ejercitado profundamente sobre este tema. Quisiera instar a los que profesan a Cristo a que se pongan toda la armadura; entonces, trabajen por nuestros jóvenes que asisten al Colegio de Battle Creek. Puede que no necesiten sermones y largas conferencias censuradoras tanto como necesitan un interés genuino. Hágales saber con sus obras que usted los ama y que se preocupa por sus almas. Si manifestaran por la tierna juventud que llega ahora a Battle Creek, que está arrojada a los mismos brazos de la iglesia, la mitad del cuidado que tienen por sus intereses temporales, podrían unirlos a ustedes con los más fuertes lazos de simpatía; y su influencia sobre ellos sería un poder para el bien. –*Review and Herald*, 21 de febrero de 1878.

Reflexiones sobre la educación

Ninguna obra emprendida por el hombre requiere mayor cuidado y habilidad que la formación y educación adecuadas de los jóvenes y los niños. No hay influencias tan potentes como las que nos rodean en nuestros primeros años. Dice el sabio: "Instruye al niño en el camino que debe seguir, y cuando sea viejo no se apartará de él". La naturaleza del hombre es triple, y el adiestramiento ordenado por Salomón comprende el correcto desarrollo de las facultades físicas, intelectuales y morales. Para realizar esta labor correctamente, los padres y los maestros deben comprender ellos mismos "el camino que debe seguir el niño". Esto abarca más que el conocimiento de los libros o el aprendizaje de las escuelas. Comprende la práctica de la templanza, la bondad fraternal y la piedad; el cumplimiento de nuestro deber para con nosotros mismos, para con nuestros vecinos y para con Dios.

El adiestramiento de los niños debe realizarse según un principio diferente al que rige el adiestramiento de los animales irracionales. Al bruto sólo hay que acostumbrarlo a someterse a su amo; pero al niño hay que enseñarle a controlarse a sí mismo. La voluntad debe ser entrenada para obedecer los dictados de la razón y la conciencia. Un niño puede ser tan indisciplinado como para no tener, al igual que la bestia, voluntad propia, perdiéndose su individualidad en la de su maestro. Tal adiestramiento es imprudente, y su efecto desastroso. Los niños así educados serán deficientes en firmeza y decisión. No se les enseña a actuar por principios; las facultades de razonamiento no se fortalecen con el ejercicio. En la medida de lo posible, todo niño debe ser entrenado para ser autosuficiente. Al poner en práctica las distintas facultades, aprenderá en qué es más fuerte y en qué es deficiente. Un instructor sabio prestará especial atención al desarrollo de los rasgos más débiles, para que el niño pueda formar un carácter equilibrado y armonioso.

En algunas escuelas y familias, los niños parecen estar bien formados, mientras están bajo la disciplina inmediata, pero cuando se rompe el sistema que los ha sujetado a las reglas establecidas, parecen ser incapaces de pensar, actuar o decidir por sí mismos. Si se les hubiera enseñado a ejercer su propio juicio tan rápido y tan lejos como sea posible, el mal se habría obviado. Pero han sido controlados durante tanto tiempo por los padres o los maestros como para depender totalmente de ellos. Quien pretende que la individualidad de sus alumnos se funda en la suya propia, de modo que la razón, el juicio y la conciencia queden sometidos a su control, asume una responsabilidad injustificada y temible. Aquellos que forman a sus alumnos para que sientan que el poder reside en ellos mismos para convertirse en hombres y mujeres de honor y utilidad, serán los que tengan un éxito más permanente. Puede que su trabajo no resulte lo más ventajoso para los observadores descuidados, y que su labor no se valore tanto como la del instructor que tiene el control absoluto, pero la vida posterior de los alumnos mostrará los resultados del mejor plan de educación.

Tanto los padres como los profesores corren el peligro de mandar y dictar demasiado, mientras no entran suficientemente en relación social con sus hijos o sus alumnos. Mantienen una reserva demasiado grande, y ejercen su autoridad de una manera fría y poco simpática, que tiende a repeler en lugar de ganar confianza y afecto. Si reunieran más a menudo a los niños a su alrededor, y manifestaran interés por su trabajo, e incluso por sus deportes, se ganarían el amor y la confianza de los pequeños, y la lección de respeto y obediencia se aprendería mucho más fácilmente; porque el amor es el mejor maestro. Un interés similar manifestado por los jóvenes asegurará resultados similares. El corazón joven responde rápidamente al toque de simpatía.

Que no se olvide nunca que el maestro debe ser lo que desea que sean sus alumnos. Por lo tanto, sus principios y hábitos deben considerarse de mayor importancia que incluso sus calificaciones literarias. Debe ser un hombre que teme a Dios y siente la responsabilidad de su obra. Debe comprender la importancia de la formación física, mental y moral, y debe prestar la debida atención a cada una de ellas. El que quiera controlar a sus alumnos debe primero controlarse a sí mismo. Para ganarse su amor, debe mostrar con la mirada, la palabra y los actos que su corazón está lleno de amor por ellos. Al mismo tiempo, la firmeza y la decisión son indispensables en la labor de formar hábitos correctos y desarrollar caracteres nobles.

El entrenamiento físico debe ocupar un lugar importante en todo sistema de educación. Es el deber de los padres y de los maestros familiarizarse con el organismo humano y con las leyes por las que se rige y, en la medida de lo posible, asegurar a sus hijos y a sus alumnos la mayor de las bendiciones terrenales, "una mente sana en un cuerpo sano". Miles de niños mueren anualmente, y muchos más se ven abocados a arrastrar una vida de miseria, tal vez de pecado, a causa de la ignorancia o la negligencia de padres y maestros.

Muchas madres pasan horas e incluso días en trabajos innecesarios sólo para exhibirse, y sin embargo no tienen tiempo para obtener la información necesaria para poder preservar la salud de sus hijos. Confía sus cuerpos al médico, y sus almas al ministro, para poder seguir sin ser molestada en su culto a la moda. Conocer el maravilloso mecanismo de la estructura humana, comprender la dependencia de un órgano sobre otro, para la acción saludable de todos, es un trabajo en el que ella no tiene interés. De la influencia mutua de la mente y el cuerpo, ella sabe poco. La mente misma, esa maravillosa dotación que alía lo finito con lo infinito, ella no la comprende.

Durante generaciones, el sistema de educación popular, para los niños especialmente, ha sido destructivo para la salud, e incluso para la vida misma. Los niños pequeños han pasado cinco y hasta seis horas al día en aulas escolares que no están debidamente ventiladas ni son lo suficientemente grandes para el alojamiento saludable de los alumnos. El aire de tales salas pronto se vuelve venenoso para los pulmones que lo inhalan. Y aquí los pequeños, con sus cuerpos activos e inquietos, y sus mentes no menos activas e inquietas, han permanecido desocupados durante los largos días de verano, cuando el bello mundo exterior los llamaba a recoger salud y felicidad con los pájaros y las flores. Muchos niños no tienen, en el mejor de los casos, más que un ligero dominio de la vida. El confinamiento en la escuela los vuelve nerviosos y enfermos. Sus cuerpos se empequeñecen por la falta de ejercicio y el estado de agotamiento del sistema nervioso. Si la lámpara de la vida se apaga, los padres y maestros están lejos de sospechar que ellos mismos han tenido algo que ver con el apagado de la chispa vital. El triste duelo se considera una dispensación especial de la Providencia, cuando la verdad es que la ignorancia y la negligencia inexcusables de las leyes de la naturaleza habían destruido la vida de esos niños. Dios los diseñó para que vivieran en el disfrute de la salud y el vigor, para que desarrollaran caracteres puros, nobles y encantadores, para que lo glorificaran en esta vida y lo alabaran para siempre en la vida futura.

¿Quién puede estimar las vidas que han naufragado por cultivar lo intelectual en detrimento de las facultades físicas? El proceder de padres y maestros imprudentes al estimular la mente joven mediante la adulación o el miedo ha resultado fatal para muchos alumnos prometedores. En lugar de instarlos con todos los incentivos posibles, un instructor juicioso más bien restringirá la mente demasiado activa hasta que la constitución física se haya vuelto lo suficientemente fuerte como para sostener el esfuerzo mental.

Para que el joven tenga salud y alegría, que dependen de un desarrollo físico y mental normal, debe prestarse atención a la regulación adecuada del estudio, el trabajo y la diversión. Aquellos que se limitan al estudio descuidando el ejercicio físico, están perjudicando la salud al hacerlo. La circulación está desequilibrada, el cerebro tiene demasiada sangre y las extremidades demasiado poca. Sus estudios deben limitarse a un número adecuado de horas, y luego debe darse tiempo al trabajo activo al aire libre.

Debe permitirse a los niños pequeños correr y jugar al aire libre, disfrutando del aire fresco y puro, y del sol que da vida. Dejemos que los cimientos de una constitución fuerte se establezcan en la vida temprana. Los padres deben ser los únicos maestros de sus hijos, hasta que tengan ocho o diez años de edad. Que la madre se ocupe menos de lo artificial, que se niegue a dedicar sus poderes a la esclavitud de la exhibición de moda, y que encuentre tiempo para cultivar en ella y en sus hijos el amor por las cosas bellas de la naturaleza. Que les señale las glorias que se extienden en los cielos, las mil formas de belleza que adornan la tierra, y luego les hable de Aquel que las hizo todas. Así puede conducir sus jóvenes mentes hacia el Creador, y despertar en sus corazones la reverencia y el amor por el Dador de toda bendición. Los campos y las colinas -la sala de audiencias de la naturaleza- deberían ser el aula para los niños pequeños. Sus tesoros deberían ser su libro de texto. Las lecciones así impresas en sus mentes no se olvidarán pronto.

Las obras de Dios en la naturaleza tienen lecciones de sabiduría y dones de curación para todos. Las escenas siempre cambiantes de las estaciones recurrentes presentan constantemente muestras frescas de Su gloria, Su poder y Su amor. Es bueno que los estudiantes mayores, mientras se esfuerzan por adquirir las artes y el aprendizaje de los hombres, busquen también más de la sabiduría de Dios, para aprender más de las leyes divinas, tanto naturales como morales. En la obediencia a éstas están la vida y la felicidad, en este mundo y en el mundo venidero. –*Review and Herald*, 10 de enero de 1882.

Una visita a College City

Hace unas semanas, visité College City (California), para hablar, por invitación, sobre el tema de la templanza. La iglesia se tiñó de rojo para la ocasión, y hubo una buena asistencia. La gente de este lugar ya ha adoptado una postura loable sobre los principios de la templanza. De hecho, fue bajo esta condición que se estableció aquí un colegio. El terreno sobre el que se levanta el edificio del colegio, con una gran extensión que lo rodea, fue donado a la iglesia cristiana para fines educativos, con la estipulación de que nunca se abriera ninguna taberna en un radio de tres millas del colegio. Este acuerdo parece haberse cumplido fielmente. Nos parece que los jóvenes están mucho más seguros al asistir al colegio en una ciudad así que donde hay salones abiertos día y noche en cada esquina.

Las normas de este colegio vigilan estrictamente la asociación de muchachos y muchachas durante el periodo escolar. Sólo cuando estas normas se suspenden temporalmente, como ocurre a veces, se permite a los caballeros acompañar a las damas a las reuniones públicas y a su regreso. Nuestro propio Colegio en Battle Creek tiene normas similares, aunque no tan estrictas. Tales reglas son indispensables para proteger a la juventud del peligro del cortejo prematuro y del matrimonio imprudente. Los jóvenes son enviados al colegio por sus padres para obtener una educación, no para coquetear con el sexo opuesto. El bien de la sociedad, así como el más alto interés de los estudiantes, exige que no intenten seleccionar un compañero de vida mientras su propio carácter aún no está desarrollado, su juicio es inmaduro, y mientras están al mismo tiempo privados del cuidado y la orientación de los padres.

Es porque la formación en el hogar es defectuosa que los jóvenes están tan poco dispuestos a someterse a la autoridad adecuada. Soy madre; sé de lo que hablo, cuando digo que los jóvenes y los niños no sólo están más seguros, sino que son más felices bajo una sana contención que cuando siguen su propia inclinación. Padres, sus hijos e hijas no están prolijamente vigilados. Nunca se les debe permitir ir y venir cuando les plazca, sin su conocimiento y consentimiento. La libertad ilimitada que se concede a los niños a esta edad ha demostrado ser la ruina de miles de personas. A cuántos se les permite estar en las calles por la noche, y los padres se contentan con desconocer a los compañeros de sus hijos. Con demasiada frecuencia se eligen compañeros cuya influencia sólo tiende a desmoralizar.

Al amparo de la oscuridad, los chicos se reúnen en grupos para aprender sus primeras lecciones sobre el juego de cartas, el juego, el tabaco y el consumo de vino o cerveza. Los hijos de padres religiosos se aventuran en los salones para tomar una cena de ostras, o alguna indulgencia similar, y se colocan así en el camino de la tentación. La propia atmósfera de estos centros turísticos está impregnada de blasfemia y contaminación.

Nadie puede permanecer mucho tiempo en él sin corromperse. Es por tales asociaciones que jóvenes prometedores se convierten en ebrios y criminales. Hay que protegerse de los inicios del mal. Padres, a menos que sepáis que su entorno es intachable, no permitáis que vuestros hijos salgan a la calle después del anochecer para practicar deportes al aire libre o reunirse con otros chicos para divertirse. Si esta regla se aplica con rigidez, su obediencia se convertirá en algo habitual, y el deseo de transgredirla cesará pronto.

Aquellos que buscan proteger a los jóvenes de la tentación y prepararlos para una vida de utilidad, están comprometidos en una buena obra. Nos complace ver en cualquier institución de enseñanza un reconocimiento de la importancia de la contención y la disciplina adecuadas para los jóvenes. Que los esfuerzos de todos esos instructores se vean coronados por el éxito. –*Signs of the Times*, 2 de marzo de 1882

El hogar y la escuela

Es el orgullo de la época actual que nunca antes los hombres poseyeron tantas facilidades para la adquisición de conocimientos, ni manifestaron un interés tan general por la educación. Sin embargo, a pesar de este jactancioso progreso, existe un espíritu de insubordinación y temeridad sin parangón en la generación naciente; la degeneración mental y moral es casi universal. La educación popular no remedia el mal. La disciplina laxa en muchas instituciones de enseñanza casi ha destruido su utilidad, y en algunos casos las ha convertido en una maldición más que en una bendición. Este hecho ha sido visto y deplorado, y se han hecho serios esfuerzos para remediar los defectos de nuestro sistema educativo. Hay una necesidad urgente de escuelas en las que la juventud pueda ser entrenada en hábitos de autocontrol, aplicación y confianza en sí misma, de respeto a los superiores y reverencia a Dios. Con tal formación, podríamos esperar ver a los jóvenes preparados para honrar a su Creador y bendecir a sus semejantes.

Fue para asegurar estos objetivos que se fundó nuestro propio colegio en Battle Creek. Pero aquellos que se esfuerzan por llevar a cabo tal obra, encuentran que su cometido está plagado de muchas y graves dificultades. El mal que subyace a todos los demás, y que a menudo contrarresta los esfuerzos de los mejores instructores, se encuentra en la disciplina del hogar. Los padres no ven la importancia de proteger a sus hijos de las seductoras tentaciones de esta época. Ellos mismos no ejercen un control adecuado y, por lo tanto, no aprecian correctamente su valor.

Muchos padres y madres se equivocan al no apoyar los esfuerzos del maestro fiel. Los jóvenes y los niños, con su comprensión imperfecta y su juicio no desarrollado, no siempre son capaces de entender todos los planes y métodos del maestro. Sin embargo, cuando traen a casa informes de lo que se dice y se hace en la escuela, éstos son discutidos por los padres en el círculo familiar, y el curso del maestro es criticado sin freno. Aquí los niños aprenden lecciones que no se desaprenden fácilmente. Cada vez que se les somete a una restricción desacostumbrada, o se les exige que se apliquen al estudio duro, apelan a sus padres imprudentes en busca de simpatía e indulgencia. Así se fomenta un espíritu de malestar y descontento, la escuela en su conjunto sufre la influencia desmoralizadora, y la carga del profesor se hace mucho más pesada. Pero la mayor pérdida la sufren las víctimas de la falta de gestión de los padres. Los defectos de carácter que una formación correcta habría corregido se dejan fortalecer con los años, para estropear y quizás destruir la utilidad de su poseedor.

Por regla general, se encontrará que los alumnos más dispuestos a quejarse de la disciplina escolar son los que han recibido una educación superficial. Al no habérseles enseñado nunca la necesidad de la minuciosidad, la ven con desagrado. Los padres han descuidado la formación de sus hijos e hijas para el fiel cumplimiento de los deberes domésticos. A los niños se les permite pasar sus horas en el juego, mientras el padre y la madre se afanan sin cesar. Pocos jóvenes sienten que es su deber soportar una parte de la carga familiar. No se les enseña que la indulgencia del apetito, o la búsqueda de la facilidad o el placer, no es el gran objetivo de la vida.

El círculo familiar es la escuela en la que el niño recibe sus primeras y más duraderas lecciones. De ahí que los padres deban estar mucho en casa. Mediante el precepto y el ejemplo, deben enseñar a sus hijos el amor y el temor a Dios; enseñarles a ser inteligentes, sociables, afectivos, a cultivar hábitos de industria, economía y abnegación. Al dar a sus hijos amor, simpatía y estímulo en el hogar, los padres pueden proporcionarles un retiro seguro y bienvenido de muchas de las tentaciones del mundo.

"No tengo tiempo", dice el padre, "no tengo tiempo para dedicar a la formación de mis hijos, no tengo tiempo para las diversiones sociales y domésticas". Entonces no debería haber asumido la responsabilidad de una familia. Al negarles el tiempo que les corresponde, les roba la educación que deberían recibir de sus manos. Si tiene hijos, tiene una labor que hacer, en unión con la madre, en la formación de sus caracteres. Aquellos que sienten que tienen un llamado imperativo a trabajar por el mejoramiento de la sociedad, mientras sus propios hijos crecen indisciplinados, deberían preguntarse si no han equivocado su deber. Su propio hogar es el primer campo misionero en el que los padres deben trabajar. Aquellos que dejan que el jardín del hogar crezca con espinas y cardos, mientras manifiestan gran interés en el cultivo de la parcela de su vecino, están despreciando la palabra de Dios.

Repito, es la falta de amor y piedad, y el descuido de la disciplina adecuada en el hogar, lo que crea tantas dificultades en las escuelas y colegios. Hay un temible estado de frialdad y apatía entre los que profesan ser cristianos. Son insensibles, poco caritativos y no perdonan. Estos malos rasgos, consentidos primero en el hogar, ejercen su nefasta influencia en todas las asociaciones de la vida diaria. Si el espíritu de amabilidad y cortesía fuera apreciado por padres e hijos, se vería también en el trato entre maestro y alumno. Cristo debería ser un invitado de honor en el círculo familiar, y su presencia no es menos necesaria en el aula. Ojalá que el poder convertidor de Dios ablande y someta los corazones de padres e hijos, maestros y alumnos, y los transforme a la semejanza de Cristo.

Los padres y las madres deberían estudiar cuidadosamente y en oración el carácter de sus hijos. Deberían tratar de reprimir y reeducar aquellos rasgos que son demasiado prominentes, y fomentar otros que puedan ser deficientes, asegurando así un desarrollo armonioso. Este no es un asunto ligero. Puede que el padre no considere un gran pecado descuidar la formación de sus hijos; pero así lo considera Dios. Los padres cristianos necesitan una conversión profunda sobre este tema. La culpa se acumula sobre ellos, y las consecuencias de sus acciones se extienden desde sus propios hijos hasta los hijos de los hijos. La mente desequilibrada, el temperamento apresurado, la inquietud, la envidia o los celos dan testimonio de la negligencia de los padres. Estos malos rasgos de carácter traen una gran infelicidad a sus

El hogar y la escuela

poseedores. Cuántos no reciben de sus compañeros y amigos el amor que podrían tener si fueran más amables. ¡Cuántos crean problemas dondequiera que vayan, y en lo que sea que estén comprometidos!

Los niños tienen derechos que sus padres deberían reconocer y respetar. Tienen derecho a una educación y una formación que los convierta en miembros útiles, respetados y queridos de la sociedad de aquí, y les dé una aptitud moral para la sociedad de los puros y santos del más allá. Se debe enseñar a los jóvenes que tanto su bienestar presente como el futuro dependen en gran medida de los hábitos que se formen en la infancia y la juventud. Se les debe acostumbrar desde temprano a la sumisión, la abnegación y la consideración por la felicidad de los demás. Se les debe enseñar a dominar el temperamento precipitado, a retener la palabra apasionada, a manifestar una amabilidad, una cortesía y un autocontrol invariables. Los padres y las madres deben hacer del estudio de su vida que sus hijos lleguen a ser tan perfectos en su carácter como el esfuerzo humano, combinado con la ayuda divina, pueda hacerlos. Esta labor, con toda su importancia y responsabilidad, la han aceptado, ya que han traído hijos al mundo.

Los padres deben ver que sus propios corazones y vidas están controlados por los preceptos divinos, si quieren criar a sus hijos en la crianza y amonestación del Señor. No están autorizados a alborotar, regañar y ridiculizar. Nunca deben burlarse de sus hijos con rasgos perversos de carácter, que ellos mismos les han transmitido. Este modo de disciplina nunca curará el mal. Padres, traigan los preceptos de la palabra de Dios para amonestar y reprender a sus hijos descarriados. Muéstrenles un "así dice el Señor" para sus requerimientos. Una reprimenda que viene como la palabra de Dios es mucho más efectiva que una que cae en tonos duros y enojados de los labios de los padres.

Siempre que parezca necesario negar los deseos u oponerse a la voluntad de un niño, se le debe impresionar seriamente con el pensamiento de que esto no se hace para la gratificación de los padres, o para complacer la autoridad arbitraria, sino para su propio bien. Debe enseñársele que toda falta no corregida le traerá infelicidad y desagradará a Dios. Bajo tal disciplina, los niños encontrarán su mayor felicidad al someter su propia voluntad a la de su Padre Celestial.

Algunos padres -y también algunos maestros- parecen olvidar que ellos mismos fueron una vez niños. Son dignos, fríos y poco comprensivos. Dondequiera que entren en contacto con los jóvenes, en el hogar, en la escuela, en la escuela sabática o en la iglesia, mantienen el mismo aire de autoridad, y sus rostros llevan habitualmente una expresión solemne y reprobatoria. La alegría infantil o las travesuras, la inquieta actividad de la vida juvenil, no encuentran excusa a sus ojos. Las faltas insignificantes son tratadas como pecados graves. Tal disciplina no es propia de Cristo. Los niños así educados temen a sus padres o maestros, pero no los aman; no les confían sus experiencias infantiles. Algunas de las cualidades más valiosas de la mente y el corazón se enfrían hasta morir, como una planta tierna ante el soplo invernal.

Sonrían, padres; sonrían, maestros. Si su corazón está triste, no dejen que su rostro revele el hecho. Dejad que el sol de un corazón amoroso y agradecido ilumine el semblante. Liberaos de vuestra dura dignidad, adaptaos a las necesidades de los niños y haced que os quieran. Debéis ganar su afecto, si queréis imprimir la verdad religiosa en su corazón.

Jesús amaba a los niños. Recordaba que una vez fue un niño, y su semblante benévolo se ganó el afecto de los pequeños. Les encantaba jugar alrededor de Él, y acariciar ese rostro cariñoso con sus manos inocentes. Cuando las madres hebreas trajeron a sus bebés para que fueran bendecidos por el querido Salvador, los discípulos consideraron que el encargo era demasiado poco importante como para interrumpir sus enseñanzas. Pero Jesús leyó el ferviente anhelo de los corazones de aquellas madres y, revisando a sus discípulos, dijo: "Dejad a los niños y no les impidáis venir a mí, porque de los tales es el reino de los cielos".

Padres, ustedes tienen un trabajo que hacer por sus hijos que ningún otro puede hacer. No pueden trasladar sus responsabilidades a otro. El deber del padre para con sus hijos no puede ser transferido a la madre. Si ella cumple con su propio deber, ya tiene suficiente carga que soportar. Sólo trabajando al unísono, el padre y la madre pueden realizar la obra que Dios ha encomendado a sus manos.

El tiempo que se dedica a la adquisición de riquezas, mientras se descuidan el perfeccionamiento mental y la cultura moral, es más que perdido para los padres y los hijos. Los tesoros terrenales deben pasar; pero la nobleza de carácter, el valor moral, perdurará para siempre. Si la obra de los padres está bien hecha, por la eternidad dará testimonio de su sabiduría y fidelidad. Aquellos que cargan sus bolsos y su ingenuidad al máximo para proveer a sus hogares de ropas costosas y alimentos delicados, o para mantenerlos en la ignorancia de un trabajo útil, sólo serán recompensados por el orgullo, la envidia, la testarudez y la falta de respeto de sus hijos malcriados.

Los jóvenes necesitan que se construya una barrera firme desde su infancia entre ellos y el mundo, para que su influencia corruptora no les afecte. Los padres deben ejercer una vigilancia creciente, para que sus hijos no se pierdan para Dios. Si se considerara tan importante que los jóvenes posean un carácter hermoso y una disposición amable como lo es que imiten las modas del mundo en el vestir y el comportamiento, veríamos a cientos de ellos entrar hoy en el escenario de la vida activa preparados para ejercer una influencia ennoblecedora en la sociedad.

La labor de los padres en materia de educación, instrucción y disciplina desbanca a cualquier otra. Los esfuerzos de los mejores maestros a menudo darán poco fruto, si los padres y las madres no actúan su parte con fidelidad. La palabra de Dios debe ser siempre su guía. No nos esforzamos por presentar una nueva línea de deberes. Ponemos ante todos, las enseñanzas de esa palabra por la que debe juzgarse nuestro trabajo, y nos preguntamos: ¿Es ésta la norma que como padres cristianos nos esforzamos por alcanzar? —*Review and Herald*, 21 de marzo de 1882.

La importancia del ejercicio físico

La época actual es de un interés sin paralelo por la educación. La amplia difusión del conocimiento a través de la agencia de la prensa, poniendo los medios para adquirir cultura al alcance de todos, ha despertado un deseo genético de mejora mental.

Si bien reconocemos con gratitud el aumento de nuestras facilidades, no debemos cerrar los ojos ante los defectos del actual sistema educativo. En el ansioso esfuerzo por asegurar la cultura intelectual, se ha descuidado tanto la formación física como la moral. Muchos jóvenes salen de las instituciones de enseñanza con la moral degradada y las facultades físicas debilitadas; sin conocimientos de la vida práctica y con poca fuerza para cumplir sus deberes.

Al ver estos males, me he preguntado: ¿Deben nuestros hijos e hijas convertirse en débiles morales y físicos para obtener una educación en las escuelas? Esto no debería ser así; no tiene por qué serlo, si los maestros y los estudiantes no hacen más que ser fieles a las leyes de la naturaleza, que son también las leyes de Dios. Todas las facultades de la mente y del cuerpo deben ser llamadas a un ejercicio activo, para que los jóvenes se conviertan en hombres y mujeres fuertes y bien equilibrados.

Muchos estudiantes tienen tanta prisa por completar su educación que no son minuciosos en nada de lo que emprenden. Pocos tienen suficiente valor y autocontrol para actuar por principios. La mayoría de los estudiantes no comprenden el verdadero objeto de la educación y, por lo tanto, no toman un curso que asegure este objeto. Se aplican al estudio de las matemáticas o los idiomas, mientras descuidan un estudio mucho más esencial para la felicidad y el éxito de la vida. Muchos que pueden explorar las profundidades de la tierra con el geólogo, o recorrer los cielos con el astrónomo, no muestran el más mínimo interés por el maravilloso mecanismo de sus propios cuerpos. Otros pueden decir cuántos huesos hay en la estructura humana, y describir correctamente cada órgano del cuerpo, y sin embargo son tan ignorantes de las leyes de la salud, y de la cura de la enfermedad, como si la vida estuviera controlada por el destino ciego, en lugar de por una ley definida e invariable.

La salud física es la base de todas las ambiciones y esperanzas del estudiante. De ahí la importancia preeminente de adquirir un conocimiento de aquellas leyes por las que la salud se asegura y se preserva. Todo joven debe aprender a regular sus hábitos dietéticos: qué comer, cuándo comer y cómo comer. Debería aprender cuántas horas debe dedicar al estudio y cuánto tiempo debe dedicar al ejercicio físico. El cuerpo humano puede compararse con una maquinaria bien ajustada, que necesita cuidados para mantenerse en funcionamiento. Una parte no debe estar sometida a un desgaste y una presión constantes, mientras otra parte se oxida por la inacción. Mientras la mente se ejercita, los músculos también deben tener su proporción de ejercicio.

La regulación adecuada de sus hábitos de alimentación, sueño, estudio y ejercicio, es un deber que todo estudiante se debe a sí mismo, a la sociedad y a Dios. La educación que hará de los jóvenes una bendición para el mundo es la que les permite alcanzar una verdadera y noble varonilidad o feminidad. Aquel estudiante que estudia mucho, duerme poco, se ejercita poco y come irregularmente alimentos inadecuados o de inferior calidad, está obteniendo una formación mental a costa de la salud y la moral, de la espiritualidad y, tal vez, de la vida.

Los jóvenes desean naturalmente la actividad, y si no encuentran un ámbito legítimo para sus energías reprimidas después del confinamiento del aula, se vuelven inquietos e impacientes por el control, y así son llevados a participar en los deportes groseros y poco varoniles que deshonran a tantas escuelas y colegios, e incluso a sumergirse en escenas de disipación real. Muchos de los jóvenes que salieron inocentes de sus hogares, se corrompen por sus asociaciones en la escuela.

Toda institución de enseñanza debería prever el estudio y la práctica de la agricultura y las artes mecánicas. Deberían emplearse profesores competentes para instruir a la juventud en las diversas actividades industriales, así como en las distintas ramas de estudio. Si se dedica una parte de cada día al perfeccionamiento mental, que se dedique una parte determinada al trabajo físico, y un tiempo adecuado a los ejercicios de devoción y al estudio de las Escrituras.

Este entrenamiento fomentaría los hábitos de autoconfianza, firmeza y decisión. Los graduados de tales instituciones estarían preparados para dedicarse con éxito a los deberes prácticos de la vida. Tendrían valor y perseverancia para superar los obstáculos, y una firmeza de principios que no cedería a las malas influencias.

Si la juventud no puede tener más que una educación unilateral, ¿qué es lo más importante, el estudio de las ciencias, con todos los inconvenientes para la salud y la moral, o una formación completa en los deberes prácticos, con una moral sólida y un buen desarrollo físico? Decimos sin temor a equivocarnos que lo segundo. Pero con un esfuerzo adecuado se pueden conseguir ambas cosas, en la mayoría de los casos.

Los que combinan el trabajo útil con el estudio no necesitan ejercicios gimnásticos. Y el trabajo realizado al aire libre es diez veces más beneficioso para la salud que el trabajo en el interior. Tanto el mecánico como el agricultor hacen ejercicio físico, pero el agricultor es el más sano de los dos. Nada que no sea el aire vigorizante de la naturaleza y el sol satisfará plenamente las exigencias del sistema. El labrador de la tierra encuentra en su trabajo todos los movimientos que se practican en el gimnasio. Su sala de movimiento son los campos abiertos. El cano del cielo es su techo, la tierra sólida su suelo. Aquí ara y azada, siembra y cosecha. Obsérvelo, mientras en el "tiempo de heno" siega y rastrilla, lanza y da vueltas, levanta

La importancia del ejercicio físico

y carga, arroja, pisa y estiba. Estos diversos movimientos ponen en acción los huesos, las articulaciones, los músculos, los tendones y los nervios del cuerpo. Su ejercicio vigoroso provoca inspiraciones y exhalaciones completas, profundas y fuertes, que expanden los pulmones y purifican la sangre, enviando la cálida corriente de la vida a través de las arterias y las venas. Un agricultor que es templado en todos sus hábitos suele gozar de salud. Su trabajo le resulta placentero. Tiene buen apetito. Duerme bien y puede ser feliz.

Contraste la condición del agricultor activo con la del estudiante que descuida el ejercicio físico. Se sienta en una habitación cerrada, sentado sobre su escritorio o mesa, con el pecho contraído y los pulmones apretados. No puede realizar inspiraciones completas y profundas. Su cerebro está ocupado al máximo, mientras que su cuerpo está tan inactivo como si no tuviera ningún uso particular. Su sangre se mueve con lentitud por el sistema. Tiene los pies fríos y la cabeza caliente. ¿Cómo puede tener salud una persona así?

Deje que el estudiante haga un ejercicio regular que le haga respirar profunda y plenamente, llevando a sus pulmones el aire puro y vigorizante del cielo, y será un ser nuevo. No es el estudio duro lo que está destruyendo la salud de los estudiantes, sino su desprecio por las leyes de la naturaleza.

En las instituciones de enseñanza, deberían emplearse profesores experimentados para instruir a las jóvenes en los misterios de la cocina. Un conocimiento de los deberes domésticos no tiene precio para toda mujer. Hay familias sin número cuya felicidad naufraga por la ineficacia de la esposa y la madre. No es tan importante que nuestras hijas aprendan pintura, trabajos de fantasía, música, o incluso "raíz de cubo", o las figuras de la retórica, como que aprendan a cortar, confeccionar y remendar su propia ropa, o a preparar la comida de forma sana y sabrosa. Cuando una niña tiene nueve o diez años, debe exigírsele que asuma su parte habitual en las tareas domésticas, en la medida en que sea capaz, y debe hacerse responsable de la forma en que realiza su trabajo. Un padre sabio, cuando le preguntaron qué pretendía hacer con sus hijas, respondió: "Pretendo aprender de su excelente madre, para que aprendan el arte de mejorar el tiempo, y sean aptas para convertirse en esposas y madres, cabezas de familia y miembros útiles de la sociedad".

Lavar la ropa en la antigua tabla de frotar, barrer, quitar el polvo y una variedad de otras tareas en la cocina y el jardín, serán ejercicios valiosos para las jóvenes. Tales labores útiles suplirán el lugar del croquet, el tiro con arco, el baile y otras diversiones que no benefician a nadie.

Muchas damas, que se consideran bien educadas, que se han graduado con honores en alguna institución de enseñanza, son vergonzosamente ignorantes de los deberes prácticos de la vida. Están desprovistas de las cualificaciones necesarias para la correcta regulación de la familia y, por tanto, indispensables para su felicidad. Pueden hablar de la elevada esfera de la mujer y de sus derechos, pero ellas mismas están muy por debajo de la verdadera esfera de la mujer. Es el derecho de toda hija de Eva tener un conocimiento profundo de los deberes del hogar, recibir entrenamiento en cada departamento del trabajo doméstico. Toda joven debe ser educada de tal manera que, si es llamada a ocupar el puesto de esposa y madre, pueda presidir como una reina en su propio dominio. Debe ser plenamente competente para guiar e instruir a sus hijos y dirigir a sus sirvientes o, si es necesario, atender con sus propias manos las necesidades de su hogar. Tiene derecho a comprender el mecanismo del cuerpo humano y los principios de higiene, los asuntos de la dieta y el vestido, el trabajo y la recreación, y otros innumerables asuntos que conciernen íntimamente al bienestar de su hogar. Es su derecho obtener tal conocimiento de los mejores métodos de tratamiento de las enfermedades que pueda cuidar de sus hijos en la enfermedad, en lugar de dejar sus preciosos tesoros en manos de enfermeras y médicos extraños.

La idea de que la ignorancia del empleo útil es una característica esencial del verdadero caballero o dama, es contraria al designio de Dios en la creación del hombre. La ociosidad es un pecado, y la ignorancia de los deberes comunes es el resultado de una insensatez, que la vida posterior dará amplia ocasión de lamentar amargamente.

Aquellos que hacen de su norma de vida servir y honrar a Dios prestarán atención al mandato del apóstol: "Ya sea que comáis o bebáis o hagáis lo que sea, hacedlo todo para la gloria de Dios". Tales estudiantes preservarán su integridad frente a la tentación, y saldrán de la escuela con intelectos bien desarrollados, y con salud de cuerpo y salud de alma. – *Signs of the Times*, 29 de junio de 1882.

La integridad de Daniel bajo prueba

El profeta Daniel era un personaje ilustre. Fue un brillante ejemplo de lo que los hombres pueden llegar a ser cuando se unen al Dios de la sabiduría. Se deja constancia de un breve relato de la vida de este santo hombre de Dios para animar a los que después sean llamados a soportar la prueba y la tentación.

Cuando el pueblo de Israel, su rey, los nobles y los sacerdotes, fueron llevados al cautiverio, cuatro de ellos fueron seleccionados para servir en la corte del rey de Babilonia. Uno de ellos fue Daniel, que desde el principio dio muestras de la notable capacidad que desarrolló en años posteriores. Estos jóvenes eran todos de nacimiento principesco, y son descritos como "niños en los que no había mancha, sino bien dotados de toda sabiduría, y astutos en el conocimiento, y entendidos en la ciencia, y los que tenían habilidad en ellos". Al percibir los talentos superiores de estos jóvenes cautivos, el rey Nabucodonosor decidió prepararlos para que ocuparan puestos importantes en su reino. A fin de que estuvieran plenamente capacitados para su vida en la corte, según la costumbre oriental, se les debía enseñar la lengua de los caldeos y someterlos durante tres años a un exhaustivo curso de disciplina física e intelectual.

Los jóvenes de esta escuela de formación no sólo debían ser admitidos en el palacio real, sino que se dispuso que comieran de la carne y bebieran del vino que provenía de la mesa del rey. Con todo esto, el rey consideraba que no sólo les otorgaba un gran honor, sino que les aseguraba el mejor desarrollo físico y mental que pudiera obtenerse.

Entre las viandas puestas ante el rey había carne de cerdo y otras carnes que la ley de Moisés declaraba impuras y que los hebreos tenían expresamente prohibido comer. Aquí Daniel fue llevado a una severa prueba. ¿Debía adherirse a las enseñanzas de sus padres respecto a las carnes y las bebidas, y ofender al rey, y probablemente perder no sólo su posición sino su vida? o ¿debía hacer caso omiso del mandamiento del Señor, y conservar el favor del rey, asegurándose así grandes ventajas intelectuales y las más halagadoras perspectivas mundanas?

Daniel no dudó mucho. Decidió mantenerse firme en su integridad, fuera cual fuera el resultado. Se "propuso en su corazón no contaminarse con la porción de la comida del rey, ni con el vino que bebía".

Hay muchos entre los que profesan ser cristianos hoy en día que decidirían que Daniel era demasiado particular, y lo declararían estrecho e intolerante. Consideran que el asunto de la comida y la bebida es de muy poca importancia como para requerir una postura tan decidida, que implica el probable sacrificio de toda ventaja terrenal. Pero aquellos que razonan así encontrarán en el día del juicio que se apartaron de los requisitos expresos de Dios, y establecieron su propia opinión como norma de lo correcto y lo incorrecto. Encontrarán que lo que les parecía poco importante no era considerado así por Dios. Sus requerimientos deben ser sagradamente obedecidos. Aquellos que aceptan y obedecen uno de sus preceptos porque es conveniente hacerlo, mientras rechazan otro porque su observancia requeriría un sacrificio, rebajan la norma de lo correcto, y con su ejemplo llevan a otros a considerar con ligereza la santa ley de Dios. "Así dice el Señor" debe ser nuestra norma en todas las cosas.

Daniel estuvo sometido a las tentaciones más severas que pueden asaltar a la juventud de hoy; sin embargo, fue fiel a la instrucción religiosa recibida en sus primeros años de vida. Estuvo rodeado de influencias calculadas para subvertir a quienes vacilan entre los principios y las inclinaciones; sin embargo, la palabra de Dios lo presenta como un personaje intachable. Daniel no se atrevió a confiar en su propio poder moral. La oración era para él una necesidad. Hizo de Dios su fuerza, y el temor de Dios estaba continuamente ante él en todas las transacciones de su vida.

Daniel poseía la gracia de la genuina mansedumbre. Era sincero, firme y noble. Procuraba vivir en paz con todos, mientras que era inflexible como el elevado cedro dondequiera que estuvieran implicados los principios. En todo lo que no entraba en colisión con su lealtad a Dios, era respetuoso y obediente con quienes tenían autoridad sobre él; pero tenía un sentido tan elevado de las exigencias de Dios que los requerimientos de los gobernantes terrenales se mantenían subordinados. No se dejaba inducir por ninguna consideración egoísta para desviarse de su deber.

El carácter de Daniel se presenta al mundo como un ejemplo sorprendente de lo que la gracia de Dios puede hacer de los hombres caídos por naturaleza y corrompidos por el pecado. El registro de su vida noble y abnegada es un estímulo para nuestra humanidad común. De ella podemos sacar fuerzas para resistir noblemente la tentación y defender con firmeza, y en la gracia de la mansedumbre, lo correcto bajo la prueba más severa.

Daniel podría haber encontrado una excusa plausible para apartarse de sus hábitos estrictamente templados; pero la aprobación de Dios era más querida para él que el favor del más poderoso potentado terrenal, más querida incluso que la vida misma. Habiendo obtenido por su conducta cortés el favor de Melzar, el oficial a cargo de los jóvenes hebreos, Daniel hizo una petición para que no comieran de la carne del rey ni bebieran de su vino. Melzar temía que, si accedía a esta petición, podría incurrir en el desagrado del rey y poner así en peligro su propia vida. Como muchos en la actualidad, pensaba que una dieta abstemia haría que estos jóvenes tuvieran un aspecto pálido y enfermizo, y una fuerza muscular deficiente, mientras que la lujosa comida de la mesa del rey los haría rojizos y hermosos, y promovería la actividad física y mental.

Daniel pidió que el asunto se decidiera mediante una prueba de diez días, permitiéndose a los jóvenes hebreos, durante este breve período, comer de alimentos sencillos, mientras que sus compañeros participaban de las delicadezas del rey. La petición fue finalmente concedida, y entonces

La integridad de Daniel bajo prueba

Daniel se sintió seguro de haber ganado su caso. Aunque no era más que un joven, había visto los efectos perjudiciales del vino y la vida lujosa sobre la salud física y mental.

Al final de los diez días se comprobó que el resultado era todo lo contrario a las expectativas de Melzar. No sólo en el aspecto personal, sino en la actividad física y el vigor mental, los que habían sido templados en sus hábitos exhibían una marcada superioridad sobre sus compañeros que habían dado rienda suelta al apetito. Como resultado de esta prueba, a Daniel y a sus asociados se les permitió continuar con su dieta sencilla durante todo el curso de su entrenamiento para los deberes del reino.

El Señor consideró con aprobación la firmeza y la abnegación de estos jóvenes hebreos, y su bendición los acompañó. Él "les dio conocimiento y destreza en todo el aprendizaje y la sabiduría; y Daniel tuvo entendimiento en todas las visiones y sueños". Al término de los tres años de entrenamiento, cuando su capacidad y sus adquisiciones fueron puestas a prueba por el rey, éste "no encontró a ninguno como Daniel, Ananías, Misael y Azarías; por lo tanto, se presentaron ante el rey. Y en todos los asuntos de sabiduría y entendimiento que el rey les preguntó, los encontró diez veces mejores que todos los magos y astrólogos que había en todo su reino".

La vida de Daniel es una inspirada ilustración de lo que constituye un carácter santificado. Presenta una lección para todos, y especialmente para los jóvenes. El cumplimiento estricto de los requisitos de Dios es beneficioso para la salud del cuerpo y la mente. Para alcanzar el más alto nivel de logros morales e intelectuales, es necesario buscar la sabiduría y la fuerza de Dios, y observar una estricta templanza en todos los hábitos de la vida. En la experiencia de Daniel y sus compañeros tenemos un ejemplo del triunfo de los principios sobre la tentación de satisfacer el apetito. Nos muestra que por medio de los principios religiosos los jóvenes pueden triunfar sobre las lujurias de la carne, y permanecer fieles a los requerimientos de Dios, aunque les cueste un gran sacrificio.

¿Qué pasaría si Daniel y sus compañeros hubieran hecho un compromiso con aquellos oficiales paganos, y hubieran cedido a la presión de la ocasión, comiendo y bebiendo como era costumbre con los babilonios? Ese único caso de desviación de los principios habría debilitado su sentido del derecho y su aborrecimiento del mal. La indulgencia del apetito habría implicado el sacrificio del vigor físico, la lucidez del intelecto y el poder espiritual. Un paso equivocado probablemente habría llevado a otros, hasta que, cortada su conexión con el Cielo, habrían sido arrastrados por la tentación.

Dios ha dicho: "A los que me honren, los honraré". Mientras Daniel se aferraba a su Dios con una confianza inquebrantable, el espíritu del poder profético se apoderó de él. Mientras era instruido por el hombre en los deberes de la vida de la corte, fue enseñado por Dios a leer los misterios de las edades futuras, y a presentar a las generaciones venideras, mediante figuras y similitudes, las cosas maravillosas que sucederían en los últimos días. –*Signs of the Times*, 28 de septiembre de 1882.

La importancia de la educación

El verdadero objeto de la educación debe ser considerado cuidadosamente. Dios ha confiado a cada uno capacidades y poderes, para que se los devuelva ampliados y mejorados. Todos Sus dones nos son concedidos para ser utilizados al máximo. Él requiere que cada uno de nosotros cultive sus poderes, y alcance la mayor capacidad posible de utilidad, para que podamos hacer un trabajo noble para Dios, y bendecir a la humanidad. Cada talento que poseemos, ya sea de capacidad mental, de dinero o de influencia, es de Dios, para que podamos decir con David: "Todo viene de ti, y de lo tuyo te lo hemos dado".

Querida juventud, ¿cuál es el objetivo y el propósito de tu vida? ¿Anticipas en la educación para tener un nombre y una posición en el mundo? ¿Tenéis pensamientos que no os atrevéis a expresar, para poder estar un día en la cumbre de la grandeza intelectual; para poder sentaros en los consejos deliberantes y legislativos, ¿y ayudar a promulgar leyes para la nación? No hay nada malo en estas aspiraciones. Cada uno de ustedes puede dejar su huella. No debéis contentaros con logros mezquinos. Apuntad alto y no escatiméis esfuerzos para alcanzar el estándar.

El temor al Señor está en la base de toda verdadera grandeza. La integridad, la integridad inquebrantable, es el principio que debes llevar contigo en todas las relaciones de la vida. Lleve su religión a su vida escolar, a su hogar, a todas sus actividades. La cuestión importante para usted ahora es cómo elegir y perfeccionar sus estudios de manera que mantenga la solidez y la pureza de un carácter cristiano intacto, manteniendo todas las demandas e intereses temporales en sujeción a las demandas más elevadas del evangelio de Cristo. Ahora queréis construir como seréis capaces de amueblar, para relacionaros de tal manera con la sociedad y la vida que podáis responder al propósito de Dios en vuestra creación. Como discípulos de Cristo, no estáis impedidos de dedicaros a actividades temporales; pero debéis llevar vuestra religión con vosotros. Cualquiera que sea el negocio en el que os podáis comprometer, nunca tengáis la idea de que no podéis tener éxito en él sin sacrificar los principios.

Equilibrado por el principio religioso, puede ascender a cualquier altura que le plazca. Nos alegraría veros elevaros hasta la noble elevación que Dios quiere que alcancéis. Jesús ama a los preciosos jóvenes; y no le agrada verlos crecer con talentos no cultivados ni desarrollados. Pueden llegar a ser hombres fuertes de principios firmes, aptos para que se les confíen altas responsabilidades, y para ello pueden esforzarse lícitamente con todos los nervios.

Pero nunca cometan un crimen tan grande como pervertir los poderes que Dios les ha dado para diabolizar y destruir a otros. Hay hombres dotados que utilizan su capacidad para propagar la ruina moral y la corrupción; pero todos ellos están sembrando una semilla que producirá una cosecha que no estarán orgullosos de recoger. Es una cosa temible utilizar las habilidades dadas por Dios de tal manera que se esparza la plaga y el infortunio en lugar de la bendición en la sociedad. También es algo temible doblar el talento que se nos ha confiado en una servilleta y esconderlo en el mundo; porque esto es desechar la corona de la vida. Dios reclama nuestro servicio. Hay responsabilidades que cada uno debe asumir; y sólo podemos cumplir la gran misión de la vida cuando estas responsabilidades se aceptan plenamente y se cumplen fielmente y a conciencia.

Dice el sabio: "Recuerda ahora a tu Creador en los días de tu juventud". Pero no suponga ni por un momento que la religión le hará estar triste y sombrío y le bloqueará el camino del éxito. La religión de Cristo no borra, ni siquiera debilita, una sola facultad. No le incapacita en absoluto para disfrutar de ninguna felicidad real; no está diseñada para disminuir su interés por la vida, ni para hacerle indiferente a las demandas de los amigos y de la sociedad. No envuelve la vida en arpillera; no se expresa en profundos suspiros y gemidos. No, no; aquellos que en todo hacen de Dios lo primero y lo último y lo mejor, son las personas más felices del mundo. La sonrisa y el brillo del sol no están desterrados de su semblante. La religión no hace al receptor tosco y áspero, desordenado y descortés; por el contrario, lo eleva y ennoblece, refina su gusto, santifica su juicio y lo capacita para la sociedad de los ángeles celestiales y para el hogar que Jesús ha ido a preparar.

No perdamos nunca de vista que Jesús es un manantial de alegría. No se deleita en la miseria de los seres humanos, sino que le encanta verlos felices. Los cristianos tienen muchas fuentes de felicidad a su disposición, y pueden decir con precisión infalible qué placeres son lícitos y correctos. Pueden disfrutar de aquellas recreaciones que no disipen la mente ni degraden el alma, que no decepcionen ni dejen una triste influencia posterior que destruya el amor propio o impida el camino hacia la utilidad. Si pueden llevar a Jesús con ellos, y mantener un espíritu de oración, están perfectamente seguros.

El salmista dice: "La entrada de tus palabras alumbra; da entendimiento a los simples". Como poder educativo, la Biblia no tiene rival. Ninguna obra científica está tan bien adaptada para desarrollar la mente como la contemplación de las grandes y vitales verdades y lecciones prácticas de la Biblia. Nunca se ha impreso ningún otro libro que esté tan bien calculado para dar poder mental. Los hombres de los más grandes intelectos, si no son guiados por la palabra de Dios en su reexaminación, se desconciertan; no pueden comprender al Creador ni sus obras. Pero disponga la mente para captar y medir la verdad eterna, llámela al esfuerzo hurgando en busca de las joyas de la verdad en la rica mina de la palabra de Dios, y nunca se empequeñecerá y debilitará, como cuando se la deja detenerse en temas comunes.

La Biblia es la historia más instructiva y completa que se ha dado al mundo. Sus páginas sagradas contienen el único relato auténtico de la creación. Aquí contemplamos el poder que "extendió los cielos y puso los cimientos de la tierra". Aquí tenemos una historia veraz de la raza humana, que no está manchada por los prejuicios ni el orgullo humanos.

En la palabra de Dios encontramos tema para el pensamiento más profundo; sus verdades suscitan la aspiración más elevada. Aquí comulgamos con los patriarcas y los profetas, y escuchamos la voz del Eterno cuando habla con los hombres. Aquí contemplamos lo que los ángeles contemplan con asombro, el Hijo de Dios, cuando se humilló para convertirse en nuestro sustituto y fiador, para enfrentarse sin ayuda a los poderes de las tinieblas y obtener la victoria en nuestro favor.

Nuestros jóvenes tienen la preciosa Biblia; y si todos sus planes y propósitos son puestos a prueba por las Sagradas Escrituras, serán conducidos por caminos seguros. Aquí podemos aprender lo que Dios espera de los seres formados a su imagen. Aquí podemos aprender cómo mejorar la vida presente, y cómo asegurar la vida futura. Ningún otro libro puede satisfacer las preguntas de la mente y los anhelos del corazón. Prestando atención a las enseñanzas de la palabra de Dios, los hombres pueden elevarse desde las más bajas profundidades de la ignorancia y la degradación para convertirse en hijos de Dios, asociados de los ángeles sin pecado.

Cuanto más se detenga la mente en estos temas, más se verá que los mismos principios atraviesan las cosas naturales y las espirituales. Hay armonía entre la naturaleza y el cristianismo, pues ambos tienen el mismo Autor. El libro de la naturaleza y el libro de la revelación indican el funcionamiento de la misma mente divina. Hay lecciones que se pueden aprender en la naturaleza; y hay lecciones, profundas, serias y totalmente importantes, que se pueden aprender del libro de Dios.

Jóvenes amigos, el temor del Señor está en la base misma de todo progreso; es el principio de la sabiduría. Vuestro Padre Celestial tiene derechos sobre vosotros; porque sin solicitud ni mérito por vuestra parte os da las bondades de su providencia; y más que esto, os ha dado todo el cielo en un solo regalo, el de su amado Hijo. A cambio de este regalo infinito, Él reclama de usted una obediencia voluntaria. Como habéis sido comprados con un precio, la preciosa sangre del Hijo de Dios, Él exige que hagáis un uso correcto de los privilegios de los que gozáis. Sus facultades intelectuales y morales son dones de Dios, talentos que se le han confiado para que los mejore sabiamente, y usted no está en libertad de dejar que permanezcan latentes por falta de un cultivo adecuado, o que se paralicen y empequeñezcan por la inacción. A ustedes les corresponde determinar si las pesadas responsabilidades que recaen sobre ustedes se cumplirán fielmente o no, si sus esfuerzos estarán bien dirigidos y serán los mejores.

Estamos viviendo los peligros de los últimos días. Todo el cielo está interesado en el carácter que estáis formando. Se han hecho todas las provisiones para vosotros, para que seáis partícipes de la naturaleza divina, habiendo escapado de la corrupción que hay en el mundo por la lujuria. El hombre no está abandonado para conquistar los poderes del mal por sus propios y débiles esfuerzos. La ayuda está a la mano, y se le dará a cada alma que realmente lo desee. Los ángeles de Dios, que ascienden y descienden por la escalera que Jacob vio en visión, ayudarán a toda alma que quiera subir incluso al cielo más alto. Ellos vigilan al pueblo de Dios y observan cómo se da cada paso. Los que suban por el camino brillante serán recompensados; entrarán en la alegría de su Señor.

La importancia de la educación

En el caso de Daniel, el temor del Señor fue el principio de la sabiduría. Se encontraba en una posición en la que la tentación era fuerte. En las cortes del rey, la disipación estaba en todas partes; la indulgencia egoísta, la gratificación del apetito, la intemperancia y la gula, estaban a la orden del día. Daniel podía unirse a las prácticas debilitantes y corruptoras de los cortesanos, o podía resistir la influencia que tendía hacia abajo. Eligió este último curso. Se propuso en su corazón no dejarse corromper por las indulgencias pecaminosas con las que entraba en contacto, fueran cuales fueran las consecuencias. Ni siquiera se contaminaría con la carne del rey, ni con el vino que bebía. Al Señor le agradó el curso que siguió Daniel. Fue muy amado y honrado por el cielo; y a él el Dios de la sabiduría le dio habilidad en el aprendizaje de los caldeos, y comprensión en todas las visiones y sueños.

Si los estudiantes que asisten a nuestras universidades fueran firmes y mantuvieran la integridad, si no se asociaran con los que caminan por los senderos del pecado, ni se dejaran encantar por su sociedad, como Daniel disfrutarían del favor de Dios. Si desecharan las diversiones impropias de la mesa y la indulgencia del apetito, sus mentes estarían despejadas para la búsqueda del conocimiento. Obtendrían así un poder moral que les permitiría permanecer impasibles cuando les asalte la tentación. Es una lucha continua estar siempre alerta para resistir el mal; pero vale la pena obtener una victoria tras otra sobre el yo y los poderes de las tinieblas. Y si los jóvenes son probados y puestos a prueba, como lo fue Daniel, qué honor pueden reflejar a Dios por su firme adhesión al derecho.

Un carácter sin mancha es tan precioso como el oro de Ofir. Sin una virtud pura e inmaculada, nadie puede llegar a ninguna eminencia honorable. Pero las aspiraciones nobles y el amor a la rectitud no se heredan. El carácter no puede comprarse; debe formarse mediante duros esfuerzos para resistir la tentación. La formación de un carácter correcto es el trabajo de toda una vida, y es el resultado de la meditación en oración unida a un gran propósito. La excelencia del carácter que usted posee debe ser el resultado de su propio esfuerzo. Los amigos pueden animarle, pero no pueden hacer el trabajo por usted. Desear, suspirar, soñar, nunca le hará grande o bueno. Debe escalar. Cíñete los lomos de tu mente y ponte a trabajar con todas las fuerzas de tu voluntad. Es la sabia mejora de vuestras oportunidades, el cultivo de los talentos que Dios os ha dado, lo que hará de vosotros hombres y mujeres que puedan ser aprobados por Dios, y una bendición para la sociedad. Dejad que vuestro nivel sea alto, y con energía indomable, aprovechad al máximo vuestros talentos y oportunidades, y presionad hacia la meta.

¿Considerarán nuestros jóvenes que tienen batallas que librar? Satanás y sus huestes se han dispuesto contra ellos, y no tienen la experiencia que han adquirido los de edad madura.

Satanás tiene un odio intenso hacia Cristo y la compra de su sangre, y obra con todo el engaño de la injusticia. Busca por todos los artificios alistar a los jóvenes bajo su bandera; y los utiliza como sus agentes para sugerir

La importancia de la educación

dudas de la Biblia. Cuando se siembra una semilla de duda, Satanás la alimenta hasta que produce una cosecha abundante. Si logra desestabilizar a un joven con respecto a la Escritura, éste no dejará de trabajar hasta que otras mentes sean leudadas con el mismo escepticismo.

Los que abrigan dudas se jactarán de su independencia de mente; pero están muy lejos de poseer una genuina independencia. Sus mentes están llenas de un miedo servil, por si alguien tan débil y superficial como ellos los ridiculiza. Esto es debilidad, y esclavitud para el tirano más vergonzoso. La verdadera libertad e independencia se encuentran en el servicio a Dios. Su servicio no le impondrá ninguna restricción que no aumente su felicidad. Al cumplir con Sus requisitos, encontrará una paz, un contento y un disfrute que nunca podrá tener en el camino de la licencia salvaje y el pecado. Entonces estudie bien la naturaleza de la libertad que desea. ¿Es la libertad de los hijos de Dios, ser libres en Cristo Jesús? o ¿llamas libertad a la complacencia egoísta de las bajas pasiones? Tal libertad lleva consigo el más pesado remordimiento; es la más cruel esclavitud.

La verdadera independencia de espíritu no es la terquedad. Lleva a los jóvenes a formar sus opiniones en base a la palabra de Dios, independientemente de lo que otros puedan decir o hacer. Si están en compañía de incrédulos, ateos o infieles, los lleva a reconocer y defender su creencia en las verdades sagradas del evangelio contra las cavilaciones y ocurrencias de sus asociados impíos. Si están con los que creen que es una virtud hacer alarde de los defectos de los que profesan ser cristianos, y luego se burlan de la religión, la moral y la virtud, la verdadera independencia de espíritu los llevará a mostrar cortésmente, pero con valentía, que el ridículo es un pobre sustituto de los argumentos sólidos. Los capacitará para mirar más allá del criticón hacia quien influye en él, el adversario de Dios y del hombre, y para resistirlo en la persona de su agente.

Defiendan a Jesús, jóvenes amigos, y en su momento de necesidad Jesús los defenderá a ustedes. "Por sus frutos los conoceréis". O Dios o Satanás controla la mente; y la vida lo muestra tan claramente que nadie tiene que confundir a qué poder rinde lealtad. Todos tenemos una influencia, ya sea para el bien o para el mal. ¿Está su influencia del lado de Cristo o del de Satanás? Los que se apartan de la iniquidad alistan el poder de la Omnipotencia a su favor. La atmósfera que los rodea no es de la tierra. Mediante el poder silencioso de una vida bien ordenada y una conversación piadosa, pueden presentar a Jesús al mundo. Pueden reflejar la luz del Cielo y ganar almas para Cristo.

Me alegro de que tengamos instituciones en las que nuestra juventud pueda separarse de las influencias corruptoras tan frecuentes en las escuelas de la actualidad. Nuestros hermanos y hermanas deberían estar agradecidos de que en la providencia de Dios se hayan establecido nuestros colegios, y deberían estar dispuestos a sostenerlos con sus medios. Debe ejercerse toda influencia para educar a la juventud y elevar su moral. Deben ser entrenados para tener valor moral para resistir la marea de la contaminación moral en esta época degenerada. Con un firme asidero en el poder divino, pueden estar en la sociedad para moldear y formar, en lugar de ser moldeados según el modelo del mundo.

No puede haber una labor más importante que la de educar adecuadamente a nuestra juventud. Debemos guardarlos, combatiendo a Satanás, para que no los arrebate de nuestros brazos. Cuando los jóvenes vienen a nuestros colegios, no se les debe hacer sentir que han venido entre extraños, que no se preocupan por sus almas. Debe haber padres y madres en Israel que velen por sus almas, como los que deben dar cuenta. Hermanos y hermanas, no se mantengan alejados de la querida juventud, como si no tuvieran ninguna preocupación o responsabilidad particular por ellos. Vosotros, que desde hace tiempo profesáis ser cristianos, tenéis una labor que realizar para guiarlos paciente y amablemente por el buen camino. Debéis mostrarles que los amáis porque son miembros jóvenes de la familia del Señor, la compra de su sangre.

El futuro de la sociedad será determinado por la juventud de hoy. Satanás está haciendo esfuerzos serios y perseverantes para corromper la mente y degradar el carácter de todos los jóvenes; ¿y nosotros, que tenemos más experiencia, nos quedaremos como meros espectadores y veremos cómo cumple su propósito sin obstáculos? Permanezcamos en nuestro puesto como hombres minúsculos, para trabajar por estos jóvenes, y con la ayuda de Dios, apartarlos del pozo de la destrucción. En la parábola, mientras los hombres dormían, el enemigo sembraba cizaña; y mientras ustedes, mis hermanos y hermanas, son inconscientes de su obra, él está reuniendo un ejército de jóvenes bajo su bandera; y se regocija, porque a través de ellos lleva adelante su guerra contra Dios.

Los maestros de nuestras escuelas tienen una gran responsabilidad que asumir. Deben ser en palabras y carácter lo que desean que sean sus alumnos, hombres y mujeres que temen a Dios y obran con rectitud. Si ellos mismos conocen el camino, pueden entrenar a los jóvenes para que lo recorran. No sólo los educarán en las ciencias, sino que los entrenarán para que tengan independencia moral, para que trabajen por Jesús y para que asuman las cargas en su causa.

Maestros, ¿qué oportunidades tienen ustedes? ¡Qué privilegio está a su alcance de moldear las mentes y los caracteres de los jóvenes a su cargo! ¡Qué alegría será para ustedes encontrarse con ellos alrededor del gran trono blanco, y saber que han hecho lo que han podido para capacitarlos para la inmortalidad! Si su obra resiste la prueba del gran día, cuánta música dulce caerá sobre su oído la bendición del Maestro: "Bien hecho, siervo bueno y fiel; entra en el gozo de tu Señor".

En el gran campo de la cosecha hay abundancia de trabajo para todos, y aquellos que descuiden hacer lo que puedan, serán encontrados culpables ante Dios. Trabajemos por el tiempo y por la eternidad. Trabajemos por la juventud con todos los poderes que Dios nos ha otorgado, y Él bendecirá nuestros esfuerzos bien dirigidos. Nuestro Salvador anhela salvar a los jóvenes. Se regocijaría de verlos alrededor de Su trono vestidos con las túnicas inmaculadas de Su justicia. Está esperando colocar sobre sus cabezas la corona de la vida, y oír que sus voces felices se unen para atribuir el honor, la gloria y la majestad a Dios y al Cordero en el canto de la victoria que resonará y resonará por todos los atrios del cielo. —*Review and Herald*, 19 y 26 de agosto de 1884.

El peligro de leer libros ficticios

Todo cristiano, ya sea viejo o joven, será asaltado por tentaciones; y nuestra única seguridad está en estudiar cuidadosamente nuestro deber, y luego cumplirlo a cualquier precio para nosotros mismos.

Todo se ha hecho por nosotros para asegurar nuestra salvación, y debemos estar no sólo dispuestos sino ansiosos por aprender la voluntad de Dios, y hacer todo para su gloria. Este es el trabajo de la vida del cristiano. No tratará de ver hasta dónde puede aventurarse en el camino de la indiferencia y la incredulidad, y aun así ser llamado hijo de Dios; sino que estudiará para ver hasta dónde puede imitar la vida y el carácter de Cristo.

Jóvenes amigos, el conocimiento de la Biblia les ayudará a resistir la tentación. Si has tenido la costumbre de leer libros de cuentos, ¿considerarás si es correcto pasar tu tiempo con estos libros, que simplemente ocupan tu tiempo y te divierten, pero no te dan fuerza mental o moral? Si los está leyendo y descubre que le crean un ansia morbosa de novelas emocionantes, si le llevan a no gustar de la Biblia y a desecharla, si le envuelven en la oscuridad y en el alejamiento de Dios, si esta es la influencia que ejercen sobre usted, deténgase allí mismo. No siga este curso de lectura hasta que su imaginación se dispare, y se vuelva incapaz para el estudio de la Biblia, y los deberes prácticos de la vida real.

Las obras de ficción baratas no son provechosas. No imparten ningún conocimiento real; no inspiran ningún propósito grande y bueno; no encienden en el corazón ningún deseo ferviente de pureza; no excitan el hambre del alma por la justicia. Por el contrario, quitan tiempo que debería dedicarse a los deberes prácticos de la vida y al servicio de Dios, tiempo que debería dedicarse a la oración, a visitar a los enfermos, a cuidar de los necesitados y a educarse para una vida útil. Cuando empiezas a leer un libro de cuentos, con qué frecuencia la imaginación se excita tanto que te hace caer en el pecado. Desobedeces a tus padres y traes confusión al círculo doméstico al descuidar los simples deberes que te corresponden. Y lo que es peor, se olvida la oración y se lee la Biblia con indiferencia o se descuida por completo.

Hay otra clase de libros que debe evitar, las producciones de escritores infieles como Paine e Ingersoll. A menudo se le insiste en ellos con la burla de que usted es un cobarde y tiene miedo de leerlos. Diga con franqueza a esos enemigos que quieren tentarle -pues enemigos son, por mucho que profesen ser sus amigos- que obedecerá a Dios y tomará la Biblia como guía. Dígales que tiene miedo de leer estos libros; que su fe en la palabra de Dios es ahora demasiado débil, y que quiere que se aumente y se fortalezca en lugar de disminuirse; y que no quiere entrar en contacto tan estrecho con el padre de la mentira.

Te advierto que te mantengas firme, y que nunca hagas una acción incorrecta antes de que te llamen cobarde. No permitáis que ninguna burla, ninguna amenaza, ningún comentario burlón, os induzca a violar vuestra conciencia en lo más mínimo, y abrir así una puerta por la que Satanás pueda entrar y controlar la mente.

No os permitáis abrir las tapas de un libro que es cuestionable. Hay una fascinación infernal en la literatura de Satanás. Es la poderosa batería con la que derriba una simple fe religiosa. Nunca se sienta con fuerzas para leer libros infieles, pues contienen un veneno como el de los áspides. No pueden hacerle ningún bien, y seguramente le harán daño. Al leerlos, estáis inhalando las miasmas del infierno. Serán para tu alma como un chorro de agua corrompido, contaminando la mente, manteniéndola en los laberintos del escepticismo, y haciéndola terrenal y sensual. Estos libros están escritos por hombres a los que Satanás emplea como sus agentes; y por este medio se propone confundir la mente, apartar los afectos de Dios, y robar a vuestro Creador la reverencia y la gratitud que exigen sus obras.

La mente necesita ser entrenada, y sus deseos controlados y llevados a la sujeción de la voluntad de Dios.

En lugar de ser empequeñecida y deformada por alimentarse de la vil basura que Satanás proporciona, debe tener un alimento sano, que le dé fuerza y vigor. Joven cristiano, tienes todo por aprender. Debes ser un estudiante interesado en la Biblia; debes escudriñar en ella, comparando las escrituras con los escritos. Si quieres hacer un servicio bueno y aceptable a tu Maestro, debes saber lo que Él requiere. Su palabra es una guía segura; si se estudia cuidadosamente, no hay peligro de caer bajo el poder de las tentaciones que rodean a los jóvenes y se agolpan sobre ellos. –*The Youth's Instructor*, 10 de septiembre de 1884.

Las escuelas de los hebreos antiguos

Las instituciones de la sociedad humana encuentran sus mejores modelos en la palabra de Dios. Para las de instrucción, en particular, no faltan ni el precepto ni el ejemplo. Lecciones de gran provecho, incluso en esta época de progreso educativo, pueden encontrarse en la historia del antiguo pueblo de Dios.

El Señor se reservó para sí la educación e instrucción de Israel. Su cuidado no se limitaba a sus intereses religiosos. Todo lo que afectaba a su bienestar mental o físico, se convertía también en objeto de la solicitud divina, y entraba en la provincia de la ley divina.

Dios ordenó a los hebreos que enseñaran a sus hijos sus requisitos, y que los pusieran al corriente de todos sus tratos con su pueblo. El hogar y la escuela eran uno. En lugar de labios extraños, los corazones amorosos del padre y la madre debían dar instrucción a sus hijos. Los pensamientos de Dios se asociaban a todos los acontecimientos de la vida diaria en la morada del hogar. Las poderosas obras de Dios en la liberación de su pueblo se relataban con elocuencia y temor reverencial. Las grandes verdades de la providencia de Dios y de la vida futura se imprimían en la joven mente. Ésta se familiarizó con lo verdadero, lo bueno y lo bello.

Mediante el uso de figuras y símbolos se ilustraron las lecciones impartidas, y así se fijaron más firmemente en la memoria. A través de esta animada imaginería el niño era, casi desde la infancia, iniciado en los misterios, la sabiduría y las esperanzas de sus padres, y guiado en una forma de pensar y sentir y anticipar, que alcanzaba más allá de las cosas vistas y transitorias, a lo invisible y eterno.

De esta educación muchos jóvenes de Israel salieron vigorosos en cuerpo y mente, rápidos para percibir y fuertes para actuar, el corazón preparado como una buena tierra para el crecimiento de la preciosa semilla, la mente entrenada para ver a Dios en las palabras de la revelación y las escenas de la naturaleza. Las estrellas del cielo, los árboles y las flores del campo, las elevadas montañas, los arroyos balbuceantes, todo le hablaba, y las voces de los profetas, oídas en toda la tierra, encontraban una respuesta en su corazón.

Así fue la formación de Moisés en la humilde cabaña de Goshen; de Samuel, por la fiel Ana; de David, en la cabaña de la colina de Belén; de Daniel, antes de que las escenas del cautiverio lo separaran del hogar de sus padres. Así fue también la vida temprana de Cristo, en el humilde hogar de Nazaret; así fue el adiestramiento mediante el cual el niño Timoteo aprendió de labios de su madre Eunice, y de su abuela Loida, las verdades de las Sagradas Escrituras.

Se tomaron otras disposiciones para la instrucción de los jóvenes, mediante el establecimiento de la "escuela de los profetas". Si un joven estaba deseoso de obtener un mejor conocimiento de las Escrituras, de escudriñar más profundamente los misterios del reino de Dios, y de buscar la sabiduría de lo alto, para poder llegar a ser un maestro en Israel, esta escuela estaba abierta para él.

Por Samuel se establecieron las escuelas de los profetas para servir de barrera contra la corrupción generalizada resultante del curso inicuo de los hijos de Elí, y para promover el bienestar moral y espiritual del pueblo. Estas escuelas demostraron ser una gran bendición para Israel, promoviendo esa rectitud que exalta a una nación, y dotándola de hombres calificados para actuar, en el temor de Dios, como líderes y consejeros. Para lograr este objetivo, Samuel reunió compañías de jóvenes piadosos, inteligentes y estudiosos. Estos fueron llamados los hijos de los profetas. Los instructores eran hombres no sólo versados en la verdad divina, sino aquellos que habían disfrutado ellos mismos de la comunión con Dios, y habían recibido la dotación especial de su Espíritu. Gozaban del respeto y la confianza del pueblo, tanto por su aprendizaje como por su piedad.

En los días de Samuel había dos de estas escuelas, una en Ramá, la casa del profeta, y la otra en Quiriat-jearim, donde estaba entonces el arca. Se añadieron dos en tiempos de Elías, en Jericó y Betel, y posteriormente se establecieron otras en Samaria y Gilgal.

Los alumnos de estas escuelas se sostenían con su propio trabajo como labradores y mecánicos. En Israel esto no se consideraba extraño o degradante; se consideraba un crimen permitir que los niños crecieran en la ignorancia del trabajo útil. En obediencia al mandato de Dios, a cada niño se le enseñaba algún oficio, aunque debía ser educado para un oficio sagrado. Muchos de los maestros religiosos se mantenían con el trabajo manual. Incluso en tiempos de Cristo, no se consideraba nada degradante que Pablo y Aquila se ganaran la vida con su trabajo como fabricantes de tiendas.

Los principales temas de estudio eran la ley de Dios con las instrucciones dadas a Moisés, la historia sagrada, la música sagrada y la poesía. El gran objetivo de todo estudio era aprender la voluntad de Dios y los deberes de su pueblo. En los registros de la historia sagrada se trazaban las huellas de Jehová. De los acontecimientos del pasado se extraían lecciones de instrucción para el futuro. Las grandes verdades expuestas por los tipos y antitipo de la ley mosaica se pusieron a la vista, y la fe captó el objeto central de todo ese sistema, el Cordero de Dios que iba a quitar los pecados del mundo.

La lengua hebrea fue cultivada como la más sagrada del mundo. Se fomentaba un espíritu de devoción. No sólo se enseñaba a los

Las escuelas de los hebreos antiguos 63

estudiantes el deber de la oración, sino que se les enseñaba cómo orar, cómo acercarse a su Creador, cómo ejercer la fe en Él y cómo entender y obedecer las enseñanzas de su Espíritu. Los intelectos santificados sacaban de la casa del tesoro de Dios cosas nuevas y antiguas.

El arte de la melodía sagrada se cultivó con diligencia. No se oía ningún vals frívolo, ni ninguna canción frívola que ensalzara al hombre y desviara la atención de Dios; sino salmos sagrados y solemnes de alabanza al Creador, exaltando su nombre y relatando sus obras maravillosas. Así, la música estaba hecha para servir a un propósito sagrado, para elevar los pensamientos a lo que era puro y noble y elevador, y para despertar en el alma la devoción y la gratitud a Dios.

¡Cuán amplia es la diferencia entre las escuelas de la antigüedad, bajo la supervisión de Dios mismo, y nuestras modernas instituciones de aprendizaje! Incluso de las escuelas de teología muchos estudiantes se gradúan con menos conocimiento real de Dios y de la verdad religiosa que cuando entraron. Son pocas las escuelas que no se rigen por las máximas y costumbres del mundo. Hay pocas en las que el amor de un padre cristiano por sus hijos no se encuentre con una amarga decepción.

¿En qué consiste la excelencia superior de nuestros sistemas de educación? ¿Está en la literatura clásica que se impregna en nuestros hijos? ¿Está en los logros ornamentales que nuestras hijas obtienen a costa de la salud o la fuerza mental? ¿Está en el hecho de que la instrucción moderna esté tan generalmente separada de la palabra de verdad, el evangelio de nuestra salvación? ¿Consiste la principal excelencia de la educación popular en tratar las ramas individuales de estudio, aparte de esa investigación más profunda que implica el escrutinio de las Escrituras, y un conocimiento de Dios y de la vida futura? ¿Consiste en imbuir las mentes de los jóvenes con concepciones paganas de la libertad, la moralidad y la justicia? ¿Es seguro confiar nuestra juventud a la guía de esos líderes ciegos que estudian los oráculos sagrados con mucho menos interés del que manifiestan por los autores clásicos de la antigua Grecia y Roma?

"La educación", comenta un escritor, "se está convirtiendo en un sistema de seducción". Hay una deplorable falta de contención adecuada y de disciplina juiciosa. Los sentimientos más amargos, las pasiones más ingobernables, son excitadas por el curso de maestros imprudentes e impíos. Las mentes de los jóvenes se excitan fácilmente, y beben en la insubordinación como el agua.

La ignorancia existente de la palabra de Dios, entre el pueblo que profesa ser un cristiano, es alarmante. Los jóvenes de nuestras escuelas públicas han sido despojados de las bendiciones de las cosas santas. La charla superficial, el mero sentimentalismo, pasa por instrucción en moral y religión; pero carece de las características vitales de la verdadera santidad. La justicia y la misericordia de Dios, la belleza de la santidad y la recompensa segura de las acciones correctas, el carácter atroz del pecado y la certeza del castigo, no se imprimen en las mentes de los jóvenes.

El escepticismo y la infidelidad, bajo algún disfraz agradable, o como una insinuación encubierta, encuentran con demasiada frecuencia su camino en los libros de texto. En algunos casos, los principios más perniciosos han sido inculcados por los maestros. Asociados malvados están enseñando a la juventud lecciones de crimen, disipación y libertinaje que son horribles de contemplar. Muchas de nuestras escuelas públicas son hervideros de vicio.

¿Cómo se puede proteger a nuestra juventud de estas influencias contaminantes? Debe haber escuelas establecidas sobre los principios, y controladas por los preceptos, de la palabra de Dios. Otro espíritu debe estar en nuestras escuelas, para animar y santificar cada rama de la educación. Hay que buscar fervientemente la cooperación divina. Y no la buscaremos en vano. Las promesas de la palabra de Dios son nuestras. Podemos esperar la presencia del maestro celestial. Podemos ver el Espíritu del Señor difundido como en las escuelas de los profetas, y cada objeto participará de una consagración divina. La ciencia será entonces, como lo fue para Daniel, la sierva de la religión; y todo esfuerzo, desde el primero hasta el último, tenderá a la salvación del hombre, alma, cuerpo y espíritu, y a la gloria de Dios por medio de Cristo. *–Signs of the Times,* 13 de agosto de 1885.

El cortejo y el matrimonio

En estos días de peligro y corrupción, los jóvenes están expuestos a muchas pruebas y tentaciones. Muchos navegan en un puerto peligroso. Necesitan un piloto; pero desprecian aceptar la tan necesaria ayuda, sintiéndose competentes para guiar su propia barca, y sin darse cuenta de que está a punto de chocar con una roca oculta que puede hacerles naufragar la fe y la felicidad. Se encaprichan con el tema del noviazgo y el matrimonio, y su principal objetivo es salirse con la suya. En éste, el período más importante de sus vidas, necesitan un consejero infalible y una guía infalible. Esto lo encontrarán en la palabra de Dios. A menos que sean estudiantes diligentes de esa palabra, cometerán graves errores, que estropearán su felicidad y la de los demás, tanto para la vida presente como para la futura.

Hay una disposición de muchos a ser impetuosos y testarudos. No han prestado atención a los sabios consejos de la palabra de Dios; no han luchado contra el yo y han obtenido preciosas victorias; y su voluntad orgullosa e inflexible les ha apartado del camino del deber y la obediencia. Mirad hacia atrás en vuestra vida pasada, jóvenes amigos, y considerad fielmente vuestro curso a la luz de la palabra de Dios. ¿Habéis acariciado esa consideración consciente de vuestras obligaciones para con vuestros padres que la Biblia ordena? ¿Habéis tratado con amabilidad y amor a la madre que os ha cuidado desde la infancia? ¿Has tenido en cuenta sus deseos, o has traído dolor y tristeza a su corazón al llevar a cabo tus propios deseos y planes? ¿La verdad que profesas ha santificado tu corazón y ha suavizado y sometido tu voluntad? Si no es así, tiene un trabajo cercano que hacer para corregir los errores del pasado.

La Biblia presenta un estándar perfecto de carácter. Este libro sagrado, inspirado por Dios y escrito por hombres santos, es una guía perfecta en todas las circunstancias de la vida. Establece claramente los deberes tanto de los jóvenes como de los mayores. Si se convierte en la guía de la vida, sus enseñanzas conducirán el alma hacia lo alto. Elevará la mente, mejorará el carácter y dará paz y alegría al corazón. Pero muchos de los jóvenes han elegido ser su propio consejero y guía, y han tomado sus casos en sus propias manos. Estos necesitan estudiar más detenidamente las enseñanzas de la Biblia. En sus páginas encontrarán revelado su deber para con sus padres y sus hermanos en la fe. El quinto mandamiento dice: "Honra a tu padre y a tu madre, para que tus días se alarguen en la tierra que el Señor tu Dios te da". De nuevo leemos: "Hijos, obedeced a vuestros padres en el Señor, porque esto es lo correcto". Una de las señales de que estamos viviendo en los últimos días es que los hijos son desobedientes a los padres, poco agradecidos, poco santos. La palabra de Dios abunda en preceptos y consejos que ordenan el respeto a los padres. Imprime en los jóvenes el deber sagrado de amar y cuidar a quienes los han guiado durante la infancia, la niñez y la juventud, hasta la edad adulta, y que ahora dependen en gran medida de ellos para la paz y la felicidad. La Biblia no da un sonido incierto sobre este tema; sin embargo, sus enseñanzas han sido muy desatendidas.

Los jóvenes tienen muchas lecciones que aprender, y la más importante es aprender a conocerse a sí mismos. Deben tener una idea correcta de sus obligaciones y deberes para con sus padres, y deben aprender constantemente en la escuela de Cristo a ser mansos y humildes de corazón. Aunque deben amar y honrar a sus padres, también deben respetar el juicio de los hombres de experiencia con los que se relacionan en la iglesia. Un joven que disfruta de la sociedad y se gana la amistad de una joven sin que sus padres lo sepan, no actúa como un noble cristiano hacia ella o hacia sus parientes. A través de comunicaciones y reuniones secretas puede ganar una influencia sobre la mente de ella; pero al hacerlo no manifiesta esa nobleza e integridad de alma que todo hijo de Dios debe poseer. Para lograr sus fines, actúan de una manera que no es franca y abierta y de acuerdo con la norma bíblica, y demuestran ser infieles a quienes los aman y tratan de ser fieles guardianes sobre ellos. Los matrimonios contraídos bajo tales influencias no están de acuerdo con la palabra de Dios. Aquel que aleje a una hija del deber, que confunda sus ideas con los mandatos claros y positivos de Dios de obedecer y honrar a sus padres, no es alguien que sea fiel a las obligaciones matrimoniales.

Se hace la pregunta: "¿Con qué limpiará el joven su camino?" y se responde: "Con guardar tu palabra". El joven que hace de la Biblia su guía no necesita equivocarse en el camino del deber y de la seguridad. Ese bendito libro le enseñará a preservar su integridad de carácter, a ser veraz, a no practicar el engaño. "No robarás" fue escrito por el dedo de Dios en las tablas de piedra; sin embargo, cuánto robo solapado de afectos se practica y se excusa. Se mantiene un cortejo engañoso, se mantienen comunicaciones privadas, hasta que los afectos de una persona inexperta, que no sabe a qué atenerse, son en cierta medida retirados de sus padres y depositados en aquel que demuestra por el propio curso que sigue que es indigno de su amor. La Biblia condena toda especie de deshonestidad, y exige que se haga lo correcto en cualquier circunstancia. Quien hace de la Biblia la guía de su juventud, la luz de su camino, obedecerá sus enseñanzas en todas las cosas. No transgredirá ni una jota ni una tilde de la ley para lograr cualquier objetivo, aunque tenga que hacer grandes sacrificios en consecuencia. Si cree en la Biblia, sabe que la bendición de Dios no descansará sobre él si se aparta del estricto camino de la rectitud. Aunque durante un tiempo pueda parecer que prospera, seguramente cosechará el fruto de sus actos.

La maldición de Dios recae sobre muchas de las conexiones inoportunas e inapropiadas que se forman en esta época del mundo. Si la biblia dejara estas cuestiones en una luz vaga e incierta, entonces el curso que muchos jóvenes de hoy están siguiendo en sus vínculos por los demás, sería más excusable. Pero los requisitos de la Biblia no son mandatos a medias; exigen una perfecta pureza de pensamiento, de palabra y de obra. Agradecemos a Dios que su palabra sea una luz para los pies, y que nadie tenga que equivocarse en el camino del deber. Los jóvenes deberían proponerse consultar sus páginas y prestar atención a sus consejos, pues siempre se cometen tristes errores al apartarse de sus preceptos.

Si hay algún tema que deba ser considerado con serena razón y juicio no apasionado, es el tema del matrimonio. Si alguna vez se necesita la Biblia como consejera, es antes de dar un paso que une a las personas de por vida. Pero el sentimiento predominante es que en este asunto los sentimientos deben ser la guía; y en demasiados casos el sentimentalismo enamorado toma el timón, y guía hacia una ruina segura. Es aquí donde los jóvenes muestran menos inteligencia que en cualquier otro tema; es aquí donde se niegan a ser razonados. La cuestión del matrimonio parece tener un poder hechizante sobre ellos. No se someten a Dios. Sus sentidos están encadenados y avanzan en secreto, como si temieran que sus planes fueran interferidos por alguien.

Esta forma solapada en que se llevan a cabo los noviazgos y los matrimonios es la causa de una gran cantidad de miseria, cuyo alcance total sólo conoce Dios. Sobre esta roca, miles de personas han hecho naufragar sus almas. Cristianos profesos, cuyas vidas están marcadas con integridad, y que parecen sensatos en cualquier otro tema, cometen errores temibles aquí. Manifiestan una voluntad fija y determinada que la razón no puede cambiar. Se fascinan tanto con los sentimientos e impulsos humanos que no tienen ningún deseo de escudriñar la Biblia y entrar en estrecha relación con Dios. Satanás sabe muy bien con qué elementos tiene que lidiar, y despliega su sabiduría infernal en diversas artimañas para atrapar a las almas hasta su ruina. Vigila cada paso que se da, y hace muchas sugerencias, y a menudo se siguen estas sugerencias en lugar del consejo de la palabra de Dios. Esta red finamente tejida y peligrosa está hábilmente preparada para enredar a los jóvenes e incautos. A menudo puede estar disfrazada bajo una cubierta de luz; pero aquellos que se convierten en sus víctimas, se atraviesan con muchas penas. Como resultado, vemos restos de humanidad por todas partes.

¿Cuándo será sabia nuestra juventud? ¿Hasta cuándo continuará este tipo de trabajo? ¿Consultarán los niños sólo sus propios deseos e inclinaciones sin tener en cuenta el consejo y el juicio de sus padres? Algunos parecen no conceder nunca un pensamiento a los deseos o preferencias de sus padres, ni tener en cuenta su juicio maduro. El egoísmo ha cerrado la puerta de sus corazones al afecto filial. Es necesario despertar las mentes de los jóvenes con respecto a este asunto. El quinto mandamiento es el único al que se le anexa una promesa, pero se tiene a la ligera, e incluso se ignora positivamente por la pretensión del amante.

Menospreciar el amor de una madre, deshonrar el cuidado de un padre, son pecados que se registran contra muchos jóvenes.

Uno de los mayores errores relacionados con este tema es que los jóvenes e inexpertos no deben ver perturbados sus afectos, que no debe haber ninguna interferencia en su experiencia amorosa. Si alguna vez hubo un tema que debe ser considerado desde todos los puntos de vista, es éste. La ayuda de la experiencia de otros, y una ponderación tranquila y cuidadosa del asunto por ambas partes, es positivamente esencial. Es un tema que es tratado con demasiada ligereza por la gran mayoría de la gente. Tomad a Dios y a vuestros padres temerosos de Dios como consejeros, jóvenes amigos. Oren sobre el asunto. Pesad cada sentimiento y observad cada desarrollo del carácter de aquella persona con la que pensáis unir vuestro destino vital. El paso que vais a dar es uno de los más importantes de vuestra vida, y no deberíais darlo precipitadamente. Aunque ame, no lo haga a ciegas.

Examine cuidadosamente si su vida matrimonial será feliz, o inarmónica y desdichada. Hágase las siguientes preguntas: ¿Me ayudará esta unión hacia el cielo? ¿Aumentará mi amor por Dios? y ¿ampliará mi esfera de utilidad en esta vida? Si estas reflexiones no presentan ningún inconveniente, entonces en el temor de Dios siga adelante. Pero incluso si se ha contraído un compromiso sin una comprensión plena del carácter de la persona con la que se va a unir, no piense que el compromiso hace que sea una necesidad positiva para usted tomar el voto matrimonial y vincularse de por vida a alguien a quien no puede amar y respetar. Tened mucho cuidado al contraer compromisos condicionales; pero es mejor, mucho mejor, romper el compromiso antes del matrimonio que separarse después, como hacen muchos.

El verdadero amor es una planta que necesita ser cultivada. Que la mujer que desea una unión pacífica y feliz, que quiere evitar la miseria y el dolor futuros, pregunte antes de ceder su afecto: ¿Tiene mi amante una madre? ¿Cuál es el sello de su carácter? ¿Reconoce sus obligaciones para con ella? ¿Tiene en cuenta sus deseos y su felicidad? Si no respeta y honra a su madre, ¿manifestará respeto y amor, amabilidad y atención, hacia su esposa? Cuando la novedad del matrimonio haya pasado, ¿me seguirá queriendo? ¿Será paciente con mis errores o será crítico, autoritario y dictatorial? El verdadero afecto pasará por alto muchos errores; el amor no los despreciará.

Los jóvenes confían demasiado en los impulsos. No deben entregarse con demasiada facilidad, ni dejarse cautivar con demasiada facilidad por el atractivo exterior del amante. El cortejo, tal como se lleva a cabo en esta época, es un esquema de engaño e hipocresía, con el que el enemigo de las almas tiene mucho más que ver que el Señor. El buen sentido común es necesario aquí, si es que lo es en alguna parte; pero el hecho es que tiene poco que ver en el asunto.

Si los hijos se familiarizaran más con sus padres, si confiaran en ellos y les desahogaran sus alegrías y penas, se ahorrarían muchos disgustos futuros. Cuando estén perplejos por saber qué camino es el correcto, que expongan el asunto tal y como lo ven ante sus padres, y les pidan consejo. ¿Quiénes están tan bien calculados para señalar sus peligros como los padres piadosos? ¿Quién puede entender sus temperamentos peculiares tan bien como ellos? Los niños que son cristianos estimarán por encima de cualquier bendición terrenal el amor y la aprobación de sus padres temerosos de Dios. Los padres pueden simpatizar con los niños y orar por ellos y con ellos para que Dios los proteja y los guíe. Por encima de todo, les señalarán a su Amigo y Consejero infalible, que se conmoverá con el sentimiento de sus debilidades. Aquel que fue tentado en todo como nosotros, pero sin pecado, sabe cómo socorrer a los que son tentados, y que vienen a Él con fe. –*Review and Herald*, 26 de enero de 1886.

La importancia de la educación en la obra de Dios

El trabajo del obrero no es pequeño ni poco importante. Si se entrega a cualquier rama de la obra, su primer asunto es cuidarse a sí mismo, después a la doctrina. Debe escudriñar su propio corazón y desechar el pecado; luego debe mantener al modelo, Cristo Jesús, siempre ante él como su ejemplo. No debe sentirse en libertad de moldear su curso como mejor le parezca a su propia inclinación. Es propiedad de Jesús. Ha elegido una alta vocación, y de ella debe tomar su tinte y su molde toda su vida futura. Ha entrado en la escuela de Cristo, y puede obtener un conocimiento de Cristo y de su misión, y de la obra que tiene que realizar. Todas sus facultades deben ser puestas bajo el control del gran Maestro. Cada facultad de la mente y cada órgano del cuerpo debe mantenerse en una condición tan saludable como sea posible, para que la obra de Dios no lleve las marcas de su carácter defectuoso.

Antes de que una persona esté preparada para convertirse en un maestro de la verdad para los que están en la oscuridad, debe convertirse en un aprendiz. Debe estar dispuesto a ser aconsejado. No puede poner su pie en la tercera, cuarta o quinta ronda de la escalera del progreso antes de haber comenzado en la primera ronda. Muchos se sienten capacitados para el trabajo cuando apenas saben nada de él. Si se permite que los tales comiencen a trabajar con confianza en sí mismos, no recibirán ese conocimiento que es su privilegio obtener, y estarán condenados a luchar con muchas dificultades para las que no están del todo preparados.

Ahora bien, a todo trabajador se le concede el privilegio de mejorar, y debe hacer que todo se incline hacia ese objeto. Siempre que se vaya a realizar un esfuerzo especial en un lugar importante, se debe establecer un sistema de trabajo bien organizado, para que los que deseen convertirse en colportores, y los que estén adaptados para dar lecturas bíblicas en las familias, puedan recibir la instrucción necesaria. Los obreros deben ser también aprendices, y mientras el ministro se esfuerza en la palabra y la doctrina, no deben deambular desganados, como si no hubiera nada en el discurso que necesiten escuchar. No deben considerar al orador simplemente como un orador, sino como un mensajero de Dios para los hombres. No se debe permitir que las preferencias personales y los prejuicios influyan en ellos a la hora de escuchar. Si todos imitaran el ejemplo de Cornelio, y dijeran: "Ahora, pues, estamos todos aquí presentes ante Dios, para oír todo lo que se te ordena de parte de Dios", recibirían mucho más provecho de los sermones que escuchan.

Debería haber una conexión entre nuestras misiones y las escuelas de formación para aquellos que están a punto de entrar en los campos como obreros. Deberían sentir que deben convertirse en aprendices para aprender el oficio de trabajar por la conversión de las almas. La labor en estas escuelas debe ser variada. El estudio de la Biblia debe tener una importancia primordial, y al mismo tiempo debe haber un entrenamiento sistemático de la mente y los modales para que aprendan a acercarse a la gente de la mejor manera posible. Todos deberían aprender a trabajar con tacto y con cortesía, y con el Espíritu de Cristo. Nunca deben dejar de ser aprendices, sino que deben continuar siempre cavando en busca de la verdad y de las mejores formas de trabajar, como si cavaran en busca de oro enterrado.

Que todos los que se inician en la obra decidan que no descansarán hasta convertirse en obreros de primera clase. Para ello, no se debe permitir que sus mentes vayan a la deriva con las circunstancias y sigan el impulso, sino que deben estar encadenadas al punto, encargadas al máximo de comprender la verdad en todos sus aspectos.

Los hombres con capacidad han trabajado en gran desventaja porque sus mentes no fueron disciplinadas para el trabajo. Viendo la necesidad de obreros, se metieron en la brecha, y aunque pueden haber logrado mucho bien, en muchos casos no es ni un diezmo de lo que podrían haber logrado, si hubieran tenido la formación adecuada al principio.

Muchos de los que contemplan la posibilidad de entregarse al servicio de Dios, no sienten la necesidad de ninguna formación especial. Pero los que se sienten así son precisamente los que más necesitan un entrenamiento a fondo. Es cuando tienen poco conocimiento de sí mismos y de la obra cuando se sienten más capacitados. Cuando saben más, entonces sienten su ignorancia e ineficacia. Cuando someten sus corazones a un examen minucioso, verán tanto en ellos a diferencia del carácter de Cristo, que gritarán: "¿Quién es suficiente para estas cosas?" y con profunda humildad se esforzarán diariamente por ponerse en estrecha relación con Cristo. Al crucificar el yo están poniendo sus pies en el camino en el que Él puede guiarlos.

Existe el peligro de que el obrero inexperto, al mismo tiempo que trata de capacitarse para la obra, se sienta competente para colocarse en cualquier tipo de posición, en la que soplan diversos vientos de doctrinas a su alrededor. Esto no puede hacerlo sin peligro para su propia alma. Si las pruebas y las tentaciones le sobrevienen, el Señor le dará fuerzas para superarlas; pero cuando uno se coloca en el camino de la tentación, suele ocurrir que Satanás, a través de sus agentes, hace avanzar sus sentimientos de tal manera que confunde y desestabiliza la mente. Por medio de la comunión con Dios y el escrutinio minucioso de las Escrituras, el obrero debe establecerse a fondo por sí mismo antes de entrar regularmente en la labor de enseñar a otros. Juan, el discípulo amado, fue exiliado a la solitaria Patmos, para que pudiera separarse de toda lucha, e incluso de la obra que amaba, y para que el Señor pudiera comulgar con él y abrir ante él las escenas finales de la historia de esta tierra. Fue en lo más salvaje donde Juan el Bautista aprendió el mensaje que debía llevar, para preparar el camino para el que vendría.

Pero, por encima de todo, se debe inculcar a los individuos que han decidido convertirse en siervos de Dios, que deben ser hombres convertidos. El corazón debe ser puro. La piedad es esencial para esta vida y la vida que ha de venir. El hombre sin un carácter sólido y virtuoso seguramente no será un honor para la causa de la verdad. El joven que contempla trabajar junto a Dios debe ser puro de corazón. En sus labios, en su boca, no debe haber engaño. Los pensamientos deben ser puros. La santidad de vida y de carácter es una cosa poco común, pero esto debe tener el obrero o no podrá unirse a Cristo. Cristo dice: "Sin mí no podéis hacer nada". Si los que se proponen trabajar por el bien de los demás y por la salvación de sus semejantes confían en su propia sabiduría, fracasarán. Si tienen una visión humilde de sí mismos, entonces son lo suficientemente sencillos como para creer en Dios y esperar su ayuda. "No te apoyes en tu propio entendimiento. Reconócelo en todos tus caminos, y Él dirigirá tus sendas". Entonces tenemos el privilegio de ser encaminados por un consejero sabio, y se da un mayor entendimiento al verdadero y sincero buscador de la verdad y del conocimiento.

La razón por la que no tenemos más hombres de gran amplitud y conocimiento extenuante es porque confían en su propia sabiduría finita, y buscan colocar su propio molde en la obra, en lugar de tener el molde de Dios. No oran seriamente y mantienen la comunicación abierta entre Dios y sus almas, para poder reconocer su voz. Los mensajeros de la luz vendrán en ayuda de aquellos que sienten que son la debilidad misma, sin la tutela del Cielo. La palabra de Dios debe ser estudiada más, y ser llevada a la vida y al carácter, moldeada según el estándar de rectitud que Dios ha establecido en su palabra. Entonces la mente se expandirá y fortalecerá, y se ennoblecerá al captar las cosas que son eternas. Mientras el mundo se muestra despreocupado e indiferente al mensaje de advertencia y misericordia que se le da en la Biblia, el pueblo de Dios, que ve el fin cercano, debería ser más decidido y más devoto, y trabajar con más fervor, para poder mostrar las alabanzas de Aquel que los ha llamado de las tinieblas a su maravillosa luz.

El conocimiento es poder, ya sea para el bien o para el mal. La religión bíblica es la única salvaguarda para los seres humanos. Se presta mucha atención a los jóvenes en esta época, para que puedan entrar en una habitación con gracia, bailar y tocar instrumentos de música. Pero se les niega esta educación para conocer a Dios y responder a sus reclamos. La educación que es duradera como la eternidad, es casi totalmente descuidada como anticuada e indeseable. La educación de los niños para que se apoderen de la obra de la formación del carácter en referencia a su bien presente, su paz y felicidad actuales, y para que guíen sus pies en el camino trazado para que caminen los rescatados del Señor, se considera que no está de moda y, por lo tanto, no es esencial. Para que sus hijos entren por las puertas de la ciudad de Dios como conquistadores, deben ser educados para temer a Dios y guardar sus mandamientos en la vida presente. Son estos los que Jesús ha pronunciado como bienaventurados: "Bienaventurados los que cumplen sus mandamientos, para que tengan derecho al árbol de la vida y entren por las puertas en la ciudad".

La bendición se pronuncia sobre aquellos que están familiarizados con la voluntad revelada de Dios en su palabra. La Biblia es el gran agente en manos de su Autor para fortalecer el intelecto. Abre el jardín de la mente al cultivo del Labrador celestial. Es porque se presta tan poca atención a lo que Dios dice y a lo que Dios requiere, que hay tan pocos que sienten responsabilidad ante el trabajo misionero, tan pocos que han estado pasando bajo el taladro, llamando al servicio cada poder para ser entrenado y fortalecido para hacer un servicio más alto para Dios.

Se están haciendo esfuerzos demasiado débiles para conectar con nuestras escuelas a aquellos de diferentes nacionalidades que deberían estar conectados con ellas, para que puedan recibir una educación y llegar a ser aptos para la obra tan noble, tan elevada y de gran alcance en su influencia. Los días de la ignorancia Dios los ha ignorado. Pero la luz aumenta; la luz y los privilegios de la comprensión de la verdad bíblica son abundantes, si los trabajadores sólo abren los ojos de su comprensión. La verdad debe ser difundida. Las misiones en el extranjero y en el país exigen caracteres cristianos completos para participar en las empresas misioneras. Las misiones en nuestras ciudades, en el país y en el extranjero, exigen hombres que estén imbuidos del Espíritu de Cristo, que trabajen como Cristo trabajó.
–*Review and Herald*, 14 de junio de 1887.

La educación adecuada para los jóvenes

El tercer ángel es representado como volando en medio de los cielos, lo que muestra que el mensaje ha de llegar a lo largo y ancho de la tierra. Es el mensaje más solemne jamás dado a los mortales, y todos los que se conectan con la obra deben sentir primero su necesidad de una educación, y un proceso de entrenamiento más completo para la obra, en referencia a su futura utilidad; y deben hacerse planes y adoptarse esfuerzos para el mejoramiento de esa clase que anticipa conectarse con cualquier rama de la obra. La labor ministerial no puede ni debe confiarse a los muchachos, ni tampoco el trabajo de dar lecturas bíblicas a las muchachas inexpertas, porque ofrecen sus servicios y están dispuestas a ocupar puestos de responsabilidad, pero que carecen de experiencia religiosa, sin una educación y formación completas. Deben ser probadas para ver si soportan la prueba; y a menos que se desarrolle un principio firme y concienzudo para ser todo lo que Dios quiere que sean, no representarán correctamente nuestra causa y trabajo para este tiempo. Debe haber con nuestras hermanas comprometidas en el trabajo en cada misión, una profundidad de experiencia, obtenida de aquellos que han tenido una experiencia, y que entienden los modos y maneras de trabajar. Las operaciones misioneras se ven constantemente avergonzadas por la falta de trabajadores de la clase correcta de mentes, y la devoción y piedad que representarán correctamente nuestra fe.

Hay números que deberían llegar a ser misioneros que nunca entran en el campo, porque aquellos que están unidos a ellos en la capacidad de la iglesia o en nuestros colegios, no sienten la carga de trabajar con ellos, de abrir ante ellos los reclamos que Dios tiene sobre todos los poderes, y no oran con ellos y por ellos; y el período azaroso que decide los planes y el curso de la vida pasa, las convicciones con ellos son sofocadas; otras influencias e inducciones los atraen, y las tentaciones de buscar posiciones mundanas que, ellos piensan, les traerán dinero, los llevan a la corriente mundana. Estos jóvenes podrían haberse salvado para el ministerio mediante planes bien organizados. Si las iglesias en los diferentes lugares hacen su deber, Dios trabajará con sus esfuerzos por medio de su Espíritu, y suministrará hombres fieles al ministerio.

Nuestras escuelas deben ser escuelas de educación y formación; y si los hombres y las mujeres salen de ellas capacitados en algún sentido para el campo misionero, deben tener impresa en ellos la grandeza de la obra, y que la piedad práctica debe ser llevada a su experiencia diaria, para estar capacitados para cualquier lugar de utilidad en nuestro mundo, o en la iglesia, o en la gran viña moral de Dios, que ahora está llamando a obreros en tierras extranjeras.

Los jóvenes deben tener la impresión de que se confía en ellos. Tienen un sentido del honor, y quieren ser respetados, y es su derecho. Si los alumnos reciben la impresión de que no pueden salir ni entrar, ni sentarse a la mesa, ni estar en ningún sitio, ni siquiera en sus habitaciones, si no son vigilados, si un ojo crítico está sobre ellos para criticar e informar, tendrá la influencia de desmoralizar, y el paso del tiempo no tendrá ningún placer. Este conocimiento de una vigilancia continua es más que una tutela paterna, y mucho peor; porque los padres sabios pueden, mediante el tacto, discernir a menudo bajo la superficie y ver el funcionamiento de la mente inquieta bajo los anhelos de la juventud, o bajo las fuerzas de las tentaciones, y poner en marcha sus planes para contrarrestar los males. Pero esta vigilancia constante no es natural, y produce los males que trata de evitar. La salud de los jóvenes requiere ejercicio, alegría y una atmósfera feliz y placentera que los rodee para el desarrollo de la salud física y el carácter simétrico.

La palabra de Dios debe abrirse a la juventud, pero no se debe colocar a los jóvenes en la posición de hacerlo. Los que deben tener un ojo sobre ellos constantemente para asegurar su buen comportamiento, requerirán ser vigilados en cualquier posición donde puedan estar. Por lo tanto, el molde dado al carácter en la juventud por tal sistema de entrenamiento es totalmente deletéreo. Apunte a la disciplina mental y a la formación de sentimientos y hábitos morales correctos.

Los estudios deben ser generalmente pocos y bien elegidos, y los que asisten a nuestros colegios deben tener una formación diferente a la de las escuelas comunes de la época. Generalmente se les ha enseñado sobre principios cristianos, si tienen padres sabios y temerosos de Dios. La palabra de Dios ha sido respetada en sus hogares, y sus enseñanzas se han convertido en la ley del hogar. Han sido criados en la crianza y amonestación del evangelio, y cuando llegan a las escuelas, esta misma educación y formación debe continuar. Las máximas del mundo, las costumbres y prácticas del mundo, no son la enseñanza que necesitan; pero deben ver que los maestros de las escuelas se preocupan por sus almas, que se interesan decididamente por su bienestar espiritual, y la religión debe ser el gran principio inculcado; porque el amor y el temor de Dios son el principio de la sabiduría. La juventud alejada de la atmósfera doméstica, del gobierno del hogar y de la tutela de los padres, si se la deja a su aire para que escoja a sus compañeros, se encuentra con una crisis en su historia que no suele ser favorable a la piedad ni a los principios.

Entonces, dondequiera que se establezca una escuela, debe haber corazones cálidos que se interesen vivamente por nuestra juventud. Se necesitan padres y madres con una cálida simpatía, y con amonestaciones amables, y debe introducirse toda la amabilidad posible en los ejercicios religiosos. Si hay quienes prolongan los ejercicios religiosos hasta el cansancio, están dejando impresiones en la mente de la juventud, que asocian la religión con todo lo que es seco, poco social y sin interés. Y estos jóvenes hacen que su propio estándar no sea el más alto, pero los principios débiles y un estándar bajo echan a perder a quienes, si se les enseñara adecuadamente, no sólo estarían capacitados para ser una bendición para la causa, sino para la iglesia y el mundo. La piedad ardiente y activa en el maestro es esencial. El servicio matutino y vespertino en la capilla, y las reuniones del sábado, pueden ser, sin un cuidado constante y a menos que sean vitalizadas por el

La educación adecuada para los jóvenes

Espíritu de Dios, la mezcla más formal, seca y amarga, y, para los jóvenes, la más agobiante y la menos agradable y atractiva de todos los ejercicios escolares. Las reuniones sociales deben ser dirigidas con planes y dispositivos para hacerlas no sólo temporadas agradables, sino positivamente atractivas.

Que aquellos que son competentes para enseñar a la juventud, se enlisten a sí mismos en la escuela de Cristo, y aprendan lecciones para comunicar a la juventud. Se necesita una devoción sincera, seria y de corazón. Debe evitarse toda estrechez de miras. Que los maestros se desprendan de su dignidad hasta el punto de ser uno con los niños en sus ejercicios y diversiones, sin dejar la impresión de que los estáis vigilando, y sin dar vueltas y vueltas con dignidad ostentosa, como si fuerais como un soldado uniformado de guardia sobre ellos. Tu misma presencia da un molde a su curso de acción. Tu unidad con ellos hace que tu corazón palpite con un nuevo afecto. Los jóvenes necesitan simpatía, afecto y amor, de lo contrario se desanimarán. Un espíritu de "no me importa nadie y nadie se preocupa por mí" se apodera de ellos, y aunque profesan ser seguidores de Cristo, tienen un demonio tentador en su camino, y corren el peligro de desanimarse, y volverse tibios, y retroceder de Dios. Entonces algunos sienten el deber de culparlos, y de tratarlos fríamente, como si fueran mucho peores de lo que realmente son, y, pero pocos, y tal vez ninguno, sienten el deber especial de hacer un esfuerzo personal para reformarlos, y eliminar las impresiones nefastas que se han hecho en ellos.

Las obligaciones del maestro son pesadas y sagradas, pero ninguna parte del trabajo es más importante que cuidar a los jóvenes con una solicitud tierna y amorosa, para que sientan que tenemos un amigo en ellos. Una vez que se gane su confianza, podrá dirigirlos, controlarlos y entrenarlos fácilmente. Los santos motivos de nuestros principios cristianos deben ser llevados a nuestra vida. La salvación de nuestros estudiantes es el interés más elevado que se le confía al maestro temeroso de Dios. Él es el obrero de Cristo, y su esfuerzo especial y decidido debe ser salvar a las almas de la perdición y ganarlas para Jesucristo. Dios exigirá esto a los maestros. Todos deben llevar una vida de piedad, de pureza, de esfuerzo esmerado en el cumplimiento de cada deber. Si el corazón resplandece con el amor de Dios, habrá un afecto puro, que es esencial; las oraciones serán fervientes, y se harán advertencias fieles. Descuide esto, y las almas a su cargo estarán en peligro. Es mejor que dedique menos tiempo a largos discursos o a un estudio absorbente, y que atienda a estos deberes descuidados.

Después de todos estos esfuerzos, los maestros pueden encontrar que algunos bajo su cargo desarrollan caracteres sin principios. Son laxos en la moral como resultado, en muchos casos, de un ejemplo vicioso y una disciplina paternal descuidada. Y los maestros que hagan todo lo posible no lograrán llevar a estos jóvenes a una vida de pureza y santidad; y después de una disciplina paciente, una labor afectuosa y una oración ferviente, serán decepcionados por aquellos de quienes tanto han esperado. Y, además, les llegarán los reproches de los padres, por no haber tenido poder para contrarrestar la influencia de su propio ejemplo y de su imprudente formación. El maestro tendrá estos desalientos después de cumplir con su deber. Pero debe seguir trabajando, confiando en que Dios trabajará con él, permaneciendo en su puesto con valentía y trabajando con fe. Otros serán salvados para Dios, y su influencia se ejercerá para salvar a otros. Que el ministro, el maestro de la escuela sabática y los profesores de nuestros colegios unan su corazón, su alma y su propósito en la obra de salvar a nuestra juventud de la ruina.

Muchos han pensado: *Bueno, no importa que no seamos tan exigentes para educarnos a fondo*, y se ha aceptado un nivel de conocimiento más bajo. Y ahora, cuando se buscan hombres adecuados para ocupar diversos puestos de confianza, son escasos; cuando se buscan mujeres con mentes bien equilibradas, con una educación no barata, sino con una educación adecuada para cualquier puesto de confianza, no se encuentran fácilmente. Lo que vale la pena hacer, vale la pena hacerlo bien. Si bien la religión debe ser el elemento que impregne todas las escuelas, ello no conducirá a un abaratamiento de los logros literarios. Mientras que una atmósfera religiosa debe impregnar la escuela, difundiendo su influencia, hará que todos los que son verdaderamente cristianos sientan más profundamente su necesidad de un conocimiento profundo, para que puedan hacer el mejor uso de las facultades que Dios les ha otorgado. Mientras crecen en la gracia y en el conocimiento de nuestro Señor Jesucristo, gemirán bajo el sentido de sus imperfecciones, y buscarán constantemente poner a prueba sus facultades mentales, para llegar a ser cristianos inteligentes.

El Señor Jesús es deshonrado por ideas o designios bajos de nuestra parte. Aquel que no siente las exigencias vinculantes de la ley de Dios, y descuida el cumplimiento de cada requisito, viola toda la ley. El que se contenta con cumplir parcialmente la norma de justicia, y no triunfa sobre todo enemigo espiritual, no cumple los designios de Cristo. Rebaja todo el plan de su vida religiosa, y debilita su carácter religioso, y bajo la fuerza de la tentación sus defectos de carácter ganan la supremacía, y el mal triunfa. Tenemos que ser perseverantes y decididos, para alcanzar el nivel más alto posible. Los hábitos e ideas preestablecidas deben ser superados en muchos casos, antes de que podamos avanzar en la vida religiosa. El cristiano fiel dará mucho fruto; es un trabajador; no irá a la deriva perezosamente, sino que se pondrá toda la armadura para luchar en las batallas del Señor. El trabajo esencial es conformar los gustos, el apetito, las pasiones, los motivos, los deseos, a la gran norma moral de la rectitud. El trabajo debe comenzar en el corazón. Este debe ser puro, totalmente conformado a la voluntad de Cristo, de lo contrario alguna pasión maestra, o algún hábito o defecto, se convertirá en un poder para destruir. Dios no aceptará nada que no sea el corazón entero.

Dios quiere que los maestros de nuestras escuelas sean eficientes. Si son avanzados en la comprensión espiritual, sentirán que es importante que no sean deficientes en el conocimiento de las ciencias. La piedad y la experiencia religiosa están en la base de la verdadera educación. Pero que nadie piense que tener una seriedad en materia religiosa es todo lo que es esencial para convertirse en educadores. Si bien no necesitan menos de la piedad, también necesitan un conocimiento profundo de las ciencias. Esto los convertirá no sólo en buenos y prácticos cristianos, sino que les permitirá educar a la

La educación adecuada para los jóvenes

juventud, y al mismo tiempo tendrán la sabiduría celestial para conducirlos a la fuente de aguas vivas. Es un cristiano que se propone alcanzar los más altos logros con el propósito de hacer el bien a los demás. El conocimiento armoniosamente mezclado con un carácter semejante al de Cristo hará que una persona sea verdaderamente una luz para el mundo. Dios trabaja con los esfuerzos humanos. Todos aquellos que pongan toda su diligencia en hacer que su vocación y elección sean seguras, sentirán que un conocimiento superficial no les servirá para ocupar puestos de utilidad. La educación equilibrada por una sólida experiencia de confianza capacita al hijo de Dios para hacer su trabajo designado de manera constante, firme y comprensiva. Si uno está aprendiendo de Jesús, el mayor educador que el mundo haya conocido, no sólo tendrá un carácter cristiano simétrico, sino una mente entrenada para la labor eficaz. Las mentes que son rápidas para discernir irán a lo profundo de la superficie.

Dios no quiere que nos contentemos con mentes perezosas e indisciplinadas, con pensamientos aburridos y con recuerdos flojos. Él quiere que cada maestro sea eficiente, que no se sienta satisfecho con alguna medida de éxito, sino que sienta su necesidad de diligencia perpetua en la adquisición de conocimientos. Nuestros cuerpos y almas pertenecen a Dios, pues Él los ha comprado. Nos ha dado talentos, y ha hecho posible que adquiramos más, para que podamos ayudarnos a nosotros mismos y a los demás a avanzar en el camino de la vida. Es trabajo de cada individuo desarrollar y fortalecer los dones que Dios le ha prestado, con los que hacer un trabajo más serio y práctico, tanto en las cosas temporales como en las religiosas. Si todos se dieran cuenta de esto, ¡qué gran diferencia veríamos en nuestras escuelas, en nuestras iglesias y en nuestras misiones! Pero el mayor número se contenta con un escaso conocimiento, unos pocos logros, sólo para ser pasable; y la necesidad de ser hombres como Daniel y Moisés, hombres de influencia, hombres cuyos caracteres se han vuelto armoniosos por su trabajo para bendecir a la humanidad y glorificar a Dios, -- tal experiencia sólo la han tenido unos pocos, y el resultado es que ahora hay muy pocos capacitados para la gran necesidad de los tiempos.

Dios no ignora a los hombres ignorantes, pero si están conectados con Cristo, si son santificados a través de la verdad, estarán constantemente recogiendo conocimiento. Si ejercen todo poder para glorificar a Dios, tendrán un mayor poder con el que glorificarlo. Pero aquellos que están dispuestos a permanecer en un canal estrecho porque Dios condescendió a aceptarlos cuando estaban allí, son muy tontos; y sin embargo hay cientos y miles que están haciendo esto mismo. Dios les ha dado la maquinaria viva, y ésta necesita ser utilizada diariamente para que la mente alcance logros más y más altos. Es una pena que muchos relacionen la ignorancia con la humildad, y que con todas las cualidades que Dios nos ha dado para la educación, un número tan grande esté dispuesto a permanecer en la misma posición baja en la que estaban cuando la verdad les llegó por primera vez. No crecen mentalmente; no están mejor dotados y preparados para hacer grandes y buenas obras que cuando escucharon la verdad por primera vez.

Muchos de los que son maestros de la verdad dejan de ser estudiantes, escarbando siempre en busca de la verdad como de tesoros ocultos. Sus mentes alcanzan un nivel común y bajo; pero no buscan convertirse en hombres de influencia, -- no por el bien de la ambición egoísta, sino por el bien de Cristo, para que puedan revelar el poder de la verdad sobre el intelecto. No es pecado apreciar el talento literario, si no se lo idolatra; pero nadie debe esforzarse por la vanagloria para exaltarse a sí mismo. Cuando este es el caso, hay una ausencia de la sabiduría que viene de lo alto, que es primero pura, luego pacífica, fácil de ser tratada, llena de amor y de buenos frutos.

Las misiones establecidas en nuestras ciudades, si son dirigidas por hombres que tienen la capacidad de administrar sabiamente dichas misiones, serán luces firmes que brillarán en medio de la oscuridad moral. La apertura de las Escrituras por medio de lecturas bíblicas es una parte esencial del trabajo relacionado con estas misiones; pero los trabajadores no pueden apoderarse de este trabajo a menos que estén preparados para ello. Muchos deben ser entrenados en la escuela antes de saber cómo estudiar para poner sus mentes y pensamientos bajo el control de la voluntad, y cómo usar sabiamente sus poderes mentales.

Hay mucho que aprender por nosotros como pueblo antes de que estemos calificados para comprometernos en la gran obra de preparar a un pueblo para estar de pie en el día del Señor. Nuestras escuelas sabáticas que deben instruir a los niños y a los jóvenes son demasiado superficiales. Los directores de las mismas necesitan arar más profundamente. Necesitan poner más pensamiento y más trabajo duro en la obra que están haciendo. Necesitan ser estudiantes más minuciosos de la Biblia, y tener una experiencia religiosa más profunda, para saber cómo dirigir las escuelas sabáticas según el orden del Señor, y cómo conducir a los niños y jóvenes a su Salvador. Esta es una de las ramas de la obra que se está paralizando por la falta de hombres y mujeres eficientes y con discernimiento que sientan su responsabilidad ante Dios de usar sus poderes, no para exhibir el yo, no para la vanagloria, sino para hacer el bien.

¡Qué amplio y extenso es el mandato: "Id, pues, y enseñad a todas las naciones, bautizándolas en el nombre del Padre, del Hijo y del Espíritu Santo; enseñándoles a guardar todo lo que os he mandado; y he aquí que yo estoy con vosotros todos los días, ¡hasta el fin del mundo!" Qué honor se le confiere aquí al hombre y, sin embargo, ¡cuántos se abrazan a la orilla! ¡Cuán pocos se lanzarán a las profundidades, y echarán sus redes para una calada! Ahora bien, si esto se hace, si los hombres son obreros junto con Dios, si los hombres son llamados a actuar en las misiones de la ciudad, y a encontrarse con todas las clases de mentes, debe haber preparativos especiales para este tipo de trabajo. –*Review and Herald*, 21 de junio de 1887.

El valor del estudio de la Biblia

Toda la Escritura es inspirada por Dios, y es útil para enseñar, para reprender, para corregir, para instruir en la justicia, a fin de que el hombre de Dios sea perfecto, enteramente preparado para toda buena obra". La palabra de Dios es como una casa del tesoro, que contiene todo lo esencial para perfeccionar al hombre de Dios. No apreciamos la Biblia como deberíamos. No tenemos una estimación adecuada de la riqueza de sus almacenes, ni nos damos cuenta de la gran necesidad de escudriñar las Escrituras por nosotros mismos. Los hombres descuidan el estudio de la palabra de Dios para perseguir algún interés mundano, o para dedicarse a los placeres del momento. Algún asunto trivial se convierte en una excusa para la ignorancia de las Escrituras dadas por inspiración de Dios. Pero cualquier cosa de carácter terrenal es mejor que se postergue, que este estudio tan importante, que ha de hacernos sabios para la vida eterna.

Me duele el corazón cuando veo a los hombres -incluso a los que profesan estar esperando la venida de Cristo- dedicando su tiempo y sus talentos a circular libros que no contienen nada referente a las verdades especiales para nuestro tiempo, -libros de narrativa, libros de biografía, libros de teorías y especulaciones de hombres. El mundo está lleno de tales libros; se pueden conseguir en cualquier parte; pero ¿pueden los seguidores de Cristo dedicarse a una obra tan común cuando hay una necesidad imperiosa de la verdad de Dios en todas partes? No es nuestra misión hacer circular tales obras. Hay miles de otros que pueden hacerlo, que aún no conocen nada mejor. Tenemos una misión definida, y no debemos desviarnos de ella hacia cuestiones secundarias, empleando hombres y medios para llamar la atención de la gente sobre libros que no tienen relación con la verdad actual.

¿Ora por el avance de la verdad? Entonces trabaje por ella, y demuestre que sus oraciones surgen de corazones sinceros y serios. Dios no hace milagros cuando ha proporcionado los medios por los que se puede llevar a cabo la obra. Usen su tiempo y sus talentos en Su servicio, y Él no dejará de trabajar con sus esfuerzos. Si el agricultor deja de arar y sembrar, Dios no hace un milagro para deshacer los resultados de su negligencia. El tiempo de la cosecha encuentra sus campos estériles: no hay gavillas que segar, ni grano que cosechar. Dios proporcionó la semilla y el suelo, el sol y la lluvia; y si el agricultor hubiera empleado los medios que estaban a su alcance, habría recibido según su siembra y su trabajo.

Hay grandes leyes que rigen el mundo de la naturaleza, y las cosas espirituales están controladas por principios igualmente ciertos; hay que emplear los medios para un fin, si se quieren obtener los resultados deseados. Aquellos que no hacen esfuerzos decididos por sí mismos, no están trabajando en armonía con las leyes de Dios. No están utilizando las provisiones del Padre celestial, y no pueden esperar más que escasos rendimientos. El Espíritu Santo no obligará a los hombres a tomar un determinado curso de acción. Somos agentes morales libres; y cuando se nos ha dado suficiente evidencia en cuanto a nuestro deber, se nos deja decidir nuestro curso.

Ustedes que esperan con ociosa expectativa que Dios realice algún maravilloso milagro para iluminar al mundo respecto a la verdad, quiero preguntarles si han empleado los medios que Dios ha proporcionado para el avance de su causa. Ustedes que oran por la luz y la verdad del cielo, ¿han estudiado las Escrituras? ¿Habéis deseado "la leche sincera de la palabra" para crecer con ella? ¿Os habéis sometido al mandato revelado? "Deberías" y "no deberías" son requerimientos definidos, y no hay lugar para la ociosidad en la vida cristiana. Ustedes que se lamentan de su escasez espiritual, ¿buscan conocer y hacer la voluntad de Dios? ¿Te esfuerzas por entrar por la puerta estrecha? Hay trabajo, un trabajo serio, que debe hacerse para el Maestro. Los males condenados en la palabra de Dios deben ser superados. Debe luchar individualmente contra el mundo, la carne y el diablo. La palabra de Dios es llamada "la espada del Espíritu", y usted debe volverse hábil en su uso, si quiere abrirse camino a través de las huestes de la oposición y la oscuridad.

Aléjese de las asociaciones perjudiciales. Cuenten el precio de seguir a Jesús, y háganlo, con el decidido propósito de limpiarse de toda suciedad de la carne y del espíritu. La vida eterna lo vale todo, y Jesús ha dicho: "Aquel de vosotros que no abandone todo lo que tiene, no puede ser mi discípulo". El que no hace nada, sino que espera ser obligado por alguna agencia sobrenatural, esperará en el letargo y la oscuridad. Dios ha dado su palabra. Dios habla en un lenguaje inconfundible a su alma. ¿Acaso la palabra de Su boca no es suficiente para mostrarte tu deber y urgir su cumplimiento?

Aquellos que escudriñan humildemente y en oración las Escrituras, para conocer y hacer la voluntad de Dios, no tendrán dudas de sus obligaciones para con Dios. Porque "si alguno quiere hacer su voluntad, sabrá de la doctrina". Si quiere conocer el misterio de la santidad, debe seguir la palabra clara de la verdad, con sentimiento o sin él, con emoción o sin ella. La obediencia debe ser rendida desde un sentido de principio, y se debe perseguir lo correcto bajo cualquier circunstancia. Este es el carácter que es elegido por Dios para la salvación. La prueba de un cristiano genuino se da en la palabra de Dios. Dice Jesús: "Si me amáis, guardad mis mandamientos". "El que tiene mis mandamientos y los guarda, ése es el que me ama; y el que me ama será amado por mi Padre, y yo lo amaré y me manifestaré a él.... Si un hombre me ama, guardará mis palabras; y mi Padre lo amará, y vendremos a él y haremos nuestra morada con él. El que no me ama no guarda mis palabras; y la palabra que oís no es mía, sino del Padre que me envió".

Aquí están las condiciones sobre las cuales cada alma será elegida para la vida eterna. Su obediencia a los mandamientos de Dios probará su derecho a una herencia con los santos en la luz. Dios ha elegido una cierta excelencia de carácter; y todo aquel que, por la gracia de Cristo, alcance el estándar de su exigencia, tendrá una entrada abundante en el reino de la gloria. Todos los que quieran alcanzar este estándar de carácter, tendrán que emplear los medios que Dios ha proporcionado para este fin. Si usted quiere heredar el descanso que queda para los hijos de Dios, debe convertirse en un colaborador de Dios. Usted ha sido elegido para llevar el yugo de Cristo, para llevar su carga, para levantar su cruz. Usted debe ser diligente "para hacer que su llamado y elección sean seguros". Escudriña las Escrituras y verás que ningún hijo o hija de Adán es elegido para salvarse en la desobediencia a la ley de Dios. El mundo anula la ley de Dios; pero los cristianos son elegidos para la santificación mediante la obediencia a la verdad. Son elegidos para llevar la cruz, si quieren llevar la corona.

La Biblia es la única regla de fe y doctrina. Y no hay nada más calculado para energizar la mente, y fortalecer el intelecto, que el estudio de la palabra de Dios. Ningún otro libro es tan potente para elevar los pensamientos, para dar vigor a las facultades, como las amplias y ennoblecedoras verdades de la Biblia. Si la palabra de Dios se estudiara como debe ser, los hombres tendrían una amplitud de mente, una nobleza de carácter y una estabilidad de propósito que rara vez se ven en estos tiempos. Miles de hombres que ministran en el púlpito carecen de cualidades esenciales de mente y carácter, porque no se aplican al estudio de las Escrituras. Se contentan con un conocimiento superficial de las verdades que están llenas de ricas profundidades de significado; y prefieren seguir adelante, perdiendo mucho en todos los sentidos, en lugar de buscar diligentemente el tesoro oculto.

La búsqueda de la verdad recompensará al buscador a cada paso, y cada descubrimiento abrirá campos más ricos para su investigación. Los hombres cambian de acuerdo con lo que contemplan. Si los pensamientos y los asuntos comunes ocupan la atención, el hombre será común y corriente. Si es demasiado negligente para obtener algo más que una comprensión superficial de la verdad de Dios no recibirá las ricas bendiciones que Dios se complace en otorgarle. Es una ley de la mente, que se estrechará o expandirá a las dimensiones de las cosas con las que se familiariza. Las facultades mentales seguramente se contraerán y perderán su capacidad de captar los significados profundos de la palabra de Dios, a menos que se pongan vigorosa y persistentemente en la tarea de buscar la verdad. La mente se ampliará, si se emplea en trazar la relación de los subtemas de la Biblia, comparando la escritura con la escritura, y las cosas espirituales con las espirituales. Vaya por debajo de la superficie; los tesoros más ricos del pensamiento están esperando al estudiante hábil y diligente.

Aquellos que están enseñando el mensaje más solemne jamás dado al mundo, deben disciplinar la mente para comprender su significación. El tema de la redención soportará el estudio más concentrado, y su profundidad nunca será explorada por completo. No hay que temer que se agote este maravilloso tema. Beba profundamente del pozo de la salvación. Vaya a la fuente por sí mismo, para que se llene de refrigerio, para que Jesús sea en usted un pozo de agua que brote para vida eterna. Sólo la verdad bíblica y la religión bíblica resistirán la prueba del juicio. No debemos pervertir la palabra de Dios para adaptarla a nuestra conveniencia, y a los intereses mundanos, sino preguntar honestamente: "¿Qué quieres que haga?" "No sois vuestros, porque habéis sido comprados por un precio". ¡Y qué precio! No "con cosas corruptibles, como plata y oro, . . . sino con la preciosa sangre de Cristo". Cuando el hombre se perdió, el Hijo de Dios dijo: Lo redimiré, me convertiré en su fiador y sustituto. Se despojó de sus vestiduras reales, vistió su divinidad con humanidad, se bajó del trono real, para poder llegar a lo más profundo de la aflicción y la tentación humanas, levantar nuestras naturalezas caídas y hacer posible que fuéramos vencedores, los hijos de Dios, los herederos del reino eterno. ¿Permitiremos entonces que cualquier consideración de la tierra nos desvíe del camino de la verdad? ¿No desafiaremos toda doctrina y teoría, y la pondremos a prueba con la palabra de Dios?

No debemos permitir que ningún argumento del hombre nos aleje de una investigación exhaustiva de la verdad bíblica. Las opiniones y costumbres de los hombres no deben ser recibidas como de autoridad divina. Dios ha revelado en su palabra cuál es el deber completo del hombre, y no debemos desviarnos de la gran norma de justicia. Él envió a su Hijo unigénito para que fuera nuestro ejemplo, y nos pidió que lo escucháramos y lo siguiéramos. No debemos ser influenciados de la verdad tal como está en Jesús, porque grandes y profesos hombres buenos insistan en sus ideas por encima de las declaraciones claras de la palabra de Dios.

La obra de Cristo es atraer a los hombres de lo falso y espurio a lo verdadero y genuino. "El que me siga no andará en tinieblas, sino que tendrá la luz de la vida". No hay peligro de caer en el error mientras sigamos las huellas de "la Luz del mundo". Debemos trabajar las obras de Cristo. Debemos comprometer el corazón y el alma en su servicio; debemos escudriñar la palabra de vida y presentarla a los demás. Debemos educar a la gente para que se dé cuenta de la importancia de su enseñanza, y del peligro de desviarse de sus claros mandatos.

Los judíos fueron conducidos al error y a la ruina, y al rechazo del Señor de la gloria, porque no conocían las Escrituras, ni el poder de Dios. Tenemos ante nosotros una gran obra, la de llevar a los hombres a tomar la palabra de Dios como regla de sus vidas, a no ceder ante la tradición y la costumbre, sino a caminar en todos los mandamientos y ordenanzas del Señor. –*Review and Herald*, 17 de julio de 1888.

El Libro de los libros

El estudio de la Biblia dará fuerza al intelecto. Dice el salmista: "La entrada de tus palabras ilumina; da entendimiento a los simples". A menudo me han preguntado: "¿Debería la Biblia convertirse en el libro importante en nuestras escuelas?" Es un libro precioso, un libro maravilloso. Es un tesoro que contiene joyas de gran valor. Es una historia que nos abre los siglos pasados. Sin la Biblia nos habríamos quedado con conjeturas y fábulas respecto a los sucesos de épocas pasadas. De todos los libros que han inundado el mundo, por muy valiosos que sean, la Biblia es el Libro de los libros, y es el que más merece el estudio y la atención más profunda. No sólo ofrece la historia de la creación de este mundo, sino una descripción del mundo venidero. Contiene instrucciones sobre las maravillas del universo, y revela a nuestro entendimiento al Autor de los cielos y la tierra. Despliega un sistema sencillo y completo de teología y filosofía. Aquellos que son estudiantes cercanos de la palabra de Dios, y que obedecen sus instrucciones, y aman sus verdades claras, mejorarán en mente y modales. Es una dotación de Dios que debería despertar en cada corazón la más sincera gratitud, pues es la revelación de Dios al hombre.

Si las verdades de la Biblia se entretejen en la vida práctica, arrancarán la mente de su mundanalidad y envilecimiento. Aquellos que están familiarizados con las Escrituras, se encontrarán como hombres y mujeres que ejercen una influencia elevadora. En la búsqueda de las verdades reveladas por el cielo, el Espíritu de Dios entra en estrecha relación con el buscador sincero de las Escrituras. La comprensión de la voluntad revelada de Dios agranda la mente, la expande, la eleva y la dota de un nuevo vigor, al poner sus facultades en contacto con estupendas verdades. Si el estudio de las Escrituras se convierte en una consideración secundaria, se sufre una gran pérdida. La Biblia fue excluida durante un tiempo de nuestras escuelas, y Satanás encontró un rico campo, en el que trabajó con maravillosa rapidez, y recogió una cosecha a su gusto.

El entendimiento toma el nivel de las cosas con las que se familiariza. Si todos hicieran de la Biblia su estudio, veríamos un pueblo más desarrollado, capaz de pensar más profundamente, y de mostrar un mayor grado de inteligencia, de lo que los esfuerzos más serios en el estudio de las meras ciencias e historias del mundo podrían hacer. La Biblia proporciona al verdadero buscador una disciplina mental avanzada, y sale de la contemplación de las cosas divinas con sus facultades enriquecidas; el yo se humilla, mientras que Dios y su verdad revelada se exaltan. Es porque los hombres desconocen las preciosas historias de la Biblia, que hay tanta elevación del hombre, y tan poco honor dado a Dios. La Biblia contiene justo esa calidad de alimento que el cristiano necesita para crecer fuerte en espíritu e intelecto. La búsqueda de todos los libros de filosofía y ciencia no puede hacer por la mente y la moral lo que la Biblia puede hacer, si es estudiada y practicada. Mediante el estudio de la Biblia, se conversa con los patriarcas y los profetas. La verdad se reviste de un lenguaje elevado, que ejerce un poder fascinante sobre la mente; el pensamiento se eleva de las cosas de la tierra, y es llevado a contemplar la gloria de la futura vida inmortal. ¿Qué sabiduría del hombre puede compararse con la grandeza de la revelación de Dios? El hombre finito, que no conoce a Dios, puede tratar de disminuir el valor de las Escrituras, y puede enterrar la verdad bajo el supuesto conocimiento de la ciencia.

Aquellos que se jactan de tener una sabiduría más allá de la enseñanza de la palabra de Dios, necesitan beber más profundamente de la fuente del conocimiento, para conocer su verdadera ignorancia. Hay una sabiduría jactanciosa de los hombres, que es una tontería a los ojos de Dios. "Que ningún hombre se engañe a sí mismo. Si alguno de vosotros parece ser sabio en este mundo, que se haga insensato para ser sabio. Porque la sabiduría de este mundo es una necedad para Dios. Porque está escrito: Él toma a los sabios en su propia astucia". Aquellos que sólo tienen esta sabiduría, necesitan convertirse en insensatos en su propia estimación. La mayor ignorancia que ahora maldice a la raza humana es con respecto a las exigencias vinculantes de la ley de Dios; y esta ignorancia es el resultado de descuidar el estudio de la palabra de Dios. Es el plan decidido de Satanás para enraizar y absorber de tal manera la mente, que el gran libro guía de Dios no sea el Libro de los libros, y que el pecador no sea conducido del camino de la transgresión al camino de la obediencia.

La Biblia no está exaltada en su lugar, y, sin embargo, qué importancia infinita tiene para las almas de los hombres. Al escudriñar sus páginas, nos movemos por escenas majestuosas y eternas. Contemplamos a Jesús, el Hijo de Dios, viniendo a nuestro mundo, y participando en el misterioso conflicto que desconcertó a los poderes de las tinieblas. ¡Oh, qué maravilloso, qué casi increíble es que el Dios infinito consienta en la humillación de su propio y querido Hijo! Que todo estudiante de las Escrituras contemple este gran hecho, y no saldrá de tal contemplación sin ser elevado, purificado y ennoblecido.

La Biblia es un libro que revela los principios del derecho y la verdad. Contiene todo lo necesario para la salvación del alma, y al mismo tiempo está adaptada para fortalecer y disciplinar la mente. Si se utiliza como libro de texto en nuestras escuelas, se encontrará mucho más eficaz que cualquier otro libro en el mundo, para guiar sabiamente en los asuntos de esta vida, así como para ayudar al alma a subir la escalera del progreso que llega al cielo. Dios se preocupa por nosotros como seres intelectuales, y nos ha dado su palabra como una lámpara para nuestros pies y una luz para nuestro camino. "La entrada de tus palabras alumbra; da entendimiento a los simples". No es la mera lectura de la palabra la que logrará el resultado que el Cielo ha diseñado, sino que la verdad revelada en la palabra de

El Libro de los libros

Dios debe encontrar una entrada en el corazón, si se obtiene el bien que se pretende.

Los más instruidos en las ciencias no siempre son los instrumentos más eficaces para el uso de Dios. Hay muchos que se encuentran apartados, y los que han tenido menos ventajas para obtener el conocimiento de los libros, ocupan su lugar, porque estos últimos tienen un conocimiento de las cosas prácticas que es esencial para los usos de la vida diaria; mientras que los que se consideran a sí mismos eruditos, a menudo dejan de ser aprendices, son autosuficientes, y están por encima de ser enseñados, incluso por Jesús, que fue el mayor maestro que el mundo conoció. Aquellos que han crecido y se han expandido, cuyas facultades de razonamiento han sido mejoradas por el profundo escrutinio de las Escrituras, para conocer la voluntad de Dios, llegarán a posiciones de utilidad; porque la palabra de Dios ha tenido una entrada en su vida y su carácter. Debe hacer su obra peculiar, hasta traspasar las coyunturas y los tuétanos, y discernir los pensamientos y las intenciones del corazón. La palabra de Dios debe convertirse en el alimento por el que el cristiano debe crecer fuerte en espíritu y en intelecto, para que pueda luchar por la verdad y la justicia.

¿Por qué es que nuestra juventud, e incluso los de edad más madura, se dejan llevar tan fácilmente por la tentación y el pecado? Es porque la palabra de Dios no se estudia ni se medita como debería. Si se apreciara, habría una rectitud interior, una fuerza de espíritu, que resistiría las tentaciones de Satanás para hacer el mal. Una fuerza de voluntad firme y decidida no se introduce en la vida y el carácter porque la sagrada instrucción de Dios no se convierte en el estudio y el tema de la meditación. No se realiza el esfuerzo que debería haber para asociar la mente con pensamientos puros y santos y desviarla de lo que es impuro y falso. No existe la elección de la mejor parte, el sentarse a los pies de Jesús, como hizo María, para aprender las lecciones más sagradas del divino Maestro, para que sean guardadas en el corazón, y practicadas en la vida diaria. La meditación sobre las cosas sagradas elevará y refinará la mente, y desarrollará a las damas y caballeros cristianos.

Dios no aceptará a uno de nosotros que menosprecie sus poderes en el envilecimiento lujurioso y terrenal, por pensamiento, o palabra, o acción. El cielo es un lugar puro y sagrado, donde nadie puede entrar a menos que sea refinado, espiritualizado, limpiado y purificado. Hay un trabajo que debemos hacer por nosotros mismos, y sólo seremos capaces de hacerlo sacando fuerzas de Jesús. Debemos hacer de la Biblia nuestro estudio por encima de cualquier otro libro; debemos amarla y obedecerla como la voz de Dios. Debemos ver y comprender sus restricciones y requisitos, "harás" y "no harás", y comprender el verdadero significado de la palabra de Dios.

Cuando la palabra de Dios se convierte en el hombre de nuestro consejo, y escudriñamos las Escrituras en busca de luz, los ángeles del cielo se acercan para imprimir la mente, e iluminar el entendimiento, de modo que se puede decir verdaderamente: "La entrada de tus palabras alumbra; hace comprender a los simples". No es de extrañar que no haya más mentalidad celestial entre los jóvenes que profesan el cristianismo, cuando se presta tan poca atención a la palabra de Dios. Los consejos divinos no son atendidos; las amonestaciones no son obedecidas; la gracia y la sabiduría celestial no son buscadas, para que los pecados pasados sean evitados, y toda mancha de corrupción sea limpiada del carácter. La oración de David fue: "Hazme comprender el camino de tus preceptos; así hablaré de tus obras maravillosas".

Si las mentes de nuestra juventud, así como las de la edad más madura, fueran dirigidas correctamente cuando se asocian, su conversación sería sobre temas exaltados. Cuando la mente es pura, y los pensamientos elevados por la verdad de Dios, las palabras serán del mismo carácter, "como manzanas de oro en cuadros de plata". Pero con el entendimiento actual, con las prácticas actuales, con el bajo nivel que incluso los cristianos se contentan con alcanzar, la conversación es barata y sin provecho. Es "de la tierra, terrenal", y no sabe a la verdad, ni al cielo, y no llega ni siquiera al nivel de la clase más culta de los mundanos. Cuando Cristo y el cielo son los temas de contemplación, la conversación dará evidencia del hecho. El discurso estará sazonado con gracia, y el orador mostrará que ha estado obteniendo una educación en la escuela del Maestro divino. Dice el salmista: "He escogido el camino de la verdad; tus juicios he puesto delante de mí". Atesoró la palabra de Dios. Encontró una entrada a su entendimiento, no para ser despreciada, sino para ser practicada en la vida.

A menos que la palabra sagrada sea apreciada, no será obedecida como un libro de texto seguro y precioso. Todo pecado acosador debe ser desechado. Debe librarse una guerra contra éste hasta que sea vencido. El Señor trabajará con sus esfuerzos. Mientras el hombre finito y pecador trabaja en su propia salvación con temor y temblor, es Dios quien trabaja en él, para querer y hacer por su propia voluntad. Pero Dios no obrará sin la cooperación del hombre. Éste debe ejercitar sus facultades al máximo; debe colocarse como un estudiante apto y dispuesto en la escuela de Cristo; y al aceptar la gracia que se le ofrece gratuitamente, la presencia de Cristo en el pensamiento y en el corazón le dará decisión de propósito para despojarse de todo peso del pecado, para que el corazón se llene de toda la plenitud de Dios, y de su amor.

Los estudiantes de nuestras escuelas han de considerar que, a través de la contemplación del pecado, el resultado seguro ha sido que sus facultades dadas por Dios se han debilitado y no han sido aptas para el advenimiento moral, porque han sido mal aplicadas. Hay muchos que admiten esto como la verdad. Han acariciado el orgullo y el engreimiento, hasta que estos malos rasgos de carácter se han convertido en un poder dominante, que controla sus deseos e inclinaciones. Si bien han tenido una forma de piedad, y han realizado muchos actos de justicia propia, no ha habido un verdadero cambio de corazón. No han llevado sus prácticas de vida a una medida definida y cercana con el gran estándar de justicia, la ley de Dios.

Si compararan críticamente su vida con esta norma, no podrían sino sentir que son deficientes, que están enfermos de pecado y que necesitan un médico. Sólo pueden comprender la profundidad a la que han caído, al contemplar el sacrificio infinito que ha hecho Jesucristo, para levantarlos de su degradación.

Son pocos los que tienen una apreciación del carácter penoso del pecado, y que comprenden la grandeza de la ruina que ha resultado de la transgresión de la ley de Dios. Al examinar el maravilloso plan de redención para restaurar al pecador a la imagen moral de Dios, vemos que el único medio para la liberación del hombre fue realizado por la abnegación, y la inigualable condescendencia y amor del Hijo de Dios. Sólo Él tuvo la fuerza para librar las batallas con el gran Adversario de Dios y del hombre, y, como nuestro sustituto y garantía, ha dado poder a los que se aferran a Él por la fe, para convertirse en vencedores en su nombre, y por sus méritos.

Podemos ver en la cruz del Calvario lo que le ha costado al Hijo de Dios traer la salvación a una raza caída. Así como el sacrificio en favor del hombre fue completo, la restauración del hombre de la contaminación del pecado debe ser exhaustiva y completa. La ley de Dios nos ha sido dada para que tengamos reglas que rijan nuestra conducta. No hay acto de maldad que la ley excuse; no hay injusticia que escape a su condena. La vida de Cristo es un cumplimiento perfecto de cada precepto de esta ley. Él dice: "He guardado los mandamientos de mi Padre". El conocimiento de la ley condenaría al pecador, y aplastaría la esperanza de su pecho, si no viera a Jesús como su sustituto y fiador, dispuesto a perdonar su transgresión, y a perdonar su pecado. Cuando, por medio de la fe en Jesucristo, el hombre hace lo mejor que puede, y trata de guardar el camino del Señor por medio de la obediencia a los diez mandamientos, la perfección de Cristo se imputa para cubrir la transgresión del alma arrepentida y obediente.

Habrá un esfuerzo por parte de muchos pretendidos amigos de la educación para divorciar la religión de las ciencias, en nuestras escuelas. No escatimarían esfuerzos ni gastos para impartir conocimientos seculares; pero no mezclarían con ellos un conocimiento de lo que Dios ha revelado como constitutivo de la perfección del carácter. Y, sin embargo, un entrenamiento en la verdad de Dios desarrollaría la mente, e impartiría el conocimiento secular también; porque el fundamento mismo de la verdadera educación está en el temor del Señor. Dice el salmista: "El temor del Señor es el principio de la sabiduría". Los oráculos vivos de Dios revelan los engaños del padre de la mentira. ¿Quién de nuestros jóvenes puede saber algo de lo que es la verdad, en comparación con el error, a menos que esté familiarizado con las Escrituras? La simplicidad de la verdadera piedad debe ser introducida en la educación de nuestros jóvenes, si quieren tener el conocimiento divino para escapar de las corrupciones que hay en el mundo a través de la lujuria. Aquellos que son verdaderamente seguidores de Cristo, no servirán a Dios sólo cuando esté de acuerdo con su inclinación, sino también cuando implique la abnegación y el soportar la cruz. El ferviente consejo dado por el apóstol Pablo a Timoteo, para que no dejara de cumplir con su deber, debería ser puesto ante la juventud de hoy:" Que nadie desprecie tu juventud, sino que seas ejemplo de los creyentes, en palabra, en conversación, en caridad, en espíritu, en fe, en pureza". Hay que luchar contra los pecados acosadores y superarlos. Los rasgos objetables del carácter, ya sean hereditarios o cultivados, deben ser tomados por separado, y comparados con la gran regla de la justicia; y a la luz reflejada de la palabra de Dios, deben ser firmemente resistidos y vencidos, mediante la fuerza de Cristo. "Sigue la paz con todos los hombres, y la santidad, sin la cual nadie verá al Señor".

Día a día, y hora a hora, debe haber un vigoroso proceso de abnegación y de santificación en el interior; y entonces las obras externas testificarán que Jesús está habitando en el corazón por la fe. La santificación no cierra las vías del alma al conocimiento, sino que viene a expandir la mente, y a inspirarla a buscar la verdad, como un tesoro escondido; y el conocimiento de la voluntad de Dios hace avanzar la obra de la santificación. Hay un cielo, y oh, con que celo deberíamos esforzarnos por alcanzarlo. Les pido a ustedes, estudiantes de nuestras escuelas y colegios, que crean en Jesús como su Salvador. Creed que Él está dispuesto a ayudaros con su gracia, cuando acudáis a Él con sinceridad. Debéis pelear la buena batalla de la fe. Debéis ser luchadores por la corona de la vida. Esforzaos, porque las garras de Satanás están sobre vosotros; y si no os arrancáis de él, quedaréis paralizados y arruinados. El enemigo está a la derecha y a la izquierda, delante y detrás de vosotros; y debéis pisotearlo. Esfuérzate, pues hay una corona que ganar. Esfuérzate, porque si no ganas la corona, perderás todo en esta vida y en la vida futura. Esfuérzate, pero que sea con la fuerza de tu Salvador resucitado.

¿Estudiarán los alumnos de nuestras escuelas y se esforzarán por copiar la vida y el carácter de Aquel que bajó del cielo para mostrarles lo que deben ser, si quieren entrar en el reino de Dios? Les he llevado un mensaje de la cercana venida del Hijo de Dios en las nubes del cielo con poder y gran gloria. No he presentado ante ustedes ningún tiempo definido, sino que les he repetido el mandato del propio Cristo, de velar hasta la oración, "Porque a la hora que no pensáis, viene el Hijo del Hombre". La advertencia ha llegado resonando a lo largo de los siglos hasta nuestro tiempo: "He aquí que vengo pronto, y mi recompensa está conmigo, para dar a cada uno según su obra. Yo soy el Alfa y la Omega, el principio y el fin, el primero y el último. Bienaventurados los que cumplen sus mandamientos, para que tengan derecho al árbol de la vida y entren por las puertas en la ciudad". –*Review and Herald*, 21 de agosto de 1888.

La responsabilidad de los padres

Dios ha permitido que la luz de la reforma pro-salud resplandezca sobre nosotros en estos últimos días, para que caminando en la luz podamos escapar de muchos de los peligros a los que estaremos expuestos. Satanás está trabajando con gran poder para llevar a los hombres a complacer el apetito, gratificar la inclinación y pasar sus días en una locura imprudente. Presenta atracciones en una vida de disfrute egoísta y de indulgencia sensual. La intemperancia mina las energías de la mente y del cuerpo. El que se deja vencer de esta manera se ha colocado en el terreno de Satanás, donde será tentado y fastidiado, y finalmente controlado a placer por el enemigo de toda justicia. Los padres necesitan ser impresionados con su obligación de dar al mundo hijos que tengan caracteres bien desarrollados, hijos que tendrán fuerza moral para resistir la tentación, y cuya vida será un honor para Dios y una bendición para sus semejantes. Aquellos que entren en la vida activa con principios firmes, estarán preparados para permanecer inmaculados en medio de las contaminaciones morales de esta época corrompida. Que las madres aprovechen todas las oportunidades para educar a sus hijos para la utilidad.

La labor de la madre es sagrada e importante. Ella debe enseñar a sus hijos, desde la cuna, hábitos de abnegación y autocontrol. Su tiempo, en un sentido especial, pertenece a sus hijos. Pero si lo ocupa principalmente con las frivolidades de esta época degenerada, si la sociedad, el vestido y las diversiones absorben su atención, sus hijos no serán educados adecuadamente.

Muchas madres que deploran la intemperancia que existe en todas partes, no miran lo suficientemente profundo para ver la causa. Con demasiada frecuencia puede rastrearse hasta la mesa del hogar. Muchas madres, incluso entre las que profesan ser cristianas, ponen a diario ante su hogar alimentos ricos y muy condimentados, que tientan el apetito y estimulan a comer en exceso. En algunas familias, las carnes constituyen el artículo principal de la dieta, y, en consecuencia, la sangre se llena de tumores cancerosos y escrofulosos. Entonces, cuando el sufrimiento y la enfermedad siguen, la Providencia se encarga de lo que es el resultado de un curso equivocado. Repito: la intemperancia comienza en la mesa, y, con la mayoría, el apetito se complace hasta que la indulgencia se convierte en una segunda naturaleza.

Quien come demasiado, o de alimentos que no son saludables, está debilitando su poder para resistir los clamores de otros apetitos y pasiones. Muchos padres, para evitar la tarea de educar pacientemente a sus hijos en hábitos de abnegación, los complacen comiendo y bebiendo siempre que les place. El deseo de satisfacer el gusto y gratificar la inclinación, no disminuye con el aumento de los años; y estos jóvenes indulgentes, al crecer, se rigen por el impulso, esclavos del apetito. Cuando ocupan su lugar en la sociedad, y comienzan la vida por sí mismos, son impotentes para resistir la tentación. En el glotón, el aficionado al tabaco, el bebedor de vino y el ebrio, vemos los malos resultados de una educación errónea y de la autocomplacencia.

Cuando escuchamos las tristes lamentaciones de hombres y mujeres cristianos sobre los terribles males de la intemperancia, las preguntas surgen de inmediato: ¿Quién ha educado a los jóvenes? ¿Quién ha fomentado en ellos esos apetitos indómitos? ¿Quién ha descuidado la solemne responsabilidad de formar sus caracteres para la utilidad en esta vida, y para la sociedad de los ángeles celestiales en la próxima?

Cuando padres e hijos se encuentren en el juicio final, ¡qué escena se presentará! Miles de hijos que han sido esclavos del apetito y del vicio degradante, cuyas vidas son naufragios morales, se encontrarán cara a cara con los padres que los convirtieron en lo que son. ¿Quién sino los padres deben cargar con esta temible responsabilidad? ¿Hizo el Señor a estos jóvenes corruptos? - ¡Oh, no! ¿Quién, entonces, ha hecho esta temible obra? ¿No fueron los pecados de los padres los que se transmitieron a los hijos en apetitos y pasiones pervertidos? y ¿no fue la obra completada por aquellos que se descuidaron de educarlos según el modelo que Dios ha dado? Con la misma seguridad con que existen, todos estos padres pasarán revisión ante Dios.

Satanás está listo para hacer su trabajo; no descuidará la presentación de seducciones a las que los niños no tienen voluntad ni poder moral para resistir. He visto que, a través de sus tentaciones, está instituyendo modas siempre cambiantes, y fiestas y diversiones atractivas, para que las madres sean llevadas a dedicar su tiempo a asuntos frívolos, en lugar de a la educación y formación de sus hijos. Nuestros jóvenes necesitan madres que les enseñen desde la cuna a controlar la pasión, a negar el apetito y a superar el egoísmo. Necesitan línea sobre línea, precepto sobre precepto, aquí un poco y allí otro poco.

A los hebreos se les enseñó cómo educar a sus hijos para que pudieran evitar la idolatría y la maldad de las naciones paganas: "Por tanto, guardaréis estas mis palabras en vuestro corazón y en vuestra alma, y las ataréis como señal en vuestra mano, para que sean como frontales entre vuestros ojos. Y las enseñarás a tus hijos, hablando de ellas cuando estés sentado en tu casa, y cuando andes por el camino, cuando te acuestes y cuando te levantes".

La mujer debe ocupar el puesto que Dios diseñó originalmente para ella, como igual de su marido. El mundo necesita madres que sean madres no sólo de nombre, sino en todo el sentido de la palabra. Podemos decir con seguridad que los deberes distintivos de la mujer son más sagrados, más santos, que los del hombre. Que la mujer se dé cuenta de lo sagrado de su trabajo, y en la fuerza y el temor de Dios asuma su misión vital. Que eduque a sus hijos para que sean útiles en este mundo, y para que tengan un hogar en el mundo mejor.

La posición de una mujer en su familia es más sagrada que la del rey en su trono. Su gran trabajo es hacer de su vida un ejemplo tal como ella desearía que sus hijos lo copiaran. Y tanto el precepto como el ejemplo, ella debe almacenar sus mentes con conocimientos útiles, y conducirlos al trabajo abnegado por el bien de los demás. El gran estímulo para la madre trabajadora y agobiada debe ser que cada hijo que es educado correctamente, y que tiene el adorno interior, el ornamento de un espíritu manso y tranquilo, brillará en los atrios del Señor.

Ruego a las madres cristianas que se den cuenta de su responsabilidad, y que vivan, no para complacerse a sí mismas, sino para glorificar a Dios. Cristo no se complació a sí mismo, sino que tomó la forma de siervo. Abandonó las cortes reales, y revistió su divinidad con humanidad, para que con su propio ejemplo nos enseñara cómo podemos ser exaltados a la posición de hijos e hijas en la familia real, hijos del Rey celestial. Pero ¿cuáles son las condiciones bajo las cuales podemos obtener esta gran bendición? –"Salid de en medio de ellos, y apartaos, dice el Señor, y no toquéis lo inmundo; y yo os recibiré, y seré un Padre para vosotros, y seréis mis hijos e hijas".

Cristo se humilló desde la posición de alguien igual a Dios hasta la de un siervo. Su hogar estaba en Nazaret, un lugar proverbial por su maldad. Sus padres se encontraban entre los pobres más humildes. Su oficio era el de carpintero, y trabajó con sus manos para hacer su parte en el mantenimiento de la familia. Durante treinta años estuvo sometido a sus padres. La vida de Cristo señala nuestro deber de ser diligentes en el trabajo, y de proveer a los que nos han sido confiados.

En sus lecciones de instrucción a sus discípulos, Jesús les enseñó que su reino no es un reino mundano, en el que todos se esfuerzan por alcanzar la posición más alta, sino que les dio lecciones de humildad y abnegación por el bien de los demás. Su humildad no consistió en una baja estimación de su propio carácter y calificaciones, sino en adaptarse a la humanidad caída, para elevarla con Él a una vida más elevada. Sin embargo, ¡qué pocos ven algo atractivo en la humildad de Cristo! Los mundanos se esfuerzan constantemente por exaltarse unos sobre otros; pero Jesús, el Hijo de Dios, se humilló para elevar al hombre. El verdadero discípulo de Cristo seguirá su ejemplo. Ojalá que las madres de esta generación sientan el carácter sagrado de su misión, y no traten de rivalizar con sus vecinas ricas en apariencia, sino que procuren honrar a Dios mediante el fiel cumplimiento del deber. Si se implantaran principios correctos respecto a la templanza en la juventud que ha de formar y moldear la sociedad, habría poca necesidad de cruzadas de templanza. (El movimiento de la templanza fue un esfuerzo organizado durante el siglo XIX y principios del XX para limitar o prohibir el consumo y la producción de bebidas alcohólicas en los Estados Unidos). La firmeza de carácter, el control moral, prevalecerían, y en la fuerza de Jesús se resistirían las tentaciones de estos últimos días.

Es un asunto muy difícil desaprender los hábitos que se han consentido a lo largo de la vida. El demonio de la intemperancia es de una fuerza gigantesca, y no es fácil de vencer. Pero si los padres comienzan la cruzada contra él en sus propias cocinas, en sus propias familias, en los principios que enseñan a sus hijos desde la misma infancia, entonces pueden esperar el éxito. A ustedes, madres, les valdrá la pena emplear las preciadas horas que les da Dios en formar el carácter de sus hijos, y en enseñarles a adherirse estrictamente a los principios de la templanza en el comer y el beber.

A los padres se les ha encomendado la sagrada misión de velar por la constitución física y moral de sus hijos, para que el sistema nervioso esté bien equilibrado y el alma no corra peligro. Los padres y las madres deben comprender las leyes de la vida, para que no permitan, por ignorancia, que se desarrollen tendencias erróneas en sus hijos. La dieta afecta tanto a la salud física como a la moral. Con qué cuidado, pues, deben estudiar las madres para suministrar a la mesa los alimentos más sencillos y saludables, a fin de que no se debiliten los órganos digestivos, se desequilibren los nervios o se contrarreste la instrucción que dan a sus hijos.

Satanás ve que no puede tener un poder tan grande sobre las mentes cuando el apetito se mantiene bajo control como cuando se le consiente, y trabaja constantemente para llevar a los hombres a la indulgencia. Bajo la influencia de alimentos insalubres, la conciencia se atonta, la mente se oscurece y su susceptibilidad a las impresiones se ve afectada. Pero la culpa del transgresor no disminuye porque la con-ciencia haya sido violada hasta volverse insensible.

Puesto que un estado mental sano depende de la condición normal de las fuerzas vitales, ¡qué cuidado debe tenerse para no utilizar estimulantes ni narcóticos! Sin embargo, vemos que un gran número de los que profesan ser cristianos consumen tabaco. Deploran los males de la intemperancia; sin embargo, mientras hablan contra el uso de los licores, estos mismos hombres expulsan el jugo del tabaco. Debe haber un cambio de sentimiento con referencia al uso del tabaco antes de que se llegue a la raíz del mal. Insistimos aún más en el tema. El té y el café fomentan el apetito por estimulantes más fuertes. Y entonces llegamos aún más cerca, a la preparación de los alimentos, y preguntamos: ¿Se practica la templanza en todas las cosas? ¿Se llevan a cabo aquí las reformas que son esenciales para la salud y la felicidad?

Todo verdadero cristiano tendrá el control de sus apetitos y pasiones. A menos que esté libre de la esclavitud del apetito, no podrá ser un verdadero y obediente siervo de Cristo. La indulgencia del apetito y la pasión embota el efecto de la verdad en el corazón. Es imposible que el espíritu y el poder de la verdad santifiquen a un hombre, alma, cuerpo y espíritu, cuando está controlado por los deseos sensuales.
–*Christian Temperance and Bible Hygiene*, págs. 75-80, 1890.

Educación y salud

Durante generaciones, el sistema de educación prevalente ha sido destructivo para la salud, e incluso para la vida misma. Muchos padres y maestros no comprenden que en los primeros años del niño hay que prestar la mayor atención a la constitución física, para asegurar una condición saludable del cuerpo y del cerebro. Se ha fomentado el envío de los niños a la escuela cuando eran meros bebés, necesitados de los cuidados de la madre. En muchos casos, los pequeños se amontonan en aulas mal ventiladas, donde se sientan en posiciones inadecuadas, en bancos mal construidos, y como resultado, los jóvenes y tiernos marcos a menudo se deforman. Los niños pequeños, cuyos miembros y músculos no son fuertes, y cuyos cerebros no están desarrollados, se mantienen confinados, para su perjuicio. Muchos de ellos no tienen más que un ligero asidero en la vida para empezar, y el confinamiento en la escuela de día en día les pone nerviosos, y se enferman. Sus cuerpos se empequeñecen como consecuencia del estado de agotamiento del sistema nervioso. Sin embargo, cuando la lámpara de la vida se apaga, los padres y los maestros no se dan cuenta de que fueron de alguna manera responsables de apagar la chispa vital. De pie junto a la tumba de su hijo, los padres afligidos consideran su duelo como una dispensación especial de la Providencia, cuando fue su propio curso inexcusable e ignorante el que destruyó la joven vida. En tales circunstancias, el atribuir la muerte a la Providencia, sabe a blasfemia. Dios quiere que los pequeños vivan y reciban una educación correcta, para que puedan desarrollar un hermoso carácter, glorificarlo en este mundo y alabarlo en el mundo mejor.

Los padres y los maestros asumen la responsabilidad de formar a estos niños, pero cuán pocos de ellos se dan cuenta de su deber ante Dios de conocer el organismo físico, para saber cómo preservar la vida y la salud de los que están a su cargo. Miles de niños mueren por la ignorancia de quienes los cuidan.

Muchos niños se han arruinado de por vida, y algunos han muerto, como resultado del curso imprudente de padres y maestros, al forzar el intelecto de los jóvenes mientras descuidan la naturaleza física. Los niños eran demasiado jóvenes para estar en un aula. Sus mentes fueron gravadas con lecciones cuando deberían haberse dejado sin tarea hasta que la fuerza física fuera suficiente para soportar el esfuerzo mental. Los niños pequeños deberían ser tan libres como los corderos para correr al aire libre. Se les debe permitir la oportunidad más favorable para sentar las bases de una constitución sólida.

Los jóvenes que son mantenidos en la escuela, y confinados a un estudio exhaustivo, no pueden tener una salud sana. El esfuerzo mental sin el correspondiente ejercicio físico llama una proporción indebida de sangre al cerebro, y así la circulación se desequilibra. El cerebro tiene demasiada sangre, mientras que las extremidades tienen muy poca. Las horas de estudio y de recreo deben regularse cuidadosamente, y una parte del tiempo debe dedicarse al trabajo físico. Cuando los hábitos de los estudiantes en cuanto a comer y beber, vestirse y dormir están de acuerdo con la ley física, pueden obtener una educación sin sacrificar la salud. Hay que repetir a menudo la lección, e insistir en la conciencia, de que la educación será de poco valor si no hay fuerza física para utilizarla después de haberla obtenido.

No se debe permitir que los estudiantes cursen tantos estudios que no tengan tiempo para el entrenamiento físico. La salud no puede preservarse si no se dedica una parte de cada día al esfuerzo muscular al aire libre. Deben dedicarse horas determinadas al trabajo manual de algún tipo, cualquier cosa que llame a la acción a todas las partes del cuerpo. Iguale la estimulación de las facultades mentales y físicas, y la mente del estudiante se refrescará. Si está enfermo, el ejercicio físico a menudo ayudará al sistema a recuperar su condición normal. Cuando los estudiantes salgan de la universidad, deberían tener mejor salud y una mejor comprensión de las leyes de la vida que cuando entraron en ella. La salud debe ser tan sagrada como el carácter.

Muchos estudiantes ignoran deplorablemente el hecho de que la dieta ejerce una poderosa influencia sobre la salud. Algunos nunca han hecho un esfuerzo decidido por controlar el apetito, ni por observar las reglas adecuadas en cuanto a la dieta. Comen demasiado, incluso en las comidas, y algunos comen entre horas siempre que se les presenta la tentación. Si los que profesan ser cristianos desean resolver las cuestiones que tanto les desconciertan, por qué sus mentes están tan embotadas, por qué sus aspiraciones religiosas son tan débiles, no necesitan, en muchos casos, ir más allá de la mesa; aquí hay causa suficiente, si no hubiera otra.

Muchos se separan de Dios por su indulgencia del apetito. Aquel que se da cuenta de la caída de un gorrión, que cuenta los propios cabellos de la cabeza, marca el pecado de aquellos que complacen el apetito pervertido a costa de debilitar las facultades físicas, adormecer el intelecto y amortiguar las percepciones morales.

Los propios maestros deben prestar la debida atención a las leyes de la salud, para que puedan conservar sus propias facultades en la mejor condición posible y, tanto con el ejemplo como con el precepto, puedan ejercer una influencia correcta sobre sus alumnos. El profesor cuyas facultades físicas ya están debilitadas por la enfermedad o el exceso de trabajo, debe prestar especial atención a las leyes de la vida. Debe tomarse tiempo para el recreo. No debe asumir responsabilidades fuera de su trabajo escolar, que le exijan tanto, física o mentalmente, que su sistema nervioso se desequilibre; porque en este caso no estará capacitado para tratar con las mentes, y no podrá hacer justicia ni a sí mismo ni a sus alumnos.

Nuestras instituciones de enseñanza deberían contar con todas las facilidades para la instrucción sobre el mecanismo del sistema humano. Hay que enseñar a los alumnos a respirar, a leer y a hablar para que el esfuerzo no recaiga en la garganta y los pulmones, sino en los músculos abdominales. Los profesores deben formarse en este sentido. Nuestros alumnos deben tener una formación completa, para que puedan entrar en la vida activa con un conocimiento inteligente de la morada que Dios les ha dado. Enséñeles que deben ser aprendices mientras vivan. Y mientras usted les enseña, recuerde que ellos enseñarán a otros. Su lección se repetirá en beneficio de muchos más de los que se sientan ante usted día a día. —*Christian Temperance and Bible Hygiene*, págs. 81-84, 1890.

Educación en el hogar

La labor de la madre es importante. En medio de los cuidados hogareños y de los difíciles deberes de la vida cotidiana, ella debe esforzarse por ejercer una influencia que bendiga y eleve su hogar. En los niños confiados a su cuidado, cada madre tiene un encargo sagrado del Padre celestial; y es su privilegio, por la gracia de Cristo, moldear sus caracteres según el modelo divino, para derramar una influencia sobre sus vidas que los atraiga hacia Dios y el cielo. Si las madres se hubieran dado cuenta siempre de su responsabilidad, y hubieran hecho su primer propósito, su misión más importante, de preparar a sus hijos para los deberes de esta vida y para los honores de la futura vida inmortal, no veríamos la miseria que ahora existe en tantos hogares de nuestra tierra. La labor de la madre es tal que exige un avance continuo en su propia vida, a fin de que pueda conducir a sus hijos a logros más y más elevados. Pero Satanás traza sus planes para asegurar las almas tanto de los padres como de los hijos. Las madres son arrastradas lejos de los deberes del hogar y de la cuidadosa formación de sus pequeños, al servicio del yo y del mundo. Se permite que la vanidad, la moda y los asuntos de menor importancia absorban la atención, y se descuida la educación física y moral de los preciosos niños.

Si hace de las costumbres y las prácticas del mundo su criterio, la madre se verá incapacitada para los deberes responsables de su destino. Si la moda la tiene esclavizada, debilitará su capacidad de resistencia y hará de la vida una carga agotadora en lugar de una bendición. A través de la debilidad física ella puede fallar en apreciar el valor de las oportunidades que son suyas, y su familia puede ser dejada para crecer sin el beneficio de su pensamiento, sus oraciones, y su diligente instrucción. Si las madres sólo consideraran los maravillosos privilegios que Dios les ha dado, no se apartarían tan fácilmente de sus sagrados deberes para dedicarse a los asuntos triviales del mundo.

La labor de la madre comienza con el bebé en sus brazos. A menudo he visto al pequeño arrojarse y gritar, si su voluntad se contrariaba de alguna manera. Este es el momento de reprender al espíritu maligno. El enemigo tratará de controlar las mentes de nuestros niños, pero ¿le permitiremos que los moldee según su voluntad? Estos pequeños no pueden discernir qué espíritu está influyendo en ellos, y es el deber de los padres ejercer el juicio y la discreción por ellos. Sus hábitos deben ser cuidadosamente vigilados. Las tendencias malignas deben ser reprimidas, y la mente debe ser estimulada a favor de lo correcto. El niño debe ser alentado en todo esfuerzo por gobernarse a sí mismo.

La regularidad debe ser la norma en todos los hábitos de los niños. Las madres cometen un gran error al permitirles comer entre horas. El estómago se trastorna con esta práctica, y se sientan las bases para futuros sufrimientos. Su inquietud puede haber sido causada por un alimento insano, aún sin digerir; pero la madre siente que no puede dedicar tiempo a razonar sobre el asunto y corregir su gestión perjudicial. Tampoco puede detenerse a calmar su impaciente preocupación. Da a los pequeños sufridores un trozo de pastel o alguna otra golosina para calmarlos, pero esto sólo aumenta el mal. Algunas madres, en su ansiedad por hacer una gran cantidad de trabajo, se ven envueltas en tal apuro nervioso que están más irritables que los niños, y mediante regaños e incluso golpes intentan aterrorizar a los pequeños para que se tranquilicen.

Las madres se quejan a menudo de la delicada salud de sus hijos y consultan al médico, cuando, si ejercieran un poco de sentido común, verían que el problema está causado por errores en la dieta.

Vivimos en una época de glotonería, y los hábitos a los que se educa a los pequeños, incluso por parte de muchos adventistas del séptimo día, están en directa oposición a las leyes de la naturaleza. Una vez estuve sentado a la mesa con varios niños menores de doce años. Se sirvió carne en abundancia, y entonces una niña delicada y nerviosa pidió pepinillos. Le entregaron un frasco de chow-chow (El chow-chow es un condimento en encurtido que suele hacerse con una variedad de verduras. Puede comerse solo o usarse para coronar los platos para añadir un poco de acidez, crujido y sal), ardiente por la mostaza y picante por las especias, del que se sirvió libremente. La niña era proverbial por su nerviosismo e irritabilidad de temperamento, y estos condimentos ardientes estaban bien preparados para producir tal estado. El mayor de los niños pensaba que no podía comer una comida sin carne, y mostraba un gran descontento, e incluso falta de respeto, si no se le proporcionaba. La madre lo había complacido en sus gustos y disgustos hasta que se había convertido en poco más que una esclava de sus caprichos. Al muchacho no se le había proporcionado trabajo, y pasaba la mayor parte de su tiempo leyendo lo que era inútil o peor que inútil. Se quejaba casi constantemente de dolor de cabeza y no sentía ningún gusto por la comida sencilla.

Los padres deben proporcionar empleo a sus hijos. Nada será una fuente de maldad más segura que la indolencia. El trabajo físico que aporta un cansancio saludable a los músculos dará apetito a la comida sencilla y sana, y el joven que está debidamente empleado no se levantará de la mesa quejándose porque no ve ante él una bandeja de carne y diversas delicadezas para tentar su apetito.

Jesús, el Hijo de Dios, al trabajar con sus manos en el oficio de carpintero, dio un ejemplo a toda la juventud. Que aquellos que desprecian los deberes comunes de la vida recuerden que Jesús estaba sometido a sus padres y contribuía con su parte al sustento de la familia. Pocos lujos se veían en la mesa de José y María, pues estaban entre los pobres y humildes.

Los padres deben ser un ejemplo para sus hijos en el gasto del dinero. Hay quienes, en cuanto consiguen dinero, lo gastan en delicadezas para comer, o en adornos innecesarios de vestir, y cuando la oferta de dinero se reduce, sienten la necesidad de aquello que han malgastado. Si tienen una entrada abundante, utilizan cada dólar de ella; si es pequeña, no es suficiente para los hábitos de extravagancia que han adquirido, y piden prestado para suplir la demanda. Recogen de cualquier fuente posible para satisfacer sus supuestas necesidades. Se vuelven deshonestos y falsos, y el registro que se levanta contra ellos en los libros del cielo es tal que no les importará mirar en el día del juicio. El deseo del ojo debe ser gratificado, el anhelo del apetito complacido, y se mantienen pobres por sus hábitos improvistos, cuando podrían haber aprendido a vivir dentro de sus posibilidades. La extravagancia es uno de los pecados a los que es propensa la juventud. Desprecian los hábitos económicos, por temor a que se les considere tacaños y mezquinos. ¿Qué dirá a los tales Jesús, la Majestad del cielo, que les ha dado un ejemplo de paciente industria y economía?

No es necesario especificar aquí cómo se puede practicar la economía en todos los aspectos. Aquellos cuyos corazones están totalmente rendidos a Dios, y que toman su palabra como guía, sabrán cómo conducirse en todos los deberes de la vida. Aprenderán de Jesús, que es manso y humilde de corazón; y al cultivar la mansedumbre de Cristo cerrarán la puerta contra innumerables tentaciones.

No estudiarán cómo gratificar el apetito y la pasión por la exhibición, mientras tantos no pueden ni siquiera mantener el hambre a la puerta. La cantidad que se gasta diariamente en cosas innecesarias, con el pensamiento: "Es sólo una moneda de cinco centavos", "Es sólo una moneda de diez centavos", parece muy poco; pero multipliquen estas pequeñeces por los días del año, y a medida que pasen los años, el conjunto de cifras parecerá casi increíble.

El Señor se ha complacido en presentar ante mí los males que resultan de los hábitos derrochadores, para que pueda amonestar a los padres a que enseñen a sus hijos una estricta economía. Enséñeles que el dinero que se gasta en lo que no se necesita, se pervierte de su uso apropiado. El que es infiel en lo mínimo, será infiel en lo mucho. Si los hombres son infieles con los bienes terrenales, no se les pueden confiar las riquezas eternas. Poned en guardia el apetito; enseñad a vuestros hijos, tanto con el ejemplo como con el precepto, a utilizar una dieta sencilla. Enséñeles a ser laboriosos, no sólo ocupados, sino comprometidos en un trabajo útil. Procure despertar la sensibilidad moral. Enséñenles que Dios tiene derechos sobre ellos, incluso desde los primeros años de su infancia. Dígales que hay corrupciones morales a las que hay que hacer frente en todas partes, que necesitan venir a Jesús y entregarse a Él, en cuerpo y espíritu, y que en Él encontrarán fuerza para resistir toda tentación. Mantenga ante sus mentes que no fueron creados meramente para complacerse a sí mismos, sino para ser agentes del Señor para propósitos nobles. Enséñeles, cuando las tentaciones los impulsen hacia caminos de indulgencia egoísta, cuando Satanás busque apartar a Dios de su vista, a mirar a Jesús, suplicando: "Guárdame, Señor, para que no sea vencido". Los ángeles se reunirán en torno a ellos en respuesta a sus oraciones, y los guiarán por caminos seguros.

Cristo oró por sus discípulos, no para que fueran sacados del mundo, sino para que fueran guardados del mal, para que no cedieran a las tentaciones que encontrarían en todas partes. Esta es una oración que debería ser ofrecida por cada padre y madre. Pero ¿deberían suplicar así a Dios en favor de sus hijos, y luego dejarlos hacer lo que les plazca? ¿Deberían mimar el apetito hasta que se haga con el dominio, y luego esperar a refrenar a los niños? -No; la templanza y el autocontrol deberían enseñarse desde la misma cuna. Sobre la madre debe recaer en gran medida la responsabilidad de esta labor. El vínculo terrenal más tierno es el que existe entre la madre y su hijo. El niño queda más fácilmente impresionado por la vida y el ejemplo de la madre que por el del padre, debido a este vínculo de unión más fuerte y tierno. Sin embargo, la responsabilidad de la madre es pesada y debe contar con la ayuda constante del padre.

La intemperancia en la comida y la bebida, la intemperancia en el trabajo, la intemperancia en casi todo existe en todas partes. Aquellos que hacen grandes esfuerzos para realizar tanto trabajo en un tiempo determinado, y continúan trabajando cuando su juicio les dice que deben descansar, nunca son ganadores. Están viviendo con un capital prestado. Están gastando la fuerza vital que necesitarán en un momento futuro. Y cuando la energía que han utilizado de forma tan imprudente se desvanece, fracasan por falta de ella. La fuerza física desaparece, las facultades mentales fallan. Se dan cuenta de que se han encontrado con una pérdida, pero no saben cuál es. Ha llegado su momento de necesidad, pero sus recursos físicos se han agotado. Todo el que viola las leyes de la salud debe ser alguna vez un sufridor en mayor o menor grado. Dios nos ha dotado de una fuerza constitucional, que será necesaria en diferentes períodos de nuestra vida. Si agotamos imprudentemente esta fuerza mediante una sobrecarga continua, alguna vez seremos perdedores. Nuestra utilidad se verá disminuida, si no nuestra vida misma destruida.

Por regla general, el trabajo del día no debe prolongarse hasta la noche. Si todas las horas del día se mejoran, el trabajo que se prolonga hasta la noche es un extra, y el sistema sobrecargado sufrirá por la carga que se le impone. Me han demostrado que los que hacen esto, a menudo pierden mucho más de lo que ganan, pues sus energías se agotan, y trabajan con excitación nerviosa. Puede que no se den cuenta de ningún perjuicio inmediato, pero seguramente están minando sus constituciones.

Que los padres dediquen las tardes a sus familias. Dejen de lado los cuidados y la perplejidad con las labores del día. El marido y el padre ganarían mucho si se propusieran como norma no estropear la felicidad de su familia trayendo a casa sus problemas de negocios para inquietarse y preocuparse. El puede necesitar el consejo de su esposa en asuntos difíciles, y ambos pueden obtener alivio en sus perplejidades buscando juntos la sabiduría de Dios; pero mantener la mente constantemente tensionada por los asuntos de negocios dañará la salud de la mente y del cuerpo.

Educación en el hogar

Que las tardes se pasen lo más felizmente posible. Que el hogar sea un lugar donde exista la alegría, la cortesía y el amor. Esto lo hará atractivo para los niños. Si los padres están continuamente aburridos de problemas, son irritables y criticones, los niños participan del mismo espíritu de insatisfacción y contención, y el hogar es el lugar más miserable del mundo. Los niños encuentran más placer entre extraños, en compañía imprudente, o en la calle, que en casa. Todo esto podría evitarse si se practicara la templanza en todas las cosas y se cultivara la paciencia. El autocontrol por parte de todos los miembros de la familia hará que el hogar sea casi un paraíso. Haga que sus habitaciones sean lo más alegres posible. Deje que los niños encuentren el hogar como el lugar más atractivo de la tierra. Arrojen a su alrededor tales influencias que no busquen compañeros de calle, ni piensen en las guaridas del vicio salvo con horror. Si la vida en el hogar es lo que debe ser, los hábitos que se formen allí serán una fuerte defensa contra los asaltos de la tentación cuando los jóvenes abandonen el refugio del hogar para ir al mundo.

¿Construimos nuestras casas para la felicidad de la familia, o simplemente para exhibirlas? ¿Proporcionamos habitaciones agradables y soleadas a nuestros hijos, o las mantenemos oscuras y cerradas, reservándolas para extraños que no dependen de nosotros para ser felices? No hay obra más noble que podamos hacer, no hay mayor beneficio que podamos ofrecer a la sociedad, que dar a nuestros hijos una educación adecuada, inculcándoles, mediante el precepto y el ejemplo, el importante principio de que la pureza de vida y la sinceridad de propósito son las que mejor les capacitan para desempeñar su papel en el mundo.

Nuestros hábitos artificiales nos privan de muchos privilegios y de mucho disfrute, y nos incapacitan para la utilidad. Una vida a la moda es una vida dura e ingrata. Cuántas veces se sacrifican el tiempo, el dinero y la salud, se pone a prueba la paciencia y se pierde el autocontrol, sólo por la exhibición. Si los padres se aferraran a la sencillez, sin permitirse gastos para gratificar la vanidad y seguir la moda; si mantuvieran una noble independencia en el derecho, sin dejarse llevar por la influencia de aquellos que, mientras profesan a Cristo, se niegan a levantar la cruz de la abnegación, darían a sus hijos, con este mismo ejemplo, una educación inestimable. Los hijos se convertirían en hombres y mujeres de valor moral y, a su vez, tendrían el valor de defender valientemente lo correcto, incluso contra la corriente de la moda y la opinión popular.

Cada acto de los padres repercute en el futuro de los hijos. Al dedicar tiempo y dinero al adorno exterior y a la gratificación del apetito pervertido, están cultivando la vanidad, el egoísmo y la lujuria en los niños. Las madres se quejan de estar tan cargadas de cuidados y trabajos que no pueden dedicar tiempo a instruir pacientemente a sus pequeños y a simpatizar con ellos en sus decepciones y pruebas. Los corazones jóvenes anhelan simpatía y ternura, y si no la obtienen de sus padres, la buscarán en fuentes que pueden poner en peligro tanto la mente como la moral.

He oído a madres rechazar a sus hijos algún placer inocente, por falta de tiempo y de reflexión, mientras sus ocupados dedos y sus cansados ojos se ocupaban diligentemente de algún adorno inútil, algo que sólo podía servir para fomentar la vanidad y la extravagancia en los niños. "Según se dobla la ramita, se inclina el árbol". A medida que los niños se acercan a la edad adulta, estas lecciones fructifican en orgullo e inutilidad moral. Los padres deploran las faltas de los hijos, pero están ciegos ante el hecho de que no hacen más que recoger la cosecha de la semilla de su propia plantación.

Padres cristianos, asuman la carga de su vida y piensen con franqueza en las sagradas obligaciones que recaen sobre ustedes. Hagan de la palabra de Dios su norma, en lugar de seguir las modas y costumbres del mundo, la lujuria del ojo y el orgullo de la vida. La futura felicidad de vuestras familias y el bienestar de la sociedad dependen en gran medida de la educación física y moral que reciban vuestros hijos en los primeros años de su vida. Si sus gustos y hábitos son tan sencillos en todas las cosas como deberían serlo, si el vestido es ordenado, sin adornos adicionales, las madres encontrarán tiempo para hacer felices a sus hijos y enseñarles una obediencia amorosa.

No envíe a sus pequeños a la escuela demasiado pronto. La madre debe tener cuidado de cómo confía el moldeado de la mente infantil a otras manos. Los padres deben ser los mejores maestros de sus hijos hasta que hayan alcanzado los ocho o diez años de edad. Su aula debería ser el aire libre, entre las flores y los pájaros, y su libro de texto el tesoro de la naturaleza. Tan pronto como sus mentes puedan comprenderlo, los padres deberían abrir ante ellos el gran libro de la naturaleza de Dios. Estas lecciones, impartidas en medio de ese entorno, no se olvidarán pronto. Deben tomarse grandes precauciones para preparar el terreno del corazón para que el Sembrador esparza la buena semilla. Si la mitad del tiempo y el trabajo que ahora se desperdicia en seguir las modas del mundo, se dedicara al cultivo de las mentes de los niños, a la formación de hábitos correctos, se produciría un marcado cambio en las familias.

No hace mucho escuché a una madre decir que le gustaba ver una casa bien construida, que le molestaban los defectos en la disposición y la carpintería desajustada en los acabados. No condeno el buen gusto en este sentido, pero mientras la escuchaba, lamenté que esta delicadeza no se hubiera introducido en sus métodos de dirección de sus hijos. Eran edificios de cuya formación ella era responsable; sin embargo, sus maneras toscas y descorteses, su naturaleza pasional y egoísta y sus voluntads incontroladas eran dolorosamente evidentes para los demás. Caracteres mal formados, trozos de humanidad desajustados, ciertamente lo eran, pero la madre estaba ciega a todo ello. El arreglo de su casa tenía más importancia para ella que la simetría del carácter de sus hijos.

La limpieza y el orden son deberes cristianos, pero incluso éstos pueden llevarse demasiado lejos y convertirse en lo esencial, mientras se descuidan asuntos de mayor importancia. Aquellos que descuidan los

Educación en el hogar

intereses de los niños por estas consideraciones están diezmando la menta y el comino, mientras descuidan los asuntos más pesados de la ley, la justicia, la misericordia y el amor de Dios.

Los niños más consentidos se vuelven voluntariosos, apasionados y poco cariñosos. Ojalá los padres pudieran darse cuenta de que de una formación juiciosa y temprana depende la felicidad tanto de los padres como de los hijos. ¿Quiénes son estos pequeños que están confiados a nuestro cuidado? Son los miembros más jóvenes de la familia del Señor. "Toma a este hijo, a esta hija", dice Él, "cuídalos para mí, y adáptalos 'para que sean pulidos a semejanza de un palacio', para que brillen en los atrios del Señor". ¡Precioso trabajo! ¡Un trabajo importante! Sin embargo, vemos a las madres suspirar por un campo de trabajo más amplio, por alguna obra misionera que realizar. Si pudieran ir a África o a la India, sentirían que están haciendo algo. Pero asumir los pequeños deberes diarios de la vida, y llevarlos adelante con fidelidad, con perseverancia, les parece una cosa sin importancia. ¿A qué se debe esto? ¿No es a menudo porque el trabajo de la madre es tan poco apreciado? Ella tiene mil cuidados y cargas de los que el padre rara vez tiene conocimiento. Con demasiada frecuencia vuelve a casa trayendo consigo sus preocupaciones y perplejidades empresariales para sobrecargar a la familia, y si no encuentra todo justo a su parecer en casa, da expresión a sus sentimientos en la impaciencia y la búsqueda de fallos. Puede presumir de lo que ha conseguido a lo largo del día, pero el trabajo de la madre, en su opinión, equivale a poco, o al menos está infravalorado. Para él, sus cuidados parecen insignificantes. Sólo tiene que cocinar las comidas, cuidar de los niños, a veces una gran familia de ellos, y mantener la casa en orden. Ella ha intentado todo el día mantener la maquinaria doméstica funcionando sin problemas. Ha intentado, aunque cansada y perpleja, hablar con amabilidad y alegría, e instruir a los niños y mantenerlos en el buen camino. Todo esto ha costado mucho esfuerzo y paciencia por su parte. No puede, a su vez, presumir de lo que ha hecho. Le parece que no ha logrado nada. Pero no es así. Aunque los resultados de su trabajo no sean aparentes, los ángeles de Dios están observando a la madre cansada, notando las cargas que lleva día a día. Puede que su nombre nunca aparezca en los registros de la historia, ni reciba el honor y el aplauso del mundo, como el del marido y el padre; pero está inmortalizado en el libro de Dios. Ella está haciendo lo que puede, y su posición a los ojos de Dios es más exaltada que la de un rey en su trono; porque está tratando con el carácter, está formando mentes.

Las madres del presente están haciendo la sociedad del futuro. ¡Qué importante es que sus hijos sean educados de tal manera que sean capaces de resistir las tentaciones que encontrarán por todos lados en la vida posterior!

Sea cual sea su vocación y sus perplejidades, que el padre lleve a su hogar el mismo semblante sonriente y los mismos tonos agradables con los que ha saludado todo el día a visitantes y extraños. Que la esposa sienta que puede apoyarse en el gran cariño de su marido, que sus brazos la fortalecerán y sostendrán a través de todos sus trabajos y preocupaciones, que su influencia sostendrá la de ella, y su carga perderá la mitad de su peso. ¿Acaso los hijos no son tanto de él como de ella?

Que el padre trate de aligerar la tarea de la madre. En el tiempo que dedicaría al disfrute egoísta del ocio, que busque familiarizarse con sus hijos, que se asocie con ellos en sus actividades recreativas, en su trabajo. Procure señalarles las hermosas flores, los elevados árboles, en cuyas hojas pueden rastrear la obra y el amor de Dios. Que les enseñe que el Dios que hizo todas estas cosas ama lo bello y lo bueno. Cristo señaló a sus discípulos los lirios del campo y las aves del cielo, mostrando cómo Dios cuida de ellos, y presentó esto como una prueba de que cuidará del hombre, que es de mayor importancia que las aves y las flores. Diga a los niños que por mucho tiempo que se pierda en intentos de embellecimiento, nuestra apariencia nunca podrá compararse, por su gracia y belleza, con la de las flores más sencillas del campo. Así sus mentes pueden ser atraídas de lo artificial a lo natural. Pueden aprender que Dios les ha dado todas estas cosas hermosas para que las disfruten, y que quiere que le den los mejores y más santos afectos del corazón.

Los padres deben tratar de despertar en sus hijos el interés por el estudio de la fisiología. Los jóvenes necesitan ser instruidos con respecto a su propio cuerpo. Hay muy pocos entre los jóvenes que tengan un conocimiento definido de los misterios de la vida. El estudio del maravilloso organismo humano, la relación y dependencia de todas sus complicadas partes, es algo en lo que la mayoría de las madres se interesan poco o nada. No comprenden la influencia del cuerpo sobre la mente, ni de la mente sobre el cuerpo. Se ocupan de trivialidades innecesarias y luego alegan que no tienen tiempo para obtener la información que necesitan para cuidar adecuadamente de la salud de sus hijos. Es menos problemático confiarlos a los médicos. Miles de niños mueren por desconocimiento de las leyes de su ser.

Si los propios padres obtuvieran conocimientos sobre este subtema y sintieran la importancia de darle un uso práctico, veríamos una mejor condición de las cosas. Enseñen a sus hijos a razonar de la causa al efecto. Enséñeles que, si violan las leyes de su ser, deben pagar la pena con el sufrimiento. Si no puede ver una mejora tan rápida como desea, no se desanime, sino instrúyalos con paciencia, y siga adelante hasta conseguir la victoria. Continúe enseñándoles con respecto a sus propios cuerpos, y cómo cuidarlos. La imprudencia con respecto a la salud corporal tiende a la imprudencia en la moral.

No descuide enseñar a sus hijos cómo preparar alimentos saludables. Al darles estas lecciones de fisiología y de buena cocina, les estáis dando los primeros pasos en algunas de las ramas más útiles de la educación, e inculcando principios que son elementos necesarios en una educación religiosa.

Todas las lecciones de las que he hablado en este artículo son necesarias. Si se prestan atención adecuadamente, serán como un baluarte que preservará a nuestros hijos de los males que están inundando el mundo. Queremos templanza en nuestras mesas. Queremos casas donde la luz del sol y el aire puro del cielo sean bienvenidos. Queremos una influencia alegre y feliz en nuestros hogares. Debemos cultivar hábitos útiles en nuestros hijos, y debemos instruirlos en las cosas de Dios. Hacer todo esto cuesta algo. Cuesta oraciones y lágrimas, y una instrucción paciente y repetida. A veces no sabemos qué hacer; pero podemos llevar a los niños a Dios en nuestras oraciones, suplicando que se les guarde del mal, rogando: "Ahora, Señor, haz tu obra; ablanda y somete los corazones de nuestros hijos", y Él nos escuchará. Él escucha las oraciones de las madres que lloran y se preocupan. Cuando Cristo estaba en la tierra, las madres agobiadas les traían a sus hijos; pensaban que, si Él imponía sus manos sobre ellos, tendrían más valor para educarlos como debían. El Salvador sabía por qué estas madres venían a Él con sus pequeños, y reprendió a los discípulos, que los habrían mantenido alejados, diciendo: "Dejad que los niños vengan a Mí, y no se lo impidáis, porque de los tales es el reino de Dios". Jesús ama a los pequeños, y está pendiente de cómo los padres hacen su trabajo.

La iniquidad abunda por todas partes, y si los niños se salvan, hay que hacer un esfuerzo serio y perseverante. Cristo ha dicho: "Yo me santifico, para que ellos también se santifiquen". Él quería que sus discípulos fueran santificados, y se hizo su ejemplo, para que lo siguieran. ¿Qué pasaría si los padres y las madres adoptaran esta misma posición, diciendo: "¿Quiero que mis hijos tengan principios firmes, y les daré un ejemplo de esto en mi vida"? Que la madre no piense que ningún sacrificio es demasiado grande, si se hace por la salvación de su hogar. Recuerde que Jesús dio su vida con el propósito de rescatarla a usted y a los suyos de la ruina. Tendrá su simpatía y ayuda en esta bendita obra, y será un obrero junto a Dios.

En todo lo demás que podamos fallar, seamos minuciosos en el trabajo por nuestros hijos. Si salen del hogar entrenados, puros y virtuosos, si llenan el lugar más pequeño y más bajo en el gran plan de Dios para el mundo, nuestra obra de la vida nunca podrá llamarse un fracaso. –*Christian Temperance and Bible Hygiene*, págs. 60-72, 1890.

Embriaguez mental

Qué deben leer nuestros hijos? es una pregunta seria, y exige una respuesta seria. Me preocupa ver, en las familias cristianas, periódicos y diarios que contienen historias continuas que no dejan ninguna impresión de bien en la mente. He observado a aquellos cuyo gusto por la ficción ha sido así cultivado. Han tenido el privilegio de escuchar las verdades de la palabra de Dios, de familiarizarse con las razones de nuestra fe; pero han llegado a la edad madura destituidos de la verdadera piedad. Estos queridos jóvenes necesitan tanto que se ponga en la construcción de su carácter el mejor material, el amor y el temor de Dios y el conocimiento de Cristo. Pero muchos no tienen una comprensión inteligente de la verdad tal como es en Jesús. Su mente se deleita con historias sensacionalistas. Viven en un mundo irreal, y no están capacitados para los deberes prácticos de la vida. He observado a niños a los que se les permite crecer de esta manera. Ya sea en casa o en el extranjero, están inquietos o soñadores, y son incapaces de conversar, salvo sobre los temas más comunes. Las facultades más nobles, las adaptadas a las actividades más elevadas, han sido degradadas a la contemplación de temas triviales o peor que triviales, hasta que su poseedor se ha satisfecho con tales temas, y apenas tiene poder para alcanzar algo más elevado. El pensamiento y la conversación religiosa se han vuelto insípidos. El alimento mental por el que ha adquirido un gusto es contaminante en sus efectos, y conduce a pensamientos impuros y sensuales. He sentido una sincera lástima por estas almas al considerar cuánto están perdiendo al descuidar las oportunidades de obtener un conocimiento de Cristo, en quien se centran nuestras esperanzas de vida eterna. Cuánto tiempo precioso se desperdicia, en el que podrían estar estudiando el Patrón de la verdadera bondad.

Conozco personalmente a algunos que han perdido el tono saludable de la mente por hábitos erróneos de lectura. Van por la vida con una imaginación enferma, magnificando cada pequeño agravio. Cosas que una mente sana y sensata no notaría, se convierten para ellos en pruebas insoportables, en obstáculos insuperables. Para ellos, la vida es una sombra constante.

Los que se han dejado llevar por el hábito de correr a través de historias emocionantes, están paralizando su fuerza mental, y se descalifican para el pensamiento vigoroso y la investigación. Hay hombres y mujeres ahora en el declive de la vida que nunca se han recuperado de los efectos de la lectura destemplada. El hábito, formado en los primeros años, ha proliferado con su crecimiento y se ha fortalecido con su fuerza; y sus esfuerzos por superarlo, aunque decididos, sólo han tenido un éxito parcial. Muchos nunca han recuperado su vigor mental original. Todos los intentos de convertirse en cristianos prácticos terminan con el deseo. No pueden ser verdaderamente semejantes a Cristo, y continuar alimentando la mente con esta clase de literatura. El efecto físico tampoco es menos desastroso. El sistema nervioso es innecesariamente gravado por esta pasión por la lectura. En algunos casos, los jóvenes, e incluso los de edad madura, han sido afligidos con parálisis por ninguna otra causa que el exceso de lectura. La mente se mantuvo bajo una excitación constante, hasta que la delicada maquinaria del cerebro se debilitó tanto que no pudo actuar, y el resultado fue la parálisis.

Cuando se cultiva el apetito por las historias excitantes y sensacionalistas, el gusto moral se pervierte, y la mente queda insatisfecha si no se alimenta constantemente con esta comida basura y malsana. He visto a jovencitas, profesas seguidoras de Cristo, que eran realmente infelices a menos que tuvieran a mano alguna novela o papel de cuentos nuevos. La mente ansiaba la estimulación como el borracho ansía la bebida embriagadora. Estos jóvenes no manifestaban ningún espíritu de devoción; ninguna luz celestial se derramaba sobre sus asociados, para conducirlos a la fuente del conocimiento. No tenían ninguna experiencia profunda y religiosa. Si esta clase de lectura no hubiera estado constantemente ante ellos, podría haber habido alguna esperanza de que se reformaran; pero la ansiaban y la querían.

Me duele ver a hombres y mujeres jóvenes arruinando así su utilidad en esta vida, y fracasando en obtener una experiencia que los prepare para una vida eterna en la sociedad celestial. No podemos encontrar un nombre más adecuado para ellos que el de "ebrios mentales".

Los hábitos intemperantes de lectura ejercen una influencia perniciosa sobre el cerebro con tanta seguridad como la intemperancia en la comida y la bebida.

La mejor manera de prevenir el crecimiento del mal es preocuparse por el terreno. Se necesita el mayor cuidado y vigilancia para cultivar la mente y sembrar en ella las preciosas semillas de la verdad bíblica. El Señor, en su gran misericordia, nos ha revelado en las Escrituras las reglas de la vida santa. Nos dice los pecados que debemos evitar; nos explica el plan de salvación y nos señala el camino al cielo. Ha inspirado a los hombres santos para que registren, en nuestro beneficio, las instrucciones relativas a los peligros que acechan el camino, y cómo escapar de ellos. Quienes obedezcan su mandato de escudriñar las Escrituras no ignorarán estas cosas. En medio de los peligros de los últimos días, cada miembro de la iglesia debe entender las razones de su esperanza y fe, razones que no son difíciles de comprender. Hay suficiente para ocupar la mente, si queremos crecer en la gracia y en el conocimiento de nuestro Señor Jesucristo.

Somos finitos, pero debemos tener un sentido de lo infinito. La mente debe ser ejercitada en la contemplación de Dios, y su maravilloso plan para nuestra salvación. El alma se elevará así por encima de lo meramente terrenal y común, y se fijará en lo que es ennoblecedor y eterno. El pensamiento de que estamos en el mundo de Dios, en presencia del gran

Creador del universo, que hizo al hombre a su semejanza, conducirá a la mente a campos amplios y exaltados para la meditación. El pensamiento de que el ojo de Dios está vigilando sobre nosotros, que nos ama y que se preocupó tanto por nosotros como para dar a su amado Hijo para redimirnos, para que no perezcamos miserablemente, es grandioso; y quien abre su corazón a la aceptación y contemplación de temas como éstos, nunca estará satisfecho con temas triviales y sensacionalistas.

Si se estudiara la Biblia como es debido, los hombres se harían fuertes en su intelecto. Los temas tratados en la palabra de Dios, la digna sencillez de su expresión, los nobles temas que presenta a la mente, desarrollan en el hombre facultades que no pueden desarrollarse de otro modo. En la Biblia se abre un campo ilimitado para la imaginación. El estudiante saldrá de la contemplación de sus grandiosos temas, de la asociación con sus elevadas imágenes, más puro y elevado en pensamiento y sentimiento que si hubiera empleado el tiempo en leer cualquier obra de mero origen humano, por no hablar de las de carácter trivial. Las mentes jóvenes no alcanzan su desarrollo más noble cuando descuidan la fuente más elevada de sabiduría, la palabra de Dios. La razón por la que tenemos tan pocos hombres de buena mente, de estabilidad y valor sólido, es que no se teme a Dios, no se ama a Dios, los principios de la religión no se llevan a cabo en la vida como deberían.

Dios quiere que aprovechemos todos los medios para cultivar y fortalecer nuestras facultades intelectuales. Fuimos creados para una existencia más elevada y noble que la vida actual. Este tiempo es de preparación para la vida futura e inmortal. ¿Dónde pueden encontrarse temas más grandiosos para la contemplación, un tema más interesante para el pensamiento, que las sublimes verdades desplegadas en la Biblia? Estas verdades harán una obra poderosa para el hombre, si se limita a seguir lo que enseñan. Pero ¡qué poco se estudia la Biblia! Se insiste en cualquier cosa sin importancia con preferencia a sus temas. Si se leyera más la Biblia, si se comprendieran mejor sus verdades, seríamos un pueblo mucho más ilustrado e inteligente. Los ángeles del mundo de la luz están al lado del buscador sincero de la verdad, para impresionar e iluminar su mente. El que está oscuro de entendimiento puede encontrar luz a través del conocimiento de las Escrituras.
–*Christian Temperance and Bible Hygiene*, págs. 123-26, 1890.

Los libros en nuestras escuelas

En la labor de educar a la juventud en nuestras escuelas, será un asunto difícil retener la influencia del Espíritu Santo de Dios y al mismo tiempo aferrarse a principios erróneos. La luz que brilla sobre aquellos que tienen ojos para ver, no puede mezclarse con la oscuridad de la herejía y el error que se encuentra en muchos de los libros de texto recomendados a los estudiantes en nuestros colegios. Tanto los profesores como los alumnos han pensado que, para obtener una educación, era necesario estudiar las producciones de los escritores que enseñan la infidelidad, porque sus obras contienen algunas brillantes gemas de pensamiento. Pero ¿quién fue el originador de estas gemas de pensamiento? -Fue Dios y sólo Dios; porque Él es la fuente de toda luz. ¿No se encuentran en las páginas de la Sagrada Escritura todas las cosas esenciales para la salud y el crecimiento de la naturaleza espiritual y moral? ¿No es Cristo nuestra cabeza viva? ¿Y no hemos de crecer en Él hasta alcanzar la plena estatura de hombres y mujeres? ¿Puede una fuente impura enviar aguas dulces? ¿Por qué hemos de vadear la masa de error contenida en las obras de paganos e infieles, en beneficio de unas pocas verdades intelectuales, cuando toda la verdad está a nuestro alcance?

El hombre no puede lograr nada bueno sin Dios. Él es el originador de todo rayo de luz que ha atravesado la oscuridad del mundo. Todo lo que tiene valor viene de Dios, y le pertenece. Hay una razón por la que los agentes del enemigo muestran a veces una notable sabiduría. El propio Satanás fue educado y disciplinado en las cortes celestiales, y tiene un conocimiento tanto del bien como del mal. Mezcla lo precioso con lo vil, y esto es lo que le da su poder de engañar a los hijos de los hombres. Pero como Satanás ha robado la insignia del cielo para poder ejercer una influencia en sus dominios usurpados, ¿se volverán de la luz para recomendar las tinieblas los que han estado sentados en las tinieblas y han visto una gran luz? ¿Los que han conocido los oráculos de Dios recomendarán a nuestros alumnos que estudien los libros que expresan sentimientos paganos o infieles, para que se vuelvan inteligentes? Satanás tiene sus agentes, educados según sus métodos, inspirados por su espíritu y adaptados a sus obras; pero ¿cooperaremos con ellos? ¿Recomendaremos, como cristianos, las obras de sus agentes como valiosas, incluso esenciales para la consecución de una educación?

El Señor mismo ha señalado que deben establecerse escuelas entre nosotros para que se obtenga el verdadero conocimiento. Ningún profesor de nuestras escuelas debe sugerir la idea de que, para tener una disciplina correcta, es esencial estudiar libros de texto que expresen sentimientos paganos e infieles. Los estudiantes que son educados de esta manera no son competentes para convertirse en educadores a su vez; porque están llenos de los sutiles sofismas del enemigo. El estudio de obras que de alguna manera expresan sentimientos infieles es cómo manejar carbones negros; pues no puede ser impoluto de mente un hombre que piensa en la línea del escepticismo. Al acudir a tales fuentes de conocimiento, ¿no nos alejamos de la nieve del Líbano para beber del agua turbia del valle?

Los hombres que se alejan del conocimiento de Dios han puesto sus mentes bajo el control de su amo, Satanás, y éste los entrena para ser sus siervos. Cuanto menos se presenten ante los jóvenes las producciones que expresan opiniones infieles, mejor. Los ángeles malignos están siempre alertos para exaltar ante las mentes de los jóvenes lo que les hará daño, y a medida que se leen libros que expresan sentimientos infieles y paganos, estos agentes invisibles del mal tratan de impresionar a quienes los estudian con el espíritu de cuestionamiento y descreimiento. Los que beben de estos canales contaminados no tienen sed de las aguas de la vida, pues están satisfechos con las cisternas rotas del mundo. Creen que tienen los tesoros del conocimiento, cuando están atesorando lo que no es más que madera y heno y rastrojos, que no vale la pena ganar, que no vale la pena conservar. Su autoestima, su idea de que un conocimiento superficial de las cosas constituye una educación, les hace presumir y estar satisfechos de sí mismos, cuando son, como lo eran los fariseos, ignorantes de las Escrituras y del poder de Dios.

¡Oh, que nuestra juventud atesorara el conocimiento que es imperecedero, que puede llevar consigo a la vida futura e inmortal, el conocimiento que se representa como oro y plata y piedras preciosas! La clase de educadores y aprendices que se consideran sabios, no saben nada como deberían saberlo. Necesitan aprender la mansedumbre y la humildad en la escuela de Cristo, para que puedan estimar altamente lo que el Cielo considera excelente. Los que reciben una educación valiosa, que será tan duradera como la eternidad, no serán considerados como los hombres mejor educados del mundo. Pero las Escrituras declaran que "el temor del Señor es el principio de la sabiduría". Este tipo de conocimiento está por debajo de la estimación del mundo, y sin embargo es esencial para cada joven llegar a ser sabio en las Escrituras, si quiere tener la vida eterna. El apóstol dice: "Toda la Escritura es dada por inspiración de Dios, y es útil para doctrinar, para reprender, para corregir, para instruir en la justicia, a fin de que el hombre de Dios sea perfecto, enteramente preparado para toda buena obra". Esto es suficientemente amplio. Que todos procuren comprender, en toda la medida de sus facultades, el significado de la palabra de Dios. Una mera lectura superficial de la palabra inspirada será de poco provecho; pues cada afirmación hecha en las páginas sagradas requiere una contemplación reflexiva. Es cierto que algunos pasajes no requieren una concentración tan seria como otros, pues su significado es más evidente. Pero el estudiante de la palabra de Dios debe tratar de comprender la relación de un pasaje con otro hasta que la cadena de la verdad se revele a su visión. Como las minas de mineral precioso están escondidas bajo la superficie de la tierra, así las riquezas espirituales están ocultas en los pasajes de la Sagrada Escritura, y se requiere un esfuerzo mental y una atención en la oración para descubrir el significado oculto de la palabra de Dios. Que todo estudiante que valore el tesoro celestial ponga a prueba sus poderes mentales y espirituales, y hunda el pozo profundamente en la mina de la verdad, para que pueda obtener el oro celestial, esa sabiduría que lo hará sabio para la salvación.

Si la mitad del celo que se manifiesta en la búsqueda de la comprensión de las ideas brillantes de los infieles se manifestara en el estudio del plan de salvación, miles de personas que ahora están en las tinieblas, quedarían encantadas con la sabiduría, la pureza, la elevación de las disposiciones de Dios en nuestro favor; se levantarían y se alejarían de sí mismas en la maravilla y el asombro por el amor y la condescendencia de Dios al dar a su Hijo unigénito por una raza caída. ¿Cómo es que muchos se conforman con beber en los turbios arroyos que fluyen en el turbio valle, cuando podrían refrescar sus almas en los arroyos vivos de las montañas? El profeta pregunta: "¿Abandonará el hombre la nieve del Líbano que viene de la roca del campo, o abandonará las aguas frías que fluyen de otro lugar?". El Señor responde: "Mi pueblo se ha olvidado de mí, ha quemado incienso a la vanidad y ha hecho tropezar sus caminos desde las antiguas sendas, en un camino no trazado".

Es un hecho triste que hombres a los que se les han confiado finas capacidades para ser empleadas en el servicio de Dios, han prostituido sus poderes en el servicio del mal, y han puesto sus talentos a los pies del enemigo. Se sometieron en la más servil esclavitud al príncipe del mal, mientras rechazaban el servicio de Cristo como algo humillante e indeseable. Consideraban el trabajo del seguidor de Cristo como una obra por debajo de su ambición, que requería un descenso de su grandeza, una especie de esclavitud, que entorpecería sus poderes y estrecharía el círculo de su influencia. Aquel que había hecho un sacrificio infinito para que ellos pudieran ser liberados de la esclavitud del mal, fue apartado como indigno de sus mejores esfuerzos y de su más exaltado servicio.

Estos hombres habían recibido sus talentos de Dios, y toda gema de pensamiento por la que habían sido estimados como dignos de la atención de los eruditos y pensadores, no les pertenece a ellos, sino al Dios de toda sabiduría, a quien no reconocían. A través de la tradición, a través de la falsa educación, estos hombres son exaltados como educadores del mundo; pero al acudir a ellos los estudiantes corren el peligro de aceptar lo vil con lo precioso; pues la superstición, el razonamiento engañoso y el error se mezclan con porciones de verdadera filosofía e instrucción. Esta mezcla hace una poción que es venenosa para el alma, desestructurarte de la fe en el Dios de toda verdad. Aquellos que tienen sed de conocimiento no necesitan ir a estas fuentes contaminadas, pues se les invita a venir a la fuente de la vida y beber libremente. Al escudriñar la palabra de Dios, pueden encontrar el tesoro oculto de la verdad que ha estado enterrado durante mucho tiempo bajo la basura del error, la tradición humana y las opiniones de los hombres.

La Biblia es la gran educadora, pues no es posible estudiar sus páginas sagradas en oración sin que el intelecto sea disciplinado, ennoblecido, purificado y refinado. "Así dice el Señor: No se gloríe el sabio en su sabiduría, ni el poderoso en su fuerza, ni el rico en sus riquezas, sino que el que se gloríe se gloríe en esto, en que me entiende y me conoce, en que yo soy el Señor que ejerce la misericordia, el juicio y la rectitud en la tierra; porque en estas cosas me complazco, dice el Señor. He aquí que vienen días, dice el Señor, en que castigaré a todos los circuncidados con los incircuncisos".

Aquellos que dicen ser cristianos, que profesan creer en la verdad, y sin embargo beben en las fuentes contaminadas de la infidelidad, y por precepto y ejemplo alejan a otros de las frías y níveas aguas del Líbano, son necios, aunque se profesen sabios. "Escuchad la palabra que el Señor os dirige, oh casa de Israel: Así dice el Señor: No aprendáis el camino de los paganos, y no os asustéis de las señales del cielo, porque los paganos se asustan de ellas. . . .. Pero el Señor es el Dios verdadero, es el Dios vivo y el Rey eterno; ante su ira la tierra temblará, y las naciones no podrán soportar su indignación. Así les diréis: Los dioses que no han hecho los cielos y la tierra, ellos perecerán de la tierra y de un lado de estos cielos. Él ha hecho la tierra con su poder, ha establecido el mundo con su sabiduría, y ha extendido los cielos con su discreción. Cuando Él pronuncia Su voz, hay una multitud de aguas en los cielos, y hace subir los vapores desde los confines de la tierra; hace relámpagos con la lluvia, y hace salir el viento de Sus tesoros. Todo hombre es bruto en su conocimiento; todo fundador se confunde con la imagen esculpida; porque su imagen fundida es falsa, y no hay aliento en ellas. Son vanidad, y obra de errores: en el tiempo de su visitación perecerán. La Porción de Jacob no es como ellos: porque Él es el primero de todas las cosas, e Israel es la vara de su herencia: el Señor de los ejércitos es su nombre".

"Así dice el Señor: Maldito el hombre que confía en el hombre y hace de la carne su brazo, y cuyo corazón se aparta del Señor. Porque será como el brezo en el desierto, y no verá cuando llegue el bien, sino que habitará en los lugares resecos del desierto, en una tierra salada y no habitada. Bienaventurado el hombre que confía en el Señor, y cuya esperanza es el Señor. Porque será como un árbol plantado junto a las aguas, y que extiende sus raíces junto al río, y no verá cuando llegue el calor, sino que su hoja estará verde; y no tendrá cuidado en el año de la sequía, ni dejará de dar fruto. . . . Oh, Señor, esperanza de Israel, todos los que te abandonan serán avergonzados, y los que se apartan de mí serán escritos en la tierra, porque han abandonado al Señor, fuente de aguas vivas. Sáname, Señor, y seré curado; sálvame, y seré salvado, porque Tú eres mi alabanza".

Que los creyentes en la verdad por este tiempo se alejen de los autores que enseñan la infidelidad. No dejen que las obras de los escépticos aparezcan en los estantes de sus bibliotecas, donde sus hijos puedan tener acceso a ellas. Que aquellos que han probado la buena palabra de Dios, y los poderes del mundo venidero, no consideren más como una característica esencial de una buena educación el tener conocimiento de los escritos de aquellos que niegan la existencia de Dios, y vierten desprecio sobre su santa palabra. No den lugar a los agentes de Satanás, ya que no hay nada por lo que reivindicar sus acciones; una cosa limpia no puede salir de una impura. –*Review and Herald*, 10 de noviembre de 1891.

El maestro de la verdad, el único educador seguro

Hay dos clases de educadores en el mundo. Una clase son aquellos a quienes Dios hace canales de luz, y la otra clase son aquellos a quienes Satanás utiliza como sus agentes, que son sabios para hacer el mal. Una clase contempla el carácter de Dios, y aumenta en el conocimiento de Jesús, a quien Dios ha enviado al mundo. Esta clase se entrega por completo a las cosas que traen la iluminación y la sabiduría celestial a la elevación del alma. Toda capacidad de su naturaleza se somete a Dios, y sus pensamientos son llevados cautivos a Cristo. La otra clase está aliada con el príncipe de las tinieblas, que siempre está alerta para encontrar una oportunidad de enseñar a otros el conocimiento del mal. Si se hace un lugar para él, no tardará en abrirse camino en el corazón y la mente. Hay una gran necesidad de elevar el estándar de rectitud en nuestras escuelas, para dar instrucción según el orden de Dios. Si Cristo entrara en nuestras instituciones dedicadas a la educación de la juventud, las limpiaría como limpió el templo, desterrando muchas cosas que tienen una influencia contaminante. Muchos de los libros que la juventud estudia serían expulsados, y sus lugares se llenarían con otros que inculcaran conocimientos sustanciales, y abundaran en sentimientos que pudieran atesorarse en el corazón, en preceptos que pudieran regir la conducta. ¿Es el propósito del Señor que los falsos principios, los falsos razonamientos y los sofismas de Satanás se mantengan ante la mente de nuestros jóvenes y niños? ¿Deben presentarse los sentimientos paganos e infieles a nuestros estudiantes como valiosas aportaciones a su acervo de conocimientos? Las obras del más intelectual de los escépticos son obras de una mente prostituida al servicio del enemigo, y los que pretenden ser reformadores, que buscan conducir a los niños y a los jóvenes por el camino correcto por la senda trazada, ¿creerán que a Dios le complacerá que presenten a los jóvenes lo que desvirtúa su carácter, colocándolo bajo una falsa luz ante los jóvenes? ¿Se defenderán los sentimientos de los incrédulos y las expresiones de los hombres disolutos, como dignos de la atención del estudiante, porque son las producciones de hombres que el mundo admira como grandes pensadores? ¿Deberán los hombres que profesan creer en Dios, recoger de estos autores no santificados sus expresiones y sentimientos, y atesorarlos como joyas preciosas para ser guardadas entre las riquezas de la mente? Dios no lo permita. El Señor concedió a estos hombres que el mundo admira, dones intelectuales de valor incalculable; los dotó de mentes maestras; pero no los utilizaron para la gloria de Dios. Se separaron de Él como lo hizo Satanás; pero mientras se separaban de Él, aún conservaban muchas de las preciosas gemas del pensamiento que Él les había dado, y éstas las colocaron en un marco de error para dar brillo a sus propios sentimientos humanos y para hacer atractivas las declaraciones inspiradas por el príncipe del mal. Es cierto que en los escritos de los paganos e infieles se encuentran pensamientos de carácter elevado, que son atractivos para la mente. Pero hay una razón para ello. ¿No fue Satanás el portador de la luz, el partícipe de la gloria de Dios en el cielo, y junto a Jesús en poder y majestad? En las palabras de la inspiración, se le describe como uno que sella "la suma, lleno de sabiduría y perfecto en belleza". El profeta dice: "Has estado en el Edén, el jardín de Dios; toda piedra preciosa era tu cubierta. . . Tú eres el querubín ungido que cubre, y yo te he puesto así: estabas en el monte santo de Dios; has subido y bajado en medio de las piedras de fuego. Fuiste perfecto en tus caminos desde el día en que fuiste creado, hasta que se encontró en ti la iniquidad . . . Tu corazón se enalteció a causa de tu belleza, has corrompido tu sabiduría a causa de tu brillo: Te arrojaré al suelo, te pondré delante de los reyes para que te contemplen. Has profanado tus santuarios por la multitud de tus iniquidades, por la iniquidad de tu tráfico; por eso haré salir de en medio de ti un fuego que te devorará, y te convertiré en cenizas sobre la tierra a la vista de todos los que te contemplan. Todos los que te conocen en el pueblo se asombrarán de ti; serás un terror, y nunca más serás". La grandeza y el poder con los que el Creador dotó a Lucifer fueron pervertidos; y, sin embargo, cuando le conviene, puede impartir a los hombres sentimientos que son encantadores. Todo en la naturaleza proviene de Dios; sin embargo, Satanás puede inspirar en sus agentes pensamientos que parecen elevados y nobles. ¿Acaso no se acercó a Cristo con citas de las Escrituras cuando pretendía derribarlo con sus engañosas tentaciones? Esta es la forma en que llega al hombre, como un ángel de luz que disfraza sus tentaciones bajo una apariencia de bondad, y hace que los hombres crean que es el amigo y no el enemigo de la humanidad. Es de esta manera que ha engañado y seducido a la raza, haciéndoles caer en tentaciones sutiles y desconcertándoles con engaños especiosos. Satanás ha atribuido a Dios todos los males de los que la carne es heredera. Lo ha representado como un Dios que se deleita en los sufrimientos de sus criaturas, que es vengativo e implacable. Fue Satanás quien originó la doctrina del tormento eterno como castigo por el pecado, porque de esta manera podía llevar a los hombres a la infidelidad y la rebelión, distraer las almas y destronar la razón humana. El Cielo, mirando hacia abajo, y viendo los engaños a los que eran conducidos los hombres, sabía que un Instructor divino debía venir a la tierra. Los hombres en la ignorancia y la oscuridad moral debían tener luz, luz espiritual; porque el mundo no conocía a Dios, y Él debía ser revelado a su entendimiento. La verdad miraba desde el cielo y no veía el reflejo de su imagen; porque densas nubes de oscuridad moral y tinieblas envolvían al mundo, y sólo el Señor Jesús podía hacer retroceder las nubes: porque Él era la Luz del mundo. Con su presencia pudo disipar la tenebrosa sombra que Satanás había proyectado entre el hombre y Dios. Las tinieblas cubrieron la tierra, y la oscuridad más espesa cubrió a la gente. A través de las falsas representaciones acumuladas por el enemigo, muchos fueron engañados de tal manera que adoraron a un dios falso, revestido con los atributos del carácter satánico. El Maestro del cielo, nada menos que el Hijo de Dios, vino a la tierra para revelar a los hombres el carácter del Padre, para que pudieran adorarle en espíritu y en verdad. Cristo reveló a los hombres el hecho de que la adhesión más estricta a la ceremonia y a la forma no los salvaría; porque el reino de Dios era espiritual en su naturaleza. Cristo vino al mundo para sembrarlo de verdad. Tenía las llaves de todos los tesoros de la sabiduría, y era capaz de abrir las puertas a la ciencia, y de revelar almacenes de conocimiento aún no descubiertos, si eran esenciales para la salvación. Presentó a los hombres lo que era exactamente contrario a las representaciones del enemigo con respecto al carácter de Dios, y trató de imprimir en los hombres el amor paternal del Padre, que "tanto amó al mundo, que dio a su Hijo unigénito, para que todo el que crea en él no perezca, sino que tenga vida eterna". Instó a los hombres a la necesidad de la oración, el arrepentimiento, la confesión y el abandono del pecado. Les enseñó la honestidad, la indulgencia, la misericordia y la compasión, instándoles a amar no sólo a los que los amaban, sino a los que los odiaban y los trataban despectivamente. En esto les estaba revelando el carácter del Padre, que es paciente, misericordioso y bondadoso, lento para la ira y lleno de bondad y verdad. Aquellos que aceptaron su enseñanza estaban bajo el cuidado guardián de los ángeles, a quienes se les encargó fortalecerlos e iluminarlos, para que la verdad renovara y santificara el alma.

Cristo declara la misión que tenía al venir a la tierra. Dice en su última oración pública: "Padre justo, el mundo no te ha conocido; pero yo te he conocido, y éstos han conocido que tú me has enviado. Y les he declarado tu nombre, y lo declararé, para que el amor con que me has amado esté en ellos, y yo en ellos". Cuando Moisés pidió al Señor que le mostrara su gloria, el Señor dijo: "Haré pasar delante de ti toda mi bondad". "Y el Señor pasó delante de él, y proclamó: El Señor, el Señor Dios, misericordioso y clemente, longanimidad y abundancia de bondad y de verdad, que guarda la misericordia a millares, que perdona la iniquidad y la transgresión y el pecado, y que no absuelve al culpable. . . Y Moisés se apresuró, e inclinó la cabeza hacia la tierra, y adoró". Cuando seamos capaces de comprender el carácter de Dios como lo hizo Moisés, también nos apresuraremos a inclinarnos en adoración y alabanza. Jesús contempló nada menos que "que el amor con que me has amado" estuviera en los corazones de sus hijos, para que pudieran impartir el conocimiento de Dios a otros.

¡Oh qué seguridad es ésta, que el amor de Dios pueda permanecer en los corazones de todos los que creen en Él! Oh, qué salvación se proporciona; porque Él es capaz de salvar hasta el extremo a todos los que se acercan a Dios por Él. Con asombro exclamamos: ¿Cómo pueden ser estas cosas? Pero Jesús no se conformará con nada menos que esto. Aquellos que son partícipes de sus sufrimientos aquí, y de su humillación, soportando por causa de su nombre, han de tener el amor de Dios otorgado sobre ellos como lo fue sobre el Hijo. Uno que conoce, ha dicho: "El Padre mismo te ama". Uno que ha tenido un conocimiento experimental de la longitud, la anchura, la altura y la profundidad de ese amor, nos ha declarado este hecho asombroso. Este amor es nuestro por medio de la fe en el Hijo de Dios, por lo que una conexión con Cristo significa todo para nosotros. Debemos ser uno con Él como Él es uno con el Padre, y entonces somos amados por el Dios infinito como miembros del cuerpo de Cristo, como ramas de la Vid viva. Hemos de estar unidos a la cepa madre, y recibir el alimento de la Vid. Cristo es nuestra Cabeza glorificado, y el amor divino que fluye del corazón de Dios, descansa en Cristo, y se comunica a los que se han unido a Él. Este amor divino que entra en el alma la inspira con gratitud, la libera de su debilidad espiritual, del orgullo, la vanidad y el egoísmo, y de todo lo que deformaría el carácter cristiano.

¡Mira, oh, mira a Jesús y vive! No puedes dejar de estar encantado con los inigualables atractivos del Hijo de Dios. Cristo fue Dios manifestado en la carne, el misterio oculto durante siglos, y los intereses eternos están implicados en nuestra aceptación o rechazo del Salvador del mundo.

Para salvar al transgresor de la ley de Dios, Cristo, el único igual al Padre, vino a vivir el cielo ante los hombres, para que aprendieran a conocer lo que es tener el cielo en el corazón. Él ilustró lo que el hombre debe ser para ser digno de la preciosa bendición de la vida que mide con la vida de Dios.

La vida de Cristo fue una vida cargada de un mensaje divino del amor de Dios, y Él anhelaba intensamente impartir este amor a los demás en rica medida. La compasión brillaba en su semblante, y su conducta se caracterizaba por la gracia, la humildad, la verdad y el amor. Cada miembro de su iglesia militante debe manifestar las mismas cualidades, si quiere unirse a la iglesia triunfante. El amor de Cristo es tan amplio y tan lleno de gloria, que, en comparación con él, todo lo que los hombres estiman como grande, se reduce a la insignificancia. Cuando obtenemos una impresión de este amor, exclamamos: ¡Oh, la profundidad de las riquezas del amor que Dios concedió a los hombres en el don de su Hijo unigénito!

Cuando buscamos un lenguaje apropiado para describir el amor de Dios, encontramos palabras demasiado mansas, demasiado débiles, demasiado por debajo del tema, y dejamos la pluma y decimos: "No, no se puede describir". Sólo podemos hacer como el discípulo amado, y decir: "Mirad qué clase de amor nos ha dado el Padre, para que seamos llamados hijos de Dios". Al intentar cualquier descripción de este amor, sentimos que somos como bebés que balbucean sus primeras palabras. Podemos adorar en silencio; porque el silencio en este asunto es la única elocuencia. Este amor está más allá de todo lenguaje para describirlo. Es el misterio de Dios en la carne, Dios en Cristo, y la divinidad en la humanidad. Cristo se inclinó en una humildad sin igual, para que, en su exaltación al trono de Dios, pudiera también exaltar a los que creen en Él, a un asiento con

Él en su trono. Todos los que miran a Jesús con fe en que las heridas y los moretones que el pecado ha hecho serán curados en Él, serán sanados.

Los temas de la redención son temas trascendentales, y sólo los que tienen una mentalidad espiritual pueden discernir su profundidad y significado. Es nuestra seguridad, nuestra vida y nuestro gozo detenernos en las verdades del plan de salvación. La fe y la oración son necesarias para que podamos contemplar las cosas profundas de Dios. Nuestras mentes están tan atadas con ideas estrechas, que no captamos más que vistas limitadas de la experiencia que es nuestro privilegio tener. Qué poco comprendemos lo que significa la oración del apóstol, cuando dice: "Que os conceda, conforme a las riquezas de su gloria, ser fortalecidos con poder por su Espíritu en el hombre interior, para que Cristo habite en vuestros corazones por la fe, a fin de que, arraigados y cimentados en el amor, seáis capaces de comprender con todos los santos cuál es la anchura, la longitud, la profundidad y la altura, y de conocer el amor de Cristo, que sobrepasa todo conocimiento, para que seáis llenos de toda la plenitud de Dios. Y a Aquel que es capaz de hacer todo lo que pedimos o pensamos, según el poder que obra en nosotros, a Él sea la gloria en la iglesia por Cristo Jesús por todas las edades, por los siglos de los siglos. Amén" -*Review and Herald*, 17 de noviembre de 1891.

Los tesoros con los que guardar la mente

Jesús contempló a la raza humana, ignorante y apóstata de Dios, de pie bajo la pena de la ley quebrantada; y vino a traer la liberación, a ofrecer un perdón completo, firmado por la Majestad del cielo. Si el hombre acepta este perdón, podrá salvarse; si lo rechaza, se perderá. Sólo la sabiduría de Dios puede desvelar los misterios del plan de salvación. La sabiduría de los hombres puede ser o no valiosa, como lo demostrará la experiencia, pero la sabiduría de Dios es indispensable; y, sin embargo, muchos que profesan ser sabios ignoran voluntariamente las cosas que pertenecen a la vida eterna. Perded lo que podáis en la línea de los logros humanos, pero tened fe en el perdón que se os ha traído a un precio infinito, o toda la sabiduría alcanzada en la tierra, perecerá con vosotros.

Si el Sol de Justicia retirara sus rayos de luz del mundo, quedaríamos en la oscuridad de la noche eterna. Jesús habló como nunca lo hizo un hombre. Derramó a los hombres todo el tesoro del cielo en sabiduría y conocimiento. Él es la luz que ilumina a todo hombre que viene al mundo. Cada fase de la verdad era evidente para Él. No vino a pronunciar sentimientos y opiniones inciertas, sino sólo a decir la verdad establecida sobre principios eternos. Entonces, ¿por qué tomar las palabras inestables de los hombres como sabiduría exaltada, cuando una sabiduría mayor y cierta está a su disposición? Los hombres toman los escritos de los científicos, falsamente llamados, y tratan de hacer que sus deducciones armonicen con las afirmaciones de la Biblia. Pero donde no hay acuerdo, no puede haber harmonía. Cristo declara: "Ningún hombre puede servir a dos amos". Sus intereses están seguros de chocar. Una y otra vez los hombres han intentado poner la Biblia y los escritos de los hombres sobre una base común; pero el intento ha resultado un fracaso; porque no podemos servir a Dios y a las riquezas.

Estamos en el mundo, pero no debemos ser del mundo. Jesús ruega que aquellos por los que Él murió no pierdan su recompensa eterna por prodigar sus afectos en las cosas de esta tierra perecedera, y así se engañen a sí mismos sin la felicidad interminable. Un juicio ilustrado nos obliga a reconocer que las cosas celestiales son superiores a las terrenales, y, sin embargo, el corazón depravado del hombre le lleva a dar prioridad a las cosas del mundo. Las opiniones de los grandes hombres, y las falsamente llamadas teorías de la ciencia se mezclan con las verdades de la Sagrada Escritura.

Pero el corazón que está rendido a Dios ama la verdad de la palabra de Dios; porque a través de la verdad, el alma se regenera. La mente carnal no encuentra ningún placer en la contemplación de la palabra de Dios, pero el que está renovado en el espíritu de su mente, ve nuevos encantos en los oráculos vivientes; porque la belleza divina y la luz celestial parecen brillar en cada pasaje. Lo que para la mente carnal era un desierto desolado, para la mente espiritual se convierte en una tierra de arroyos vivos. Lo que para el corazón no renovado parecía un desierto estéril, para el alma convertida se convierte en el jardín de Dios, cubierto de brotes fragantes y flores florecientes.

La Biblia ha sido colocada en un segundo plano, mientras que los dichos de los así llamados grandes hombres han sido tomados en su lugar. Que el Señor nos perdone el desprecio que hemos hecho de su palabra. A pesar de que hay tesoros inestimables en la Biblia, pues es como una mina llena de mineral preciado, no se valora, no se busca y no se descubren sus riquezas. La misericordia, la verdad y el amor son valiosos más allá de nuestro poder de cálculo; no podemos tener un suministro demasiado grande de estos tesoros, y es en la palabra de Dios donde encontramos cómo podemos llegar a ser poseedores de estas riquezas celestiales. Sin embargo, ¿por qué es que la palabra de Dios es poco interesante para muchos cristianos profesos? ¿Es porque la palabra de Dios no es espíritu y no es vida? ¿Nos ha puesto Jesús una tarea poco interesante, cuando nos manda a "escudriñar las Escrituras"? Jesús dice: "Las palabras que os hablo son espíritu y son vida". Pero las cosas espirituales se disciernen espiritualmente, y la razón de tu falta de interés es que te falta el Espíritu de Dios. Cuando el corazón se pone en armonía con la palabra, una nueva vida brotará dentro de ti, una nueva luz brillará sobre cada línea de la palabra, y ésta se convertirá en la voz de Dios para tu alma. De este modo, tomarás observaciones celestiales, y sabrás hacia dónde te diriges, y serás capaz de aprovechar al máximo tus privilegios de hoy.

Debemos pedir al Señor que abra nuestro entendimiento, para que podamos comprender la verdad divina. Si humillamos nuestros corazones ante Dios y los vaciamos de la vanidad y el orgullo y el egoísmo, por medio de la gracia que se nos ha concedido en abundancia; si deseamos sinceramente y creemos inquebrantablemente, los brillantes rayos del Sol de la Rectitud brillarán en nuestras mentes, e iluminarán nuestra oscura incomprensión. Jesús es la Luz que ilumina a todo hombre que viene al mundo. Él es la Luz del mundo, y nos pide que vengamos a Él, y aprendamos de Él. Jesús fue el gran Maestro. Podría haber hecho divulgaciones sobre las ciencias que habrían colocado los descubrimientos de los hombres más grandes en un segundo plano como una pequeñez absoluta; pero ésta no era Su misión ni Su obra. Había venido a buscar y a salvar lo que estaba perdido, y no podía permitir que le desviaran de su único objetivo. No permitió que nada lo desviara. Esta obra la ha entregado en nuestras manos. ¿Lo haremos nosotros?

En los días de Cristo, los maestros establecidos instruían a los hombres en las tradiciones de los padres y en fábulas infantiles, mezcladas con las opiniones de quienes creían ser altas autoridades. Sin embargo, ni los altos ni los bajos podían discernir ningún rayo de luz en sus enseñanzas.

¡Qué maravilla fue que las multitudes siguieran los pasos del Señor y le rindieran homenaje al escuchar sus palabras! Él reveló verdades que habían sido enterradas bajo la basura del error, y las liberó de las exacciones y tradiciones de los hombres, y las hizo permanecer firmes para siempre. Rescató la verdad de su oscuridad, y la colocó en su marco apropiado, para que brillara en su lustre original. Se dirigió a los hombres en su propio nombre; porque la autoridad estaba puesta en Él mismo, y ¿por qué los hombres, que profesan ser sus seguidores, no habrían de hablar con autoridad respecto a los temas sobre los que Él ha dado luz? ¿Por qué tomar fuentes inferiores de instrucción cuando Cristo es el gran Maestro que conoce todas las cosas? ¿Por qué presentar autores inferiores a la atención de los estudiantes, cuando Aquel cuyas palabras son espíritu y vida invita: "Venid... y aprended de mí"?

¿No nos interesarán intensamente las lecciones de Cristo? ¿No nos encantará la nueva y gloriosa luz de la verdad celestial? Esta luz está por encima de todo lo que el hombre puede presentar. Sólo podemos recibir la luz cuando nos acercamos a la cruz y nos presentamos ante el altar del sacrificio. Aquí se manifiesta la debilidad del hombre; aquí se revela Su fuerza. Aquí los hombres ven que hay poder en Cristo para salvar hasta lo sumo a todos los que se acercan a Dios por Él.

¿No seremos hacedores de las palabras de Aquel que conoce todas las cosas? ¿No haremos de la Biblia nuestro consejo en la educación y formación de nuestra juventud? La palabra de Dios es la fundación de todo el verdadero conocimiento, y Cristo enseña lo que los hombres deben hacer para ser salvados. Hasta ahora los designios del enemigo se han llevado a cabo al traer ante nuestros estudiantes libros que han enseñado errores engañosos, y presentar fábulas que han tentado sus apetitos carnales. ¿Debemos traer a nuestras escuelas al sembrador de cizaña? ¿Permitiremos que hombres que se hacen llamar grandes, y que sin embargo han sido enseñados por el enemigo de toda verdad, se encarguen de la educación de nuestra juventud? ¿O tomaremos la palabra de Dios como nuestra guía, y haremos que nuestras escuelas se conduzcan más según el orden de las antiguas escuelas de los profetas?

Si la Biblia fuera estudiada y obedecida; si tuviéramos el espíritu de Cristo, haríamos esfuerzos decididos por ser obreros junto a Dios. Deberíamos apreciar mejor el valor del alma; porque cada alma convertida a Dios se vuelve un recipiente dedicado a un uso santo, un depositario de la verdad, un portador de luz para los demás. Dios espera más de las escuelas de lo que aún se ha producido. Cristo ha dicho: "No trabajéis por la comida que perece, sino por la que perdura hasta la vida eterna, la que os dará el Hijo del Hombre, porque a él lo ha sellado Dios Padre".

Entonces entenderemos correctamente la enseñanza de la palabra de Dios, y estimaremos la verdad como el tesoro más valioso con el que guardar la mente. Tendremos un manantial constante de las aguas de la vida. Oraremos como lo hizo el salmista: "Abre mis ojos para que pueda contemplar las maravillas de tu ley", y encontraremos, al igual que él, que "los juicios del Señor son verdaderos y justos en su totalidad. Son más deseables que el oro, sí, que mucho oro fino; más dulces también que la miel y el panal. Además, por ellos es amonestado tu siervo; y en su cumplimiento hay gran recompensa" –*Review and Herald*, 24 de noviembre de 1891.

La ciencia de la salvación, la primera de las ciencias

Las escuelas que se establecen entre nosotros son asuntos de grave responsabilidad, pues hay importantes intereses en juego. De manera especial, nuestras escuelas son un espectáculo para los ángeles y los hombres. Un conocimiento de la ciencia de todo tipo es poder, y está en el propósito de Dios que la ciencia avanzada se enseñe en nuestras escuelas como preparación para el trabajo que ha de preceder a las escenas finales de la historia de la tierra. La verdad ha de llegar a los límites más remotos de la tierra, a través de agentes entrenados para la obra. Pero, aunque el conocimiento de la ciencia es un poder, el conocimiento que Jesús vino a impartir al mundo en persona fue el conocimiento del evangelio. La luz de la verdad iba a lanzar sus brillantes rayos hasta los confines de la tierra, y la aceptación o el rechazo del mensaje de Dios implicaba el destino eterno de las almas.

El plan de salvación tenía su lugar en los consejos del Infinito desde toda la eternidad. El evangelio es la revelación del amor de Dios a los hombres, y significa todo lo que es esencial para la felicidad y el bienestar de la humanidad. La obra de Dios en la tierra es de una importancia inconmensurable, y el objetivo especial de Satanás es apartarla de la vista y de la mente, para poder hacer efectivas sus especiosas artimañas en la destrucción de aquellos por los que Cristo murió. Es su propósito hacer que los descubrimientos de los hombres sean exaltados por encima de la sabiduría de Dios. Cuando la mente se enfrasca en las concepciones y teorías de los hombres con exclusión de la sabiduría de Dios, se estampa la idolatría. La ciencia, falsamente llamada así, ha sido exaltada por encima de Dios; la naturaleza ha sido exaltada por encima de su Hacedor, y ¿cómo puede Dios mirar esa sabiduría?

En la Biblia se define todo el deber del hombre. Salomón dice: "Temed a Dios y guardad sus mandamientos, porque éste es todo el deber del hombre". La voluntad de Dios se revela en su palabra escrita, y éste es el conocimiento esencial. La sabiduría humana y la familiaridad con las lenguas de las diferentes naciones son una ayuda en la obra misionera. La comprensión de las costumbres de los pueblos, su ubicación y el tiempo de los acontecimientos es un conocimiento práctico; porque ayuda a hacer claras las figuras de la Biblia, a resaltar la fuerza de las lecciones de Cristo; pero no es positivamente necesario saber estas cosas. El caminante puede encontrar el sendero trazado para que los rescatados caminen, y no se encontrará ninguna excusa para quien perezca por una mala comprensión de las Escrituras.

En la Biblia se declara todo principio vital, se aclara todo deber, se hace evidente toda obligación. Todo el deber del hombre es resumido por el Salvador. Dice: "Amarás al Señor tu Dios con todo tu corazón, con toda tu alma y con toda tu mente....Amarás a tu prójimo como a ti mismo". En la palabra se delinea claramente el plan de salvación. El don de la vida eterna se promete a condición de la fe salvadora en Cristo. Se señala el poder de atracción del Espíritu Santo como agente en la obra de la salvación del hombre. La recompensa de los fieles y el castigo de los culpables están expuestos en líneas claras. La Biblia contiene la ciencia de la salvación para todos aquellos que escuchen y pongan en práctica las palabras de Cristo.

El apóstol dice: "Toda la Escritura es inspirada por Dios, y es útil para la doctrina, para la represión, para la corrección, para la instrucción en la justicia, a fin de que el hombre de Dios sea perfecto, enteramente preparado para toda buena obra". La Biblia es su propio expositor. Un pasaje resultará ser una llave que abrirá otros pasajes, y así se arrojará luz sobre el significado oculto de la palabra. Comparando diferentes textos que tratan sobre el mismo tema, viendo su relación en todos los aspectos, el verdadero significado de las Escrituras se hará evidente.

Muchos piensan que deben consultar los comentarios de las Escrituras para entender el significado de la palabra de Dios, y no tomaríamos la posición de que los comentarios no deben ser estudiados; pero se necesitará mucho discernimiento para descubrir la verdad de Dios bajo la masa de las palabras de los hombres. Cuán poco ha hecho la iglesia como cuerpo que profesa creer en la Biblia, para reunir las joyas dispersas de la palabra de Dios en una cadena perfecta de verdad. Las joyas de la verdad no se encuentran en la superficie, como muchos suponen. La mente maestra en la confederación del mal está siempre trabajando para mantener la verdad fuera de la vista, y para poner a la vista las opiniones de los grandes hombres. El enemigo está haciendo todo lo que está en su poder para oscurecer la luz del cielo a través de los procesos educativos; porque no quiere que los hombres oigan la voz del Señor, diciendo: "Este es el camino, andad por él".

Las joyas de la verdad yacen esparcidas por el campo de la revelación; pero han sido enterradas bajo las tradiciones humanas, bajo los dichos y los mandamientos de los hombres, y la sabiduría del cielo ha sido prácticamente ignorada, pues Satanás ha logrado hacer creer al mundo que las palabras y los logros de los hombres son de gran importancia. El Señor Dios, el Creador de los mundos, ha dado el evangelio al mundo a un costo infinito. A través de este agente divino, se han abierto alegres y refrescantes manantiales de consuelo celestial y de consolación duradera para aquellos que se acerquen a la fuente de la vida. Hay vetas de verdad aún por descubrir; pero las cosas espirituales se disciernen espiritualmente. Las mentes enturbiadas por la maldad no pueden apreciar el valor de la verdad tal como está en Jesús. Cuando la iniquidad es apreciada, los hombres no sienten la necesidad de hacer un esfuerzo diligente, a través de la oración y la reflexión, para comprender lo que deben saber, o perder el cielo. Han estado tanto tiempo bajo la sombra del enemigo, que ven la verdad como los hombres contemplan los objetos a través de un cristal ahumado e imperfecto; porque todas las cosas son oscuras y están pervertidas a sus ojos. Su visión espiritual es débil e indigna de confianza; porque miran la sombra y se alejan de la luz.

Pero aquellos que profesan creer en Jesús, deberían siempre seguir a la luz. Deben orar diariamente para que la luz del Espíritu Santo brille sobre las páginas del libro sagrado, para que puedan comprender las cosas del Espíritu de Dios. Debemos tener una confianza implícita en la palabra de Dios, o estaremos perdidos. Las palabras de los hombres, por muy excelentes que sean, no son capaces de hacernos perfectos ni de capacitarnos para todas las buenas obras. "Dios os ha elegido desde el principio para la salvación mediante la santificación del Espíritu y la creencia en la verdad". En este texto se revelan las dos agencias en la salvación del hombre: la influencia divina y la fe fuerte y viva de los que siguen a Cristo. Es a través de la santificación del Espíritu y la creencia de la verdad, que nos convertimos en obreros junto a Dios. Dios espera la cooperación de su iglesia. No tiene el propósito de añadir un nuevo elemento de eficacia a su palabra; ha hecho su gran obra al dar su inspiración al mundo. La sangre de Jesús, el Espíritu Santo y la palabra divina, son nuestros. El objeto de toda esta provisión del cielo está ante nosotros, a saber, las almas por las que Cristo murió, y depende de que nos aferremos a las promesas que Dios ha dado, y nos convirtamos en obreros junto con Él; porque las agencias divinas y humanas deben cooperar en esta obra.

La razón por la que muchos profesos cristianos no tienen una experiencia clara y bien definida es que no creen que sea su privilegio entender lo que Dios ha dicho a través de su palabra. Después de la resurrección de Jesús, dos de sus discípulos viajaban hacia Emaús, y Jesús se unió a ellos. Pero ellos no reconocieron a su Señor, y pensaron que era algún extraño, aunque "comenzando por Moisés y todos los profetas, les expuso en todas las Escrituras lo que se refería a Él. Se acercaron a la aldea a la que iban, y Él hizo como si quisiera ir más lejos. Pero ellos le apremiaron, diciendo: Quédate con nosotros, porque ya es de noche y el día está muy avanzado. Y Él entró para quedarse con ellos. Y sucedió que, estando sentado a la mesa con ellos, tomó el pan, lo bendijo, lo partió y les dio. Y se les abrieron los ojos, y le conocieron; y desapareció de su vista. Y se decían unos a otros: ¿No ardía nuestro corazón dentro de nosotros, mientras Él hablaba con nosotros en el camino, y mientras nos abría las Escrituras? . . . Entonces les abrió el entendimiento, para que entendieran las Escrituras". Esta es la obra que podemos esperar que Cristo haga por nosotros; porque lo que el Señor ha vuelto a revelar, es para nosotros y nuestros hijos para siempre.

Jesús sabía que todo lo que se presentaba que estaba fuera de harmonía con lo que Él vino a la tierra a revelar, era falso y engañoso. Pero Él dijo: "Todo el que es de la verdad oye mi voz". Habiendo estado en los consejos de Dios, habiendo habitado en las alturas eternas del santuario, todos los elementos de la verdad estaban en Él, y eran de Él; porque Él era uno con Dios. "En verdad, en verdad te digo que hablamos lo que sabemos y damos testimonio de lo que hemos visto, y no recibís nuestro testimonio. Si os he dicho cosas terrenales, y no creéis, ¿cómo creeréis si os hablo de cosas celestiales? Y nadie subió al cielo, sino el que bajó del cielo, el Hijo del Hombre que está en el cielo". "Toda palabra de Dios es pura: Él es un escudo para los que confían en Él. No añadas nada a sus palabras, no sea que te reprenda y seas hallado mentiroso" -*Review and Herald*, 1 de diciembre de 1891.

El carácter cristiano ejemplificado en profesores y alumnos

En nombre de mi Maestro, apelo a los jóvenes, hombres y mujeres que dicen ser hijos e hijas de Dios, para que obedezcan la palabra de Dios. Apelo a los maestros de nuestras escuelas para que den un buen ejemplo a aquellos con los que están asociados. Aquellos que estén capacitados para moldear el carácter de la juventud, deben ser alumnos de la escuela de Cristo, para que sean mansos y humildes de corazón, como fue el Patrón divino. En la vestimenta, en el comportamiento, en todos sus caminos, deben ejemplificar el carácter cristiano, revelando el hecho de que están bajo las sabias reglas disciplinarias del gran Maestro. El joven cristiano debe ser serio, estar capacitado para asumir responsabilidades con un corazón valiente y una mano dispuesta. Debe estar preparado para enfrentarse a las pruebas de la vida con paciencia y fortaleza. Debe tratar de formar un carácter según el modelo del divino, siguiendo las máximas del valor, confirmándose en los hábitos que le permitirán ganar la corona del vencedor.

Durante la vida escolar, el joven puede sembrar semillas que darán una cosecha, no de espinas, sino de grano precioso para el granero celestial. No hay tiempo más favorable que el que se pasa en la escuela para reconocer el poder de la gracia salvadora de Cristo, para ser controlado por los principios de la ley divina, y es para el interés del estudiante vivir una vida piadosa. La gloria suprema de la vida resulta de la conexión con Cristo. Ningún hombre vive para sí mismo. Vuestra vida está entretejida con todas las demás en la red común de la humanidad, y debéis ser obreros junto con Dios para la salvación de los que perecen en la degradación y la desdicha. Debéis ser instrumentos para influir en todos aquellos con los que os asociáis hacia una vida mejor, para dirigir la mente hacia Jesús.

Juan escribe: "Os he escrito a vosotros, jóvenes, porque sois fuertes, y la palabra de Dios permanece en vosotros, y habéis vencido al malvado". Y Pablo exhorta a Tito a pedir a los jóvenes que "sean sobrios". Eleva tu alma para ser como Daniel, un siervo leal y firme del Señor de los Ejércitos. Reflexiona bien sobre el camino de tus pies, pues estás parado en tierra santa, y los ángeles de Dios te rodean. Es justo que sientas que debes subir a la ronda más alta de la escalera educativa. La filosofía y la historia son estudios importantes; pero su sacrificio de tiempo y dinero no servirá de nada, si no utiliza sus logros para el honor de Dios y el bien de la humanidad. A menos que el conocimiento de la ciencia sea un peldaño para la consecución de los propósitos más elevados, carece de valor. La educación que no proporciona un conocimiento tan duradero como la eternidad, no tiene ningún propósito. A menos que tenga ante sí el cielo y la vida futura e inmortal, sus logros no tienen ningún valor permanente. Pero si Jesús es tu maestro, no simplemente un día de la semana, sino cada día, cada hora, puedes tener su sonrisa sobre ti en la búsqueda de adquisiciones literarias.

Daniel siempre mantuvo ante sí la gloria de Dios, y tú también deberías decir: Señor, deseo el conocimiento, no para la glorificación del yo, sino para satisfacer la expectativa de Jesús, para que pueda perfeccionar un carácter cristiano inteligente, por la gracia que Él me ha dado. ¿Serán los estudiantes fieles a los principios como lo fue Daniel?

En el futuro habrá una necesidad más apremiante de hombres y mujeres con aptitudes literarias que en el pasado, pues se abren ante nosotros amplios campos, blancos ya para la cosecha. En estos campos podréis ser obreros junto a Dios. Pero si sois amantes del placer más que de Dios, si estáis llenos de frivolidad, si dejáis pasar las oportunidades de oro sin adquirir conocimientos, sin colocar maderas sólidas en el edificio de vuestro carácter, os veréis empequeñecidos y lisiados en cualquier línea de ocupación que emprendáis.

Aunque una buena educación es un gran beneficio si se combina con la consagración en su poseedor, aun así, aquellos que no tienen el privilegio de obtener altos logros literarios no tienen que pensar que no pueden aventurarse en la vida intelectual y espiritual. Si aprovechan al máximo los conocimientos que tienen, si tratan de acumular algo a su acervo cada día, y superan toda la perversidad del temperamento mediante el cultivo estudioso de los rasgos de carácter semejantes a los de Cristo, Dios les abrirá canales de sabiduría, y podrá decirse de ellos como se dijo antiguamente, respecto a los jóvenes hebreos, que Dios les dio sabiduría y entendimiento.

No es cierto que los jóvenes brillantes tengan siempre el mayor éxito. Cuántas veces hombres con talento y educación han sido colocados en puestos de confianza, y han resultado ser un fracaso. Su brillo tenía la apariencia de oro, pero cuando se probó, resultó ser sólo oropel y escoria. Hicieron de su trabajo un fracaso por causa de infidelidad. No fueron laboriosos y perseverantes, y no llegaron al fondo de las cosas. No estaban dispuestos a comenzar en la parte inferior de la escalera, y con un paciente trabajo, ascender ronda tras ronda hasta llegar a la cima. Caminaron en las chispas (sus brillantes centellas de pensamiento) de su propia hoguera. No dependieron de la sabiduría que sólo Dios puede dar. Su fracaso no se debió a que no tuvieran una oportunidad, sino a que no tenían una mente sobria. No sintieron que sus ventajas educativas tuvieran valor para ellos, y por eso no avanzaron como podrían haber avanzado en el conocimiento de la religión y la ciencia. Su mente y su carácter no estaban equilibrados por los altos principios del recto proceder.

Que nuestros jóvenes sean sobrios y reflexionen sobre los caminos de sus pies. Que eviten el pecado porque es destructivo en sus tendencias y desagradable a Dios. Que disciernan las posibilidades que están a su alcance, y busquen a Dios en busca de la gracia para mantenerse en los caminos de la rectitud. Que busquen el consejo y la guía del Señor, para que gasten sus vidas para Su gloria en el mundo.

En la obtención de una educación, el éxito no debe considerarse como una cuestión de azar o de destino; proviene de ese Dios que leyó el corazón de Daniel, que miró con agrado su pureza de motivos y su determinación de propósito para honrar al Señor. Daniel no caminó con chispas de su propio fuego, sino que hizo del Señor su sabiduría. La filosofía divina se convirtió en el fundamento de su educación. Acogió el consejo del Señor. Ojalá todos los estudiantes fueran como Daniel; pero muchos no ven la importancia de someterse a la disciplina divina.

¡Oh, que todos se dieran cuenta de que sin Cristo no pueden hacer nada! Los que no se reúnen con Él, se dispersan. Sus pensamientos y acciones no tendrán el carácter correcto, y su influencia será destructiva del bien. Nuestras acciones tienen una doble influencia, pues afectan a los demás, así como a nosotros mismos. Esta influencia será una bendición o una maldición para aquellos con quienes nos asociamos. Qué poco apreciamos este hecho. Las acciones hacen los hábitos, y los hábitos forman el carácter, y si no guardamos nuestros hábitos, no estaremos calificados para unirnos con las agencias celestiales en la obra de la salvación, ni estaremos preparados para entrar en las mansiones celestiales que Jesús ha ido a preparar; porque nadie estará allí sino aquellos que han rendido su voluntad y su camino a la voluntad y el camino de Dios. Aquel cuyo carácter esté probado, que haya superado la prueba, que sea partícipe de la naturaleza divina, estará entre aquellos a los que Cristo declare bienaventurados.

Sin Cristo no podemos hacer nada. Los principios puros de la rectitud, la virtud y la bondad provienen de Dios. El cumplimiento consciente del deber, la simpatía semejante a la de Cristo, el amor por las almas y el amor por tu propia alma, porque perteneces a Dios y has sido comprado con la preciosa sangre de Cristo, te convertirán en un obrero junto a Dios, y te dotarán de un poder persuasivo y atrayente. Se debe respetar la propia fe para poder presentarla con éxito a los demás. Tanto con el ejemplo como con el precepto, se debe mostrar que se reverencia su fe, hablando con reverencia de las cosas sagradas. No permita nunca que se le escape una expresión de ligereza y de trivialidad al citar las Escrituras. Cuando tome la Biblia en sus manos, recuerde que está en tierra sagrada. Los ángeles están a su alrededor, y si sus ojos se abrieran, los contemplaría. Que su conducta sea tal que deje la impresión en cada alma con la que se asocie de que le rodea una atmósfera pura y santa. Una palabra vana o una risa insignificante pueden balancear un alma en la dirección equivocada. Terribles son las consecuencias de no tener una conexión constante con Dios.

Absténgase de todo mal. Los pecados comunes, por muy insignificantes que se consideren, perjudicarán su sentido moral y extinguirán la impresión interior del Espíritu de Dios. El carácter de los pensamientos deja su huella en el alma, y toda conversación baja contamina la mente. Todo mal acarrea la ruina a los que lo cometen. Dios puede perdonar, y lo hará, al pecador arrepentido, pero, aunque se perdone, el alma queda estropeada; el poder del pensamiento elevado posible para la mente no dañada queda destruido. A través de los tiempos, el alma lleva las cicatrices. Entonces busquemos esa fe que obra por amor y purifica el corazón, para que podamos representar el carácter de Cristo ante el mundo. -*Review and Herald*, 8 de diciembre de 1891.

Por la sabiduría, el mundo no conoció a Dios

La verdad de Dios es infinita, capaz de una expansión sin medida, y cuanto más la contemplemos, más aparecerá su gloria. La verdad se ha abierto ante nosotros, y sin embargo las palabras de Pablo a los gálatas son aplicables a nosotros. Dice: "Oh insensatos gálatas, ¿quién os ha embrujado para que no obedezcáis la verdad, ante cuyos ojos se ha presentado evidentemente a Jesucristo crucificado entre vosotros? Sólo esto quisiera saber de vosotros: ¿Recibisteis el Espíritu por las obras de la ley, o por el oír de la fe? ¿sois tan insensatos? habiendo comenzado en el Espíritu, ¿os perfeccionáis ahora por la carne? ¿habéis sufrido tantas cosas en vano? Si es que todavía es en vano".

"Sin mí", dice Cristo, "nada podéis hacer". Aquellos que se comprometen a llevar adelante la obra con sus propias fuerzas, ciertamente fracasarán. La educación por sí sola no capacitará a un hombre para un lugar en la obra, ni le permitirá obtener un conocimiento de Dios. Escuche lo que Pablo tiene que decir sobre este asunto: "Porque Cristo no me envió a bautizar, sino a predicar el evangelio; no con sabiduría de palabras, para que la cruz de Cristo no quede sin efecto. Porque la predicación de la cruz es locura para los que se pierden, pero para nosotros, los salvados, es poder de Dios. Porque está escrito: Destruiré la sabiduría de los sabios, y haré desaparecer el entendimiento de los prudentes. ¿Dónde está el sabio?, ¿dónde está el escriba?, ¿dónde está el disputador de este mundo?, ¿no ha hecho Dios insensata la sabiduría de este mundo? Porque después de que en la sabiduría de Dios el mundo no conoció a Dios, le agradó a Dios salvar a los creyentes por medio de la locura de la predicación".

A través de sucesivas épocas de oscuridad, en la medianoche del paganismo, Dios permitió a los hombres probar el experimento de descubrir a Dios por su propia sabiduría, no para demostrar su incapacidad a Su satisfacción, sino para que los propios hombres vieran que no podían obtener un conocimiento de Dios y de Jesucristo su Hijo, sino a través de la revelación de su palabra por el Espíritu Santo. Cuando Cristo vino al mundo, el experimento había sido plenamente probado, y el resultado hizo evidente que, por la sabiduría, el mundo no conocía a Dios. Incluso en la iglesia, Dios ha permitido que los hombres prueben su propia sabiduría en este asunto, pero cuando se ha producido una crisis por la falibilidad humana, Dios se ha levantado poderosamente para defender a su pueblo. Cuando la iglesia ha sido abatida, cuando la prueba y la opresión han caído sobre Su pueblo, Él lo ha exaltado más abundantemente mediante una liberación señalada. Cuando vinieron maestros infieles entre el pueblo, su llegada fue seguida por la debilidad, y la fe del pueblo de Dios pareció decaer; pero Dios se levantó y purificó su piso, y los probados y verdaderos fueron levantados.

Hay momentos en que la apostasía llega a las filas, cuando la piedad es dejada de lado por aquellos que deberían haber mantenido el paso con su Líder divino. El pueblo de Dios se separa de la fuente de su fuerza, y le siguen el orgullo, la vanidad, la extravagancia y el desplante. Hay ídolos dentro y ídolos fuera; pero Dios envía al Consolador como represor del pecado, para que su pueblo sea advertido de su apostasía y reprendido por su reincidencia. Cuando las manifestaciones más preciosas de su amor sean reconocidas y apreciadas con gratitud, el Señor derramará el bálsamo del consuelo y el aceite de la alegría.

Cuando los hombres se dan cuenta de que sus métodos de evaluación humana se quedan muy cortos, y se convencen de que su sabiduría no es más que una insensatez, entonces es cuando se vuelven al Señor para buscarle de todo corazón, a fin de encontrarle.

Se me ha mostrado que cada iglesia entre nosotros necesita los movimientos profundos del Espíritu de Dios. Ojalá señaláramos a los hombres la cruz del Calvario. Les pediríamos que miraran a Aquel a quien sus pecados han traspasado. Les pediríamos que contemplaran al Redentor del mundo sufriendo el castigo por su transgresión de la ley de Dios. El veredicto es que "el alma que peca morirá". Pero en la cruz, el pecador ve al unigénito del Padre muriendo en su lugar, y dando la vida al transgresor. Todas las inteligencias de la tierra y del cielo están llamadas a contemplar qué clase de amor nos ha concedido el Padre, para que seamos llamados hijos de Dios. Todo pecador puede mirar y vivir. No contemple esa escena del Calvario con una mente descuidada e irreflexiva. ¿Es posible que los ángeles miren hacia abajo, a nosotros, los receptores del amor de Dios, y nos vean fríos, indiferentes, sin impresión, cuando el cielo en asombro contempla la estupenda obra de redención para salvar a un mundo caído, y desea mirar el misterio del amor y la aflicción del Calvario? Los ángeles, maravillados y asombrados, contemplan a aquellos para los que se ha proporcionado una salvación tan grande, y se maravillan de que el amor de Dios no los despierte y los lleve a derramar melodiosos acordes de gratitud y adoración. Pero el resultado que todo el cielo espera contemplar no se ve entre los que profesan ser seguidores de Cristo. Con qué facilidad hablamos con palabras entrañables de nuestros amigos y parientes y, sin embargo, con qué lentitud hablamos de Aquel cuyo amor no tiene igual, expuesto en Cristo crucificado entre vosotros.

El amor de nuestro Padre celestial en el don de su Hijo unigénito al mundo; es suficiente para inspirar a todas las almas, para derretir todo corazón duro y sin amor en contrición y ternura; y, sin embargo, ¿verán las inteligencias celestiales insensibilidad a su amor, dureza de corazón, y ninguna respuesta de gratitud y afecto al Dador de todas las cosas buenas en aquellos por los que Cristo murió? ¿Absorberán los asuntos de menor importancia todo el poder del ser, y el amor de Dios no encontrará respuesta? ¿Brillará en vano el Sol de Justicia? En vista de lo que Dios ha hecho, ¿podrían ser menores Sus exigencias sobre usted? ¿Tenemos corazones que puedan ser tocados, que puedan ser impresionados con el amor divino? ¿Estamos dispuestos a ser vasijas escogidas? ¿No tiene Dios su mirada puesta en nosotros, y no nos ha encomendado que enviemos su mensaje de luz? Necesitamos un aumento de la fe. Debemos esperar, debemos velar, debemos orar y debemos trabajar, suplicando que el Espíritu Santo sea derramado sobre nosotros abundantemente, para que seamos luces en el mundo.

Jesús miró al mundo en su estado caído con infinita piedad. Tomó la humanidad sobre sí mismo para poder tocar y elevar a la humanidad. Vino a buscar y salvar lo que estaba perdido. Llegó hasta lo más profundo de la miseria y el dolor humano, para tomar al hombre tal como lo encontró, un ser manchado de corrupción, degradado por el vicio, depravado por el pecado y unido a Satanás en la apostasía, y elevarlo a un asiento en Su trono. Pero estaba escrito de Él que "no desfallecerá ni se desanimará", y siguió adelante en el camino de la abnegación y el autosacrificio, dándonos un ejemplo para que sigamos sus pasos. Debemos trabajar como lo hizo Jesús, desprendiéndonos de nuestro propio placer, apartándonos de los sobornos de Satanás, despreciando la facilidad y aborreciendo el egoísmo, para poder buscar y salvar lo que se ha perdido, trayendo a las almas de las tinieblas a la luz, al sol del amor de Dios. Hemos sido comisionados para ir y predicar el evangelio a toda criatura. Debemos llevar a los perdidos la noticia de que Cristo puede perdonar el pecado, puede renovar la naturaleza, puede vestir el alma con las vestiduras de su justicia, llevar al pecador a su sano juicio, y enseñarle y capacitarle para ser un trabajador junto a Dios.

El alma convertida vive en Cristo. Sus tinieblas desaparecen, y una luz nueva y celestial brilla en su alma. "El que gana almas es sabio". "Y los que son sabios brillarán como el resplandor del firmamento; y los que convierten a muchos a la justicia, como las estrellas por los siglos de los siglos". Lo que se hace mediante la cooperación de los hombres con Dios es una obra que nunca perecerá, sino que perdurará a través de las edades eternas. Aquel que hace de Dios su sabiduría, que crece hasta la plena estatura de un hombre en Cristo Jesús, se presentará ante los reyes, ante los llamados grandes hombres del mundo, y mostrará las alabanzas de Aquel que lo ha llamado de las tinieblas a su luz maravillosa. La ciencia y la literatura no pueden traer a la mente oscurecida de los hombres la luz que el glorioso evangelio del Hijo de Dios puede traer. Sólo el Hijo de Dios puede hacer la gran obra de iluminar el alma. No es de extrañar que Pablo exclame: "Porque no me avergüenzo del evangelio de Cristo, porque es poder de Dios para salvación a todo el que cree". El evangelio de Cristo se convierte en personalidad en aquellos que creen, y los convierte en epístolas vivas, conocidas y leídas por todos los hombres. De este modo, la levadura de la piedad pasa a la multitud. Las inteligencias celestiales son capaces de discernir los verdaderos elementos de grandeza en el carácter; porque sólo la bondad se estima como eficiencia con Dios.

"Sin mí", dice Cristo, "nada podéis hacer". Nuestra fe y nuestro ejemplo deben ser considerados más sagrados de lo que han sido considerados en el pasado. La palabra de Dios debe ser estudiada como nunca antes; porque es la preciosa ofrenda que debemos presentar a los hombres, para que aprendan el camino de la paz, y obtengan esa vida que coincide con la vida de Dios. La sabiduría humana, tan exaltada entre los hombres, se hunde en la insignificancia ante esa sabiduría que señala el camino trazado para que los rescatados del Señor caminen por él. Sólo la Biblia ofrece los medios para distinguir la senda de la vida del amplio camino que conduce a la perdición y a la muerte. –*Review and Herald*, 15 de diciembre de 1891.

La relación de la educación con la obra de Dios

No decís que aún faltan cuatro meses para la cosecha? He aquí que os digo que levantéis los ojos y miréis los campos, porque ya están blancos para la cosecha. Y el que cosecha recibe el salario, y recoge el fruto para la vida eterna; para que tanto el que siembra como el que cosecha se alegren juntos."

Hay una gran escasez de obreros que salgan a los campos misioneros, dotados del verdadero espíritu misionero, dispuestos a derramar la luz de la verdad en medio de la oscuridad moral del mundo. Los enemigos de Dios conspiran diariamente para suprimir la verdad y esclavizar las almas de los hombres. Están tratando de exaltar el falso sábado, y al sujetar a los hombres en el error, profundizan la oscuridad que cubre la tierra, y la grosera oscuridad que cubre a la gente. En un tiempo como éste, ¿se mostrarán inactivos los que conocen la verdad y permitirán que prevalezcan los poderes de las tinieblas? ¿No deberían los que creen en la verdad para este tiempo estar bien despiertos, y trabajar con una energía consistente con la profesión de fe que hacen? ¿No deberían los que entienden la verdad de Dios hacer todos los sacrificios para ganar almas para Cristo, para rendirle pleitesía a la ley de Dios? El día está lejos de agotarse, la noche está cerca, y es esencial trabajar mientras es de día; porque llega la noche, en la que ningún hombre puede trabajar. En un tiempo como éste, no debemos tener más que este objeto en vista, a saber, el empleo de todos los medios que Dios ha provisto por los cuales la verdad puede ser plantada en los corazones de los hombres. Es para este mismo propósito que la palabra de Dios fue enviada al mundo: para que pueda dirigir la vida, y transformar el carácter. Es el deber de todo cristiano esforzarse al máximo de su capacidad para difundir el conocimiento de la verdad. Cristo ha encargado a sus discípulos que vayan por todo el mundo y prediquen el evangelio a todas las naciones.

Con la gran obra que tenemos ante nosotros de iluminar al mundo, los que creemos en la verdad debemos sentir la necesidad de una educación completa en las ramas prácticas del conocimiento, y especialmente nuestra necesidad de una educación en las verdades de las Escrituras. El error de todo carácter se exalta ahora como verdad, y es nuestro deber escudriñar seriamente la palabra sagrada, para saber qué es la verdad, y ser capaces de presentarla inteligentemente a los demás. Se nos pedirá que demos a conocer las razones de nuestra fe. Tendremos que comparecer ante los magistrados para responder de nuestra fidelidad a la ley de Dios. El Señor nos ha llamado a salir del mundo para que seamos testigos de su verdad; y a través de nuestras filas, los hombres y mujeres jóvenes deben ser entrenados para puestos de utilidad e influencia. Tienen el privilegio de convertirse en misioneros para Dios; pero no pueden ser meros novatos en la educación y en el conocimiento de la palabra de Dios, y hacer justicia a la sagrada obra a la que han sido designados. En todas las tierras, la falta de educación entre nuestros trabajadores es dolorosamente evidente. Nos damos cuenta de que la educación no sólo es necesaria para el cumplimiento adecuado de los deberes de la vida doméstica, sino que es necesaria para el éxito en todas las ramas de utilidad.

En vista de la necesidad de la educación para la obra de Dios, y para el cumplimiento exitoso de las diversas responsabilidades de la vida, cuán agradecidos debemos estar de que esté a punto de abrirse una escuela en Melbourne bajo la dirección de fervientes creyentes en la verdad para este tiempo. Para el éxito de esta nueva empresa, para el beneficio que traerá a ustedes y a sus hijos, que todos nuestros hermanos y hermanas se dispongan ahora a cooperar de corazón con los que han venido a llevar la carga de la obra. Los maestros han venido a ustedes desde América en el temor y el amor de Dios, no sin sacrificio, para ayudarles en sus esfuerzos por elevar el estándar de la verdad entre el pueblo. Desean educar a los jóvenes para que comprendan la palabra de Dios, para que vuestros hijos puedan abrir las Escrituras a los demás. Ahora les queda a aquellos que ya han sido iluminados por la verdad en estas provincias, cooperar con los esfuerzos de sus hermanos americanos, sabiendo que en Cristo todos los prejuicios raciales y todas las distinciones nacionales son dejadas de lado, y todos somos hermanos, comprometidos en el trabajo de hacer avanzar el reino del Redentor. Todos somos uno en Cristo, y debemos unirnos de corazón en un esfuerzo por educar y formar a un ejército de hombres y mujeres jóvenes de tal manera que sean cristianos coherentes y equilibrados, capaces de desentrañar y explicar las Escrituras. La pureza, la fe, el celo y la coherencia de carácter en los que salen a trabajar para el Señor, deben ser tan evidentes que los demás puedan ver sus buenas obras, y ser llevados a glorificar a nuestro Padre que está en el cielo. Si nuestra profesión de fe está sostenida por la piedad de corazón, será un medio de bien; porque de ese modo las almas serán influenciadas para cumplir con los términos de la salvación. Dios quiere que su gracia se manifieste en el creyente, para que a través del carácter semejante al de Cristo de los miembros individuales, la iglesia pueda convertirse en la luz del mundo.

Que los padres hagan todos los esfuerzos posibles para enviar a sus hijos a la escuela que pronto se abrirá en Melbourne; porque por este mismo medio, puede ser que miembros de su propia familia sean calificados por el Señor para convertirse en obreros de su causa. Hay muchas vacantes para misioneros en Australia, Nueva Zelanda y las islas del mar. Y no será posible suministrar obreros desde América para llenar todas las numerosas vacantes. Hay que educar a los obreros en estos campos, para que puedan tomar el trabajo, y salir como portadores de luz a los lugares oscuros de estas tierras. No muchos pueden ir a América para obtener una educación;

La relación de la educación con la obra de Dios 139

y aunque pudieran ir, podría no ser lo mejor para ellos, o para el avance de la obra. El Señor quiere que se establezcan escuelas en este país para educar a los trabajadores, para dar carácter a la obra de la verdad presente en estos nuevos campos, y para despertar el interés de los incrédulos. Él quiere que usted haga un centro de educación en su propio país, donde los estudiantes prometedores puedan ser educados en ramas prácticas, y en las verdades de la Biblia, para que estén preparados para trabajar en estas tierras, rescatando almas de la esclavitud de Satanás. Los maestros pueden venir de América, hasta que la obra esté bastante establecida, y por este medio se puede formar un nuevo vínculo de unión entre América y Australia, Nueva Zelanda y las islas del mar.

Hay jóvenes en estos países a los que Dios ha dotado generosamente de capacidad mental; pero para hacer su mejor trabajo, sus poderes deben ser dirigidos adecuadamente. Deben utilizar los talentos que Dios les ha dado para alcanzar una elevada formación, convirtiéndose en obreros que no necesitan avergonzarse, enseñando correctamente la palabra de verdad, sabios con vistas a la salvación. Este talento necesita desarrollarse, y puesto que está a punto de establecerse una escuela aquí, ciertamente no es prudente enviar alumnos a un gasto tan grande a América. El trabajo debe hacerse aquí. Este es un terreno misionero, y cada individuo que se considere digno de la educación que nuestras escuelas americanas podrían dar, debería obtener una educación aquí mismo en el terreno de sus futuras labores. Aquellos que tienen capacidad pueden ser entrenados aquí para que puedan poner sus conocimientos en uso práctico en la primera oportunidad, y convertirse en agentes en las manos del Señor para la diseminación de la luz y la verdad.

Pero si no se les impusiera ninguna de estas responsabilidades, si no hubiera campos misioneros en los que entrar, todavía sería necesario que sus hijos recibieran educación. Cualquiera que sea el negocio que los padres consideren adecuado para sus hijos, ya sea que deseen que se conviertan en fabricantes, agricultores, mecánicos o que sigan alguna vocación profesional, obtendrán grandes ventajas de la disciplina de una educación. Sus hijos deberían tener la oportunidad de estudiar la Biblia en la escuela. Es necesario que reciban las razones de nuestra fe, para que comprendan las Escrituras por sí mismos. Mediante la comprensión de las verdades de la Biblia, estarán mejor capacitados para ocupar puestos de confianza. Estarán fortificados contra las tentaciones que los acecharán por la derecha y por la izquierda. Pero si están completamente instruidos y consagrados, pueden ser llamados, como lo fue Daniel, a ocupar importantes responsabilidades. Daniel fue un fiel estadista en las cortes de Babilonia; porque temía, amaba y confiaba en Dios; y en tiempo de tentación y peligro fue preservado por el poder de Dios. Leemos que Dios dio a Daniel sabiduría y lo dotó de entendimiento.

Aquellos que obtienen un conocimiento de la voluntad de Dios, y practican la enseñanza de su palabra, serán encontrados fieles en cualquier posición de confianza que se les coloque. Consideren esto, padres, y coloquen a sus hijos donde sean educados en los principios de la verdad, donde se haga todo el esfuerzo para ayudarles a mantener su consagración, si están convertidos; o, si son inconversos, para influir en ellos para que se conviertan en hijos de Dios, y así capacitarlos para salir a ganar a otros para la verdad.

Que aquellos que tienen el amor de la verdad en sus corazones, estimen el valor de un alma por la que Cristo ha muerto, en la luz reflejada de la cruz del Calvario. Hay muchos que se sienten movidos por el Espíritu de Dios para salir a la viña del Señor. Anhelan buscar y salvar lo que está perdido. Pero por falta de conocimiento y disciplina, no están capacitados para salir a la obra de elevar y ennoblecer a sus semejantes. Los que enseñan a otros deben ser ellos mismos enseñados. Deben aprender a tratar con las mentes humanas. Deben convertirse en colaboradores de Cristo, mejorando cada oportunidad para impartir el conocimiento de Dios a los hombres. Para poder ser agentes de Dios en la obra de elevar las mentes de los hombres de lo terrenal y sensual a lo espiritual y celestial, los obreros deben ser educados y entrenados. Al convertirse ellos mismos en aprendices, comprenderán mejor cómo instruir a los demás. Deben adquirir disciplina mental, ejercitando la capacidad que Dios les ha dado, aportando todo el corazón y la mente a la tarea de adquirir conocimientos. Con la gloria de Dios en mente, deben poner toda su energía en el trabajo, aprendiendo todo lo que puedan, y volviéndose inteligentes, para poder impartir conocimiento a otros.

Hay un gran trabajo que hacer en estos países; y el amor de Cristo, y el amor por las almas por las que Él ha muerto, deberían obligarnos a poner todo el esfuerzo que esté en nuestro poder para buscar y salvar lo que se ha perdido. Que cada uno se aliste como un fiel soldado de Cristo para trabajar por y con sus hermanos, para que la obra sea un éxito en sus manos. Que todos los que se alisten en esta empresa tan necesaria recuerden que la escuela se ha establecido no para beneficio propio y de nuestros hijos, sino para que se imparta el conocimiento de la verdad y se salven las almas que perecen en el reino eterno. Que cada uno se apodere de esta obra, que no fracase ni se desanime, y el Señor hará maravillas entre nosotros. Si en este momento no hacemos un esfuerzo decidido para ampliar y elevar la obra, y retrocedemos porque los asuntos no se manejan de acuerdo con nuestras propias ideas, el Señor seguramente pasará de largo, y elegirá otros organismos que se apoderen de su obra a su manera, y sigan las indicaciones de su Espíritu. ¡Oh, que cada uno cumpla con su deber, para que nuestra influencia se una para hacer avanzar la causa de Dios!

El ojo de Dios está sobre estas tierras; porque aquí Él quiere levantar su estandarte y desplegar su bandera. Aquí, en este suelo misionero, Él vería almas ganadas para Jesucristo. Él haría que cada cristiano profeso fuera un verdadero misionero, listo para ponerse en fila, para hacer su trabajo

La relación de la educación con la obra de Dios 141

individual en su lugar, y que todos se unieran en un esfuerzo sistemático. Él haría que los hombres olvidaran sus propias nociones y prejuicios, que sólo traen oscuridad y duda a sus almas, y se comprometieran a trabajar por aquellos que están listos para perecer. Quiere que se den cuenta de que ningún hombre vive para sí mismo. Es por la falta de atención al esfuerzo no egoísta por los demás, por lo que muchos se han empequeñecido y han quedado cojos en su experiencia religiosa. Algunos que están en el fondo podrían haber avanzado mucho en el conocimiento de Dios, si no se hubieran mantenido al margen de sus hermanos, apartándose de la asociación con los creyentes que no trabajaban de acuerdo con sus ideas limitadas. Oh, si estos entorpecedores se perdieran de vista a sí mismos y se interesaran por la salvación de las almas, sus mezquinas diferencias se olvidarían, y el alejamiento de sus hermanos no existiría. Si cuando se reunieran, no hablaran de las cosas a las que ven objeciones, sino que sujetaran su boca como con una brida, y buscaran al Señor en ferviente oración para que su Espíritu Santo se posara sobre ellos, para que tuvieran una carga por las almas por las que Cristo murió, encontrarían que su oscuridad huiría, y la luz y la esperanza entrarían en sus almas. La autoestima se desvanecería, y se volverían enseñables como niños. La terquedad se derretiría en la contemplación del amor de Dios, y sus corazones resplandecerían, tocados con un carbón del altar. La tristeza sería desterrada, y la alegría ocuparía su lugar; porque el amor y la bondad infinitos de Dios serían el tema de su testimonio.

Los que quieran ser vencedores deben salir de sí mismos; y lo único que logrará esta gran obra, es interesarse intensamente por la salvación de los demás. Esto no significa que usted deba convertir a los hombres a su manera de hacer, ni obligarlos a ver las cosas bajo la misma luz que usted; sino que debe procurar presentar la verdad tal como es en Jesús, y trabajando para ser una bendición para otros, usted será bendecido por Dios abundantemente. El hecho de que haya hecho y esté haciendo algo para ampliar los límites del reino de Dios en el rescate de las pobres almas del yugo de la superstición y el error de Satanás, alegrará el corazón y ampliará sus ideas y planes. A medida que identifique su interés con el de Cristo, santificará para Dios su talento de capacidad, influencia y medios. Algunos de ustedes considerarán que es su privilegio dejar sus hogares para poder trabajar en las islas del mar, y rescatar almas de la esclavitud del pecado y del error. A medida que adquieran una experiencia nueva y más profunda, aprenderán lo que es orar en el Espíritu Santo; y los que se han apartado de Dios serán reconquistados, y se manifestará más ansiedad por aprender de Jesús a ser mansos y humildes de corazón, que por señalar los errores y equivocaciones de sus hermanos; porque por la fe aceptan a Cristo como su Salvador personal. Entonces no vendréis a la reunión a contar vuestras dudas y temores. Tendréis algo mejor de lo que hablar; porque vuestros corazones se ensancharán, teniendo la paz de Cristo, que sobrepasa todo entendimiento. Esta es la experiencia que Dios quiere que comprendan en este país.

Pero para alcanzar esta experiencia, hay que dar pasos definidos. Los métodos y los planes mediante los cuales se ha de realizar el trabajo deben ser según la orden del Señor, no según sus ideas individuales, y los resultados compensarán con creces el desembolso. El esfuerzo misionero se hará más general, y el ejemplo de un trabajador celoso, trabajando en la dirección correcta, influirá en otros, y ellos también saldrán a predicar el evangelio. El espíritu misionero pasará de casa en casa, y los hermanos encontrarán algo de lo que hablar más interesante que sus quejas. Se interesarán por mostrar las joyas de la verdad que contiene la Biblia, y se establecerán iglesias, se erigirán casas de reunión y muchos acudirán a la ayuda del Señor. Los hermanos se unirán con lazos de amor, y se darán cuenta de su unidad con los cristianos experimentados de todas las partes del mundo, ya que son uno en sus planes, uno en el objeto de su interés. Un paso adelante dado por los que están a la cabeza de la obra será sentido por los de este país y los de todas las tierras, y los de los países extranjeros responderán al esfuerzo realizado en el centro de la obra para seguir a nuestro gran Líder; y así, mediante la conversión de almas a la verdad, se elevará un tributo de alabanza a Aquel que está sentado en el trono.

La obra misionera en Australia y Nueva Zelanda está todavía en su infancia; pero en Australia, Nueva Zelanda, en África, India, China y las islas del mar debe realizarse la misma obra que se ha realizado en el campo nativo. La obra del pueblo de Dios se representa bajo el símbolo apropiado de un ángel que vuela en medio del cielo. En esta obra las inteligencias celestiales cooperan con las agencias humanas para extender el último mensaje a los habitantes del mundo. Pero los planes y la obra de los hombres no van a la par de la providencia de Dios; pues mientras algunos en estos países que dicen creer en la verdad declaran con su actitud: "No queremos tu camino, oh, Señor, sino el nuestro", hay muchos que están suplicando a Dios poder entender lo que es la verdad. En lugares secretos están llorando y orando para que puedan ver la luz en las Escrituras; y el Señor del cielo ha encargado a sus ángeles que cooperen con las agencias humanas para llevar adelante su vasto designio, para que todos los que deseen la luz puedan contemplar la gloria de Dios. Debemos seguir donde la providencia de Dios abre el camino; y a medida que avancemos, encontraremos que el Cielo se ha movido delante de nosotros, ampliando el campo de trabajo mucho más allá de la proporción de nuestros medios y capacidad para suplirlo. La gran necesidad del campo abierto ante nosotros debe apelar a todos aquellos a quienes Dios ha confiado talentos de recursos o habilidades, para que se dediquen a sí mismos y a su todo a Dios. Debemos ser como fieles administradores, no sólo de nuestros medios, sino de la gracia que se nos ha dado, para que muchas almas puedan ser traídas bajo el estandarte manchado de sangre del Príncipe Emanuel. Los propósitos y fines que deben alcanzar los misioneros consagrados son muy amplios. El campo para la operación misionera no está limitado por la casta o la

La relación de la educación con la obra de Dios 143

nacionalidad. El campo es el mundo, y la luz de la verdad ha de llegar a todos los lugares oscuros de la tierra en un tiempo mucho más corto de lo que muchos creen posible.

Dios tiene el propósito de poner en funcionamiento agencias en su propio país para ayudar en esta gran obra de iluminar el mundo. Su diseño es emplearlo a usted y a sus hijos como soldados para actuar una parte en esta guerra agresiva contra los poderes de las tinieblas, y usted seguramente no ignorará la bendición de Dios, ni considerará a la ligera el privilegio que se le ha extendido. Él quiere que participéis en el conflicto, luchando juntos por Su gloria, sin buscar la supremacía, sin esforzaros por exaltaros a vosotros mismos depreciando a los demás. Él os dotaría del verdadero espíritu misionero, que eleva, purifica y ennoblece todo lo que toca, haciendo puros, buenos y nobles a todos los que voluntariamente caen bajo su influencia; porque todo agente que coopere con las inteligencias celestiales estará dotado de poder de lo alto, y representará el carácter de Cristo. El espíritu misionero nos permite apreciar más plenamente las palabras de la oración del Señor, cuando nos ordena rezar: "Venga tu reino. Hágase tu voluntad en la tierra, como en el cielo". El espíritu misionero amplía nuestros pensamientos, y nos lleva a la unión con todos los que tienen una comprensión de la influencia expansiva del Espíritu Santo.

Dios querría dispersar las nubes que se han reunido en torno a las almas en estas colonias, y unir a todos nuestros hermanos en Cristo Jesús. Él querría que nos uniéramos en bandas de confraternidad cristiana, llenas de amor por las almas por las que Cristo ha muerto. Dijo Cristo: "Este es mi mandamiento: que os améis unos a otros, como yo os he amado". Él quiere que estemos unidos en el corazón y en los planes para realizar la gran obra que se nos ha encomendado. Los hermanos deben permanecer hombro con hombro, uniendo sus oraciones en el trono de la gracia, para que puedan mover el brazo del Omnipotente. El cielo y la tierra estarán entonces estrechamente conectados en la obra, y habrá gozo y alegría en la presencia de los ángeles de Dios, cuando la oveja perdida sea encontrada y restaurada.

El Espíritu Santo, que derrite y somete el corazón humano, llevará a los hombres a hacer las obras de Cristo. Prestarán atención al mandato: "Vended lo que tenéis y dad limosna; haceos bolsas que no se envejecen, un tesoro en los cielos que no se agota". Cristo se dio a sí mismo por nosotros, y a sus seguidores se les exige que se den a sí mismos, con sus talentos de medios y capacidad, a Él. ¿Qué más podría hacer el Señor por el hombre que lo que ha hecho? ¿Y no debemos rendirle a Él todo lo que tenemos y somos, practicando la abnegación y negándonos a nosotros mismos? Si somos discípulos de Cristo, se manifestará al mundo a través de nuestro amor por aquellos por los que Él murió.

Fue a través del espíritu de amor que el evangelio fue traído a ustedes, y a todos los hombres que tienen un conocimiento de Dios. Se nos pide que no nos limitemos a admirar a los hombres a los que Dios ha utilizado, ni a desear que ahora tuviéramos hombres así, sino que nos sometamos a ser utilizados por Dios como sus agentes humanos. Fue Su Espíritu el que inspiró sus esfuerzos, y Él puede conceder abundantemente a Sus trabajadores hoy el mismo coraje, celo, seriedad y devoción. Fue Jesús quien dio a estos hombres la gracia, el poder, la fortaleza y la perseverancia, y está dispuesto a hacer lo mismo con todos los que quieran ser verdaderos misioneros.

Dios ha comenzado a trabajar en este país, y la iglesia debe unirse con las inteligencias celestiales, manifestando una actividad santa, para que al ejercer sus poderes pueda volverse más eficiente para salvar almas y glorificar a Dios. Nosotros, que hemos visto la luz de la verdad, estamos llamados a ayudar a su avance, a despertar a la gran responsabilidad de la obra misionera que debe realizarse en nuestras fronteras; y es el deber de cada alma cooperar con los que quieren hacer avanzar la obra. Que cada uno busque estrechar lazos con Cristo. Escondamos nuestros caminos en los caminos de Dios, para que cese toda discrepancia, para que el carácter de Cristo sea representado en la bondad, la abnegación, la mansedumbre, la humildad y el amor. Que todos se unan de corazón para hacer lo máximo de su capacidad para apoyar la escuela que ahora se va a establecer; porque en las manos de Dios puede ser el medio de educar a los obreros para derramar la luz de la verdad sobre el pueblo. ¿Quién estará del lado del Señor? ¿Quién verá ahora el trabajo que hay que hacer, y lo hará?
-Suplemento de El Eco de la Biblia, 1 de septiembre de 1892.

La necesidad de obreros capacitados

Me ha interesado mucho el relato de una experiencia reciente del anciano Daniells, quien, en su camino de Melbourne a Adelaida, se detuvo en un pueblo llamado Nhill, para visitar a algunos jóvenes que han estado enviando pedidos a la oficina del Eco para nuestros periódicos y libros. Encontró aquí a un joven de nombre Hansen, un danés, que por casualidad encontró el Eco en una biblioteca pública, y se convirtió en un lector interesado del periódico. Los temas de la verdad presentados en sus columnas encontraron un lugar en su corazón, y comenzó a hablar de ellos a un amigo en el hotel donde estaba en servicio. Este hombre, el Sr. Williams, también se interesó, y enviaron pedidos de otras publicaciones, convirtiéndose en suscriptores regulares del periódico. El anciano Daniells los encontró deseosos de conocer mejor la verdad. En la mesa del Sr. Williams encontraron "*Thoughts on Daniel and the Revelation*" (Pensamientos sobre Daniel y el Apocalipsis) y varios otros libros publicados por nuestra gente. No habían visto más que un hombre que fuera de nuestra fe. Compraron del anciano Daniells tres ejemplares de "El Camino a Cristo", para tener uno cada uno, y otro para regalar a un ministro. El anciano Daniells se sintió complacido con su visita, y animado por su conversación con estos hombres interesados en la verdad.

Estos hombres habían estudiado la verdad de las publicaciones y en la Biblia, y habían aceptado todos los puntos de la doctrina hasta donde podían entenderlos sin la ayuda del predicador directo. Una gran obra se está llevando a cabo silenciosamente a través de la distribución de nuestras publicaciones; pero qué gran cantidad de bien podría hacerse si algunos de nuestros hermanos y hermanas de América vinieran a estas colonias, como fruticultores, agricultores o comerciantes, y en el temor y el amor de Dios, buscaran ganar almas a la verdad. Si tales familias estuvieran consagradas a Dios, Él las utilizaría como sus agentes. Los ministros tienen su lugar y su trabajo, pero hay decenas a las que el ministro no puede llegar, que podrían ser alcanzadas por familias que podrían visitar a la gente e inculcarles la verdad para estos últimos días. En sus relaciones domésticas o comerciales podrían entrar en contacto con una clase inaccesible para el ministro, y podrían abrirles los tesoros de la verdad, e impartirles un conocimiento de la salvación. Se hace demasiado poco en esta línea de trabajo misionero; porque el campo es grande, y muchos trabajadores podrían trabajar con éxito en esta línea de esfuerzo. Si los que han recibido un conocimiento de la verdad se hubieran dado cuenta de la necesidad de estudiar las Escrituras por sí mismos, si hubieran sentido el peso de la responsabilidad que recae sobre ellos, como fieles administradores de la gracia de Dios, habrían llevado la luz a muchos que están sentados en la oscuridad, y ¡qué cosecha de almas se habría recogido para el Maestro! Si cada uno se diera cuenta de su responsabilidad ante Dios por su influencia personal, no sería en ningún caso un ocioso, sino que cultivaría su capacidad y entrenaría cada poder para poder servir a Aquel que lo ha comprado con su propia sangre.

Los jóvenes, especialmente, deben sentir que deben entrenar sus mentes, y aprovechar cada oportunidad para volverse inteligentes, para que puedan prestar un servicio aceptable a Aquel que ha dado su preciosa vida por ellos. Y que nadie cometa el error de considerarse tan bien educado como para no tener más necesidad de estudiar los libros o la naturaleza. Que cada uno mejore cada oportunidad con la que en la providencia de Dios es favorecido, para adquirir todo lo que es posible en la revelación o la ciencia. Deberíamos aprender a poner la estimación adecuada en los poderes que Dios nos ha dado. Si un joven tiene que comenzar en la ronda más baja de la escalera, no debe desanimarse, sino estar decidido a subir ronda tras ronda hasta que oiga la voz de Cristo diciendo: "Niño, sube más alto. Bien hecho, siervo bueno y fiel; has sido fiel sobre pocas cosas, te haré gobernante sobre muchas cosas: entra en el gozo de tu Señor".

Debemos comparar nuestros caracteres con la norma infalible de la ley de Dios. Para ello, debemos escudriñar las Escrituras, midiendo nuestros logros por la palabra de Dios. A través de la gracia de Cristo, los más altos logros en el carácter son posibles; pues cada alma que cae bajo la influencia moldeadora del Espíritu de Dios puede ser transformada en mente y corazón. Para desentrañar su condición, es necesario estudiar la Biblia, y velar hasta la oración. El apóstol dice: "Examinaos a vosotros mismos si estáis en la fe; probaos a vosotros mismos. ¿No sabéis vosotros mismos cómo está Jesucristo en vosotros, si no sois reprobados?" Que los ignorantes no permanezcan en la ignorancia. No pueden permanecer en la ignorancia y conocer la mente de Dios. Deben mirar a la cruz del Calvario, y estimar el alma por el valor de la ofrenda allí realizada. Jesús dice a todos los creyentes: "Vosotros sois mis testigos". "Sois obreros junto con Dios". Siendo esto cierto, con cuánta seriedad debería cada uno esforzarse por hacer uso de todo poder para mejorar cada oportunidad de ser eficiente para que pueda ser "no perezoso en los negocios; ferviente en el espíritu; sirviendo al Señor."

Cada talento que ha sido dado a los hombres debe ser ejercitado para que aumente su valor, y toda la mejora debe ser devuelta a Dios. Si eres defectuoso en los modales, en la voz o en la educación, no necesitas permanecer siempre en esta condición. Debéis esforzaros continuamente para que podáis alcanzar un nivel superior tanto en educación como en experiencia religiosa, para que podáis convertiros en maestros de las cosas buenas. Como siervos del gran Rey, debéis daros cuenta individualmente de que tenéis la obligación de mejorar mediante la observación, el estudio y la comunión con Dios. La palabra de Dios puede haceros sabios, guiaros y perfeccionaros en Cristo. El bendito Salvador fue un modelo intachable para que todos sus seguidores lo imitaran. Es el privilegio del hijo de Dios comprender las cosas espirituales, ser capaz de administrar sabiamente lo que se le ha confiado. Dios no proporciona un medio por el cual alguien pueda tener una excusa para hacer un trabajo descuidado; y, sin embargo, una gran cantidad de este tipo de trabajo le ha sido ofrecida por aquellos que trabajan en su causa, pero no es aceptable para Él.

Jóvenes, ¿han procurado ustedes, como individuos comprados a un costo infinito, estudiar para mostrarse aprobados a Dios, como obreros que no necesitan ser avergonzados? ¿Habéis aportado a Dios el precioso talento de vuestra voz, y os habéis esforzado minuciosamente para hablar con claridad, nitidez y facilidad? Por muy imperfecta que sea vuestra forma de hablar, corregid vuestros defectos y no os permitáis tener un tono nasal o hablar de forma espesa e indistinta. Si su articulación es clara e inteligible, su utilidad aumentará considerablemente. Entonces, no deje sin corregir ni un solo hábito defectuoso del habla. Ore sobre el asunto, y coopere con el Espíritu Santo que está trabajando para su perfección. El Señor, que hizo al hombre perfecto en el principio, le ayudará a cultivar sus facultades físicas y mentales, y le capacitará para soportar cargas y responsabilidades en la causa de Dios.

Hay miles de personas hoy en día que no están calificadas para la obra del ministerio, que no pueden ocupar un puesto de confianza sagrado, y que están extraviados para la causa, porque no han valorado los talentos que Dios les ha dado, y no han cultivado sus facultades mentales y corporales, para poder ocupar puestos de confianza en la obra del Maestro. Individualmente estamos aquí en tiempo de prueba, y el Señor está examinando y probando nuestra fidelidad a Él.

Quiere emplearnos como agentes para comunicar la luz de su palabra al mundo. Si mejoramos la luz que Dios nos ha dado difundiéndola a otros, tendremos más luz; porque "al que tiene se le dará, y tendrá en abundancia; pero al que no tiene se le quitará hasta lo que tiene". Queda a nuestra elección lo que hagamos con la luz que Dios nos ha dado. Podemos caminar en ella, o negarnos a seguir los pasos de Cristo, y así apagar nuestra luz.

Considerando la luz que Dios ha dado, es maravilloso que no haya decenas de jóvenes preguntando: "Señor, ¿qué quieres que haga?" Es un error peligroso imaginar que, a menos que un joven haya decidido entregarse al ministerio, no se requiere ningún esfuerzo especial para capacitarlo para la obra de Dios. Cualquiera que sea su vocación, es esencial que mejore sus habilidades mediante el estudio diligente. Se debe instar a los jóvenes de ambos sexos a que aprecien las bendiciones celestiales de las oportunidades para llegar a ser bien disciplinados e inteligentes. Deben aprovechar las escuelas que se han establecido con el propósito de impartir lo mejor del conocimiento. Es pecaminoso ser indolente y negligente en lo que respecta a la obtención de una educación. El tiempo es corto, y, por lo tanto, debido a que el Señor pronto vendrá a cerrar las escenas de la historia de la tierra, hay una mayor necesidad de mejorar las oportunidades y los privilegios actuales.

Los jóvenes y las señoritas deben colocarse en nuestras escuelas, en el canal donde se puede obtener el conocimiento y la disciplina. Deben consagrar su capacidad a Dios, convertirse en estudiantes diligentes de la Biblia, para que puedan ser fortificados contra la doctrina errónea, y no ser llevados por el error de los malvados; porque es por la búsqueda diligente de la Biblia que obtenemos un conocimiento de lo que es la verdad. Pero en la práctica de la verdad que ya conocemos, una mayor luz brillará sobre nosotros desde las Sagradas Escrituras. A medida que entreguemos nuestra voluntad a la de Dios, a medida que humillemos nuestros corazones ante Él, desearemos fervientemente convertirnos en colaboradores de Él, yendo a salvar a los que perecen. Aquellos que están verdaderamente consagrados a Dios no entrarán en la obra impulsados por el mismo motivo que lleva a los hombres a dedicarse a los negocios mundanos, simplemente para ganarse la vida, sino que entrarán en la obra sin permitir que ninguna consideración mundana los controle, comprendiendo que la causa de Dios es sagrada.

El mundo debe ser advertido, y ningún alma debe descansar satisfecha con un conocimiento superficial de la verdad. No sabe a qué responsabilidad puede ser llamado. No sabe dónde puede ser llamado a dar su testimonio de la verdad. Muchos tendrán que presentarse en los tribunales legislativos; algunos tendrán que presentarse ante los reyes y ante los sabios de la tierra, para responder por su fe. Aquellos que sólo tienen una comprensión superficial de la verdad no serán capaces de exponer claramente las Escrituras, y dar razones definitivas de su fe. Se confundirán, y no serán obreros que no necesiten avergonzarse. Que nadie se imagine que no tiene necesidad de estudiar, porque no ha de predicar en el escritorio sagrado. No sabe lo que Dios puede exigirle. Es un hecho lamentable que el avance de la causa se vea obstaculizado por la escasez de obreros educados que se han preparado para puestos de confianza. El Señor aceptará a miles de personas para que trabajen en su gran campo de cosecha, pero muchos no se han adaptado a la obra. Pero todo aquel que haya abrazado la causa de Cristo, que se haya ofrecido como soldado en el ejército del Señor, debe colocarse donde pueda tener un adiestramiento fiel. La religión ha significado demasiado poco para los profesos seguidores de Cristo; porque no es la voluntad de Dios que alguien permanezca ignorante cuando la sabiduría y el conocimiento han sido puestos al alcance.

¡Cuán pocos se han calificado en la ciencia de salvar almas! ¡Cuán pocos entienden el trabajo que debe hacerse en la construcción de la iglesia y en la comunicación de la luz a los que se sientan en las tinieblas! Sin embargo, Dios ha dado a cada hombre su trabajo. Debemos obrar nuestra propia salvación con temor y temblor; porque es Dios quien obra en nosotros, tanto el querer como el hacer por su buena voluntad. En la obra de la salvación hay una cooperación de agencias humanas y divinas. Se habla mucho de la ineficacia del esfuerzo humano, y sin embargo el Señor no hace nada para la salvación del alma sin la cooperación del hombre.

La necesidad de obreros capacitados

La palabra de Dios es clara y nítida sobre este punto, y, sin embargo, cuando tanto depende de nuestra cooperación con las agencias celestiales, los hombres se comportan como si pudieran permitirse dejar de lado las demandas de Dios, y dejar que las cosas de importancia eterna esperen su conveniencia. Actúan como si pudieran manejar las cosas espirituales a su conveniencia, y ponen los intereses eternos en subordinación a los asuntos terrenales y temporales. Pero qué presuntuoso es esto de tratar así lo más esencial, y lo que más fácilmente se pierde.

¿Dónde están los que quieren ser sabios obreros junto a Dios? El apóstol dice: "Vosotros sois labradores de Dios, vosotros sois el edificio de Dios". Pero ¿confiarán los hombres en que pueden ser capaces, bajo la presión de las circunstancias, de ocupar algún puesto importante, cuando han descuidado el entrenamiento y la disciplina para la obra? ¿Imaginarán que pueden ser instrumentos pulidos en las manos de Dios para la salvación de las almas por las que Cristo murió, cuando han descuidado utilizar las oportunidades puestas a su disposición para obtener una aptitud para la obra? "No luchamos contra la carne y la sangre, sino contra los principados, contra las potestades, contra los gobernantes de las tinieblas de este mundo, contra la maldad espiritual en las alturas. Por lo tanto, tomad toda la armadura de Dios, para que podáis resistir en el día malo y, habiéndolo hecho todo, estar firmes". Cada uno necesita mejorar las facultades y oportunidades que Dios le ha dado, para que individualmente podamos ser obreros junto a Dios.

Dios está trabajando continuamente por nosotros para que no nos quedemos atrás en ningún don. Nos ha dado nuestras facultades físicas, mentales y morales, y si mejoramos como debemos, seremos capaces de enfrentarnos a los poderes supernaturales de las tinieblas y vencerlos. Jesús ha señalado el camino de la vida, ha manifestado la luz de la verdad, ha dado el Espíritu Santo y nos ha dotado ricamente de todo lo esencial para nuestra perfección. Pero estas ventajas no se aprovechan, y pasamos por alto nuestros privilegios y oportunidades, y no cooperamos con las inteligencias celestiales, y así no llegamos a ser trabajadores nobles e inteligentes para Dios. Aquellos a quienes su propio camino les parece más atractivo que el camino del Señor, no pueden ser utilizados en su servicio, porque no representaría correctamente el carácter de Cristo, y alejaría a las almas del servicio aceptable a Dios.

Los que trabajan para el Maestro deben ser bien disciplinados, para que puedan permanecer como centinelas fieles. Deben ser hombres y mujeres que lleven a cabo los planes de Dios para el sabio perfeccionamiento de las mentes de los que caen bajo su influencia. Deben unirse a todas las agencias que buscan cumplir la voluntad de Dios para salvar a un mundo perdido. Cristo se ha entregado a sí mismo, el justo por los injustos ha muerto en la cruz del Calvario, y ha confiado a las agencias humanas el trabajo de completar la gran medida de amor redentor; porque el hombre coopera con Dios en su esfuerzo por salvar a los que perecen. En los deberes descuidados de la iglesia leemos el retardo del cumplimiento del propósito de Dios; pero si los hombres no logran cumplir su obra, sería mejor que nunca hubieran nacido. Un gran mal seguirá a la negligencia de cooperar con Dios; porque la vida eterna se perderá. Nuestro éxito como candidatos al cielo dependerá de nuestra seriedad en el cumplimiento de las condiciones sobre las que se concede la vida eterna. Debemos recibir y obedecer la palabra de Dios, no podemos ser ociosos y flotar con la corriente. Debemos ser estudiantes diligentes de la palabra de Dios. Debemos entrenarnos y educarnos como buenos soldados de Cristo. Debemos avanzar en la obra, convirtiéndonos en obreros junto a Dios. – *Review and Herald*, 14 de febrero de 1893.

A maestros y estudiantes

A los maestros y estudiantes en nuestro colegio en Battle Creek, y en todas nuestras instituciones educativas

Durante las estaciones nocturnas se me han dado mensajes para que se los dé a ustedes en Battle Creek, y a todas nuestras escuelas. Aunque está en el orden de Dios que las facultades físicas sean entrenadas al igual que las mentales, el ejercicio físico debe estar en completa armonía con las lecciones dadas por Jesucristo a sus discípulos. Lo que se da al mundo debe verse en la vida de los cristianos, de modo que en relación con la educación y en la autoformación, las inteligencias celestiales no registren en los libros que los alumnos y los profesores de nuestras escuelas son "amantes de los placeres más que de Dios". Este es el registro que ahora se hace de un gran número, "Amantes de los placeres más que de Dios". Así, Satanás y sus ángeles están tendiendo sus trampas para vuestras almas, y está trabajando de cierta manera sobre los maestros y los alumnos para inducirlos a participar en ejercicios y diversiones que llegan a ser intensamente absorbentes, pero que buscan fortalecer los poderes inferiores, y crear apetitos y pasiones que tomarán la delantera, y contrarrestarán más decididamente las operaciones y la obra del Espíritu Santo de Dios sobre el corazón humano.

¿Qué les dice el Espíritu Santo? ¿Cuál fue su poder e influencia en vuestros corazones durante la Conferencia General y las Conferencias en otros Estados? ¿Habéis prestado especial atención a vosotros mismos? ¿Han sentido los maestros de la escuela que deben prestar atención? Si Dios los ha designado como educadores de la juventud, también son «supervisores del rebaño». No están en el trabajo escolar para inventar planes de ejercicios y juegos para educar a los púgiles; no están allí para rebajar las cosas sagradas al nivel de las comunes.

Me dirigía a los profesores con mensajes de reprimenda. Todos los maestros necesitan ejercicio, un cambio de empleo. Dios ha señalado lo que debe ser: un trabajo útil y práctico; pero ustedes se han apartado del plan de Dios para seguir las invenciones humanas, y eso en detrimento de la vida espiritual. Ni una jota ni una tilde de la influencia posterior de una educación en esa línea os capacitará para afrontar los graves conflictos de estos últimos días. ¿Qué tipo de educación están recibiendo nuestros profesores y alumnos? ¿Ha ideado y planeado Dios este tipo de ejercicio para ustedes, o es traído por las invenciones e imaginaciones humanas? ¿Cómo se prepara la mente para la contemplación y la meditación, y los pensamientos serios, y la oración ferviente y contrita, procedentes de corazones subyugados por el Espíritu Santo de Dios? "Mas como en los días de Noé, así será la venida del Hijo del Hombre". "Y vio Jehová que la maldad de los hombres era mucha en la tierra, y que todo designio de los pensamientos del corazón de ellos era de continuo solamente el mal".

El Señor abrió ante mí la necesidad de establecer una escuela en Battle Creek que no debía seguir el modelo de ninguna escuela existente. Debíamos tener maestros que mantuvieran sus almas en el amor y el temor de Dios. Los maestros debían educar en las cosas espirituales, para preparar a un pueblo que se mantuviera en pie en la difícil crisis que tenemos ante nosotros; pero ha habido un alejamiento del plan de Dios en muchos aspectos. Las diversiones están haciendo más para contrarrestar la obra del Espíritu Santo que cualquier otra cosa, y el Señor está afligido.

"Lavaos y limpiaos; quitad la iniquidad de vuestras obras de delante de mis ojos; dejad de hacer lo malo; aprended a hacer el bien; buscad el juicio, restituid al agraviado, haced justicia al huérfano, amparad a la viuda. Venid luego, dice Jehová, y estemos a cuenta: si vuestros pecados fueren como la grana, como la nieve serán emblanquecidos; si fueren rojos como el carmesí, vendrán a ser como blanca lana". Aquí está el campo en el que ejercitar su intelecto y darle un cambio de ejercicio. "Si quisiereis y oyereis, comeréis el bien de la tierra".

"¿Cómo te has convertido en ramera, oh ciudad fiel? Llena estuvo de justicia, en ella habitó la equidad; pero ahora, los homicidas. Tu plata se ha convertido en escorias, tu vino está mezclado con agua. Tus príncipes, prevaricadores y compañeros de ladrones; todos aman el soborno, y van tras las recompensas; no hacen justicia al huérfano, ni llega a ellos la causa de la viuda."

"Venid, oh casa de Jacob, y caminaremos a la luz de Jehová". "Dejaos del hombre, cuyo aliento está en su nariz; porque ¿de qué es él estimado?" "No confiéis en los príncipes, ni en hijo de hombre, porque no hay en él salvación. Pues sale su aliento, y vuelve a la tierra; en ese mismo día perecen sus pensamientos. Bienaventurado aquel cuyo ayudador es el Dios de Jacob, cuya esperanza está en Jehová su Dios". "Pueblo mío, los que te guían te engañan, y tuercen el curso de tus caminos".

Me siento alarmada por ustedes en Battle Creek. Los maestros son muy exactos al visitar con denuncias y castigos a los alumnos que violan reglas leves, no por un propósito vicioso, sino por descuido; o se dan circunstancias que hacen que no sea pecado desviarse de las reglas que se han hecho, y que no deben sostenerse con inflexibilidad si se transgreden, y sin embargo se trata a la persona en falta como si hubiera pecado gravemente. Ahora quiero que consideren, maestros, dónde están parados, y que se ocupen de ustedes mismos y pronuncien un juicio contra ustedes mismos: porque no sólo han infringido las reglas, sino que han sido muy bruscos y severos con los estudiantes; y más que esto, hay una controversia entre ustedes y Dios. No habéis hecho caminos rectos para vuestros pies, para que los cojos no se aparten del camino. Os habéis apartado de los caminos seguros. Digo "maestros"; no especifico nombres. Dejo que sus propias conciencias se apropien de ello. El Señor Dios de Israel ha actuado en medio de vosotros una y otra vez. Habéis tenido grandes evidencias de los pasos majestuosos del Altísimo. Pero un período de gran luz, de las maravillosas revelaciones del Espíritu y del poder de Dios, es un período de gran peligro, para que la luz no sea mejorada. ¿Considerará usted Jeremías 17:5-10; 18:12-15? Porque con toda seguridad está cayendo bajo la represión de Dios. La luz ha estado brillando con rayos claros y firmes sobre usted. ¿Qué ha hecho esta luz por usted? Cristo, el Jefe de los Pastores, los mira con desagrado y les pregunta: "¿Dónde está el rebaño que te fue dado, tu hermosa grey?". "Por tanto, yo os protesto en el día de hoy, que estoy limpio de la sangre de todos; porque no he rehuido anunciaros todo el consejo de Dios. Por tanto, mirad por vosotros, y por todo el rebaño en que el Espíritu Santo os ha puesto por obispos, para apacentar la iglesia del Señor, la cual él ganó por su propia sangre." "Apacentad la grey de Dios que está entre vosotros, cuidando de ella, no por fuerza, sino voluntariamente; no por ganancia deshonesta, sino con ánimo pronto".

Aquellos maestros que no tienen una experiencia religiosa progresiva, que no están aprendiendo lecciones diarias en la escuela de Cristo, para que sean ejemplos para el rebaño, sino que aceptan su salario como lo principal, no son aptos para la posición solemne, tan terriblemente solemne que ocupan. Esta escritura es apropiada para todas nuestras escuelas establecidas como Dios diseñó que debían ser, según el orden o el ejemplo de las escuelas de los profetas, impartiendo una clase superior de conocimiento -no mezclando la escoria con la plata, y el vino con el agua- que es una representación de los principios preciosos. Las ideas falsas y las prácticas poco sólidas están fermentando lo puro, y corrompiendo lo que debería mantenerse siempre puro, y ser considerado por el mundo, por los ángeles y por los hombres, como la institución del Señor, a saber, las escuelas donde la educación para amar y temer a Dios se hace en primer lugar. "Y esta es la vida eterna: que te conozcan a ti, el único Dios verdadero, y a Jesucristo, a quien has enviado". "No como teniendo señorío sobre los que están a vuestro cuidado, sino siendo ejemplos de la grey".

Que los maestros que dicen ser cristianos aprendan diariamente en la escuela de Cristo sus lecciones. "Llevad mi yugo sobre vosotros, y aprended de mí, que soy manso y humilde de corazón; y hallaréis descanso para vuestras almas". Les pregunto: ¿Está cada educador en la escuela llevando el yugo de Cristo, o fabricando yugos propios para colocarlos sobre los cuellos de los demás, yugos que ellos mismos no llevarán, afilados, severos, exigentes; y esto, además, mientras se llevan a sí mismos muy flojamente hacia Dios, ofendiendo cada día en asuntos pequeños y más grandes, y haciendo evidente en palabras, en espíritu y en acciones, que no son un ejemplo apropiado para los estudiantes, y no están teniendo un sentido de que están bajo la disciplina del más grande Maestro que el mundo haya conocido? Es necesario que la escuela de Battle Creek, y otras escuelas que han tomado su molde de ella, tengan un molde más elevado y más santo. Las costumbres y prácticas de la escuela de Battle Creek se extienden a todas las iglesias, y los latidos de esa escuela se sienten en todo el cuerpo de creyentes.

No está en el orden de Dios que se gasten miles de dólares en ampliaciones y adiciones en instituciones en Battle Creek. Ya hay demasiado allí. Tomen esos medios adicionales y establezcan la obra en porciones sufrientes de otros campos, para dar carácter a la obra. He hablado la palabra de Dios sobre este punto. Hay razones que muchos no ven, que no tengo la libertad de abrir ante ustedes ahora; pero les digo en el nombre del Señor, que cometerán un error en su adición de edificio a edificio; porque se están centrando en Battle Creek responsabilidades que son muy grandes para un solo lugar. Si estas responsabilidades se dividieran y se colocaran en otras localidades sería mucho mejor que amontonar tanto en Battle Creek, robando a otros campos indigentes las ventajas con las que Dios querría privilegiarlos.

Hay demasiados señores en la escuela a los que les gusta gobernar sobre la herencia de Dios. Hay muy poco de Cristo y demasiado de uno mismo. Pero aquellos que están bajo el dictado del Espíritu de Dios, que están bajo el dominio de Cristo, son ejemplos para el rebaño; y cuando aparezca el Pastor Principal, recibirán una corona de gloria que no se marchita.

"Igualmente, jóvenes, estad sujetos a los ancianos; y todos, sumisos unos a otros, revestíos de humildad; porque Dios resiste a los soberbios, y da gracia a los humildes. Humillaos, pues, bajo la poderosa mano de Dios, para que él os exalte cuando fuere tiempo". Toda auto elevación produce su resultado natural, y los convierte en un carácter que Dios no aprobará ni por un momento. "Sin mí", dice Cristo, "nada podéis hacer". Trabaja y enseña, trabaja en las líneas de Cristo, y entonces nunca trabajarás en tu propia y débil habilidad, sino que tendrás la cooperación de lo divino, combinada con la habilidad humana dada por Dios. "echando toda vuestra ansiedad sobre él, porque él tiene cuidado de vosotros. Sed sobrios, y velad" (no en dar patadas al fútbol y en educaros en los juegos objetables que deberían hacer que todo cristiano se sonrojara de mortificación ante los pensamientos posteriores) "Sed sobrios, y velad; porque vuestro adversario el diablo, como león rugiente, anda alrededor buscando a quien devorar". Sí, él está en su patio de juegos observando sus diversiones, atrapando a cada alma que encuentra fuera de guardia, sembrando sus semillas en las mentes humanas, y controlando el intelecto humano. Por el amor de Cristo, hagan un alto en el colegio de Battle Creek, y consideren las consecuencias sobre el corazón, el carácter y los principios de estas diversiones copiadas a la manera de otras escuelas. Han estado progresando constantemente en los caminos de los gentiles, y no según el ejemplo de Jesucristo. Satanás está en el terreno de la escuela; está presente en cada ejercicio en el aula. Los alumnos que han tenido sus mentes profundamente excitadas en sus juegos no están en las mejores condiciones para recibir la instrucción, el consejo y la represión más esenciales para ellos en esta vida y para la futura vida inmortal.

A maestros y estudiantes

De Daniel y sus compañeros dice la Escritura: "A estos cuatro muchachos Dios les dio conocimiento e inteligencia en todas las letras y ciencias; y Daniel tuvo entendimiento en toda visión y sueños". ¿De qué manera se están preparando para cooperar con Dios? "Acercaos a Dios, y él se acercará a vosotros" "Resistid al diablo, y huirá de vosotros". Se debe estudiar cuidadosamente la dieta; no es saludable. Los diversos platillos inventados para los postres son perjudiciales en lugar de útiles y saludables, y por la luz que se me ha dado, debería haber un cambio decidido en la preparación de los alimentos. Debería haber una cocinera hábil y minuciosa, que diera amplios suministros de platos sustanciosos a los estudiantes hambrientos. La educación en esta línea de suministros de mesa no es correcta, ni saludable, ni satisfactoria, y es esencial una reforma decidida. Estos alumnos son la herencia de Dios, y los principios más sanos y saludables deben introducirse en el internado en lo que respecta a la dieta. Los platos de alimentos blandos, las sopas y los alimentos líquidos, o el uso libre de la carne, no son los mejores para dar músculos sanos, órganos digestivos sanos o cerebros claros. ¡Oh, qué lentos somos para aprender! ¡Y de todas las instituciones de nuestro mundo la escuela es la más importante! Aquí se debe estudiar la cuestión de la dieta; no se debe seguir el apetito, ni los gustos, ni la fantasía, ni la noción de una persona; pero hay necesidad de una gran reforma; porque los perjuicios de por vida serán seguramente el resultado de la actual manera de cocinar. De todos los puestos de importancia en ese colegio, el primero es el del que se emplea para dirigir en la preparación de los platos que se colocan ante los hambrientos estudiantes; pues si se descuida este trabajo, la mente no estará preparada para hacer su trabajo, porque el estómago ha sido tratado de forma poco inteligente y no puede hacer su trabajo adecuadamente. Se necesitan mentes fuertes. El intelecto humano debe ganar en expansión y vigor y agudeza y actividad. Hay que exigirle que haga un trabajo duro, o se volverá débil e ineficiente. El poder del cerebro se requiere para pensar con mayor seriedad; debe ser puesto a prueba para resolver problemas difíciles y dominarlos, o la mente disminuye en poder y aptitud para pensar. La mente debe inventar, trabajar y luchar para dar dureza y vigor al intelecto; y si los órganos físicos no se mantienen en las condiciones más saludables mediante una alimentación sustancial y nutritiva, el cerebro no recibe su porción de nutrición para trabajar. Daniel comprendió esto, y se sometió a una dieta simple, sencilla y nutritiva, y rechazó los lujos de la mesa del rey. Los postres que llevan tanto tiempo de preparación son, muchos de ellos, perjudiciales para la salud. Los alimentos sólidos que requieren masticación serán mucho mejores que las papillas o los alimentos líquidos. Insisto en esto como algo esencial. Envío mi advertencia al Colegio de Battle Creek, para que de allí pase a todas nuestras instituciones de aprendizaje. Estudiad sobre estos temas, y dejad que los estudiantes obtengan una educación adecuada en la preparación de alimentos sanos, apetitosos y sólidos que nutran el sistema. No tienen ahora, y no han tenido en el pasado, el tipo correcto de entrenamiento y educación en cuanto a los alimentos más saludables para hacer tendones y músculos sanos, y dar alimento al cerebro y a los poderes nerviosos.

Hay que mantener el intelecto completamente despierto con un trabajo nuevo, serio y de todo corazón. ¿Cómo ha de hacerse? El poder del Espíritu Santo debe purificar los pensamientos y limpiar el alma de su contaminación moral. Los hábitos contaminantes no sólo abaten el alma, sino que degradan el intelecto. La memoria sufre, depositada en el altar de las prácticas viles e hirientes. "Porque el que siembra para su carne, de la carne segará corrupción; más el que siembra para el Espíritu, del Espíritu segará vida eterna". Cuando los maestros y los alumnos consagren el alma, el cuerpo y el espíritu a Dios, y purifiquen sus pensamientos mediante la obediencia a las leyes de Dios, recibirán continuamente una nueva dotación de poder físico y mental. Entonces habrá anhelos del corazón que sigan a Dios, y una ferviente oración por una clara percepción para discernir. El oficio y la obra del Espíritu Santo no es para que lo usen, como muchos suponen, sino para que el Espíritu Santo los use, moldeando, formando y santificando cada poder. La entrega de las facultades a las prácticas lujuriosas desordena el cerebro y el poder nervioso, y aunque profesen la religión, no son ni serán nunca agentes que Dios pueda utilizar, pues él desprecia las prácticas de impureza que destruyen las energías nerviosas vitales. Este pecado de impureza disminuye el vigor físico y las capacidades mentales, de modo que todo lo que se parece a la imposición mental se vuelve, al cabo de poco tiempo, fastidioso. La memoria es irregular; y, ¡oh, ¡qué ofrenda tan repugnante se presenta así a Dios!

Entonces, cuando miro las escenas que se presentan ante mí; cuando considero las escuelas establecidas en diferentes lugares, y veo que están tan por debajo de cualquier cosa que se parezca a las escuelas de los profetas, me siento angustiada sin medida. El ejercicio físico fue marcado por el Dios de la sabiduría. Algunas horas diarias deberían dedicarse a la educación útil en líneas de trabajo que ayuden a los alumnos a aprender los deberes de la vida práctica, que son esenciales para toda nuestra juventud. Pero esto se ha dejado de lado, y se han introducido diversiones, que simplemente dan ejercicio, sin ser ninguna bendición especial para hacer acciones buenas y rectas, que es la educación y el entrenamiento esenciales.

Todos los estudiantes necesitan una educación muy completa en los deberes prácticos. El tiempo empleado en el ejercicio físico que, paso a paso, conduce al exceso, a la intensidad en los juegos y al ejercicio de las facultades, debería emplearse en las líneas de Cristo, y la bendición de Dios descansaría sobre ellos al hacerlo. Todos deberían salir de las escuelas con una eficiencia educada, de modo que cuando se lanzaran a sus propios recursos, tuvieran un conocimiento que pudieran utilizar y que fuera esencial para la vida práctica. La búsqueda de muchas invenciones para emplear las facultades dadas por Dios con más ahínco en no hacer nada bueno, nada que puedan llevar consigo en la vida futura, ningún registro de buenas acciones y de acciones misericordiosas, queda registrado en los libros del cielo: "Pesado has sido en balanza, y fuiste hallado falto".

El estudio y el trabajo duro diligente es esencial. El juego no es esencial. La influencia ha ido creciendo entre los estudiantes en su devoción a las diversiones, a un poder fascinante y hechizante para contrarrestar la influencia de la verdad sobre la mente y el carácter humanos. Una mente bien equilibrada no suele obtenerse en la devoción de los poderes físicos a las diversiones. El trabajo físico que se combina con la imposición mental para la utilidad es una disciplina en la vida práctica, endulzada siempre por la reflexión de que está calificando y educando mejor la mente y el cuerpo para realizar el trabajo que Dios diseña que los hombres deben hacer en diversas líneas. Cuanto más perfectamente entienda la juventud cómo realizar los deberes de la vida práctica, más agudo y más saludable será su disfrute día a día al ser útil a los demás.

La mente así educada para disfrutar de la imposición física en la vida práctica se amplía, y mediante la cultura y el entrenamiento, siendo bien disciplinada y ricamente equipada para la utilidad, adquiere un conocimiento esencial para ser una ayuda y una bendición para ellos mismos y para los demás. Que cada estudiante considere, y sea capaz de decir: yo estudio y trabajo para la eternidad. Que aprendan a ser pacientemente industriosos y perseverantes en sus esfuerzos combinados de trabajo físico y mental. ¡Qué fuerza de poderes se pone en sus juegos de fútbol y sus otras invenciones a la manera de los gentiles, ejercicios que no bendicen a nadie! Pongan los mismos poderes en ejercicio en la realización de un trabajo útil, y ¿no sería su registro más agradable de conocer en el gran día de Dios?

Todo lo que se hace bajo el estímulo santificado de la obligación cristiana les da una satisfacción sustancial porque todo se hace para la gloria de Dios, porque son administradores en confianza de talentos que deben usar para ser una bendición para sí mismos y para los demás. No encuentro un caso en la vida de Cristo en el que haya dedicado tiempo al juego y a la diversión. Él fue el gran educador para la vida presente y futura. No he podido encontrar un solo caso en el que educara a sus discípulos para que se dedicaran a la diversión de los juegos de fútbol o de combate para obtener ejercicio físico, o en las representaciones teatrales; y, sin embargo, Cristo fue nuestro modelo en todas las cosas. Cristo, el Redentor del mundo, dio a cada hombre su trabajo, y les pide que "se ocupen hasta que yo venga". Y al hacer su trabajo, el corazón se calienta ante tal empresa, y todos los poderes del alma se alistan en una obra asignada al Señor y Maestro. Es una obra elevada e importante. El maestro y el estudiante cristianos están capacitados para convertirse en administradores de la gracia de Cristo, y estar siempre en la disposición de hacerlo.

Todo lo que pueden hacer por Jesús es ser sinceros y tener un deseo ardiente de mostrar su gratitud a Dios en el cumplimiento más diligente de todas las obligaciones que se les imponen, para que, por su fidelidad a

Dios, respondan al gran y maravilloso don del Hijo unigénito de Dios, para que por la fe en él no perezcan, sino que tengan vida eterna.

Es necesario que cada uno, en cada escuela y en cada institución, esté como lo estaba Daniel, en tan estrecha conexión con la Fuente de toda sabiduría, que sus oraciones le permitan alcanzar el más alto nivel de sus deberes en cada línea y que sea capaz de cumplir con sus requisitos escolares, no sólo bajo maestros capaces, sino también bajo la supervisión de inteligencias celestiales, sabiendo que el Ojo que todo lo ve, el Ojo que nunca duerme, está sobre él. El amor y el temor de Dios estaban ante Daniel, y éste educó y entrenó todas sus facultades para responder en la medida de lo posible al cuidado amoroso del Gran Maestro, consciente de su sujeción a Dios. Los cuatro muchachos hebreos no permitieron que los motivos egoístas y el amor a las diversiones ocuparan los momentos dorados de esta vida. Trabajaron con un corazón dispuesto y una mente preparada. Este no es un nivel más alto que el que puede alcanzar todo cristiano. Dios requiere de cada cristiano erudito más de lo que se le ha dado. Ustedes han "llegado a ser espectáculo al mundo, a los ángeles y a los hombres". –"Testimonios especiales sobre la educación", octubre de 1893.

La mejor educación y su propósito

La mejor educación que se puede dar a los niños y a los jóvenes es la que guarda una relación más estrecha con la vida futura e inmortal. Esta clase de educación debe ser impartida por padres piadosos, por maestros devotos y por la iglesia, con el fin de que los jóvenes, a su vez, se conviertan en celosos misioneros para el campo local o el extranjero. Deben ser instruidos seriamente en las verdades de la Biblia, para que puedan llegar a ser pilares en la iglesia y campeones de la verdad, arraigados y cimentados en la fe. Deben saber en qué creen y tener una experiencia tal en las cosas divinas que nunca se conviertan en traidores de los deberes sagrados.

La juventud debe ser educada, por precepto y ejemplo, en que han de ser agentes de Dios, mensajeros de la misericordia, dispuestos a toda buena palabra y obra y que han de ser bendiciones para los que están dispuestos a perecer. Tenemos una gran necesidad de capacidad educada, y los talentos confiados a nuestra juventud deben ser consagrados al servicio de Dios, y empleados en su obra. Debería haber hombres y mujeres capacitados para trabajar en las iglesias y entrenar a nuestros jóvenes para líneas especiales de trabajo, para que las almas puedan ser llevadas a ver a Jesús. Las escuelas que establezcamos deben tener en cuenta este objetivo, y no ser del orden de las escuelas denominacionales establecidas por otras iglesias, o del orden de los seminarios y colegios mundanos. Deben ser de un orden totalmente superior, donde no se originará ni se tolerará ninguna fase de infidelidad. Los estudiantes deben ser educados en el cristianismo práctico, y la Biblia debe ser considerada como el libro de texto más elevado e importante.

Hay una gran demanda en todas las partes del mundo de maestros cristianos y de misioneros médicos. En todas las partes del campo, tanto en el país como en el extranjero, hay puertas abiertas para aquellos que puedan hacer el bien al cuerpo y al alma, presentando la preciosa luz de la verdad. La negligencia pasada en esta dirección no debe perpetuarse. Una gran luz ha brillado en nuestro camino en algunas direcciones más que en otras, y sin embargo nuestro avance a lo largo de estas mismas líneas ha estado muy por detrás de la luz que hemos tenido. Muchos de nuestros jóvenes más prometedores han ofrecido lo mejor de su capacidad en el santuario de los ídolos, y se han entregado como sacrificio al príncipe del mal. Oh, que los jóvenes de nuestras escuelas, todos y cada uno, se sometieran a los preciosos esfuerzos del Espíritu del Señor, para que conocieran las indicaciones de su providencia, y esperaran en Dios, para conocer y hacer su voluntad. Así abrirían la puerta del corazón a Jesús.

Al entregarnos a Dios, cosechamos grandes ventajas; porque si tenemos debilidades de carácter, como ciertamente todos tenemos, nos unimos a Uno que es poderoso para salvar. Nuestra ignorancia se unirá a la sabiduría infinita, nuestra fragilidad al poder perdurable, y, como Jacob, cada uno de nosotros podrá convertirse en un príncipe con Dios. Conectados con el Señor Dios de Israel, tendremos un poder de lo alto que nos permitirá ser vencedores; y por la impartición del amor divino, encontraremos acceso a los corazones de los hombres. Habremos sujetado nuestro tembloroso asidero al trono del Infinito, y diremos: "No te dejaré ir si no me bendices". Se nos da la seguridad de que Él nos bendecirá y hará de nosotros una bendición; y ésta es nuestra luz, nuestra alegría, nuestro triunfo. Cuando los jóvenes comprendan lo que es tener el favor y el amor de Dios en el corazón, empezarán a darse cuenta del valor de sus privilegios comprados con sangre, y consagrarán su capacidad a Dios, y se esforzarán con todas las fuerzas que Dios les ha dado para aumentar sus talentos y utilizarlos en el servicio del Maestro.

La única seguridad para nuestra juventud en esta época de pecado y crimen es tener una conexión viva con Dios. Deben aprender a buscar a Dios, para que se llenen de su Espíritu Santo y actúen como si se dieran cuenta de que toda la hueste del cielo los mira con interesada solicitud, dispuesta a atenderlos en el peligro y en el momento de necesidad. La juventud debe ser protegida por la advertencia y la instrucción contra la tentación. Se les debería enseñar cuáles son los estímulos que les ofrece la palabra de Dios. Deberían tener delineado ante ellos el peligro de dar un paso en los senderos del mal. Deberían ser educados para reverenciar los consejos de Dios en sus oráculos sagrados. Deben ser instruidos de tal manera que establezcan su resolución contra el mal, y determinen que no entrarán en ningún camino en el que no puedan esperar que Jesús los acompañe, y que Su bendición permanezca sobre ellos. Se les debe enseñar una religión práctica y cotidiana que los santifique en cada relación de la vida, en sus hogares, en los negocios, en la iglesia, en la sociedad. Deben ser educados de tal manera que se den cuenta de que es algo peligroso jugar con sus privilegios, pero que Dios espera que busquen reverente y fervientemente su bendición a diario. La bendición de Dios es un don precioso, y ha de considerarse de tal valor que no se entregará a cualquier precio. La bendición de Dios enriquece, y no añade tristeza.

Mi corazón se estremece hasta lo más profundo cuando leo sobre la prostitución de nobles poderes al servicio de Satanás. En los departamentos gubernamentales, en los puestos de alta responsabilidad, y hasta en los fideicomisos oficiales, los hombres son tentados por el maligno; y la corrupción y el crimen, los fraudes, los robos y las extorsiones son el resultado. Hay terribles lugares de corrupción, que vierten sobre nuestro mundo influencias venenosas que corrompen a la comunidad. En todos los lugares Satanás ha puesto sus trampas para atrapar a los hombres educados, de buenas dotes naturales, a los hombres capaces de ser obreros junto a Dios, compañeros de los ángeles, habitantes del cielo, para atarlos a su carro como sus esclavos. Y, sin embargo, Jesús los ha librado de la esclavitud del enemigo, y ellos se niegan a estar en libertad, y no quieren convertirse en hijos de Dios, herederos de Dios y coherederos con Jesucristo de una herencia inmortal. Viven como si la tierra, el dinero, la posición, las casas y las tierras fueran los principales objetos de su creación. Por la tierna misericordia de Dios su vida se prolonga; pero ¿no es un espectáculo lamentable ver a hombres de gran capacidad viviendo en un plano tan bajo?

El rescate ha sido pagado, y es posible que todos se acerquen a Dios, y mediante una vida de obediencia alcancen la vida eterna. Entonces, qué triste es que los hombres se aparten de la herencia inmortal, y vivan para la gratificación del orgullo, para el egoísmo y la exhibición, y mediante la sumisión al dominio de Satanás, pierdan la bendición que podrían tener tanto en esta vida como en la vida venidera. Podrían entrar en los palacios del cielo, y asociarse en términos de libertad e igualdad con Cristo y los ángeles celestiales, y con los príncipes de Dios; y, sin embargo, por increíble que parezca, se apartan de las atracciones celestiales. El Creador de todos los mundos se propone amar a los que creen en su Hijo unigénito como su Salvador personal, incluso de la forma en que ama a su Hijo. Incluso aquí y ahora Su bondadoso favor nos es concedido en esta maravillosa medida. Él ha dado a los hombres el don de la Luz y la Majestad del cielo, y con Él ha otorgado todos los tesoros del cielo. Así como nos ha prometido para la vida venidera, también nos concede dones principales en esta vida, y como sujetos de su gracia, quiere que disfrutemos de todo lo que ennoblece, expande y eleva nuestros caracteres. Es Su designio capacitarnos para las cortes celestiales de arriba.

Pero Satanás está contendiendo por las almas de los hombres, y arroja su sombra maligna en su camino, para que no contemplen la luz. No quiere que alcancen a visualizar el honor futuro y las glorias eternas, reservadas para los que serán habitantes del cielo, ni que tengan el gusto de la experiencia que da un anticipo de la felicidad del cielo. Pero con las atracciones celestiales puestas ante la mente para inspirar la esperanza, para despertar el deseo y para estimular el esfuerzo, ¿cómo podemos apartarnos de la perspectiva y elegir el pecado y su paga, que es la muerte?

Los que aceptan a Cristo como su Salvador tienen la promesa de la vida que es ahora, y la que está por venir. El agente humano no debe ninguna parte de su capacidad al servicio de Satanás, sino que toda su lealtad se debe al Dios infinito y eterno. El más humilde discípulo de Cristo puede llegar a ser un habitante del cielo, un heredero de Dios a una herencia incorruptible y que no se desvanece. Oh, que todos pudieran elegir el don celestial, convertirse en un heredero de Dios a esa herencia cuyo título está seguro de cualquier destructor, mundo sin fin. ¡Oh, no elijas el mundo, sino elige la mejor herencia! Prosigue, esfuérzate por llegar a la meta por el premio de tu alta vocación en Cristo Jesús. Por amor a Cristo, deja que el objetivo de tu educación sea moldeado por los incentivos del mundo mejor. –*Review and Herald*, 21 de noviembre de 1893.

Cristo como maestro

Por su propio y sabio propósito, el Señor vela las verdades espirituales en figuras y símbolos. Mediante el uso de figuras retoricas, a menudo dio la más clara y reveladora reprimenda a sus acusadores y enemigos, y ellos no pudieron encontrar en sus palabras ninguna ocasión para condenarlo. En las parábolas y comparaciones encontró el mejor método para comunicar la verdad divina. En un lenguaje sencillo, utilizando figuras e ilustraciones extraídas del mundo natural, abrió la verdad espiritual a sus oyentes, y dio expresión a preciosos principios que habrían pasado de sus mentes, y dejado apenas un rastro, si no hubiera conectado sus palabras con escenas conmovedoras de la vida, la experiencia o la naturaleza. De este modo, despertó su interés, suscitó la indagación, y cuando hubo asegurado plenamente su atención, les imprimió decididamente el testimonio de la verdad. De este modo, era capaz de causar suficiente impresión en el corazón para que después sus oyentes pudieran mirar la cosa con la que relacionaba su lección, y recordar las palabras del divino Maestro.

La enseñanza de Jesús era de un orden completamente diferente a la de los escribas eruditos. Ellos profesaban ser expositores de la ley, tanto escrita como tradicional. Pero el tono formal de su instrucción indicaba que no veían nada que poseyera poder vital en las doctrinas de los oráculos sagrados. No presentaban nada nuevo, no pronunciaban palabras que alcanzaran el anhelo del alma. No ofrecían ningún alimento para las ovejas y los corderos hambrientos. Su costumbre era detenerse en las oscuridades de la ley, y el resultado de sus razonamientos era una palabrería de absurdidades, que ni los eruditos podían desentrañar, ni el pueblo común comprender.

Cristo vino a revelar la verdad divina al mundo. Enseñó como quien tiene autoridad. Habló como nunca lo hizo un hombre. No había ninguna vacilación en sus maneras, ni la sombra de una duda en sus expresiones. Habló como alguien que entendía cada parte de su tema. Pudo abrir misterios que los patriarcas y los profetas deseaban mirar, que la curiosidad humana había deseado impacientemente comprender. Pero cuando los hombres no podían discernir las verdades más sencillas y claramente expuestas, ¿cómo podrían comprender los misterios que estaban ocultos a los ojos de los mortales? Jesús no desdeñó repetir verdades antiguas y conocidas, pues Él era el autor de esas verdades. Él era la gloria del templo. Las verdades que se habían perdido de vista, que habían sido extraviadas, malinterpretadas y desconectadas de su posición pura, Él las separó de la compañía del error; y mostrándolas como joyas preciosas en su propio y brillante lustre, las restableció en su marco apropiado, y les ordenó que permanecieran firmes para siempre. ¡Qué obra fue ésta! Era de tal carácter que ningún hombre finito podía comprenderla o realizarla. Sólo la Mano divina podía tomar la verdad que, desde su conexión con el error, había estado sirviendo a la causa del enemigo de Dios y del hombre, y colocarla donde glorificaría a Dios y sería la salvación de la humanidad. La obra de Cristo fue dar de nuevo al mundo la verdad en su frescura y belleza original. Representó lo espiritual y lo celestial, mediante las cosas de la naturaleza y la experiencia. Dio un maná fresco al alma hambrienta y presentó un nuevo reino que debía establecerse entre los hombres.

Los rabinos judíos presentaban las exigencias de la ley como una desgastante ronda de imposiciones. Hicieron justo lo que Satanás está haciendo en nuestros días: presentaron la ley ante el pueblo como un código frío y rígido de mandatos y tradiciones. Las supersticiones enterraron la luz, la gloria, la dignidad y las pretensiones de largo alcance de la ley de Dios. Pretendían hablar al pueblo en lugar de Dios. Después de la transgresión de Adán, el Señor ya no habló directamente con el hombre; la raza humana fue entregada a las manos de Cristo, y toda la comunicación llegó al mundo a través de él. Fue Cristo quien habló la ley en el monte Sinaí, y conoció el porte de todos sus preceptos, la gloria y la majestad de la ley del cielo. En su sermón en el monte, Cristo define la ley y trata de inculcar en las mentes de sus oyentes las pretensiones de largo alcance de los preceptos de Jehová. Sus instrucciones llegaron como una nueva revelación al pueblo; y los maestros de la ley, los escribas y los fariseos, así como el pueblo común, quedaron asombrados ante su doctrina. Las palabras de Cristo no eran nuevas y, sin embargo, llegaron con la fuerza de una revelación, pues presentaban la verdad bajo su propia luz, y no bajo la luz en que los maestros la habían expuesto al pueblo. No mostró ninguna consideración por las tradiciones y los mandamientos de los hombres, sino que abrió los ojos de su entendimiento para que contemplaran las cosas maravillosas de la ley de Dios, que es el fundamento de su trono desde el principio del mundo; y mientras los cielos y la tierra permanezcan, a través de las edades de la eternidad, será la gran norma de justicia, santa y justa y buena.

El sistema de la economía judía era el evangelio en figura, una presentación del cristianismo que debía desarrollarse tan rápido como las mentes del pueblo pudieran comprender la luz espiritual. Satanás siempre busca hacer oscuras las verdades que son claras, y Cristo siempre busca abrir la mente para que comprenda cada verdad esencial relativa a la salvación del hombre caído. Hasta el día de hoy todavía hay aspectos de la verdad que se ven con poca claridad, conexiones que no se entienden y profundidades de gran alcance en la ley de Dios que no se comprenden. Hay una amplitud, una dignidad y una gloria inconmensurables en la ley de Dios; y, sin embargo, el mundo religioso ha dejado de lado esta ley, como hicieron los judíos, para exaltar las tradiciones y los mandamientos de los hombres. Antes de los días de Cristo, los hombres preguntaban en vano: "¿Qué es la verdad?". Las tinieblas cubrían la tierra, y una gran oscuridad cubría al pueblo. Incluso Judea estaba envuelta en la oscuridad, aunque la voz de Dios les hablaba en sus oráculos. La verdad de Dios había sido silenciada por la superstición y las tradiciones de sus profesos intérpretes, y la contención, los celos y los prejuicios dividían a los profesos hijos de Dios. Entonces fue enviado un Maestro de parte de Dios, aquel que era el Camino, la Verdad y la Vida. Jesús presentó a la vista la pura y rica verdad del cielo para que brillara en medio de las tinieblas morales y la oscuridad de la tierra. Dios había dicho: "Que haya luz espiritual", y la luz de la gloria de Dios se reveló en el rostro de Jesucristo.

Cristo se manifestó como el Salvador de los hombres. El pueblo no debía confiar en sus propias obras, en su propia justicia o en sí mismo de ninguna manera, sino en el Cordero de Dios que quita los pecados del mundo. En Él se volvió a revelar el Abogado con el Padre. A través de Él se hizo la invitación: "Venid ahora y discutamos juntos, dice el Señor: aunque vuestros pecados sean como la grana, quedarán blancos como la nieve; aunque sean rojos como el carmesí, quedarán como la lana". Esta invitación llega resonando a lo largo de las líneas a nosotros hoy. Que el orgullo, la autosuficiencia o la justicia propia no impidan a nadie confesar sus pecados para poder reclamar la promesa: "El que encubre sus pecados no prosperará, pero el que los confiesa y los abandona tendrá misericordia". No oculten nada a Dios, y no descuiden la confesión de sus faltas a los hermanos cuando tengan relación con ellas. "Confesaos vuestras faltas unos a otros, y orad unos por otros, para que seáis sanados". Muchos pecados se dejan sin confesar, para ser confrontados en el día de las cuentas finales; mejor es ver tus pecados ahora, confesarlos y apartarlos, mientras el sacrificio expiatorio aboga en tu favor. No le disguste conocer la voluntad de Dios sobre este tema. La salud de vuestra alma y la unidad de vuestros hermanos puede depender del curso que sigáis en estas cosas. Humíllense, por lo tanto, bajo la poderosa mano de Dios, para que Él pueda exaltarlos a su debido tiempo, "echando toda su carga sobre Él, porque Él cuida de ustedes".

Es un hecho lamentable que el corazón descarriado no esté dispuesto a ser criticado, ni a someterse a la humillación por la confesión del pecado. Algunos ven sus faltas, pero pensando que la confesión les restará dignidad, excusan su mal, y se protegen de la disciplina que la confesión daría al alma. El pensamiento de su error manifiesto permanecerá para amargar sus goces y avergonzar sus movimientos; porque al salirse del camino de la confesión, dejan de ser ejemplos fieles para el pueblo. Ven los errores de los demás; pero ¿cómo pueden tener valor para dar el consejo: "¿Confesaos vuestras faltas unos a otros, y orad unos por otros, para que seáis sanados", cuando han fallado en seguir esta instrucción en sus propias vidas? ¿Cuánto aprenderán los ministros o la gente de una verdad que apartan, y olvidan si es posible, porque no es agradable; porque no halaga su orgullo, ¿sino que reprende y duele? Los ministros y el pueblo, si se salvan, deben ser salvados día a día, hora a hora. Deben tener hambre y sed de la justicia de Cristo, de la iluminación del Espíritu Santo. Los miembros de la iglesia, aquellos que han sido colocados en posiciones de confianza deben ser bautizados con el Espíritu de Dios, o no estarán calificados para las posiciones que acepten.

Un hombre puede tener un conocimiento de las Escrituras que no lo hará sabio para la salvación, aunque pueda dominar a sus oponentes en la controversia pública. Si no tiene un anhelo en su alma en pos de Dios; si no escudriña su propio corazón como con una vela encendida, temiendo que algún mal lo aceche; si no está poseído por el deseo de responder a la oración de Cristo, de que sus discípulos sean uno como Él es uno con el Padre, de que el mundo crea que Jesús es el Cristo, se halaga en vano de ser un cristiano. Su conocimiento, iniciado en la ambición, es llevado adelante en el orgullo; pero su alma está desprovista del amor divino, la gentileza y la mansedumbre de Cristo. No es un hombre sabio a los ojos de Dios. Puede tener sabiduría para vencer a un oponente; pero no puede ser sabio para la salvación sin la agencia del Espíritu Santo. Y el "fruto del Espíritu es amor, alegría, paz, paciencia, mansedumbre, bondad, fe, mansedumbre, templanza". Ni el talento, ni la elocuencia, ni el estudio egoísta de las Escrituras, producirán amor a Dios o conformidad con la imagen de Cristo. Nada más que el poder divino puede regenerar el corazón y el carácter humanos, e imbuir el alma con el amor de Cristo, que se manifestará siempre en el amor a aquellos por quienes Él murió. -*Review and Herald*, 28 de noviembre de 1893.

La educación más esencial para los obreros del Evangelio

Hay obreros cristianos que no han recibido una educación universitaria porque les fue imposible conseguir esta ventaja; pero Dios ha dado pruebas de que los ha elegido. Los ha ordenado para que salgan y trabajen en su viña. Los ha hecho colaboradores eficaces con Él. Tienen un espíritu enseñable; sienten su dependencia de Dios, y el Espíritu Santo está con ellos para ayudar a sus debilidades. Agilizará y dará energía a la mente, dirigirá sus pensamientos y ayudará en la presentación de la verdad. Cuando el obrero se presenta ante el pueblo para exponer las palabras de vida, se oye en su voz el eco de la voz de Cristo.

Es evidente que camina con Dios; que ha estado con Jesús y ha aprendido de Él. Ha llevado la verdad al santuario interior del alma; es para él una realidad viva, y presenta la verdad en la demostración del Espíritu y del poder. El pueblo escucha el sonido alegre. Dios habla a sus corazones a través del hombre consagrado a su servicio. A medida que el obrero eleva a Jesús por medio del Espíritu, se vuelve realmente elocuente. Es serio y sincero, y es amado por aquellos para quienes trabaja.

Qué pecado recaería sobre cualquiera que escuchara a un hombre así simplemente para criticar, para notar una mala gramática o una pronunciación incorrecta, y para poner en ridículo estos errores. Los fariseos se burlaron de Cristo; criticaron la sencillez de su lenguaje, que era tan claro que el niño, el anciano y el pueblo común lo escuchaban con agrado y quedaban encantados con sus palabras. Los saduceos también se burlaron de Él porque sus discursos eran muy diferentes a todo lo que deliraban sus gobernantes y escribas. Aquellos maestros judíos hablaban en tonos monótonos, y las escrituras más claras y preciosas se hacían poco interesantes e incomprensibles, enterradas bajo tal masa de tradición y letra, que después de que los rabinos habían hablado, la gente sabía menos del significado de las Escrituras que antes de escucharlas. Había muchas almas hambrientas del Pan de Vida, y Jesús las alimentó con una verdad pura y sencilla. En su enseñanza sacó ilustraciones de las cosas de la naturaleza y de las transacciones comunes de la vida con las que estaban familiarizados. Así, la verdad se convirtió para ellos en una realidad viva; las escenas de la naturaleza y los asuntos de la vida cotidiana les repetían siempre las preciosas enseñanzas del Salvador. La manera de enseñar de Cristo era justo la que desea que sigan sus siervos.

El orador que no tiene una educación completa puede caer a veces en errores de gramática o de pronunciación; puede no emplear las expresiones más elocuentes o las imágenes más bellas, pero si él mismo ha comido del Pan de la Vida; si ha bebido de la Fuente de la Vida, puede alimentar a las almas hambrientas; puede dar del Agua de la Vida al que tiene sed. Sus defectos serán perdonados y olvidados. Sus oyentes no se cansarán ni se disgustarán, sino que agradecerán a Dios el mensaje de gracia que les ha enviado a través de su siervo.

Si el obrero se ha consagrado plenamente a Dios y es diligente en la oración para obtener fuerza y sabiduría celestial, la gracia de Cristo será su maestra, y superará grandes defectos y se hará cada vez más inteligente en las cosas de Dios. Pero que nadie se tome la licencia de esto para ser indolente, para malgastar el tiempo y las oportunidades, y para descuidar el entrenamiento que es esencial para que él o ella llegue a ser eficiente. El Señor no se complace en absoluto con aquellos que tienen oportunidades de obtener conocimientos pero que se excusan en descuidar la mejora de todos los privilegios que Él ha puesto a su alcance para que lleguen a ser trabajadores inteligentes y bien calificados, de los que Él no se avergonzará.

Por encima de todos los demás pueblos de la tierra, el hombre cuya mente es iluminada por la apertura de la palabra de Dios a su comprensión, sentirá que debe entregarse a una mayor diligencia en la lectura de la palabra de Dios, y a un estudio diligente de las ciencias, pues su esperanza y su vocación son mayores que las de cualquier otro. Cuanto más íntimamente conectado esté el hombre con la Fuente de todo conocimiento y sabiduría, más se podrá beneficiar tanto intelectual como espiritualmente a través de su relación con Dios. El conocimiento de Dios es la educación esencial, y todo verdadero trabajador hará su estudio constante para obtener este conocimiento. –"La educación cristiana", 1893.

Los estudiantes deciden su destino eterno

Que los alumnos recuerden que formar caracteres que resistan la prueba del juicio es un asunto muy serio. Ustedes mismos son responsables del tipo de carácter que construyen. Ningún profesor de una institución de estudio puede crear vuestro carácter. Vosotros mismos decidís vuestro propio destino eterno. Es necesario contemplar los caracteres que son dignos de imitación. Os remitimos a José en Egipto, y a Daniel en Babilonia. Estos jóvenes fueron probados y comprobados; y debido a que se mantuvieron firmes en sus principios, se convirtieron en hombres emblemáticos y en patrones de integridad. Me gustaría decir a los jóvenes de nuestras instituciones de aprendizaje, tanto si profesan creer como si no, que ahora están en tiempo de prueba, y una segunda prueba no llegará a ninguno de ustedes. Esta es la única oportunidad que tendréis de pasar la prueba y de probar a Dios.

Es con el más profundo interés que los ángeles de Dios en las cortes celestiales están observando el desarrollo del carácter; y a partir de los registros en los libros del cielo, se pesan las acciones y se mide el valor moral. Cada día el registro de su vida pasa a Dios, tal como es, ya sea de mérito o de demérito. Os falta la verdadera elevación y nobleza de alma, y ningún hombre puede daros el carácter que necesitáis. La única manera en que podéis alcanzar el estándar de valor moral por el cual debéis ser medido, es dependiendo de Cristo, y cooperando con Él en un propósito firme, audaz y determinado.

Aquellos que hagan esto no traerán a su trabajo un espíritu de ligereza, de frivolidad y de amor por la diversión. Considerarán que, a un costo no menor para sus padres o para ellos mismos, han venido a la escuela para obtener un mejor conocimiento de las ciencias, y para obtener una comprensión más completa tanto del Antiguo como del Nuevo Testamento. Me dirijo a ustedes como aquellos que tienen mentes razonadoras, y que tienen una comprensión inteligente de sus privilegios y deberes. ¿No sería lo mejor para ustedes cooperar con sus maestros, a fin de que puedan alcanzar el nivel más alto que les sea posible? El tiempo es más valioso para vosotros que el oro, y deberían mejorar con cada momento precioso. Debéis considerar cuál será su influencia sobre los demás. Si un alumno es imprudente y se entrega a un amor excesivo por las diversiones, debería ponerse bajo el control de los principios, no sea que se convierta en un agente de trabajo para Satanás, para contrarrestar, mediante su influencia errónea, el trabajo que los maestros están tratando de hacer, y estropear lo que las inteligencias celestiales están tratando de lograr a través de los agentes humanos. Puede frustrar el designio de Dios, y fallar en aceptar a Cristo y llegar a ser realmente un hijo de Dios.

Las obligaciones entre maestros y alumnos son mutuas. Los maestros deben esforzarse con diligencia para que sus propias almas sean santificadas por la gracia de Cristo, y para que trabajen en las filas de Cristo por la salvación de sus alumnos. Por otro lado, los alumnos no deben seguir un curso de acción que haga el trabajo más difícil y duro para sus maestros, y que traiga sobre ellos tentaciones difíciles de resistir. Los alumnos no deben, por un curso de acción erróneo, rebajar el alto nivel y la reputación de la escuela, y dar motivo para que se difunda entre los creyentes y los incrédulos el informe de que las escuelas adventistas del séptimo día, aunque pretendan ser establecidas para dar la mejor educación a los que asisten, no son mejores que las escuelas comunes de todo el mundo. Este no es el carácter ni la reputación que Dios quiere que lleven nuestras escuelas; y aquellos que han tomado prestada la influencia con la que Dios les ha confiado, para dar tal carácter o reputación a la escuela, la han tomado en una dirección equivocada. Aquellos que han mostrado falta de respeto por las reglas, y que han tratado de derribar la autoridad, ya sean creyentes o incrédulos, están registrados en los libros del cielo como aquellos en los que no se puede confiar como miembros de la familia real, hijos del Rey celestial. Los maestros que llevan la carga del trabajo que les corresponde, tendrán suficiente responsabilidad, cuidado y carga, sin tener la carga añadida de su desobediencia. Apreciarán todo esfuerzo que se haga por parte de los alumnos para cooperar con ellos en el trabajo.

Un alumno descuidado e insubordinado, que no cultiva el respeto a sí mismo, que no tiene buena disposición y que no trata de dar lo mejor de sí mismo, se está haciendo un gran daño. Está decidiendo cuál será el tono de su carácter, y está induciendo a otros a apartarse de la verdad y la rectitud, quienes, si no fuera por su perniciosa influencia, se atreverían a ser verdaderos y nobles. Un estudiante que siente su responsabilidad de ser fiel al ayudar a sus instructores se ayudará a sí mismo más que a todos los demás. El cielo mira con aprobación a los estudiantes que se esfuerzan por hacer el bien, y tienen el firme propósito de ser fieles a Dios. Ellos recibirán la ayuda de Dios. De Daniel y sus compañeros, que se mantuvieron firmes como una roca a la verdad, está escrito: "En cuanto a estos cuatro muchachos, Dios les dio conocimiento y habilidad en todo el aprendizaje y la sabiduría: . . . y en todos los asuntos de sabiduría y entendimiento que el rey les preguntó, los encontró diez veces mejores que todos los magos y astrólogos que había en todo su reino".

Si no tenéis la intención de mejorar vuestras oportunidades y privilegios, ¿por qué gastáis en asistir a la escuela, el dinero que vuestros padres se han esforzado en obtener? Os han enviado lejos del techo de vuestra casa, con grandes esperanzas de que seríais educado y beneficiado por vuestra estancia en la universidad. Os han seguido con cartas y con oraciones, y cada línea que os has escrito la han leído con avidez. Han dado gracias a Dios por cada indicación de que tendríais éxito en su vida cristiana, y han llorado de alegría ante las indicaciones de vuestro avance en el conocimiento científico y espiritual. Quiero suplicaros que no hagáis nada que sea cuestionable. Considerad bajo qué luz considerarían vuestros

Los estudiantes deciden su destino eterno

padres sus acciones, y absteneos de hacer algo que ponga espinas en sus almohadas. No seáis irreflexivos, descuidados y sin ley. Vuestras acciones no terminan con vosotros mismos; reflejan el crédito o el descrédito de la escuela, según sean buenas o malas. Si hacéis el mal, contristáis a Jesucristo, que os compró con el precio de su propia sangre, herís el alma de vuestro director, herís el corazón de vuestros profesores, e injuriáis y estropeáis vuestra propia alma. Hacéis una mancha en vuestro historial, de la que te avergonzarás. ¿Pagaréis? Siempre es mejor y más seguro hacer lo correcto porque es correcto. ¿No vais a reflexionar ahora seriamente? El pensamiento correcto está en la base de la acción correcta. Decidíos a responder a las expectativas que vuestros padres tienen de vosotros, a esforzarse fielmente por sobresalir, a velar por que el dinero gastado en vosotros no se aplique ni se utilice mal. Tened el propósito decidido de cooperar con los esfuerzos de los padres y los profesores, y de alcanzar un alto nivel de conocimientos y de carácter. Estad decididos a no defraudar a quienes os quieren lo suficiente como para confiar en vosotros. Es de hombres hacer lo correcto, y Jesús os ayudará a hacerlo, si buscáis hacerlo porque es correcto.

Quienes se interesan por vosotros tienen esperanzas halagadoras de que os convirtáis en hombres útiles, llenos de valor moral y de integridad inquebrantable. Por los jóvenes que han ido de Nueva Zelanda a América, se ha arriesgado mucho; y yo les diré a estos estudiantes: "Poned vuestra meta en lo alto, y luego, paso a paso, ascended hasta alcanzar la norma, aunque sea mediante un esfuerzo doloroso, a través de la abnegación y el autosacrificio. Cristo será para vosotros una ayuda presente en todo momento de necesidad, si lo invocáis, para que seáis como Daniel, a quien ninguna tentación pudo corromper. No decepciones a tus padres y a tus amigos; pero, sobre todo, no decepciones a Aquel que te amó tanto que dio su propia vida para anular tus pecados y convertirse en tu Salvador personal. Jesús dijo: "Sin mí nada podéis hacer". Tened esto en cuenta. Si habéis cometido errores, podéis obtener una victoria discerniendo estos errores, y considerándolos como faros de advertencia, para permitiros evitar su repetición. No hace falta que os diga que esto será convertir vuestra derrota en victoria, decepcionar al enemigo y honrar a su Redentor, de quien sois propiedad.

Sentimos mucho que cualquier debilidad de carácter haya empañado el registro del pasado, porque sabemos que es una prueba de que no velaron por la oración. Sentimos que se hayan cometido errores, porque han hecho recaer sobre los maestros cargas que no deberían haber soportado. Los maestros tienen que lidiar con sus propias debilidades naturales de carácter, y son capaces de moverse imprudentemente bajo la tensión de la tentación. Pueden pensar que están haciendo lo correcto cuando imponen una disciplina estricta, y sin embargo pueden estar cometiendo errores en el caso con el que están tratando. Cuánto mejor sería, tanto para los alumnos como para los profesores, que los alumnos se pusieran por encima de su honor y actuaran por motivos puros y nobles, de modo que su propio curso de acción los recomendara a quienes son sus maestros y educadores. Si en todas las formas posibles y en todas las circunstancias, trataran a los que están en posiciones de confianza, y soportan la responsabilidad, como a ellos mismos les gustaría ser tratados, qué paz y éxito asistiría a la escuela.

¿Por qué deberían los estudiantes vincularse con el gran apóstata, para convertirse en sus agentes para tentar a otros, y a través de otros causar la caída de muchos? Cada ser humano tiene sus propias pruebas individuales, y nadie está libre de la tentación. Si los maestros son discípulos de Cristo, y se dedican a la obra de una manera aprobada por Dios, Satanás seguramente los asaltará con sus tentaciones. Si el gran engañador puede suscitar elementos malignos de carácter en los alumnos, y a través de ellos traer perplejidad y desánimo a los educadores, habrá logrado su propósito. Si bajo la tentación el maestro revela debilidad, en cualquier aspecto, entonces su influencia se ve empañada; pero aquel que resulte ser un agente del gran adversario de las almas, deberá rendir cuentas a Dios por la parte que haya actuado para hacer tropezar al maestro. Que los estudiantes consideren cuidadosamente esta fase del tema, y que estudien más bien cómo animar y sostener a sus maestros, que cómo provocar el desánimo y la tentación sobre ellos. Al hacerlo, no estarán sembrando cizaña que brotará entre el trigo. "No os engañéis; Dios no se burla, porque todo lo que el hombre siembra, eso también cosechará. Porque el que siembra para su carne, de la carne cosechará corrupción; pero el que siembra para el Espíritu, del Espíritu cosechará vida eterna. Y no nos cansemos de hacer el bien, porque a su debido tiempo cosecharemos, si no desmayamos. Así pues, según tengamos oportunidad, hagamos el bien a todos los hombres, especialmente a los de la familia de la fe". Gálatas 6:7-10.

Los estudiantes se verán tentados a hacer cosas fuera de la ley, cuando sólo sea para complacerse a sí mismos y para tener lo que ellos llaman "diversión". Si se ponen sobre su honor, y consideran el hecho de que al hacer estas cosas no bendicen a nadie ni benefician a nadie, sino que involucran a otros, así como a ellos mismos en dificultades, será más probable que tomen un curso varonil y honorable, y pongan su voluntad del lado de la voluntad de Cristo. Trabajarán en las líneas de Cristo, y ayudarán a sus maestros a llevar sus cargas, las cuales Satanás haría más desalentadoras empleando mentes irreflexivas en vanos trucos. Tratarán de crear una atmósfera en la escuela que, en lugar de ser deprimente y debilitante para las facultades morales, sea saludable y estimulante. Al hacer esto, los estudiantes pueden tener la conciencia de que han actuado su parte en el lado de Cristo de la cuestión, y no han dado un ápice de influencia o habilidad al gran adversario de todo lo que es bueno. Con cuánta más satisfacción pueden los alumnos recordar tal curso de acción, que un curso de acción en el que han sancionado planes secretos para faltar al respeto y a la autoridad. Tendrán motivos para alabar a Dios por haber resistido los clamores de la inclinación y haber puesto su influencia del lado del orden, la diligencia y la obediencia. Que cada estudiante recuerde que está en su poder ayudar, y no obstaculizar, la causa de la educación.

Los estudiantes en nuestras instituciones de aprendizaje pueden formar caracteres según la similitud divina, o degradar los poderes que Dios les ha dado, y rebajarse a un nivel bajo, y no tendrán a nadie a quien culpar sino a ellos mismos si se degradan. Todo lo que Dios podía hacer se ha hecho en favor del hombre. Cada necesidad ha sido anticipada; cada dificultad y cada emergencia ha sido provista. Los lugares torcidos se han enderezado, los lugares ásperos se han suavizado, y por lo tanto nadie será excusado en el día del juicio, si ha acariciado la incredulidad y resistido las obras del Espíritu Santo.

Jesucristo se ha entregado como una ofrenda completa en favor de cada hijo e hija caídos de Adán. ¡Oh, qué humillación soportó! Cómo descendió, peldaño tras peldaño, cada vez más bajo en el camino de la humillación, y sin embargo nunca degradó su alma con una sola sucia mancha de pecado. Todo esto lo sufrió para poder elevarlo, limpiarlo, refinarlo y ennoblecerlo, y colocarlo como heredero conjunto con Él en Su trono. ¿Cómo puede usted asegurar su llamado y elección? ¿Cuál es el camino de la salvación? Cristo dice: "Yo soy el camino, la verdad y la vida". Por muy pecador, por muy culpable que sea, ha sido llamado, ha sido elegido. "Acércate a Dios, y Él se acercará a ti". Nadie será obligado contra su voluntad a venir a Jesucristo. La Majestad del cielo, el Hijo unigénito del Dios vivo y verdadero, abrió el camino para que usted viniera a Él, al dar su vida como sacrificio en la cruz del Calvario. Pero mientras Él sufrió todo esto por usted, es demasiado puro, es demasiado justo, para contemplar la iniquidad. Pero incluso esto no tiene por qué alejarlo de Él; porque Él dice: "No he venido a llamar a los justos, sino a los pecadores al arrepentimiento". Que las almas que perecen vengan a Él tal como son, sin una sola súplica, y supliquen la sangre expiatoria de Cristo, y encontrarán aceptación con Dios, que mora en la gloria entre los querubines sobre el propiciatorio. La sangre de Jesús es un pasaporte infalible, por el cual todas sus peticiones pueden encontrar acceso al trono de Dios. –"La educación cristiana" (Suplemento), 1893.

El formalismo, no la organización, un mal

El mal no resulta por la organización, sino por hacer de la organización todo, y de la piedad vital poco. Cuando la forma y la maquinaria toman la predominancia, y se hace una laboriosa tarea de llevar a cabo el trabajo que debería hacerse con sencillez, el mal resultará, y se logrará poco en proporción al esfuerzo realizado. El objetivo de la organización es justamente lo contrario; y si desorganizamos, sería como derribar lo que hemos construido. Se han visto malos resultados, tanto en la obra de la escuela sabática como en la sociedad misionera, a causa de hacer mucho de la maquinaria mientras se perdía de vista la experiencia vital. En muchas de las mejoras imaginarias que se han traído, se ha puesto el molde del hombre sobre la obra. En la escuela sabática, se han aceptado hombres y mujeres que no han tenido una mentalidad espiritual, y no han tenido un interés vivo en la obra encomendada a su cuidado como oficiales y maestros, pero los asuntos pueden ponerse en orden sólo mediante la ayuda del Espíritu Santo. Durante años ha existido el mismo mal que ahora existe en nuestras iglesias. La formalidad, el orgullo y el amor a la exhibición han tomado el lugar de la verdadera y humilde piedad. Podríamos ver un orden diferente de las cosas si un número se consagrara enteramente a Dios, y luego dedicara sus talentos a la obra de la escuela sabática, avanzando siempre en el conocimiento, y educándose a sí mismos para poder instruir a otros en cuanto a los mejores métodos a emplear en la obra; pero no corresponde a los obreros buscar métodos por los cuales puedan hacer un espectáculo, consumiendo el tiempo en representaciones teatrales y en juegos musicales, pues esto no beneficia a nadie. No sirve de nada entrenar a los niños para que den discursos en ocasiones especiales. Deben ser ganados para Cristo, y en lugar de gastar tiempo, dinero y esfuerzo para hacer un espectáculo, que todo el esfuerzo se haga para recoger gavillas para la cosecha.

Parece que muchos han pensado que todo lo que era esencial en el trabajo de la escuela sabática era organizar la escuela, e instruir a los alumnos para que actuaran en armonía con un conjunto de ceremonias y formas; y que, si se podían asegurar personas como maestros, la escuela sabática funcionaría por sí misma. A menudo se consiguen maestros que no pueden conducir a las almas a Cristo porque no saben lo que es encontrar lo precioso para sus propias almas; pero todos aquellos que no valoran el alma para que trabajen como Cristo quiere que lo hagan, se alejarán de Cristo. "El que [observen estas palabras] no se reúne conmigo, se dispersa". Si los maestros no tienen la carga de llevar a las almas a Jesús, crecerán indiferentes a la verdad; se volverán descuidados, y la atmósfera con la que rodean a sus almas trabajará para dispersarse lejos de Cristo. Y con tales elementos en la escuela sabática, habrá un conflicto perpetuo con dificultades; porque cuando los maestros se dedican a la obra y no tienen interés en ella, los alumnos participarán del mismo espíritu.

Pero, aunque estas dificultades existan, ¿abolirá el fin de la organización? Estoy segura de que el Señor ha obrado en la organización que se ha perfeccionado, y el hecho de que haya rasgos desalentadores en la obra no debe considerarse una razón suficiente para la desorganización. Se nos dio mucha luz en referencia a la organización de las iglesias, y sin embargo tuvimos que librar una dura batalla para perfeccionar la organización; sin embargo, la victoria se obtuvo al fin, y ahora ¿se desorganizará la iglesia por causa de la indiferencia, la formalidad y el orgullo? ¿Volveremos al desorden porque los miembros no consagrados de la iglesia han puesto sobre la obra el molde del hombre, y han tratado de moldear la iglesia para que cumpla con un estándar popular?

Es cierto que la simplicidad de la verdadera piedad se ha perdido en gran medida de la iglesia, y muchos de los que profesan ser seguidores de Cristo han sido cegados; tanto, que piensan que la ganancia es la piedad, y dedican sus poderes a las cosas del tiempo. No se dan cuenta de que toda su capacidad intelectual ha sido comprada por Cristo, y que deben dedicarle los mejores resultados de su pensamiento, para que su causa avance. Pero en lugar de dar sus ideas agudas y claras para hacer avanzar la causa y para fortalecer y bendecir a la iglesia, dedican todos sus poderes al avance de sus propios intereses. No se reúnen con Cristo, sino que lo alejan con sus palabras y actos. Rodean sus almas con una atmósfera que es nociva para la espiritualidad. Profesan ser seguidores de Cristo, pero no lo conocen por un conocimiento experimental. No practican la religión. No buscan ser cristianos de la misma manera en que aprenderían un oficio. Profesan creer en la verdad avanzada; pero es evidente que la mantienen en el patio exterior, pues no tiene ningún poder santificador en su vida y carácter. No se dan cuenta de lo mucho que está en juego; pues la salvación de sus propias almas y la de los demás está en peligro. No se dan cuenta de que para ser un salvador de la vida deben estar bajo disciplina y entrenamiento espiritual, aprendiendo en la escuela de Cristo. Sin esta disciplina espiritual, se vuelven ineficientes, ignorantes y poco desarrollados, y no ven la necesidad de la formación y el conocimiento espirituales que les capacitarían para ocupar puestos de influencia y utilidad. Si no se consagran totalmente a Dios, convirtiéndose en alumnos de su escuela, harán un trabajo desordenado que resultará en un perjuicio para la iglesia.

Pero a causa de estas influencias no consagradas, ¿daremos pasos atrás, y derribaremos los métodos que nos ha costado mucho construir, y declararemos que la organización es todo un error? No nos atrevemos a hacerlo. Hay muchas cosas que necesitan ser ajustadas; ya que a algunas cosas de poca importancia se les da mucha importancia, mientras que otras de enorme importancia se descuidan y se miran como no esenciales. Las mentes de los hombres necesitan una formación literaria, así como

El formalismo, no la organización, un mal 177

espiritual, para que puedan desarrollarse armoniosamente; pues sin formación literaria, los hombres no pueden ocupar aceptablemente diversos puestos de confianza.

El gran libro educador es la Biblia, y sin embargo es poco leído o practicado. Oh, que cada individuo buscara hacer de sí mismo todo lo que pudiera, mejorando sus oportunidades al máximo de su capacidad, con el propósito de utilizar todo el poder que Dios le ha dado, no simplemente para avanzar en sus asuntos temporales, sino para promover sus intereses espirituales. Oh, que todos busquen diligentemente conocer la verdad, que estudien con ahínco para tener un lenguaje correcto y voces cultivadas, para presentar la verdad en toda su elevada y ennoblecedora belleza. Que nadie se imagine que va a derivar hacia una posición de utilidad. Si los hombres quieren ser utilizados para trabajar para Dios, que pongan a prueba sus poderes y concentren sus mentes en una aplicación seria. Es Satanás quien mantiene a los hombres en la ignorancia y la ineficacia, para que se desarrollen de una manera unilateral que nunca puedan corregir. Quiere que los hombres ejerciten un conjunto de facultades con exclusión del ejercicio de otro conjunto, de modo que la mente pierda su vigor, y cuando haya una necesidad real, sea incapaz de estar a la altura de la emergencia. Dios quiere que los hombres hagan lo mejor posible, y mientras Satanás tira de la mente en una dirección, Jesús la atrae en otra.

Cuando la verdad es recibida en el corazón, comienza el trabajo de refinar y santificar al receptor. Aquel que aprecia la verdad, no sentirá que ya no tiene necesidad de iluminación, sino que se dará cuenta, a medida que lleve la verdad a su vida práctica, de que tiene necesidad de luz continua para poder aumentar su conocimiento. A medida que lleve la verdad a su vida, sentirá su verdadera ignorancia, y se dará cuenta de la necesidad de tener una educación más completa, para poder entender cómo utilizar su capacidad de la mejor manera.

Hay una escasez de capacidad educada entre nosotros, y no tenemos hombres suficientemente capacitados para hacer justicia a la labor de dirigir nuestras escuelas sabáticas e iglesias. Muchos que conocen la verdad, aún no la entienden de tal manera que puedan sostenerse en su presentación. No están preparados para presentarla de tal manera que su carácter sagrado y majestuoso quede claro para la gente. En lugar de menos disciplina, necesitan una formación más profunda. Es imposible que alguien pueda prever a qué puede ser sometido. Puede ser colocado en situaciones en las que necesitará un rápido discernimiento y argumentos bien equilibrados, y por lo tanto es para el honor de Cristo que los trabajadores bien educados se multipliquen entre nosotros; ellos serán más capaces de comunicar la verdad de una manera clara e inteligente, y la verdad debe ser presentada de una manera que esté tan libre de defectos como sea posible.

La verdadera educación, cuando la mente está bajo la influencia controladora del Espíritu Santo, es de gran importancia, y cada individuo debe aprender a apreciar correctamente las capacidades que Dios le ha dado; y mediante la práctica de los conocimientos que adquiera, puede, por la influencia de su propio carácter, imprimir en otros el valor de obtener una formación para el servicio de Cristo, y llevarlos a seguir su ejemplo. Hay mucho que hacer en el mundo, y no es provechoso poner a los novatos a trabajar en aquellos asuntos que son de la mayor importancia. La apatía, la indolencia y la desatención que se ha manifestado con respecto a la educación es asombrosa, pero es muy agradable para Satanás. Dios quiere que despertemos de nuestra indiferencia y que no permitamos que las facultades intelectuales se desperdicien y degeneren en imbecilidad. Los hombres deben apreciar los talentos que se les han confiado, y aprovechar las oportunidades que se ponen a su alcance. Que las facultades mentales se preparen para el trabajo y que, mediante un vigoroso esfuerzo, la mente se agrande y se desarrolle.

Ahora es más urgente que nunca que nuestros jóvenes estén calificados intelectualmente para el trabajo. Nuestras escuelas sabáticas no sólo necesitan trabajadores intelectuales, sino espirituales, y la mente recibe su tono y eficiencia mediante una disciplina exhaustiva. Mediante el estudio superficial, la mente pierde gradualmente su tono y degenera en imbecilidad, y no es capaz de ningún esfuerzo exigente. Pero la educación prepara a los hombres para conocer y hacer la línea de trabajo que debe realizarse en este momento. La disciplina minuciosa, bajo un maestro sabio, tiene más valor que la aptitud y la dotación naturales, donde no hay disciplina.

El Señor ha manifestado su aprecio por el hombre, al dar a su Hijo unigénito para redimirlo. Satanás también ha manifestado su aprecio por la capacidad bien entrenada y santificada, por los ingeniosos métodos con los que busca desviar la mente y el corazón de tal persona del servicio de Dios, para llevarla a unirse a las filas de la apostasía. Como un ángel de luz, viene con sus insinuaciones para atraer a los hombres a su servicio; porque sabe que un hombre o una mujer educados, cuando no están bajo el control del Espíritu de Dios, pueden ser de gran ventaja para él. Perseguirá al estudiante con tentaciones engañosas, buscando inducirlo a enorgullecerse de sus logros, y a imaginar que es un gran personaje, para que confíe en sí mismo, y camine en las chispas de su propio fuego. Así es conducido a separar su alma de Dios, la fuente de toda luz y conocimiento, y, para poder exaltarse a sí mismo, y unirse a Satanás, el originador de todo pecado.

El temor del Señor es el principio de toda sabiduría; y cuando no se depende de Dios, el resultado de la educación es sólo elevar la impiedad. La razón por la que la iglesia es débil e ineficaz es porque hay una falta de la gracia de Cristo entre los que profesan la verdad para estos últimos días. Si el Señor ha hablado por mí, hay pecado de casi todo carácter acariciado por muchos que pretenden ser hijos de Dios; y a menos que se separen de Satanás y se aferren a Jesús, quien es nuestra justicia, el infortunio de Dios caerá sobre los que han tenido gran luz y, sin embargo, han elegido caminar en las tinieblas. "Entonces comenzó a reprender a las ciudades

El formalismo, no la organización, un mal

en las que se realizaban la mayoría de sus obras poderosas, porque no se arrepentían: Ay de ti, Corozaín; ay de ti, Betsaida; porque si en Tiro y en Sidón se hubieran hecho las obras poderosas que se han hecho en vosotras, hace tiempo que se habrían arrepentido en saco y ceniza. Pero os digo que será más tolerable para Tiro y Sidón en el día del juicio, que para vosotros. Y tú, Capernaúm, que estás exaltada hasta el cielo, serás bajada al Seol; porque si las obras poderosas que se han hecho en ti se hubieran hecho en Sodoma, habría permanecido hasta hoy. Pero os digo que será más tolerable para la tierra de Sodoma en el día del juicio, que para ti".

Es una cosa temible tener gran luz y bendición, tener muchas oportunidades y privilegios, y sin embargo no hacer un uso salvador de ellos. Los que no hacen un uso salvador de sus oportunidades, serán condenados por los privilegios que Dios les ha concedido; pero los que caminan en la luz tendrán una luz mayor. Aquellos que han tenido la luz de la verdad y, sin embargo, no han caminado en la luz, están bajo la misma sentencia de condenación que tuvieron Corozaín y Betsaida. ¿No deberían ser atendidas estas advertencias? ¿No han de tener peso para nosotros estas amonestaciones? En un futuro próximo se verá quiénes han estado caminando humildemente con Dios, y quiénes han estado obedeciendo sus órdenes. Aquellos que han estado caminando en las chispas de su propio fuego se acostarán en la tristeza. Se verá que han cometido un terrible error. ¡Oh, despertemos! La luz brilla ahora; que las ventanas de la mente y del corazón se abran para acoger los rayos enviados por el cielo. ¿Dirá Jesús de los que profesan obedecer la verdad y, sin embargo, no caminan en su luz: "En ellos se ha cumplido la profecía de Isaías, que dice: De oído oiréis, y no entenderéis; y de vista veréis, y no percibiréis: porque el corazón de este pueblo se ha engrosado, y sus oídos se han embotado, y sus ojos se han cerrado; no sea que en algún momento vean con sus ojos, y oigan con sus oídos, y entiendan con su corazón, y se conviertan, y yo los sane"? –"La educación cristiana", 1893.

A los maestros

Todos los que participan en la educación de los alumnos jóvenes, deben considerar que estos se ven afectados por el ambiente y sienten sus impresiones, ya sea este agradable o desagradable.

Si el maestro está conectado con Dios, si tiene a Cristo habitando en su corazón, el espíritu que él abriga es percibido por los niños. Cuando un maestro manifiesta impaciencia o irritabilidad hacia un niño, la culpa puede no ser del niño ni la mitad que del maestro. Los maestros se cansan con su trabajo, y algo de lo que los alumnos dicen o hacen puede no concordar con sus sentimientos, pero ¿dejarán que el espíritu de Satanás entre en ellos, y los lleve a crear sentimientos muy desagradables y poco placenteros en ellos, por su propia falta de tacto y sabiduría de Dios? No se debe emplear a un maestro, a menos que se tenga la evidencia, por medio de pruebas y ensayos, de que ama a Dios y teme ofenderlo. Si los maestros son enseñados por Dios, si sus lecciones son aprendidas diariamente en la escuela de Cristo, trabajarán en las líneas de Cristo. Ganarán y atraerán con Cristo; porque cada niño y cada joven son valiosos.

Cada maestro necesita que Cristo habite en su corazón por la fe, y que posea un espíritu verdadero, abnegado y sacrificado por Cristo. Uno puede tener suficiente educación y conocimiento en la ciencia para instruir; pero ¿se ha comprobado que tiene tacto y sabiduría para tratar con las mentes humanas? Si los instructores no tienen el amor de Cristo morando en el corazón, no son aptos para relacionarse con los niños y cargar con las graves responsabilidades que se les imponen de educar a estos niños y jóvenes. Carecen de la educación y formación superior en sí mismos, y no saben cómo tratar con las mentes humanas. Está el espíritu de sus propios corazones insubordinados y naturales que se esfuerza por el control, y someter las mentes y los caracteres de los niños a tal disciplina, es dejar cicatrices y moretones en la mente que nunca se borrarán.

Si no se consigue que un maestro sienta la responsabilidad y el cuidado que debe revelar siempre al tratar con las mentes humanas, su educación ha sido en algunos casos muy defectuosa. En la vida del hogar la formación ha sido perjudicial para el carácter, y es una cosa triste reproducir este carácter y manejo defectuosos en los niños traídos bajo su control. Estamos ante Dios en la prueba y el juicio para ver si podemos confiar individualmente en ser del número de la familia que compondrá a los redimidos en el cielo. "Y vi a los muertos, grandes y pequeños, de pie ante Dios; y los libros fueron abiertos; y otro libro fue abierto, que es el libro de la vida; y los muertos fueron juzgados por las cosas que estaban escritas en los libros, según sus obras".

Aquí están representados el gran trono blanco y Aquel que se sentó en él, de cuyo rostro huyeron la tierra y el cielo. Que cada maestro considere que está haciendo su trabajo ante la vista del universo celestial. Cada niño con el que el maestro entra en contacto ha sido comprado por la sangre del Hijo unigénito de Dios, y Aquel que ha muerto por estos niños quiere que sean tratados como su propiedad. Asegúrense de que su contacto, maestros, con cada uno de estos niños sea de un carácter que no los haga avergonzarse cuando se encuentren con ellos en ese gran día en que cada palabra y acción sea llevada a revisión ante Dios, y con su carga de resultados expuesta ante ustedes individualmente. "Comprado con un precio", --¡Oh, qué precio, sólo la eternidad revelará!

El Señor Jesucristo tiene una ternura infinita por aquellos que ha comprado a costa de sus propios sufrimientos en la carne, para que no perezcan con el diablo y sus ángeles, sino para que los reclame como sus elegidos. Ellos son el reclamo de Su amor, de Su propia propiedad; y Él los mira con un afecto indecible, y la fragancia de Su propia justicia se la da a Sus amados que creen en Él. Se requiere tacto y sabiduría y amor humano, y un afecto santificado por los preciosos corderos del rebaño, para llevarlos a ver y apreciar su privilegio al entregarse a la tierna guía de los pastores fieles. Los hijos de Dios ejercerán la mansedumbre de Jesucristo.

Maestros, Jesús está en su escuela todos los días. Su gran corazón de amor infinito se extiende, no sólo por los niños que mejor se comportan y que tienen el entorno más favorable, sino por los niños que tienen por herencia rasgos de carácter objetables. Incluso los padres no han comprendido hasta qué punto son responsables de los rasgos de carácter que se desarrollan en sus hijos, y no han tenido la tenacidad y la sabiduría para tratar a estos pobres niños, a los que han convertido en lo que son. No logran rastrear la causa de estos desarrollos desalentadores que son una prueba para ellos. Pero Jesús mira a estos niños con piedad y con amor, porque Él ve, y comprende desde la causa hasta el efecto.

El maestro puede atar a estos niños a su corazón por el amor de Cristo que permanece en el templo del alma como una dulce fragancia, un sabor de vida para la vida. Los maestros pueden, a través de la gracia de Cristo que se les imparte, ser la agencia humana viviente, y ser obreros junto con Dios para iluminar, elevar, alentar y ayudar a purificar el alma de su contaminación moral; y la imagen de Dios se revelará en el alma del niño, y el carácter se transformará por la gracia de Cristo.

El evangelio es el poder y la sabiduría de Dios si es representado correctamente por los que dicen ser cristianos. Cristo crucificado por nuestros pecados debería humillar a cada alma ante Dios en su propia estimación. Cristo resucitado de entre los muertos, ascendido a lo alto, nuestro Intercesor vivo en la presencia de Dios, es la ciencia de la salvación que debemos aprender y enseñar a los niños y jóvenes. Dijo Cristo: "Yo me santifico a mí mismo, para que ellos también sean santificados". Este es el trabajo que siempre corresponde a cada maestro. No debe haber ningún trabajo al azar en este asunto, pues incluso la labor de educar a los niños en las escuelas diurnas requiere mucho de la gracia de Cristo y

A los maestros

del sometimiento del yo. Aquellos que son naturalmente inquietos, que se provocan con facilidad y que han acariciado el hábito de la crítica y de pensar mal, deberían encontrar algún otro tipo de trabajo que no reproduzca ninguno de sus rasgos de carácter desagradables en los niños y en los jóvenes, porque han costado demasiado. El Cielo ve en el niño, el hombre o la mujer no desarrollados, capacidades y poderes que, si son correctamente guiados y desarrollados con la sabiduría celestial, se convertirán en las agencias humanas a través de las cuales las influencias divinas pueden cooperar para ser obreros junto a Dios. Las palabras afiladas y las continuas censuras desconciertan al niño, pero nunca lo reforman. Retenga esa palabra molesta; mantenga su propio espíritu bajo la disciplina de Jesucristo; entonces aprenderá a compadecerse y simpatizar con los que están bajo su influencia. No muestren impaciencia y dureza, pues si estos niños no necesitaran ser educados, no necesitarían las ventajas de la escuela. Hay que llevarlos con paciencia, amabilidad y amor a la escalera del progreso, subiendo peldaño a peldaño en la obtención de conocimientos.

Es una agencia de trabajo diario la que ha de ser puesta en ejercicio, una fe que trabaja por amor, y purifica el alma del educador. ¿Está la voluntad revelada de Dios colocada como su máxima autoridad? Si Cristo está formado en su interior la esperanza de la gloria, entonces la verdad de Dios actuará de tal manera sobre su temperamento natural, que su agencia transformadora se revelará en un carácter cambiado, y usted no convertirá por su influencia, a través de las revelaciones de un corazón y un temperamento no santificados, la verdad de Dios en una mentira ante cualquiera de sus alumnos; ni en su actuación de un temperamento egoísta, impaciente y no cristiano al tratar con cualquier mente humana, revelará que la gracia de Cristo no es suficiente para usted en todo momento y en todo lugar. Así mostrará que la autoridad de Dios sobre usted no es meramente de nombre sino de realidad y de verdad. Debe haber una separación de todo lo que es objetable o anticristiano, por muy difícil que sea para el verdadero creyente.

Pregúntense ustedes, maestros, que estáis haciendo vuestro trabajo no sólo por el tiempo sino por la eternidad, ¿el amor de Cristo constriñe mi corazón y mi alma, al tratar con las preciosas almas por las que Jesús ha dado su propia vida? Bajo su disciplina constrictora, ¿pasan los viejos rasgos de carácter, no conformes a la voluntad de Dios, y los contrarios ocupan su lugar? "También os daré un corazón nuevo". ¿Se han convertido todas las cosas en nuevas a través de su conversión al Señor Jesucristo? ¿Estáis sembrando tal semilla en estos jóvenes corazones con palabras y con un esfuerzo esmerado que podéis pedir al Señor que la riegue, para que, con su justicia imputada, madure en una rica cosecha? Pregúntense a sí mismos: ¿Estoy, con mis propias palabras no santificadas y mi impaciencia y falta de esa sabiduría que es de lo alto, confirmando a estos jóvenes en su propio espíritu perverso, porque ven que su maestro tiene un espíritu distinto al de Cristo? Si mueren en sus pecados, ¿no seré yo el responsable de sus almas? El alma que ama a Jesús, que aprecia el poder salvador de su gracia, sentirá tal acercamiento a Cristo, que deseará trabajar en sus líneas. No puede, no se atreve, a dejar que Satanás controle su espíritu y que el miasma venenoso rodee su alma. Se pondrá de lado todo lo que coarte su influencia, porque se opone a la voluntad de Dios y pone en peligro las almas de las preciosas ovejas y corderos; y se le exige que vele por las almas como si tuvieran que rendir cuentas. Dondequiera que Dios, en la providencia, nos haya colocado, nos guardará; como nuestro día será nuestra fuerza.

Quien cede a sus sentimientos e impulsos naturales se hace débil e indigno de confianza, pues es un canal a través del cual Satanás puede comunicarse para manchar y corromper muchas almas, y estos arrebatos impíos que controlan a la persona la desquician, y la vergüenza y la confusión son el resultado seguro. El espíritu de Jesucristo tiene siempre un poder renovador y restaurador sobre el alma que ha sentido su propia debilidad y ha acudido a Aquel inmutable que puede dar gracia y poder para resistir el mal. Nuestro Redentor tenía una amplia humanidad comprensiva. Su corazón se conmovió siempre con la conocida impotencia del niño pequeño que está sujeto a un uso rudo; porque Él ama a los niños. El grito más débil del sufrimiento humano nunca llegó a Su oído en vano. Y todo aquel que asuma la responsabilidad de instruir a la juventud se encontrará con corazones obstinados, con disposiciones perversas, y su trabajo es cooperar con Dios en la restauración de la imagen moral de Dios en cada niño. En Jesús, el precioso Jesús, había toda una fuente de amor en su alma. Los que instruyen a los niños deben ser hombres y mujeres de principios.

La vida religiosa de un gran número que profesa ser cristianos es tal que demuestra que no son cristianos. Constantemente representan incorrectamente a Cristo, falsificando su carácter. No sienten la importancia de esta transformación del carácter, y de que deben conformarse a su divina semejanza; y a veces exhibirán al mundo una fase falsa del cristianismo, que obrará la ruina de las almas de quienes se relacionen con ellos, por la misma razón de que, aunque profesan ser cristianos, no están bajo el control de Jesucristo. Sus propios rasgos de carácter hereditarios y cultivados son consentidos como calificaciones preciadas, cuando son mortales en su influencia sobre otras mentes. En palabras sencillas, caminan en las chispas de su propio fuego. Tienen una religión sujeta a, y controlada por, las circunstancias. Si todo se mueve de una manera que les agrada, y no hay circunstancias irritantes que llamen sus naturalezas insumisas y no cristianas a la superficie, son condescendientes y agradables, y serán muy atractivos. Cuando hay cosas que ocurren en la familia o en su asociación con otras personas que perturban su paz y provocan su temperamento, pero   ponen cada circunstancia ante Dios, y continúan su petición, supliendo su gracia antes de que se comprometan en su trabajo diario como

A los maestros

maestros, y conocen por sí mismos el poder y la gracia y el amor de Cristo que mora en sus propios corazones antes de entrar en sus labores, los ángeles de Dios son llevados con ellos al aula. Pero si van con un espíritu provocado e irritado al aula, la atmósfera moral que rodea sus almas está dejando su impresión en los niños que están bajo su cuidado, y en el lugar de ser aptos para instruir a los niños, necesitan uno que les enseñe las lecciones de Jesucristo.

Que cada maestro que acepte la responsabilidad de educar a los niños y a los jóvenes se examine a sí mismo, y estudie críticamente de la causa al efecto. ¿Ha tomado la verdad de Dios posesión de mi alma? ¿Se ha introducido en mi carácter la sabiduría que viene de Jesucristo, que es primero "pura, luego pacífica, amable y fácil de tratar, llena de misericordia y de buenos frutos, sin parcialidad y sin hipocresía"? Mientras estoy en la posición de responsabilidad de un educador, ¿aprecio el principio de que "el fruto de la justicia se siembra en la paz de los que hacen la paz"? La verdad no debe guardarse para ser practicada cuando nos apetezca, sino en todo momento y en todo lugar.

Se requieren mentes equilibradas y caracteres simétricos como maestros en cada línea. No entreguemos este trabajo a las manos de mujeres y hombres jóvenes que no saben cómo tratar con las mentes humanas. Saben tan poco del poder controlador de la gracia sobre sus propios corazones y caracteres que tienen que desaprender y aprender lecciones totalmente nuevas en la experiencia cristiana. Nunca han aprendido a mantener su propia alma y su carácter bajo la disciplina de Jesucristo, y llevar incluso los pensamientos al cautiverio de Jesucristo. Hay toda clase de caracteres que tratar en los niños y jóvenes. Sus mentes son impresionables. Cualquier cosa como una exhibición apresurada y apasionada por parte de la maestra puede cortar su influencia para el bien sobre los alumnos a quienes tiene el nombre de educar. ¿Y esta educación será para el bien eterno presente y futuro de los niños y jóvenes? Hay que ejercer la influencia correcta sobre ellos para su bien espiritual. Hay que instruir constantemente a los niños en la formación de hábitos correctos en el habla, en la voz y en la conducta.

Muchos de esos niños no han tenido una formación adecuada en casa. Han sido tristemente descuidados. A algunos se les ha dejado hacer lo que querían; a otros se les han encontrado defectos y se les ha desanimado. Se ha mostrado poca amabilidad y alegría hacia ellos, y se les han dirigido pocas palabras de aprobación. Se han heredado los caracteres defectuosos de los padres, y la disciplina impartida por estos caracteres defectuosos ha sido objetable en la formación de los caracteres. No se han introducido maderas sólidas en la construcción del carácter. No hay trabajo más importante que pueda hacerse que la educación y la formación de estos jóvenes y niños. Los maestros que trabajan en esta parte de la viña del Señor tienen que aprender primero a ser dueños de sí mismos, manteniendo su propio temperamento y sentimientos bajo control, en sujeción al Espíritu Santo de Dios. Deben dar pruebas de no tener una experiencia unilateral, sino una mente bien equilibrada, un carácter simétrico para que se pueda confiar en ellos porque son cristianos conscientes, ellos mismos bajo el Maestro principal, que ha dicho: "Aprended de mí, que soy manso y humilde de corazón, y hallaréis descanso para vuestras almas." Entonces, aprendiendo en la escuela de Cristo diariamente pueden educar a los niños y a los jóvenes.

Autocultivados, autocontrolados, bajo la disciplina en la escuela de Cristo, teniendo una conexión viva con el gran Maestro, tendrán un conocimiento inteligente de la religión práctica; y manteniendo sus propias almas en el amor de Dios, sabrán cómo ejercer la gracia de la paciencia y la tolerancia como la de Cristo. La paciencia, el amor, la larga tolerancia y la tierna simpatía son llamados a la actividad. Discernirán que tienen un campo importantísimo que cultivar en la viña del Señor. Deben elevar sus corazones a Dios en una oración sincera, "sé mi modelo", y entonces al contemplar a Jesús harán la obra de Jesucristo. Jesús dijo: "El Hijo no puede hacer nada por sí mismo, sino lo que ve hacer al Padre". Así sucede con los hijos e hijas de Dios; miran firme y enseñablemente a Jesús, sin hacer nada a su manera y según su propia voluntad y placer; y hacen lo que, en las lecciones de Cristo, le han visto hacer a Él, su Patrón. De este modo, representan el carácter de Jesucristo a los alumnos bajo su instrucción en todo momento y en todas las ocasiones. Captan los brillantes rayos del Sol de Justicia y reflejan estos preciosos rayos sobre los niños y jóvenes a los que educan. La formación de hábitos correctos debe dejar su huella en la mente y el carácter de los niños, para que practiquen el camino correcto. Significa mucho traer a estos niños bajo la influencia directa del Espíritu de Dios, entrenándolos y disciplinándolos en la crianza y amonestación del Señor. La formación de hábitos correctos y la exhibición de un espíritu correcto, exigirá esfuerzos serios en el nombre y la fuerza de Jesús. El instructor debe perseverar, dando línea sobre línea, precepto sobre precepto, un poco aquí y allá otro poco, con toda la longanimidad y paciencia, simpatía y amor, atando a estos niños a su corazón por el amor de Cristo revelado en sí mismo.

Esta verdad puede, en el más alto sentido, ser actuada y ejemplificada ante los niños. "Que puede tener compasión de los ignorantes y de los que están fuera del camino, porque él mismo también está rodeado de enfermedad. Y por eso debe, como por el pueblo, también por él mismo, ofrecer perdón por los pecados".

Que los maestros tengan esto presente y no lo pierdan nunca de vista cuando se sientan inclinados a tener sus sentimientos agitados contra los niños y los jóvenes por cualquier mal comportamiento; que recuerden que los ángeles de Dios los están mirando con pena; porque si los niños se equivocan y se portan mal, entonces es aún más esencial que los que están colocados sobre ellos como maestros sean capaces de enseñarles con el precepto y el ejemplo. En ningún caso deben perder el autocontrol, manifestar impaciencia y dureza, y falta de simpatía y amor; porque

A los maestros

estos niños son propiedad de Jesucristo, y los maestros deben ser muy cuidadosos y temerosos de Dios en lo que respecta al espíritu que abrigan y a las palabras que pronuncian, porque los niños captarán el espíritu manifestado, sea bueno o malo. Es una responsabilidad pesada y sagrada.

Es necesario que haya maestros que sean reflexivos, que tengan en cuenta su propia debilidad y sus flaquezas y pecados, y que no sean opresivos ni desanimen a los niños y a los jóvenes. Es necesario que haya mucha oración, mucha fe, mucha paciencia y valor, que el Señor está dispuesto a conceder, pues Dios ve cada prueba, y los maestros pueden ejercer una maravillosa influencia, si practican las lecciones que Cristo les ha dado. Pero ¿considerarán estos maestros su propia trayectoria y el hecho de que hacen esfuerzos muy débiles para aprender en la escuela de Cristo y practicar la mansedumbre y la humildad de corazón semejantes a las de Cristo? Los maestros deben ser ellos mismos en obediencia a Jesucristo, y siempre practicando sus palabras, para que puedan ejemplificar el carácter de Jesucristo a los alumnos. Dejen que su luz brille en las buenas obras, en la vigilancia y el cuidado fiel de los corderos del rebaño, con paciencia, con ternura y con el amor de Jesús en sus propios corazones.

Colocar en ese campo a hombres y mujeres jóvenes que no han desarrollado un amor profundo y sincero por Dios y por las almas por las que Cristo murió, es cometer un error que resultará en la pérdida de muchas almas preciosas. El maestro necesita ser susceptible a las influencias del Espíritu de Dios. No debe ser educador alguien que se impaciente e irrite. Los maestros deben considerar que están tratando con niños, no con hombres y mujeres. Son niños que tienen todo por aprender, y a algunos les resulta mucho más difícil aprender que a otros. El alumno aburrido necesita mucho más estímulo del que recibe. Si sobre estas mentes variadas se colocan maestros a los que naturalmente les gusta ordenar y dictar y engrandecerse en su autoridad, que tratarán con parcialidad, teniendo favoritos a los que mostrarán preferencias, mientras que otros son tratados con exactitud y severidad, se creará un estado de confusión e insubordinación. Los maestros que no han sido bendecidos con una experiencia agradable y bien equilibrada pueden ser puestos a cargo de niños y jóvenes, pero se hace un gran mal a aquellos a quienes instruyen. Los padres deben llegar a ver este asunto bajo una luz diferente. Deben sentir que es su deber cooperar con el maestro, fomentar una sabia disciplina y orar mucho por quien está enseñando a sus hijos. No ayudarán a los niños preocupándose, censurándolos o desanimándolos; tampoco harán una buena parte para ayudarlos a rebelarse y a ser desobedientes y poco amables y no amables, a causa del espíritu que desarrollan. Si sois verdaderamente cristianos, tendréis un Cristo permanente, y el espíritu de Aquel que dio su vida por los pecadores; y la sabiduría de Dios os enseñará el curso a seguir en cada emergencia.

Los niños tienen necesidad de que se ejerza sobre ellos y se practique ante ellos un principio de justicia constante, firme y vivo. Asegúrese de dejar que la verdadera luz brille ante sus alumnos. Se necesita la luz del cielo. Nunca dejéis que el mundo tenga la impresión de que vuestro espíritu, gusto y anhelos no son de un orden más elevado y puro que el de los mundanos. Si deja en sus acciones esta impresión, deja que una luz falsa y engañosa los lleve a la ruina. La trompeta debe dar un sonido determinado. Hay una línea amplia, clara y profunda trazada por el Dios eterno entre los justos y los injustos, los piadosos y los impíos; entre los que son obedientes a los mandamientos de Dios y los que son desobedientes.

La escalera que Jacob vio en la visión nocturna, cuya base descansaba sobre la tierra y en la parte superior llegaba hasta los cielos más altos; estando Dios mismo por encima de la escalera, y su gloria resplandeciendo sobre cada ronda; los ángeles ascendiendo y descendiendo por esta escalera de brillo resplandeciente, es un símbolo de la comunicación constante que se mantiene entre este mundo y los lugares celestiales. Dios cumple su voluntad a través de la instrumentalidad de los ángeles celestiales en continua relación con la humanidad. Esta escalera revela un canal directo e importante de comunicación con los habitantes de esta tierra. La escalera representaba para Jacob el Redentor del mundo, que une la tierra y el cielo. Todo aquel que ha visto la evidencia y la luz de la verdad y acepta la verdad, profesando su fe en Jesucristo, es un misionero en el sentido más elevado de la palabra. Es el receptor de los tesoros celestiales, y es su deber impartirlos, difundir lo que ha recibido.

Entonces, a los que son aceptados como maestros en nuestras escuelas se les abre un campo de trabajo y cultivo para la siembra de la semilla y para la cosecha del grano maduro. ¿Qué puede dar mayor satisfacción que ser obreros junto a Dios en la educación y formación de los niños y jóvenes para que amen a Dios y guarden sus mandamientos? Llevad a los niños a los que instruís en la escuela y en la escuela sabática hacia Jesús. ¿Qué puede darle mayor alegría que ver a los niños y a los jóvenes seguir a Cristo, el gran Pastor, que llama, y las ovejas y los corderos oyen su voz y le siguen? ¿Qué puede difundir más sol en el alma del trabajador interesado y devoto que saber que su perseverante y paciente labor no es en vano en el Señor, y ver que sus alumnos tienen el sol de la alegría en sus almas porque Cristo ha perdonado sus pecados? ¿Qué puede ser más satisfactorio para el obrero junto con Dios, que ver a los niños y a los jóvenes recibiendo las impresiones del Espíritu de Dios en la verdadera nobleza de carácter y en la restauración de la imagen moral de Dios, a saber, los niños buscando la paz que viene del Príncipe de la paz? ¿La verdad es una esclavitud? Sí, en un sentido; ata a las almas dispuestas en cautiverio a Jesucristo, inclinando sus corazones a la gentileza de Jesucristo. Oh, significa mucho más de lo que las mentes finitas pueden comprender el presentar en cada esfuerzo misionero a Jesucristo y a Él crucificado. "Pero Él fue herido por nuestras transgresiones, fue magullado por nuestras iniquidades; el castigo de nuestra paz fue sobre Él, y por sus llagas fuimos curados". "Porque a Él, que no conoció pecado, lo hizo pecado por nosotros, para que fuéramos

A los maestros

hechos justicia de Dios en Él". Esta debe ser la carga de nuestro trabajo. Si alguien se cree capaz de enseñar en la escuela sabática o escuela la ciencia de la educación, necesita primero aprender el temor del Señor, que es el principio de la sabiduría, para poder enseñar esta la más elevada de todas las ciencias.

"Y esta es la vida eterna, que te conozcan a Ti, el único Dios verdadero, y a Jesucristo, a quien has enviado". "Les he dado las palabras que me diste; y las han recibido, y han sabido con certeza que salí de ti, y han creído que tú me enviaste". Aquí está la obra que se nos ha encomendado, ser representantes de Cristo, como Él en nuestro mundo fue el representante del Padre. Debemos enseñar las palabras que se nos dieron en las lecciones de Cristo. "Les he dado las palabras que me diste". Tenemos nuestro trabajo, y cada instructor de la juventud en cualquier capacidad debe recibir con un corazón bueno y honesto lo que Dios ha desplegado y registrado en su santa palabra en las lecciones de Cristo, para aceptar mansamente las palabras de vida. Estamos en el antitípico día de la expiación, y no sólo debemos humillar nuestros corazones ante Dios y confesar nuestros pecados, sino que debemos, con todo nuestro talento educador, tratar de instruir a aquellos con los que estamos en contacto, y llevarlos por precepto y ejemplo a conocer a Dios y a Jesucristo, a quien Él ha enviado.

Oh, deseo tanto que el Señor de los cielos abra los ojos de muchos que ahora están ciegos, para que puedan verse a sí mismos como Dios los ve, y les dé un sentido de la obra que hay que hacer en los campos de trabajo. Pero no tengo ninguna esperanza de que todos los llamamientos que hago sirvan de algo, a menos que el Señor hable al alma y escriba sus exigencias en las tablas del corazón. ¿Acaso no puede todo agente humano vivo tener un sentido alto y elevado de lo que significa tener un campo grande e importante de trabajo misionero en el hogar designado para él, sin la necesidad de ir a tierras lejanas? Y mientras algunos deben proclamar el mensaje de misericordia a los que están lejos, hay muchos que tienen que proclamar el mensaje a los que están cerca. Nuestras escuelas han de ser escuelas de formación para capacitar a los jóvenes para que se conviertan en misioneros, tanto por el precepto como por el ejemplo. Que el que actúe en función de maestro tenga siempre presente que estos niños y jóvenes son la compra de la sangre del Hijo de Dios. Deben ser llevados a creer en Cristo como su Salvador personal. El nombre de cada creyente por separado está grabado en las palmas de sus manos. El Pastor Principal está mirando desde el santuario celestial a las ovejas de Su prado. "Llama a sus propias ovejas por su nombre y las conduce". "Si alguno peca, tenemos un abogado ante el Padre, Jesucristo el justo". ¡Oh, preciosa y bendita verdad! No trata un caso con indiferencia.

Su impresionante parábola del buen pastor representa la responsabilidad de todo ministro y de todo cristiano que haya aceptado un puesto de maestro de niños y jóvenes y de maestro de ancianos y jóvenes, al abrirles las Escrituras. Si uno se desvía del redil, no se le sigue con palabras duras y con un látigo, sino con invitaciones ganadoras para que vuelva. Las noventa y nueve que no se han extraviado no reclaman la simpatía y el amor tierno y compasivo del pastor. Pero el pastor sigue a las ovejas y a los corderos que le han causado la mayor ansiedad y que han despertado su simpatía. El pastor desinteresado y fiel deja al resto de las ovejas, y todo su corazón, su alma y sus energías se agotan para buscar a la que se ha perdido. Y entonces el pastor, alabado sea Dios, regresa con la oveja, llevándola en brazos, y regocijándose a cada paso, dice: "Alegraos conmigo, porque he encontrado mi oveja que se había perdido". Estoy muy agradecida de que en la parábola tengamos a la oveja encontrada. Y esta es precisamente la lección que el pastor debe aprender, el éxito en traer de vuelta a las ovejas y a los corderos.

No se presenta ante nuestra imaginación la imagen de un pastor tan apenado que regresa sin las ovejas. Y el Señor Jesús declara que el placer del pastor y su alegría al encontrar las ovejas causa placer y regocijo en el cielo entre los ángeles. La sabiduría de Dios, su poder y su amor, no tienen comparación. Es la garantía divina de que ni una sola de las ovejas y corderos descarriados sea pasada por alto y que ni una sola quede desamparada. Una cadena de oro, a saber, la misericordia y la compasión del poder divino, se pasa alrededor de cada una de estas almas en peligro. Entonces, ¿no cooperará el agente humano con Dios? ¿Deberá ser él mismo pecador, fracasado, defectuoso en su carácter, sin tener en cuenta el alma lista para perecer? Cristo lo ha unido a su trono eterno al ofrecer su propia vida.

La descripción que hace Zacarías de Josué, el sumo sacerdote, es una sorprendente representación del pecador por el que Cristo está mediando para que sea llevado al arrepentimiento. Satanás está de pie a la derecha del Abogado, resistiendo la obra de Cristo, y alegando contra él que el hombre es de su propiedad, ya que lo ha elegido como su gobernante. Pero el Defensor del hombre, el Restaurador, más poderoso, escucha las demandas y reclamos de Satanás, y le responde: "El Señor te reprende, oh, Satán; incluso el Señor que ha elegido a Jerusalén te reprende: ¿no es éste un tizón arrancado del fuego? Ahora bien, Josué estaba vestido con ropas inmundas y estaba de pie ante el ángel. Y Él respondió y habló a los que estaban delante de Él, diciendo: Quitadle las vestiduras sucias. Y le dijo: He aquí que he hecho pasar de ti tu iniquidad, y te vestiré con ropa nueva. Y dije: Que pongan una mitra hermosa sobre su cabeza. Y le pusieron una mitra hermosa en la cabeza, y lo vistieron con ropas. Y el ángel del Señor se quedó parado".

Tengan en cuenta, todos los maestros que asumen la responsabilidad de tratar con las mentes humanas, que cada alma que está inclinada a errar y es fácilmente tentada, es el objeto especial de Cristo como procurador. Los que están sanos no necesitan un médico, sino los que están enfermos. El Intercesor compasivo está suplicando, y ¿rechazarán los hombres y mujeres pecadores y finitos una sola alma?

A los maestros

¿Se mostrará algún hombre o mujer indiferente a las mismas almas por las que Cristo está suplicando en los tribunales del cielo? ¿Imitarán en su proceder a los fariseos, quienes eran despiadados, y a Satanás, que acusa y destruye? Oh, ¿vais a humillar individualmente vuestras propias almas ante Dios, y dejar que ese nervio severo y esa voluntad de hierro sean sometidos y quebrados?

Aléjense de la voz de Satanás y de actuar su voluntad, y pónganse al lado de Jesús, poseedor de sus atributos, poseedor de una sensibilidad aguda y tierna, que puede hacer suya la causa de los afligidos y sufrientes. El hombre al que se le ha perdonado mucho amará mucho. Jesús es un intercesor compasivo, un sumo sacerdote misericordioso y fiel. Él, la Majestad del cielo, el Rey de la gloria, puede mirar al hombre finito, sujeto a las tentaciones de Satanás, sabiendo que Él ha sentido el poder de las artimañas de Satanás. "Porque en todo le convenía hacerse semejante a sus hermanos [revestir su divinidad con humanidad], para ser un sumo sacerdote misericordioso y fiel en las cosas de Dios, para reconciliar los pecados del pueblo. Porque en tanto que Él mismo ha sufrido siendo tentado, es capaz de socorrer a los que son tentados".

Entonces les pido, hermanos míos, que practiquen trabajar en la línea en la que Cristo trabajó. Nunca debéis poneros el manto de la severidad y condenar y denunciar y alejar del redil a los pobres mortales tentados; sino que, como obreros junto con Dios, sanéis a los enfermos espirituales. Esto lo haréis si tenéis la mente de Cristo. "Porque no tenemos un sumo sacerdote que no pueda compadecerse de nuestras debilidades, sino que fue tentado en todo como nosotros, pero sin pecado". "¿No has sabido? ¿No has oído que el Dios eterno, el Señor, el Creador de los confines de la tierra, no desfallece ni se cansa? No hay escudriñamiento de su entendimiento".
–"La educación cristiana", 1893.

La suspensión de estudiantes

Una cosa quiero que entiendan, y es que no he estado de acuerdo con la expulsión de los alumnos de la escuela, a menos que la depravación humana y el libertinaje grave lo hagan necesario, para que otros no se corrompan. Ha sido un error expulsar a los alumnos de la escuela como en el caso de--, de--, y otros casos, que ha sido un gran mal, y las almas así tratadas han abierto ante ellas un curso de acción que las ha asegurado en las filas del enemigo como enemigos armados y equipados. De nuevo, en cuanto a hacer públicos los errores de los estudiantes a la escuela, he sido llevada a ver y escuchar algunas de estas exposiciones, y luego se me ha mostrado la influencia posterior. Ha sido perjudicial en todos los aspectos, y no tiene ninguna influencia beneficiosa para la escuela. Si los que tomaron parte en estas cosas hubieran tenido el espíritu y la sabiduría de Cristo, habrían visto la manera de remediar las dificultades existentes más a semejanza de Jesucristo. Nunca ayuda a un alumno ser humillado ante toda la escuela. Crea una herida que mortifica. No sana ni cura nada. Hay alumnos que son suspendidos de la escuela. En esta acción son empujados al campo de batalla de Satanás para hacer frente a los principados y las potencias sin armadura ni defensa, para convertirse en una presa fácil de las artimañas de Satanás. Permítanme decirles una palabra en el nombre del Señor. Cuando se toma un curso adecuado, en los casos en que los alumnos parecen desviarse tan fácilmente, no habrá necesidad de suspenderlos o expulsarlos. Hay un camino correcto, y el Espíritu del Señor debe mover al agente humano o se cometerán graves errores. El trato con las mentes humanas es el trabajo más bonito en el que ha entrado el agente humano. Los maestros deben considerar que no están tratando con ángeles, sino con seres humanos con pasiones similares a las que ellos mismos tienen. Los caracteres no se forman en un solo molde. Cada fase del carácter la reciben los niños como una herencia. Los defectos y las virtudes en los rasgos de carácter se revelan así. Que todo instructor tenga esto en cuenta. La deformidad hereditaria y cultivada del carácter humano, así como la belleza del carácter, tendrán que ser encontradas, y mucha gracia deberá ser cultivada en el instructor para saber cómo tratar con los descarriados para su bien presente y eterno. El impulso, la impaciencia, el orgullo, el egoísmo y la autoestima, si se acarician, harán una gran cantidad de mal que puede empujar al alma al campo de batalla de Satanás sin sabiduría para navegar en su barca, pero correrá el peligro de ser zarandeado en el deporte de las tentaciones de Satanás hasta naufragar. Cada maestro tiene sus propios rasgos peculiares de carácter que debe vigilar para que Satanás no lo utilice como su agente para destruir almas, por sus propios rasgos de carácter no consagrados. La única seguridad para los maestros es aprender diariamente en la escuela de Cristo, su mansedumbre y su humildad de corazón; entonces el yo estará escondido en Cristo, y él llevará mansamente el yugo de Cristo, y considerará que está tratando con su herencia. Debo decirles que se me ha demostrado que no siempre se han practicado los mejores métodos para tratar los errores y equivocaciones de los alumnos, y el resultado ha sido que las almas han estado en peligro y algunas se han perdido. Los malos temperamentos de los profesores, los movimientos imprudentes y la autoestima han hecho un mal trabajo. No hay forma de vicio, mundanalidad o embriaguez que haga una obra más nefasta sobre el carácter, amargando el alma y poniendo en marcha males que sobrepasan el bien, que las pasiones humanas que no están bajo el control del Espíritu de Dios. La ira, al ser tocada o agitada, nunca pagará. Cuántos pródigos se mantienen fuera del reino de Dios por el carácter poco amable de los que dicen ser cristianos. Los celos, la envidia, el orgullo y los sentimientos poco caritativos, la justicia propia, la provocación fácil, el pensar mal, la dureza, la frialdad y la falta de simpatía son los atributos de Satanás. Los maestros se encontrarán con estas cosas en el carácter de los alumnos. Es algo terrible tener que lidiar con estas cosas; pero al tratar de expulsar estos males, el trabajador ha desarrollado en muchos casos atributos similares que han estropeado el alma de aquel con quien está tratando.

Realmente no hay lugar en el cielo para estas disposiciones. Un hombre con tal carácter sólo hará que el cielo sea miserable, porque él mismo es miserable. "Si no nacéis de nuevo", dijo Cristo, "no podéis entrar en el reino de los cielos". Para entrar en el cielo, un hombre debe tener a Cristo formado en su interior, la esperanza de la gloria, y llevar el cielo consigo. Sólo el Señor Jesús puede formar y cambiar el carácter. Por falta de paciencia, bondad, tolerancia, desinterés y amor, las revelaciones de los rasgos brotan involuntariamente cuando se está desprevenido, y las palabras no cristianas y la falta de carácter estallan a veces para la ruina del alma. "No se regocija en la iniquidad". Obsérvese. El apóstol quiso decir que donde se cultiva el amor genuino por las almas preciosas, se exhibirá para los más necesitados de esa paciencia que sufre largamente y es bondadosa, y no estará dispuesta a magnificar una pequeña indiscreción o un mal directo en grandes ofensas imperdonables, y no hará un capital de las faltas de otros. El amor por las almas por las que Cristo murió no hará lo que se ha hecho por medio de conceptos erróneos de lo que se debía a los descarriados, exponiendo sus errores y su debilidad ante toda una escuela. ¿Cómo cree que Jesús ha mirado tales transiciones? Si hubiera estado presente les habría dicho a los que hacían estas cosas: "No conocéis las Escrituras ni el poder de Dios". Porque en las Escrituras se muestra claramente cómo tratar a los descarriados. La paciencia, la consideración bondadosa, el "considérate a ti mismo para que no seas tentado también", irían al encuentro del corazón obstinado. El amor a Jesús cubrirá una multitud de pecados, para que no hagan presa en el ofensor ni se expongan a crear sentimientos de toda índole y carácter en el pecho humano de aquellos a quienes se les exponen estos errores y equivocaciones, y en el que así se trata. Con demasiada frecuencia se le lleva a la desesperación. Su mente está más allá de la curación. Ahora el trabajo es tener la gracia de Cristo en el alma que nunca, nunca será culpable de exponer los errores de otro, a menos que sea una necesidad positiva. Se debe practicar en la línea de Cristo. El verdadero testigo habla en Apocalipsis 21:5. Practique el amor. No hay nada en el cristianismo que sea caprichoso.

Si un hombre no ejercita su brazo, se vuelve débil y defectuoso en fuerza muscular. Si el cristiano no ejercita sus poderes espirituales, no adquiere fuerza de carácter, ni vigor moral. El amor es una planta muy preciosa y debe ser cultivada para que florezca. La preciosa planta del amor debe ser tratada con ternura (practicada), y se volverá fuerte y vigorosa y rica en frutos, dando expresión a todo el carácter. Una naturaleza semejante a la de Cristo no es egoísta, no es antipática, y no herirá las almas de aquellos que están luchando con las tentaciones de Satanás. Entrará en los sentimientos de aquellos que son tentados para que las pruebas y tentaciones sean manejadas de tal manera que saquen el oro y consuman la escoria. Esta es la práctica que Dios asigna a todos. En esta, la escuela de Cristo, todos pueden aprender diariamente sus lecciones, tanto los maestros como los alumnos, para ser pacientes, humildes, generosos y nobles. Todos tendrán que buscar a Dios muy seriamente en la oración mezclada con una fe viva, y la mano moldeadora de Dios sacará su propia imagen en su carácter. Las tentaciones vendrán, pero serán derrotadas. Pero a través de la gracia que se encuentra al abrir el corazón a la llamada y a la voz de Jesús, el carácter y la experiencia cristiana se hacen cada vez más bellos y celestiales. Tengamos en cuenta que estamos tratando con almas que Cristo ha comprado con un coste infinito para sí mismo. Dígales a los descarriados: Dios los ama, Dios murió por ustedes. Llorad por ellos, orad con ellos. Derramad lágrimas por ellos, pero no os enfadéis con ellos. Son la posesión comprada de Cristo. Que cada uno busque un carácter que exprese amor en todas sus acciones. "Al que ofenda a uno de estos pequeños que creen en mí, más le valdría que le colgaran al cuello una piedra de molino y que se ahogara en el fondo del mar". Sería mejor no vivir que existir día a día desprovisto de ese amor que Cristo ha revelado en su carácter, y que ha ordenado a sus hijos. Dijo Cristo: "Amaos los unos a los otros como yo os he amado". Vivimos en un mundo duro, insensible e insolidario. Satanás y su confederación están empleando todas las artes para secuestrar a las almas por las que Cristo ha dado su preciosa vida. Todo aquel que ame a Dios con sinceridad y verdad, amará a las almas por las que Cristo ha muerto. Si deseamos hacer el bien a las almas, nuestro éxito con estas almas estará en proporción a cuanto crean en nuestra creencia y aprecio por ellas. El respeto mostrado al alma humana que lucha es el medio seguro, a través de Cristo Jesús, de la restauración de la autoestima que el hombre ha perdido. Nuestras ideas avanzadas de lo que puede llegar a ser es una ayuda que nosotros mismos no podemos apreciar plenamente. Tenemos necesidad de la rica gracia de Dios a cada hora, entonces tendremos una experiencia rica y práctica, porque Dios es amor. El que habita en el amor, habita en Dios. Da amor a los que más lo necesitan. Los más desafortunados, los que tienen los temperamentos más desagradables, necesitan nuestro amor, nuestra ternura y nuestra compasión. Los que ponen a prueba nuestra paciencia son los que más amor necesitan. Sólo pasamos por el mundo una vez; cualquier cosa buena que podamos hacer, deberíamos hacerla con la mayor seriedad, incansablemente, con el mismo espíritu que se manifiesta de Cristo en su obra. Él no fracasará ni se desanimará. Las disposiciones ásperas, obstinadas y hoscas son las que más necesitan ayuda. ¿Cómo se les puede ayudar? Sólo mediante ese amor practicado en el trato con ellos que Cristo volvió a revelar al hombre caído. Puede tratarlos como se merecen. ¿Y si Cristo nos hubiera tratado así? Él, el que no lo merecía, fue tratado como nosotros lo merecemos. Sin embargo, nosotros somos tratados por Cristo con gracia y amor como no lo merecemos, sino como Él lo merece. Trate a algunos personajes como crea que se merecen, y cortará de ellos el último hilo de esperanza, estropeará su influencia y arruinará el alma. ¿Pagará? No, yo digo que no, cien veces no. Amarre a esas almas que necesitan toda la ayuda que le sea posible darles cerca de un corazón amoroso, compasivo y que desborde el amor de Cristo, y salvará un alma de la muerte y cubrirá una multitud de pecados. ¿No sería mejor probar el proceso del amor?

Tenga cuidado con lo que hace en la línea de suspender a los alumnos. Es un asunto solemne. Debe ser una falta muy grave la que requiera esta disciplina. Y solo entonces, debe haber una cuidadosa consideración de todas las circunstancias relacionadas con el caso. Los alumnos enviados desde su casa a corta o larga distancia, miles y miles de kilómetros, están alejados y privados de las ventajas del hogar, y si son expulsados se les niegan los privilegios de la escuela. Todos sus gastos tienen que ser sufragados por alguien que ha tenido la esperanza y la confianza en estos sujetos de que su dinero no sería invertido en vano. El estudiante entra o cae en la tentación, y debe ser disciplinado por su mal. Siente profundamente que su reputación está dañada, y decepciona a quienes han confiado en él para que desarrolle un carácter bajo la influencia de su formación en su vida académica, que pagará todo lo que se ha invertido en su favor. Pero se le suspende por su insensato proceder. ¿Qué hará? El coraje está en el punto más bajo, el valor e incluso la varonilidad no se aprecian. Está a expensas, y se pierde un tiempo precioso. ¿Quién es tierno y amable, y siente la carga de estas almas? Qué maravilla que Satanás se aproveche de las circunstancias. Son empujadas al campo de batalla de Satanás y los peores sentimientos del corazón humano son llamados a ejercitarse y se fortalecen y se confirman. Expongo el caso tal y como se me ha presentado. Desearía que todos pudieran ver esto como se me ha mostrado en todos sus aspectos. Creo que se harían cambios radicales en muchas normas y métodos de tratar con las mentes humanas. Habría más médicos para curar las almas humanas, que entienden cómo tratar con las mentes humanas. Se practicaría mucho más el perdón y la simpatía y el amor, y se ejercerían muchas menos influencias desalentadoras y demoledoras. Suponiendo que Cristo tratara con todos sus hijos e hijas que aprenden de Él, como el agente humano y como los maestros tratan con los que están a su cargo, que cuando la ley del Señor, sus reglas, sus mandatos han sido desatendidos por nosotros, los culpables son expulsados o suspendidos, apartando al errante de sus influencias salvadoras, edificantes, educadoras, dejándolo escoger su propio camino y curso de acción sin su asistencia divina, ¿qué sería de nuestras almas? Su constante amor perdonador está ligando el interés de nuestra alma con Él mismo. Oh, la potencia del amor de Jesús me sobrecoge al considerarlo. El yugo de Cristo es fácil y su carga es ligera. Cuando entremos más enteramente en el amor de Jesús por medio de la práctica, veremos resultados muy diferentes en nuestro propio avance como cristianos, y en el moldeado del carácter de aquellos que se relacionan con nosotros. El asunto más difícil para los individuos es la renuncia a lo que uno cree que es su derecho. El amor no busca lo suyo. El amor nacido en el cielo golpea más profundamente que la superficie. El amor no se vanagloria, no se envanece. Fortalecido con la gracia de Cristo, el amor no se comporta indecorosamente. El que habita en el amor, habita en Dios. Dios es amor. Todos necesitamos amor, gentileza, ternura, compasión y tolerancia. Expulsa del alma todo vestigio de egoísmo o de dignidad humana.

Cuando toda esperanza fue excluida de Adán y Eva como consecuencia de la transgresión y el pecado, cuando la justicia exigía la muerte del pecador, Cristo se entregó para ser un sacrificio por el pecado del mundo. El mundo estaba bajo condena. Cristo se convirtió en sustituto y fiador del hombre. Él daría su vida por el mundo, que es representado como la única oveja perdida que se había alejado del redil, cuya culpa, así como la impotencia, fue cargada contra ellos y se interpuso en el camino, impidiendo su regreso. "En esto consiste el amor, no en que nosotros hayamos amado a Dios, sino en que Él nos amó y envió a su Hijo como propiciación por nuestros pecados". "Todos nosotros, como ovejas, nos descarriamos; cada uno se apartó por su camino, y el Señor cargó sobre él la iniquidad de todos nosotros". Todo hijo e hija de Dios, si tiene un Salvador permanente, actuará como Cristo. Cada alma que no tiene un Salvador permanente revelará lo mismo en la falta de Cristo en el carácter. El amor no es acariciado ni ejercitado. "Levantadlo, el Salvador resucitado", en nuestras palabras, en nuestra conversación, en nuestro trato con los descarriados.

Sé, por la carga que pesa sobre mí, que muchos de los que ofician en nuestras escuelas necesitan aprender en la escuela de Cristo su mansedumbre, su tierno trato con los descarriados, su compasión y su amor. Hasta que no se fundan y la escoria se separe del carácter, trabajarán a contrapelo. Estoy profundamente apenada en mi corazón por los graves resultados que han tenido los tratos imprudentes, más graves de lo que muchos están dispuestos a admitir ante su propia conciencia o ante Dios. El yo es tan grande en muchos, siempre luchando por el dominio. Hay quienes profesan ser seguidores de Jesucristo y que nunca han muerto al yo. Nunca han caído en la roca y han sido quebrados. Hasta que esto ocurra, vivirán para el yo, y si mueren como están, será para siempre demasiado tarde para que sus males sean corregidos. Yo amo sus almas. Jesús ama sus almas y hará una buena obra por ellas, si se humillan bajo su poderosa mano, se arrepienten y se convierten y se entregan cada día a Dios. Debe ser una rendición constante y diaria. Debemos ser hombres y mujeres minuciosos, siempre en guardia sobre el yo, y vigilando para mejorar cada oportunidad de hacer el bien y sólo el bien para las almas por las que Cristo ha dado su vida para hacerlas suyas. Cuando los agentes humanos tratan a estas almas con un espíritu duro, entristecen el corazón de Cristo, y lo ponen en franca vergüenza, pues distorsionan en su propio carácter el carácter de Cristo. Dijo uno: "Tu mansedumbre me ha engrandecido". Ruego a nuestro Padre celestial que todos los relacionados con nuestras escuelas estén en Cristo como el pámpano está unido a la vid viva. –MS., 1893.

A los estudiantes en el colegio de Battle Creek

Tengo un interés muy profundo por la institución educativa de Battle Creek. Durante años, mi esposo y yo nos hemos esforzado mucho por establecer una escuela en la que nuestros jóvenes y niños tuvieran ventajas de carácter superior a las que se encuentran en las escuelas públicas comunes, o en los colegios del mundo. El Señor especificó claramente cuál debía ser el carácter de la influencia y la instrucción que la escuela debía mantener, a fin de que se pudiera llevar a cabo la importante obra para la que la escuela estaba destinada. Como el conocimiento y el temor del Señor es el principio de la sabiduría, era necesario que el estudio de la Biblia ocupara un lugar destacado entre las diversas ramas de la educación científica. El estándar de la escuela sería elevado, y los principios de piedad vital se mantendrían siempre ante los estudiantes como una característica esencial de la educación. "Y esta es la vida eterna, que te conozcan a Ti, el único Dios verdadero, y a Jesucristo, a quien has enviado". Los jóvenes debían ser instruidos con respecto a los tiempos en que vivimos, y se les debía hacer comprender lo que sucederá antes de que se cierre la historia del mundo.

Una de las razones por las que fue necesario establecer instituciones propias fue el hecho de que los padres no eran capaces de contrarrestar la influencia de la enseñanza que sus hijos recibían en las escuelas públicas, y el error que allí se enseñaba estaba llevando a la juventud por caminos falsos. No se podía ejercer una influencia más fuerte sobre las mentes de los jóvenes y los niños que la de aquellos que los educaban en los principios de la ciencia. Por esta razón era evidente que debían establecerse escuelas en las que nuestros niños fueran instruidos en el camino de la verdad. En nuestras escuelas se especificó que los jóvenes debían ser enseñados en los principios de la templanza bíblica, y debía ejercerse sobre ellos toda influencia que tendiera a ayudarles a rehuir las locuras de esta época degenerada, que estaban convirtiendo rápidamente el mundo en un segundo Sodoma.

En nuestras instituciones de aprendizaje debía ejercerse una influencia que contrarrestara la influencia del mundo, y no diera aliento a la indulgencia en el apetito, en la gratificación egoísta de los sentidos, en el orgullo, en la ambición, en el amor a la vestimenta y a la exhibición, en el amor a la alabanza y el halago, y en la lucha por las altas recompensas y los honores como recompensa por la alta erudición. Todo esto debía ser desalentado en nuestras escuelas. Sería imposible evitar estas cosas y, sin embargo, enviarlos a las escuelas públicas, donde entrarían diariamente en contacto con lo que contaminaría su moral. En todo el mundo hubo un descuido tan grande de la formación adecuada en el hogar que los niños que se encontraban en las escuelas públicas, en su mayoría, eran derrochadores y empapados de vicio.

La obra que nosotros, como pueblo, debíamos hacer en este asunto, era establecer una escuela, y hacer la obra que Jesucristo, desde la columna de la nube, había dirigido como la obra de su pueblo, a saber, entrenar y educar a nuestros niños y jóvenes a considerar los mandamientos de Dios. El manifiesto desprecio del mundo por la ley de Dios estaba contaminando la moral de los que profesaban guardar la ley de Dios. Pero nosotros estamos llamados a seguir el ejemplo de Abraham. De él ha dicho el Señor: "Lo conozco, que mandará a sus hijos y a su casa después de él, y guardarán el camino del Señor, para hacer justicia y juicio".

Abraham tuvo que dejar su país y la casa de su padre, y residir en una tierra extraña, para introducir con éxito el nuevo orden de cosas en su casa. La providencia de Dios debía abrir siempre nuevos métodos, y el progreso debía hacerse de generación en generación, para preservar en el mundo el conocimiento del verdadero Dios y de sus leyes y mandamientos. Esto sólo podía hacerse cultivando la religión del hogar. Pero no era posible que Abraham hiciera esto mientras estuviera rodeado de sus parientes y amigos idólatras. Debía, por orden de Dios, salir solo y escuchar la voz de Cristo, el líder de los hijos de Israel. Jesús estaba en la tierra para instruir y educar al pueblo elegido por Dios. Abraham decidió obedecer la ley de Dios, y el Señor sabía que no habría traición a la confianza sagrada por su parte, ni cedería a ningún otro guía que no fuera aquel a quien se sentía responsable de obedecer. Reconocía que era responsable de la instrucción de su casa y de sus hijos, y les ordenó después de él que hicieran justicia y juicio. Al enseñarles las leyes de Dios, les enseñó que el Señor es nuestro juez, nuestro legislador y rey, y que los padres y los hijos debían ser gobernados por Él; que por parte de los padres no debía haber opresión, y por parte de los hijos no debía haber desobediencia infiel.

El Señor ordenó a Moisés que fuera a hablar con el Faraón, pidiéndole que permitiera a Israel salir de Egipto. Durante cuatrocientos años habían estado en Egipto, y habían sido esclavos de los egipcios. Se habían corrompido por la idolatría, y llegó el momento en que Dios los llamó a salir de Egipto, para que pudieran obedecer sus leyes y guardar su sábado, que había instituido en el Edén. Les habló de los diez mandamientos con una grandeza espantosa desde el Monte Sinaí, para que pudieran comprender el carácter sagrado y perdurable de la ley, y para que construyeran los cimientos de muchas generaciones, enseñando a sus hijos las exigencias vinculantes de los santos preceptos de Dios.

Esta es la labor que estamos llamados a realizar. Desde los pulpitos de las iglesias populares se proclama que el primer día de la semana es el sábado del Señor; pero Dios nos ha dado luz, mostrándonos que el cuarto precepto del decálogo es tan verdaderamente vinculante como los otros nueve preceptos morales. Es nuestra labor aclarar a nuestros hijos que el primer día de la semana no es el verdadero día de reposo, y que su observancia después de que nos ha llegado la luz sobre lo que es el verdadero día de reposo, es una idolatría, y está en franca contradicción con la ley de Dios. Para darles instrucción respecto a las exigencias de la ley de Jehová, es necesario que separemos a nuestros hijos de las asociaciones e influencias mundanas, y mantengamos ante ellos las Escrituras de la verdad, educándolos línea tras línea, y precepto tras precepto, para que no resulten desleales a Dios.

Los protestantes han aceptado el sábado falso, hijo del papado, y lo han exaltado por encima del día santo y santificado de Dios; y nuestras instituciones de aprendizaje se han establecido con el propósito expreso de contrarrestar la influencia de aquellos que no siguen la palabra de Dios. Estas son razones suficientes para mostrar la necesidad de tener instituciones educativas propias; porque debemos enseñar la verdad en lugar de la ficción y la falsedad. La escuela debe complementar la formación en el hogar, y tanto en el hogar como en la escuela debe mantenerse la sencillez en la vestimenta, la dieta y las diversiones. Debe crearse una atmósfera que no sea desfavorable para la naturaleza moral. Línea sobre línea, precepto sobre precepto, nuestros hijos y hogares deben ser educados para mantener el camino del Señor, para defender firmemente la verdad y la justicia. Debemos mantener una posición contra toda especie de sofismas que desconciertan en esta época degenerada, en la que el error se glosa y se mezcla de tal manera con la verdad que es casi imposible distinguir la verdad del error para aquellos que no están familiarizados con las distinciones que las Escrituras hacen entre las tradiciones de los hombres y la palabra de Dios. Se ha dicho claramente que en esta época "algunos se apartarán de la fe, prestando atención a los espíritus seductores y a las doctrinas de los demonios".

A medida que la verdad es llevada a la vida práctica, el estándar debe ser elevado cada vez más, para cumplir con los requisitos de la Biblia. Esto requerirá una oposición a las modas, costumbres, prácticas y lemas del mundo. Las influencias mundanas, como las olas del mar, golpean a los seguidores de Cristo para apartarlos de los verdaderos principios de la mansedumbre y la gracia de Cristo; pero deben mantenerse firmes como una roca a los principios. Se requerirá valor moral para hacer esto, y aquellos cuyas almas no estén fijadas a la Roca eterna, serán arrastrados por la corriente mundana. Podemos permanecer firmes sólo en la medida en que nuestra vida esté escondida con Cristo en Dios. La independencia moral estará totalmente en su lugar al oponerse al mundo. Al conformarnos enteramente a la voluntad de Dios, nos colocaremos en un terreno ventajoso, y veremos la necesidad de separarnos decididamente de las costumbres y prácticas del mundo. No debemos elevar nuestra norma sólo un poco por encima de la norma del mundo, sino que debemos hacer que la línea de demarcación sea decididamente evidente.

Hay muchos en la iglesia que en el fondo pertenecen al mundo, pero Dios llama a los que dicen creer en la verdad avanzada a elevarse por encima de la actitud actual de las iglesias populares de hoy. ¿Dónde está la abnegación, dónde está el soportar la cruz que Cristo ha dicho que debe caracterizar a sus seguidores? La razón por la que hemos tenido tan poca influencia sobre los parientes y asociados incrédulos es que hemos manifestado poca diferencia decidida en nuestras prácticas con respecto a las del mundo. Los padres necesitan despertar, y purificar sus almas practicando la verdad en su vida hogareña. Cuando alcancemos el nivel que el Señor quiere que alcancemos, los mundanos considerarán a los Adventistas del Séptimo Día como extremistas extraños, singulares y estrechos. "Somos un espectáculo para el mundo, para los ángeles y para los hombres".

Estamos bajo un pacto solemne y sagrado con Dios de educar a nuestros hijos, no para el mundo, no para poner sus manos en las manos del mundo, sino para amar y temer a Dios, y guardar sus mandamientos. Debemos instruirlos para que trabajen inteligentemente en las líneas de Cristo, para que presenten un carácter cristiano noble y elevado a aquellos con los que se asocian. Por esta razón se han establecido nuestras escuelas, para que los jóvenes y los niños sean educados de tal manera que ejerzan una influencia para Dios en el mundo. Entonces, ¿se convertirán nuestras escuelas al mundo y seguirán sus costumbres y modas? "Os ruego, pues, hermanos, por la misericordia de Dios, que presentéis vuestros cuerpos en sacrificio vivo, santo, agradable a Dios, que es vuestro culto racional. Y no os conforméis a este mundo, sino transformaos mediante la renovación de vuestra mente, para que comprobéis cuál es la buena voluntad de Dios, agradable y perfecta".

Cuando los que han llegado a los años de la juventud y la madurez no ven ninguna diferencia entre nuestras escuelas y los colegios del mundo, y no tienen ninguna preferencia en cuanto a cuál asisten, aunque el error es enseñado por precepto y ejemplo en las escuelas del mundo, entonces hay necesidad de examinar de cerca las razones que llevan a tal conclusión. Nuestras instituciones de aprendizaje pueden inclinarse hacia la conformidad mundana. Paso a paso pueden avanzar hacia el mundo; pero son prisioneros de la esperanza, y Dios los corregirá e iluminará, y los devolverá a su posición recta de distinción del mundo. Observo con intenso interés, con la esperanza de ver que nuestras escuelas se impregnen a fondo del espíritu de la religión verdadera e indefectible. Cuando los estudiantes estén así imbuidos, verán que hay una gran obra que hacer en las líneas en las que trabajó Cristo, y el tiempo que han dedicado a las diversiones lo dedicarán a hacer un serio trabajo misionero. Se esforzarán por hacer el bien a todos los que les rodean, por levantar a las almas que están postradas en el desaliento y por iluminar a los que están en las tinieblas del error. Se vestirán del Señor Jesucristo, y no harán ninguna provisión en la carne para satisfacer sus deseos. –*Review and Herald*, 9 de enero de 1894.

Se requiere que los estudiantes sean obreros con Dios

Jesús murió por la humanidad, y al dar su vida exaltó a la humanidad en la escala de valor moral con Dios. El Hijo del Dios infinito revistió su divinidad con la humanidad, y se sometió a la muerte de la cruz, para convertirse en un peldaño por el que la humanidad pudiera encontrarse con la divinidad. Él hizo posible que el hombre se convirtiera en partícipe de la naturaleza divina, y escapara de las corrupciones que hay en el mundo por la lujuria. Cristo está trabajando continuamente para elevar y ennoblecer al hombre, y requiere que cada alma a la que ha redimido de la miseria sin esperanza coopere con Él en la gran obra de salvar a los perdidos. No debemos tender trampas ni hacer planes secretos para atraer a las almas a la tentación.

Oh, si todos pudieran ver este asunto tal como se presenta ante mí en todos sus aspectos, ¡cuán pronto dejarían al enemigo en su engañosa obra! ¡Cómo despreciarían sus medidas para traer el pecado a la familia humana! Cómo odiarían el pecado con un odio perfecto, al considerar el hecho de que costó la vida del Comandante del cielo, para que no perecieran, para que el hombre no fuera atado como un cautivo sin esperanza al carro de Satanás, un esclavo degradado a su voluntad, un trofeo de su victoria y su reino.

¿Quién se unirá a Satanás? ¿Quién llevará su insignia? ¿Quién lo elegirá como capitán y se negará a permanecer bajo el estandarte manchado de sangre del Capitán de nuestra salvación? Cristo murió por cada hijo e hija de Adán; y cuando el Hijo de Dios ha expresado un amor tan asombroso, haciendo este gran sacrificio por el pecador, a fin de que por la fe en Él no tenga que perecer sino tener vida eterna, ¿cómo puede el sujeto de este gran amor ser infiel ¿Cómo puede alguien amar para hacer el mal? ¿Cómo puede la juventud prostituir sus facultades de razonamiento a Satanás, y dar su influencia a lo que debilitará su propio poder y eficiencia moral? Al hacer la voluntad de Aquel que ama al mundo, y que dio a su Hijo unigénito para morir por ellos, fortalecen cada facultad del alma, y aumentan su propia felicidad y paz.

El Señor ha honrado mucho a los hombres, al dar a Jesucristo para recuperarlos de las pretensiones de Satanás. ¿Será usted recuperado? ¿Tendrá usted el precioso don de Cristo o rechazará su servicio? Jesús ha dicho: "El que no se reúne conmigo se dispersa". Ha dicho: "Sin mí no podéis hacer nada podéis hacer", y "Mi gracia te basta". Todo aquel que busque hacer el bien en su propia fuerza financiera, encontrará que sus esfuerzos son un fracaso; pero aquellos que aceptan a Cristo por fe, lo encontrarán como un Salvador personal. Se alistarán en su ejército, se convertirán en sus soldados, y lucharán la buena batalla de la fe. Si son alumnos de la escuela, sentirán que están alistados para hacer de la escuela la institución más ordenada, elevada y loable del mundo. Pondrán cada pizca de su influencia del lado de Dios, del lado de Cristo y del lado de las inteligencias celestiales. Sentirán que es su deber formar una sociedad de compromiso cristiano, para que puedan ayudar a cada estudiante a ver la inconsistencia de un curso de acción que Dios no aprobará. Se esforzarán con Cristo, y harán todo lo posible para perfeccionar los caracteres cristianos. Asumirán la labor de guiar a los cojos y a los débiles hacia el camino seguro y ascendente. Formarán reuniones de empeño cristiano para hacer planes que sean una bendición para la institución de aprendizaje, y harán todo lo que esté a su alcance para que la escuela sea lo que Dios diseñó y quiso que fuera. Tendrán en mente el valor y la eficacia de las reuniones de esfuerzo cristiano, en la preparación de los misioneros para salir a dar la advertencia al mundo.

Los alumnos deben tener sus propias temporadas de oración, en las que pueden ofrecer peticiones fervientes y sencillas para que Dios bendiga al presidente de la escuela con fuerza física, lucidez mental, poder moral y discernimiento espiritual, y para que cada maestro esté capacitado por la gracia de Cristo para hacer su trabajo con fidelidad y con amor ferviente. Deben orar para que los maestros sean los agentes a través de los cuales Dios obrará para que el bien prevalezca sobre el mal, mediante el conocimiento de Jesucristo, a quien ha enviado. Que Dios dé a los estudiantes que asisten a nuestras instituciones de aprendizaje, la gracia y el valor para actuar de acuerdo con los principios revelados en la ley de Dios, que es una expresión de su carácter. Que nunca se les encuentre menospreciando las escuelas que Dios ha establecido. Si han fracasado en algún momento, cayendo en la tentación, es porque no hicieron de Dios su fuerza, porque no tuvieron la fe que obra por amor y purifica el alma.

Que todo cristiano sincero que tenga relación con nuestras escuelas esté decidido a ser un siervo fiel en la causa de Cristo, y ayude a cada estudiante a ser fiel, puro y santo en la vida. Que todos los que aman a Dios procuren ganar a los que aún no han confesado a Cristo. Que cada día ejerzan una influencia silenciosa en oración, y cooperen con Jesucristo, el misionero en jefe de nuestro mundo. Que cada alma, a saber, hombre, mujer y joven, crezca en la excelencia del carácter y la devoción, en la pureza y la santidad, y viva con una sola mirada hacia la gloria de Dios, para que los enemigos de nuestra fe no triunfen. Que haya tal unión en los lazos de nuestra santa fe, que nuestra influencia unida esté totalmente del lado del Señor, y trabaje para la transformación de aquellos con los que nos asociamos. Que se manifieste que tenéis una conexión viva con Dios, y que sois ambiciosos para la gloria del Maestro, buscando cultivar en vosotros toda gracia de carácter por la que podáis honrar a Aquel que dio su vida por vosotros. Que el amor de Cristo ejerza un poder constrictivo para atraer a otros al camino trazado para que los rescatados del Señor

Se requiere que los estudiantes sean obreros con Dios 205

caminen. Cuando los alumnos de nuestras escuelas aprendan a querer la voluntad de Dios, les resultará comparativamente fácil hacerlo.

Si los alumnos ven defectos de carácter en los demás, que den gracias por haber discernido esos defectos y, por lo tanto, puedan ponerse en guardia contra ellos. Sin duda, verán personas que no están aprendiendo la mansedumbre y la humildad de Cristo, sino que aman la exhibición y son vanas, frívolas y mundanas. El único remedio para los tales es contemplar a Jesús, y al estudiar su carácter llegarán a despreciar todo lo que es vano, frívolo, débil y mezquino. El carácter de Cristo está lleno de indulgencia, paciencia, bondad, misericordia y amor sin igual. Al contemplar tal carácter, se elevarán por encima de la pequeñez de aquello que los ha modelado y moldeado, y los ha hecho impíos y antipáticos. Dirán: "No me he sentado con personas vanas, ni entraré con disimuladores". Se darán cuenta de que "el que ande con sabios será sabio, pero el que se junte con necios será destruido".

Que todos los que buscan vivir una vida cristiana, recuerden que la iglesia militante no es la iglesia triunfante. Aquellos que son de mente carnal se encontrarán en la iglesia. Hay que compadecerlos más que culparlos. La iglesia no debe ser juzgada por sostener a estos personajes, aunque se encuentren dentro de sus fronteras. Si la iglesia los expulsara, los mismos que encontraban fallos en su presencia allí, culparían a la iglesia por enviarlos a la deriva en el mundo; alegarían que fueron tratados de forma poco misericordiosa. Puede ser que en la iglesia haya quienes son fríos, orgullosos, altaneros y poco cristianos, pero no es necesario que se asocien con esta clase. Hay muchos que tienen un corazón cálido, que son abnegados, sacrificados, que darían, si fuera necesario, su vida para salvar almas. Jesús vio lo malo y lo bueno en la relación con la iglesia, y dijo: "Dejemos que ambos crezcan juntos hasta la cosecha". Ninguno está en la necesidad de convertirse en cizaña porque toda planta en el campo no es trigo. Si se conociera la verdad, estos quejosos hacen sus acusaciones para acallar una conciencia convicta y condenada. Su propia forma de actuar no es del todo encomiable. Incluso aquellos que se esfuerzan por dominar al enemigo, a veces se han equivocado y han actuado mal. El mal prevalece sobre el bien cuando no confiamos totalmente en Cristo, ni permanecemos en Él. Se manifestarán entonces incoherencias de carácter que no se revelarían si conserváramos la fe que obra por amor y purifica el alma.

No estamos obligados a elegir como asociados familiares a quienes rechazan el amor de Dios que se ha expresado al dar a su Hijo a nuestro mundo, "para que todo el que crea en él no perezca, sino que tenga vida eterna". Los que aman a Dios no elegirán a los enemigos de Dios para que sean sus amigos. La pregunta es: "¿Deberías ayudar a los impíos y amar a los que odian al Señor?" ¿Preferirás la asociación de los irreligiosos y desleales, a la de los que obedecen los mandamientos de Dios? ¿Elegirás separarte de los que aman a Dios, y colocarte lo más lejos posible del canal de la luz? Quiere mantenerse en una atmósfera de pureza y fe, e introducir

en su carácter principios que sean como maderas sólidas. Los cristianos no elegirán ni cultivarán la sociedad de los no cristianos. Si el Señor te da una posición especial en el mundo, como hizo con José y Daniel, entonces te sostendrá y te mantendrá en medio de la tentación. Pero nunca estarás donde encontrarás demasiada luz, en nuestro mundo. Entonces, qué peligroso es elegir la asociación de aquellos que aman las tinieblas en lugar de la luz, y no quieren venir a la luz, para que sus obras no sean reprobadas.
-*Review and Herald*, 16 de enero de 1894.

Palabras para los estudiantes

Cada alma está rodeada de una atmósfera propia del individuo. Esta atmósfera puede estar llena de malaria espiritual que es venenosa para los principios de la rectitud. Pero cuando nos asociamos con otras personas, no hace falta que pasen días o semanas para saber si la atmósfera del espíritu es de Cristo o de Satanás. La influencia de la asociación nunca es más fuerte que en la vida escolar; pero el estudiante que viene a la escuela con un deseo sincero de ser una ayuda y una bendición para sus compañeros tendrá cuidado de poner su influencia del lado correcto, y buscará compañeros que se unan a él en el cultivo de principios y prácticas correctas.

Los estudiantes deben sentir su responsabilidad en la cuestión de hacer que su vida escolar sea un éxito. Deben esforzarse al máximo en la dirección correcta, para no decepcionar a sus padres o tutores que se esfuerzan por mantenerlos en la escuela, y que están profundamente preocupados por su bienestar presente y eterno. Los estudiantes deben determinar que harán un registro que no se avergonzarán de conocer en el día del juicio. Un estudiante que es circunspecto en su conducta, que no se dejará llevar a la derecha o a la izquierda por influencias equivocadas, ejercerá un poder de contención sobre aquellos en la escuela que se complacen en mostrar su independencia, y en participar en deportes malvados en desobediencia a las reglas, y que llenan los corazones de sus maestros con tristeza y desaliento.

La vida es un problema que debemos resolver individualmente por nosotros mismos. Nadie puede formar el carácter de otro; cada uno de nosotros tiene que actuar para decidir su propio destino. Somos agentes libres y responsables de Dios, y cada uno debe elaborar su propia salvación con temor y temblor, mientras Dios obra en él el querer y el hacer por su propia voluntad. Los estudiantes pueden hacer el bien, o pueden hacer el mal, pero "todo lo que el hombre siembra, eso también cosechará".

Estamos individualmente en juicio bajo la prueba de Dios. Todas las inteligencias del cielo están alistadas para ayudar a cada alma que sea atraída a Jesús, y cada verdadero amante de Jesús cooperará con los agentes celestiales para tratar de alejar a las almas de lo que es necio, bajo y frívolo. Los seguidores de Cristo no trabajarán del lado de Satanás para debilitar la fe en la verdadera religión, ni para depravar a otros arrojando sobre ellos una atmósfera ruinosa para la moral y el carácter. Pero lamentamos decir que incluso en nuestras escuelas hay personas que son cristianas sólo de nombre. No hará falta conocer mucho a estos profesores para comprobar que son exitosos agentes de Satanás. Hay en nuestras escuelas personas que son corruptas de corazón, que sin embargo tienen una dirección agradable, y que tienen éxito en fascinar a cierta clase de personas, y antes de que los incautos se den cuenta, la influencia de estas personas ha cambiado sus sentimientos, y los ha modelado según los caracteres objetables de estas personas corruptas. Pero aquellos que llevan el ropaje del cristianismo, y sin embargo se rigen por las modas y las máximas del mundo, son corruptores morales. Afirman que buscan tesoros celestiales, pero la atmósfera con la que se rodean sus almas es una cargada de un miasma espiritual mortal, y deberían ser evitados por aquellos que quieren permanecer sin mancha del mundo.

El joven que tiene discernimiento puede ver fácilmente de qué clase de personas se trata, aunque no reivindique el cristianismo; porque sabe que no son semejantes a Cristo. Pero ¿permitirá que sean como piedras de tropiezo para él? Tiene una guía que describe a los que están del lado del Señor. Si sabe que su conducta es inconsistente con una profesión de cristianismo, si entiende lo que significa vivir una vida piadosa, será responsable de la luz y el conocimiento que tiene. Será responsable de hacer la voluntad del Maestro, de mostrar al mundo cuál es la verdadera idea del cristianismo, qué es tener una vida y un carácter semejantes a los de Cristo.

Tenemos un enemigo poderoso, y no sólo odia a todo ser humano hecho a imagen de Dios, sino que con la más enconada enemistad odia a Dios y a su Hijo unigénito Jesucristo. Cuando los hombres se entregan a ser esclavos de Satanás, éste no les profesa la enemistad que les profesa a los que llevan el nombre de Cristo y se entregan al servicio de Dios. Les tiene un odio mortal. Sabe que puede contrariar a Jesús poniéndolos bajo el poder de sus engaños, hiriéndolos, debilitando su fe, haciéndolos incapaces de prestar el servicio a Dios que se les exige bajo su Capitán Jesucristo. Satanás permitirá que tengan un grado de descanso aquellos que están atados como esclavos a su carro, porque son sus cautivos voluntarios; pero su enemistad se despierta cuando el mensaje de misericordia llega a sus esclavos, y ellos buscan arrancarse de su poder, para seguir al verdadero Pastor. Entonces es cuando busca atarlos con cadenas adicionales para mantenerlos en su cautiverio. El conflicto entre el alma y Satanás comienza cuando el cautivo empieza a tirar de la cadena, y anhela ser libre; porque es entonces cuando el agente humano empieza a cooperar con las inteligencias celestiales, cuando la fe se aferra a Cristo. Entonces es cuando el más fuerte que el hombre armado, es el ayudante del alma, y el pobre cautivo es fortalecido por el Espíritu Santo para obtener su libertad.

Dios tiene un amor profundo y ferviente por cada miembro de la familia del hombre humano; no se olvida de ninguno, no se deja a ninguno desamparado y desorientado para que sea vencido por el enemigo. Y si los que se han alistado en el ejército de Cristo se ponen toda la armadura de Dios y la llevan puesta, se verán a prueba de todos los asaltos del enemigo. Aquellos que realmente desean ser enseñados por Dios, y caminar en su camino, tienen la promesa segura de que, si sienten su falta de sabiduría y piden a Dios, Él les dará generosamente, y no los reprenderá. El apóstol dice: "Que pida con fe, sin vacilar. Porque el que vacila es como una ola del mar movida y zarandeada por el viento. Pues que no piense ese hombre que va a recibir algo del Señor. Un hombre de doble ánimo es inestable en todos sus caminos". Dios está detrás de cada promesa, y no podemos deshonrarlo más que preguntando y dudando, pidiendo y no creyendo, y luego hablando de la duda. Si no recibes inmediatamente lo que has pedido, ¿seguirás en la hosquedad y la incredulidad? Crea; crea que Dios hará justo lo que ha prometido. Siga elevando alabanzas, y vigile, trabaje y espere. Pelee la buena batalla de la fe. Diga a su corazón: "Dios me ha invitado a venir. Él ha escuchado mi oración. Ha empeñado su palabra de que me recibirá, y cumplirá su promesa. Puedo confiar en Dios; porque Él me amó tanto que dio a su Hijo unigénito para que muriera por mí. El Hijo de Dios es mi Redentor". "Pedid, y se os dará; buscad, y encontraréis; llamad, y se os abrirá". "Si vosotros, siendo malos, sabéis dar buenas dádivas a vuestros hijos, ¿cuánto más vuestro Padre celestial dará el Espíritu Santo a los que se lo pidan?"

Los jóvenes que entren y continúen su vida escolar con el verdadero objetivo ante ellos, no sentirán nostalgia ni decepción. No estarán inquietos y desasosegados, sin saber qué hacer con ellos mismos. Encontrarán una ayuda en el Omnipotente. Tendrán un objetivo en mente, y es el de ser hombres y mujeres de principios, que cumplirán el estándar de Dios, y beneficiarán a la humanidad y glorificarán a Dios. No considerarán su vida escolar como un tiempo para la búsqueda de placeres, para la diversión ociosa y el desenfreno insensato, sino que se esforzarán por aprovechar al máximo las oportunidades y los privilegios que Dios les ha concedido, para no defraudar a sus padres y maestros, ni contrariar a Dios y a las inteligencias celestiales.

Es una cosa solemne morir, pero es una cosa mucho más solemne vivir, y formar un carácter que nos califique para entrar en la escuela de los tribunales celestiales de arriba. Estamos viviendo en tierra de enemigos, y podemos esperar dificultades y conflictos. Los jóvenes tendrán que ser capaces de soportar dificultades como buenos soldados de Jesucristo. No es mejor que su camino se haga perfectamente llano y fácil, que se les suministre dinero, y que no se les enseñe a sentir la necesidad de practicar la abnegación y la economía.

Cuando un joven se decide a obtener una educación, debería considerar cuidadosamente cuál es su motivo para ir a la escuela. Debería preguntarse: ¿Cómo emplearé mejor mi tiempo para cosechar todo el beneficio posible de mis oportunidades y privilegios? ¿Me pondré toda la armadura de Dios que me ha sido proporcionada por el don del Hijo unigénito de Dios? ¿Abriré mi corazón al Espíritu Santo, para que se despierte toda facultad y energía que Dios me ha dado en confianza? Soy propiedad de Cristo, y estoy empleado en su servicio. Soy un mayordomo de Su gracia.

Aunque, a su juicio humano, algunos que profesan el cristianismo no cumplen con tu medida del carácter cristiano, no debe entristecer el corazón de Cristo viviendo una vida incoherente; porque otros corren el peligro de ser influenciados por su curso de acción equivocado. Usted está luchando por la corona de la vida, y no debe descansar satisfecho en el cumplimiento de un estándar bajo.

El Señor no acepta ningún trabajo a medias; no debe haber por su parte ninguna torpeza en la sagrada obra de Dios. No confíe en sí mismo, sino entregue su voluntad, sus ideas y sus caminos a Dios, y haga sólo su voluntad. Viva para complacer a Aquel que le consideró de tanto valor que dio a Jesús, su Hijo unigénito, para salvarle de sus pecados. Por su mérito, usted puede ser aceptado. En su vida escolar mantenga siempre ante usted el pensamiento de que lo que vale la pena hacer, vale la pena hacerlo bien. Dependa de la sabiduría de Dios, para que no desanime a un alma en el buen hacer. Trabaje con Cristo para atraer a las almas hacia Él. Pero no servirá de nada que, mientras condena el trabajo a medias en otros, mientras señale sus errores, no lo haga tan bien como ellos, para no ponerse del lado del derecho y la lealtad. Aunque las normas y los reglamentos parezcan innecesariamente exigentes, sea obediente con ellos; porque puede equivocarse en su experiencia. De lo mejor de usted en todo lo que emprenda. Jesús es su Salvador, y confíe en Él para que le ayude día a día, para que no siembre cizaña, sino la buena semilla del reino.

"La luz del cuerpo es el ojo; por tanto, si tu ojo es bueno, todo tu cuerpo estará lleno de luz. Pero si tu ojo es malo, todo tu cuerpo estará lleno de oscuridad". Como estudiantes, deben aprender a ver con su cerebro además de con sus ojos. Deben educar su juicio para que no sea débil e ineficiente. Deben orar para que les guíen y encomendar su camino al Señor. Deben cerrar su corazón contra toda tontería y pecado, y abrirlo a toda influencia celestial. Deben aprovechar al máximo su tiempo y sus oportunidades, para desarrollar un carácter simétrico. La diversión y la locura y la indolencia no pueden ser entretenidas como sus invitados, si copian el patrón, Cristo Jesús, y se vuelven cada día más inteligentes en cuanto a lo que deben hacer para ser salvos.

Jóvenes estudiantes, vuestra vida no puede ser gobernada por el impulso sin resultar un completo fracaso. No podéis seguir vuestras inclinaciones naturales sin encontraros con una gran pérdida. Si queréis avanzar con seguridad, debéis mantener el camino del Señor. Vuestro entendimiento debe ser refinado y purificado; debéis trabajar de acuerdo con el plan de Dios, o no tendréis éxito. Debéis estar siempre creciendo y avanzando en gracia y conocimiento. No podréis hacer nada aceptable en su vida escolar sin practicar hábitos sistemáticos y de orden. El trabajo desordenado traerá consigo un fracaso seguro.

Deben estudiar cuidadosamente la cuestión de las diversiones. Pregúntense: ¿Cuál es la influencia de las diversiones en la mente y el carácter, y en el trabajo que he venido a hacer? Pregúntense: ¿Qué relación tiene la cuestión de las diversiones con mi vida religiosa, con mi carácter de cristiano? ¿Los juegos en los que participan, les sirven para dedicarse a la oración y al servicio de Dios? ¿Les ayudan a poner tanto celo y seriedad en la obra del Señor como el que pone en los juegos que practica? ¿No han absorbido vuestro interés estas diversiones en las que os habéis ocupado, de modo que no habéis podido poner tanto fervor en el aprendizaje de vuestras lecciones como deberíais haber hecho? ¿Qué debe tener la supremacía: el servicio a Dios o el servicio al yo? Que cada estudiante examine de cerca el terreno sobre el que está parado.

Queridos jóvenes, ahora estáis decidiendo vuestro propio destino eterno. Debes poner un esfuerzo persistente en su vida cristiana si quieren perfeccionar un carácter correcto. Será para su pérdida eterna si tienen una experiencia religiosa enana, débil, infantil. Debemos ser "completos en Él". "Así que, como habéis recibido a Cristo Jesús el Señor, andad en Él". Esto significa que deben estudiar la vida de Cristo. Debéis estudiarla con tanta mayor seriedad como la que estudiáis las líneas seculares de conocimiento, ya que los intereses eternos son más importantes que las búsquedas temporales y terrenales. Si apreciáis el valor y la sacralidad de las cosas eternas, aportaréis vuestros pensamientos más agudos y vuestras mejores energías a la resolución del problema que implica vuestro bienestar eterno; porque cualquier otro interés se hunde en la nada en comparación con eso.

Usted tiene el Patrón, Cristo Jesús; camine en sus pasos, y estará calificado para ocupar todos y cada uno de los puestos que pueda ser llamado a ocupar. Estarás "arraigado y edificado en Él, y establecido en la fe, como has sido enseñado, abundando en la acción de gracias". No debes sentir que eres un esclavo, sino un hijo de Dios; que eres altamente favorecido en cuanto a que has sido considerado de tan gran valor que Dios te ha hecho suyo al pagar un rescate infinito por tu libertad. Jesús dice: "No os llamo siervos; . . . sino que os he llamado amigos". Cuando aprecies su maravilloso amor, el amor y la gratitud estarán en tu corazón como un manantial de alegría.

No reciba halagos, ni siquiera en su vida religiosa. El halago es un arte con el que Satanás actúa para engañar e hinchar al agente humano con pensamientos elevados de sí mismo. "Guardaos de que nadie os eche a perder por medio de la filosofía y del vano engaño, según la tradición de los hombres, según los rudimentos del mundo, y no según Cristo". El halago ha sido el alimento con el que se han alimentado muchos de nuestros jóvenes; y aquellos que han alabado y halagado han supuesto que estaban haciendo lo correcto; pero han estado haciendo lo incorrecto. La alabanza, el halago y la indulgencia han hecho más para conducir a las almas preciosas hacia caminos falsos, que cualquier otro arte que Satanás haya ideado.

El halago es una parte de la política del mundo, pero no es parte de la política de Cristo. Por medio del halago, los pobres seres humanos, llenos de fragilidad y debilidades, llegan a pensar que son eficientes y dignos, y se engrandecen en su mente carnal. Se intoxican con la idea de que poseen una capacidad superior a la que tienen, y su experiencia religiosa se desequilibra. A menos que en la providencia de Dios se aparten de estos engaños, y se conviertan, y aprendan el A B C de la religión en la escuela de Cristo, perderán sus almas.

Muchos jóvenes se han sentido halagados al creer que tienen una habilidad como don natural; cuando la habilidad que creen tener sólo puede alcanzarse a través de un entrenamiento y una cultura diligentes, aprendiendo la mansedumbre y la humildad de Cristo. Creyendo que está dotado naturalmente, piensa que no hay necesidad de poner su mente en la tarea de dominar sus lecciones; y antes de que se dé cuenta, está rápidamente en la trampa de Satanás. Dios le permite ser atacado por el enemigo, para que pueda desentrañar su propia debilidad. Se le permite cometer alguna torpeza decidida, y se le sumerge en una dolorosa humillación. Pero cuando se retuerce bajo la sensación de su propia debilidad, no debe ser juzgado con dureza. Este es el momento, por encima de todos los demás, en que necesita un consejero juicioso, un verdadero amigo, que tenga discernimiento de carácter. Este es el momento en el que necesita un amigo que sea guiado por el Espíritu de Dios, y que trate con paciencia y fidelidad al que se equivoca, y levante al alma que se inclina. No debe ser levantado con la ayuda de halagos. Nadie está autorizado a repartir al alma este embriagador desaliento de Satanás. Más bien se le ha de señalar las primeras rondas de la escalera, y sus pies de tropiezo se han de colocar en la ronda más baja de la escalera del progreso. Pedro dice: "Añadid a vuestra fe la virtud, y a la virtud la ciencia, y a la ciencia la templanza, y a la templanza la paciencia, y a la paciencia la piedad, y a la piedad la fraternidad, y a la fraternidad la caridad. Porque si estas cosas están en vosotros y abundan, hacen que no seáis estériles ni infructuosos en el conocimiento de nuestro Señor Jesucristo".

Que el descarriado se anime a subir peldaño a peldaño, ronda a ronda. El esfuerzo puede ser doloroso para él, pero será, con mucho, la mejor lección que haya aprendido; porque al hacerlo, se familiarizará con su propia debilidad, y así podrá evitar en el futuro los errores del pasado. Con la ayuda de sabios consejeros, su derrota se convertirá en victoria. Pero que nadie intente comenzar en la cima de la escalera. Que cada uno comience en la ronda más baja, y suba paso a paso, trepando por Cristo, aferrándose a Cristo, ascendiendo a la altura de Cristo. Esta es la única manera de avanzar hacia el cielo. Que nada desvíe la atención de la gran obra que hay que realizar. Que los pensamientos, la aptitud y el ejercicio agudo del poder cerebral, se pongan en los usos más elevados en el estudio de la palabra y la voluntad de Dios. El Señor tiene un lugar para la mejor habilidad que ha confiado a los hombres. En la obra de edificación de su reino, podemos emplear toda capacidad dada por Dios, tan fiel y seriamente como lo hizo Daniel en Babilonia, cuando fue encontrado fiel a todo deber para con el hombre, y leal a su Dios.

Dios exige mucho más tacto y más sabia generalidad, de lo que todavía le han dado sus agentes humanos. Hay necesidad de un pensamiento agudo y santificado, y de un trabajo ágil para contrarrestar los ingeniosos planes de Satanás. Hay un llamado para que se cumpla un estándar más alto, un esfuerzo más santo, más decidido y abnegado en la obra del Señor. Nuestra juventud debe ser educada para cumplir con un estándar más alto, para entender que ahora están decidiendo su propio destino eterno. No hay salvaguarda para nadie, salvo tener en el corazón la verdad tal como es en Jesús. Esto debe ser plantado en el corazón por el Espíritu Santo. Mucho de lo que ahora se llama religión se hundirá cuando sea asaltado por las huestes de Satanás. Nada resistirá sino la verdad, la sabiduría que es de lo alto, que santificará el alma.

Que nadie imagine que la autoindulgencia es religión. Que no se consienta la autocomplacencia. Que la juventud aprenda a restringir sus deseos, y a cuidarse de la extravagancia en el uso de los medios. Que todos miren a Jesús, contemplen su carácter y sigan sus pasos. "Porque en Él habita toda la plenitud de la Divinidad corporalmente. Y vosotros estáis completos en Él, que es la cabeza de todo principado y poder" –*Youth's Instructor*, 3, 10, 17, 24 de mayo de 1894.

Estudien la Biblia por sí mismos

No permitan que nadie sea cerebro para vosotros, no permitan que nadie haga su pensamiento, su investigación y su oración. Esta es la instrucción que debemos tomar a conciencia hoy. Muchos de ustedes están convencidos de que el precioso tesoro del reino de Dios y de Jesucristo está en la Biblia que tienen en la mano. Sabéis que ningún tesoro terrenal es alcanzable sin un esfuerzo laborioso. ¿Por qué deberían esperar comprender los tesoros de la palabra de Dios sin escudriñar diligentemente las Escrituras?

Es apropiado y correcto leer la Biblia; pero su deber no termina ahí, pues deben escudriñar sus páginas por sí mismos. El conocimiento de Dios no debe obtenerse sin un esfuerzo mental, sin orar por sabiduría para que podáis separar del grano puro de la verdad la paja con la que los hombres y Satanás han mal interpretado las doctrinas de la verdad. Satanás y su confederación de agentes humanos se han esforzado por mezclar la cizaña del error con el trigo de la verdad. Debemos buscar diligentemente el tesoro escondido, y buscar la sabiduría del cielo para separar las invenciones humanas de los mandatos divinos. El Espíritu Santo ayudará al buscador de las grandes y preciosas verdades que se relacionan con el plan de redención. Me gustaría recalcar a todos el hecho de que una lectura casual de las Escrituras no es suficiente. Debemos escudriñar, y esto significa la realización de todo lo que la palabra implica. Como el minero explora ávidamente la tierra para descubrir sus venas de oro, así ustedes deben explorar la palabra de Dios en busca del tesoro escondido que Satanás ha tratado de ocultar al hombre durante tanto tiempo. El Señor dice: "Si alguno quiere hacer su voluntad, sabrá de la enseñanza". Juan 7:17 (R. V.)

La palabra de Dios es verdad y luz, y ha de ser una lámpara para vuestros pies, para guiaros en cada paso del camino hacia las puertas de la ciudad de Dios. Es por esta razón que Satanás ha hecho esfuerzos tan desesperados para obstruir el camino que ha sido trazado para que los rescatados del Señor caminen. No deben llevar sus ideas a la Biblia, y hacer de sus opiniones un centro alrededor del cual debe girar la verdad. Debéis dejar de lado vuestras ideas a la puerta de la investigación, y con corazones humildes y sometidos, con el yo escondido en Cristo, con la oración ferviente, debéis buscar la sabiduría de Dios. Debéis sentir que debéis conocer la voluntad revelada de Dios, porque concierne a vuestro bienestar personal y eterno. La Biblia es un directorio por el que podéis conocer el camino hacia la vida eterna. Debéis desear sobre todas las cosas poder conocer la voluntad y los caminos del Señor. No debéis buscar con el propósito de encontrar textos de las Escrituras que podáis interpretar para probar vuestras teorías; porque la palabra de Dios declara que esto es arrancar las Escrituras para vuestra propia destrucción. Debéis vaciaros de todo prejuicio y acudir con espíritu de oración a la investigación de la palabra de Dios.

El gran error de la Iglesia Romana se encuentra en el hecho de que la Biblia se interpreta a la luz de las opiniones de los "padres". Sus opiniones se consideran infalibles, y los dignatarios de la iglesia asumen que es su prerrogativa hacer que otros crean como ellos, y utilizar la fuerza para obligar a la conciencia. Los que no están de acuerdo con ellos son declarados herejes. Pero la palabra de Dios no debe ser interpretada así. Debe sostenerse por sus propios méritos eternos, debe ser leída como la palabra de Dios, debe ser obedecida como la voz de Dios, que declara su voluntad al pueblo. La voluntad y la voz del hombre finito no deben interpretarse como la voz de Dios.

La bendita Biblia nos da a conocer el gran plan de salvación, y nos muestra cómo cada individuo puede tener la vida eterna. ¿Quién es el autor del libro? - Jesucristo. Él es el Testigo Verdadero, y dice a los suyos: "Les doy vida eterna, y no perecerán jamás, ni nadie los arrebatará de mi mano". La Biblia es para mostrarnos el camino a Cristo, y en Cristo se revela la vida eterna. Jesús dijo a los judíos y a los que se apretujaban en torno a él en grandes multitudes: "Buscad en las Escrituras". Los judíos tenían la palabra en el Antiguo Testamento, pero la habían mezclado de tal manera con las opiniones humanas, que sus verdades estaban mistificadas, y la voluntad de Dios para el hombre estaba encubierta. Los maestros religiosos del pueblo están siguiendo su ejemplo en esta época.

Aunque los judíos tenían las Escrituras que daban testimonio de Cristo, no eran capaces de discernir a Cristo en las Escrituras; y aunque tenemos el Antiguo y el Nuevo Testamento, los hombres tuercen las Escrituras para evadir sus verdades; y en sus interpretaciones de las Escrituras, enseñan, como hacían los fariseos, las máximas y tradiciones de los hombres como si fueran los mandamientos de Dios. En los días de Cristo, los lectores religiosos habían presentado durante tanto tiempo ideas humanas ante el pueblo, que la enseñanza de Cristo se oponía en todo sentido a sus teorías y prácticas. Su sermón del monte prácticamente contradecía las doctrinas de los escribas y fariseos. Habían tergiversado tanto a Dios que lo veían como un juez severo, incapaz de compasión, misericordia y amor. Presentaban al pueblo un sinfín de máximas y tradiciones como procedentes de Dios, cuando no tenían ningún "Así dice el Señor" como autoridad. Aunque profesaban conocer y adorar al Dios vivo y verdadero, lo representaban completamente mal; y el carácter de Dios, tal como lo representaba su Hijo, era como un sujeto original, un nuevo regalo para el mundo. Cristo hizo todo lo posible para barrer las representaciones erróneas de Satanás, para que la confianza del hombre en el amor de Dios pudiera ser restaurada. Enseñó al hombre a dirigirse al Gobernante Supremo del universo con el nuevo nombre: "Padre nuestro". Este nombre significa Su verdadera relación con nosotros, y cuando es pronunciado con sinceridad por labios humanos, es música en los oídos de Dios. Cristo nos conduce al trono de Dios por un camino nuevo y vivo, para presentárnoslo en su amor paternal.
–*Review and Herald*, 11 de septiembre de 1894.

El trabajo y la educación

Nuestras mentes se han ejercitado mucho día y noche con respecto a nuestras escuelas. ¿Cómo se dirigirán? ¿Y cuál será la educación y la formación de la juventud? ¿Dónde se ubicará nuestra Escuela Bíblica Australiana? Me he despertado a la una esta mañana con una pesada carga sobre mi alma. El tema de la educación se ha presentado ante mí en diferentes líneas, en variados aspectos, por medio de muchas ilustraciones, y con especificaciones directas, ahora sobre un punto, y de nuevo sobre otro. Siento, en efecto, que tenemos mucho que aprender. Somos ignorantes con respecto a muchas cosas.

Al escribir y hablar sobre la vida de Juan el Bautista y la vida de Cristo, he tratado de presentar lo que se me ha presentado con respecto a la educación de nuestra juventud. Tenemos la obligación ante Dios de estudiar este tema con franqueza, pues es digno de un examen minucioso y crítico por todos los lados. De Juan el Bautista, Cristo declaró: "Os digo que, entre los nacidos de mujeres, no hay mayor profeta". Ese profeta fue conducido por el Espíritu de Dios al desierto, lejos de las influencias contaminantes de la ciudad, para obtener una educación que le capacitara para recibir instrucción de Dios más que de cualquiera de los escribas eruditos. No debía relacionarse con los rabinos; cuanto menos se familiarizara con sus enseñanzas, sus máximas y tradiciones, más fácilmente podría el Señor impresionar su mente y su corazón, y darle el molde puro de la verdad que debía darse al pueblo para preparar el camino del Señor. Las enseñanzas de los escribas y fariseos tenían el carácter de apartar al pueblo de la verdad no adulterada que debía presentar el Gran Maestro cuando entrara en su misión. La única esperanza del pueblo era abrir sus corazones y mentes a la luz enviada desde el cielo por este profeta, el precursor de Cristo.

Estas lecciones son para nosotros. Aquellos que pretenden conocer la verdad y comprender la gran obra que hay que hacer para este tiempo deben consagrarse a Dios, en alma, cuerpo y espíritu. En el corazón, en la vestimenta, en el lenguaje, en todos los aspectos han de estar separados de las modas y prácticas del mundo. Deben ser un pueblo peculiar y santo. No es su vestimenta lo que los hace peculiares, sino que, por ser un pueblo peculiar y santo, no pueden llevar las marcas de semejanza al mundo.

Como pueblo debemos preparar el camino del Señor. Cada ápice de capacidad que Dios nos ha dado debe ser puesto en uso para preparar al pueblo según la moda de Dios y según su molde espiritual, para así estar en pie en este gran día de la preparación de Dios; y la seria pregunta puede despertarse en los corazones amantes del mundo: "¿Qué es la eternidad para nosotros? ¿Cómo quedará mi caso en el juicio investigador? ¿Cuál será mi suerte y mi lugar?" Muchos de los que suponen que van a ir al cielo tienen los ojos vendados por el mundo. Sus ideas de lo que constituye una educación y una disciplina religiosa son vagas, descansando sólo en probabilidades; hay muchos que no tienen ninguna esperanza inteligente, y corren un gran riesgo al practicar las mismas cosas que Jesús ha enseñado que no deben hacer al comer, beber y vestirse, vinculándose con el mundo de diversas maneras. Todavía no han aprendido las serias lecciones que son tan esenciales para el crecimiento en la espiritualidad, para salir del mundo y estar separados. El corazón está dividido, la mente carnal anhela la conformidad y la similitud con el mundo de tantas maneras que la marca de distinción del mundo es apenas distinguible. El dinero, el dinero de Dios, se gasta para dar una apariencia según las costumbres del mundo; la experiencia religiosa se contamina con la mundanidad, y la evidencia del discipulado (la semejanza con Cristo en la abnegación y la carga de la cruz) no es discernible por el mundo ni por el universo del cielo.

En este país, Satanás se ha entronizado de la manera más sorprendente para controlar a los hombres principales en el gobierno de la nación. La educación que han recibido desde la infancia es errónea. Se consideran esenciales muchas cosas que tienen un efecto sumamente perjudicial para el pueblo. Las numerosas fiestas han tenido una influencia nefasta sobre las mentes de los jóvenes; su efecto es desmoralizador para el gobierno, y son totalmente contrarias a la voluntad de Dios. Tienen una tendencia a fomentar una excitación artificial, un deseo de diversión. Llevan a la gente a malgastar un tiempo precioso que debería emplearse en un trabajo útil para sostener honestamente a sus familias y mantenerse libre de deudas. La pasión por las diversiones y el despilfarro de dinero en las carreras de caballos, en las apuestas y en varias líneas similares, está aumentando la pobreza del país y profundizando la miseria que es el resultado seguro de este tipo de educación.

Nunca se podrá dar la educación adecuada a la juventud de este país, o de cualquier otro, a menos que se separe una amplia distancia de las ciudades. Las costumbres y prácticas de las ciudades incapacitan las mentes de los jóvenes para que entre en ellas la verdad. El consumo de licor, el fumar y apostar, las carreras de caballos, el ir al teatro y la gran importancia que se le da a los días festivos, todo es una especie de idolatría, un sacrificio en los altares de los ídolos. Si la gente se ocupa concienzudamente de sus asuntos legítimos en los días festivos, se les considera mezquinos y antipatrióticos. No se puede servir al Señor de esta manera. Aquellos que multiplican los días para el placer y la diversión están realmente dando patrocinio a los vendedores de licor, y están tomando de los pobres los medios con los cuales deberían comprar comida y ropa para sus hijos; los mismos medios que, usados económicamente, pronto proporcionarían una vivienda para sus familias. Estos males sólo podemos tocarlos.

No es un plan correcto ubicar los edificios escolares donde los alumnos tendrán constantemente ante sus ojos las prácticas erróneas que han moldeado su educación durante su vida, sea ésta más larga o más corta. Estas vacaciones, con todo su tren de maldad, dan como resultado veinte veces más miseria que bien. En gran medida, la observancia de estos días es realmente obligatoria. Incluso a las personas que se han convertido de verdad les resulta difícil romper con estas costumbres y prácticas. Si las escuelas estuvieran situadas en las ciudades o a pocos kilómetros de ellas, sería muy difícil contrarrestar la influencia de la antigua educación que los alumnos han recibido con respecto a estas fiestas y a las prácticas relacionadas con ellas, como las carreras de caballos, las apuestas y el ofrecimiento de premios. La propia atmósfera de estas ciudades está llena de malaria venenosa. No se respeta la libertad de acción individual; el tiempo de un hombre no se considera realmente suyo; se espera que haga lo que hacen los demás. Si nuestra escuela estuviera situada en una de estas ciudades, o a pocos kilómetros de ella, habría una influencia contraria en constante ejercicio que habría que conocer y superar. La devoción por las diversiones y la observancia de tantas fiestas, dan un gran negocio a los tribunales, a los funcionarios y a los jueces, y aumentan la pobreza y la miseria que no se necesita aumentar.

Todo esto es una falsa educación. Será necesario establecer nuestras escuelas fuera y lejos de las ciudades, pero no tan lejos como para no poder estar en contacto con ellas, para hacerles el bien y para que brille la luz en medio de la oscuridad moral. Es necesario colocar a los estudiantes en las circunstancias más favorables para contrarrestar gran parte de la educación que han recibido.

Familias enteras necesitan una transformación completa en sus hábitos e ideas antes de que puedan ser verdaderos representantes de Jesucristo. Y en gran medida, los niños que van a recibir una educación en nuestras escuelas avanzarán mucho más si se separan del círculo familiar donde han recibido una educación errónea. Puede ser necesario que algunas familias se ubiquen donde puedan alojar a sus hijos y ahorrar gastos, pero en muchos casos resultaría un obstáculo más que una bendición para sus hijos. La gente de este país aprecia tan poco la importancia de los hábitos laboriosos que los niños no son educados para realizar un trabajo real y serio. Esto debe ser una parte de la educación que se da a la juventud.

Dios dio un empleo a Adán y Eva. El Edén fue la escuela para nuestros primeros padres, y Dios fue su instructor. Aprendieron a labrar la tierra y a cuidar las cosas que el Señor había plantado. No consideraron el trabajo como algo degradante, sino como una gran bendición. La industria era un placer para Adán y Eva. La caída de Adán cambió el orden de las cosas; la tierra fue maldecida: pero el decreto de que el hombre debía ganarse el pan con el sudor de su frente no fue dado como una maldición. Mediante la fe y la esperanza, el trabajo debía ser una bendición para los descendientes de Adán y Eva. Dios nunca quiso que el hombre no tuviera nada que hacer. Pero cuanto más y más profunda es la maldición del pecado, más se cambia el orden de Dios. La carga del trabajo recae sobre una determinada clase, pero la maldición de la ociosidad recae sobre muchos que están en posesión del dinero de Dios, y todo por la falsa idea de que el dinero aumenta el valor moral de los hombres. El trabajo es para los seres humanos lo que ellos hacen de él. Sumergirse en el trabajo constante, buscando el alivio momentáneo en la bebida y las diversiones excitantes, hará a los hombres poco mejores que las bestias.

Necesitamos que las escuelas de este país eduquen a los niños y a los jóvenes para que sean maestros del trabajo y no esclavos del mismo. La ignorancia y la ociosidad no elevarán a un miembro de la familia humana. La ignorancia no aligerará la suerte del duro trabajador. Que el trabajador vea qué ventaja puede obtener en la ocupación más humilde, utilizando la habilidad que Dios le ha dado como dotación. Así puede convertirse en un educador, enseñando a otros el arte de hacer el trabajo con inteligencia. Puede comprender lo que significa amar a Dios con el corazón, el alma, la mente y la fuerza. Las fuerzas físicas deben ponerse al servicio del amor a Dios. El Señor quiere la fuerza física, y usted puede revelar su amor por él mediante el uso correcto de sus poderes físicos, haciendo el trabajo que debe hacerse. No hay acepción de personas con Dios.

Cuando se construyó el tabernáculo en el desierto para el servicio de Dios, el trabajo se hizo bajo la dirección divina. Dios fue el diseñador, los obreros fueron capacitados por él, y pusieron corazón, alma y fuerza en la obra. Había que hacer un trabajo duro, y el robusto mecánico puso a prueba sus músculos y sus tendones, manifestando su amor a Dios a través de su esfuerzo por su honor.

Hay en el mundo una gran cantidad de trabajo duro y agotador que hay que hacer, y el que trabaja sin ejercitar las facultades de la mente, el corazón y el alma que Dios le ha dado, el que emplea sólo la fuerza física, hace que el trabajo sea un peso y una carga agotadora. Hay hombres con mente, corazón y alma que consideran el trabajo como una carga, y se instalan en él con una ignorancia autocomplaciente, ahondando sin pensar, sin gravar las capacidades mentales para hacer mejor el trabajo.

Hay ciencia hasta en el trabajo más humilde, y si todos lo consideraran así, verían la nobleza que hay en el trabajo. Hay que poner el corazón y el alma en el trabajo de cualquier tipo; entonces hay alegría y eficiencia. En las ocupaciones agrícolas o mecánicas, los hombres pueden dar pruebas a Dios de que aprecian su don en las facultades físicas y también en las mentales. Que la capacidad educada se emplee en idear mejores métodos de trabajo. Esto es justo lo que quiere el Señor. Hay honor en cualquier clase de trabajo que sea esencial realizar. Que la ley de Dios se convierta en la norma de acción, y ennoblezca y santifique toda labor. La fidelidad en el cumplimiento de todo deber hace que el trabajo sea noble, y revela un carácter que Dios puede aprobar.

"Amarás al Señor tu Dios con todo tu corazón, con toda tu alma, con toda tu mente y con todas tus fuerzas". Dios desea el amor que se expresa en el servicio del corazón, en el servicio del alma, en el servicio de las fuerzas físicas. No debemos empequeñecernos en ningún tipo de servicio para Dios. Todo lo que nos ha prestado ha de ser utilizado inteligentemente

El trabajo y la educación

para él. El hombre que ejercita sus facultades seguramente las fortalecerá; pero debe procurar hacerlo lo mejor posible. Se necesita inteligencia y capacidad educada para idear los mejores métodos en la agricultura, en la construcción y en cualquier otro departamento, para que el trabajador no trabaje en vano.

No es una virtud para los hombres o las mujeres excusar la lentitud en el trabajo de cualquier carácter. Los hábitos lentos deben ser superados. El hombre que es lento y realiza su trabajo con desventaja es un obrero inútil. Su lentitud es un defecto que debe ser visto y corregido. Necesita ejercitar su intelecto en la planificación de cómo utilizar su tiempo para obtener los mejores resultados. Cuando uno está siempre trabajando, y el trabajo nunca se hace, es porque la mente y el corazón no se ponen en el trabajo. Algunas personas tardan diez horas en hacer lo que otras logran fácilmente en cinco. Tales trabajadores no aportan tacto y método a su labor. Hay algo que aprender cada día en cuanto a cómo mejorar en la forma de trabajar para terminar el trabajo y tener tiempo para otra cosa. Es el deber de todo trabajador no sólo dar su fuerza sino su mente y su intelecto a lo que se compromete a hacer. Algunos que se dedican a las labores domésticas están siempre trabajando; no es porque tengan mucho que hacer, sino que no se planifican de tal manera que tengan tiempo. Deberían darse un tiempo determinado para realizar su tarea, y hacer que cada movimiento cuente. La torpeza y la ignorancia no son una virtud. Usted puede optar por estereotiparse en un curso de acción erróneo porque no tiene la determinación de tomar las riendas y reformarse, o puede cultivar sus poderes para hacer el mejor tipo de servicio, y entonces se encontrará en demanda en cualquier lugar y en todas partes. Seréis apreciados por todo lo que valéis. "Todo lo que te viniere a la mano para hacer, hazlo según tus fuerzas". "En lo que requiere diligencia, no perezosos; fervientes en espíritu, sirviendo al Señor".

Australia necesita que se introduzca libremente la levadura del sentido común sano y sólido en todas sus ciudades y pueblos. Se necesita una educación adecuada. Deben establecerse escuelas con el fin de obtener no sólo el conocimiento de los libros, sino el de la industria práctica. Se necesitan hombres en las diferentes comunidades que muestren al pueblo cómo se pueden obtener riquezas de la tierra. El cultivo de la tierra traerá su rendimiento.

A través de la observancia de los días festivos se ha educado a la gente, tanto del mundo como de las iglesias, a creer que estos días de ociosidad son esenciales para la salud y la felicidad; pero los resultados revelan que están llenos de maldad, lo que está arruinando al país. La juventud, en general, no está educada en hábitos diligentes. Las ciudades e incluso los pueblos del campo se están volviendo como Sodoma y Gomorra, y como el mundo en los días de Noé. La formación de la juventud en aquellos días era del mismo orden del que los niños están siendo educados y formados en esta época: para amar la excitación, para glorificarse a sí mismos y para seguir la imaginación de sus propios corazones malvados. Ahora, como entonces, la depravación, la crueldad, la violencia y el crimen son el resultado.

Todas estas cosas son lecciones para nosotros. Pocos son ahora realmente laboriosos y ahorradores. La pobreza y la angustia están en todas partes. Hay hombres que trabajan duro y obtienen muy poco por su labor. Se necesita un conocimiento mucho más amplio en lo que respecta a la preparación de la tierra. No hay suficiente amplitud de miras en cuanto a lo que se puede obtener de la tierra. Se sigue una rutina estrecha e invariable con resultados desalentadores. El auge de la tierra ha maldecido a este país; se han pagado precios extravagantes por tierras compradas a crédito; y luego hay que desbrozar la tierra, y se contrata más dinero; una casa que se construye exige más dinero, y entonces los intereses se tragan todos los beneficios con la boca abierta. Las deudas se acumulan, y entonces llegan los cierres y las quiebras de los bancos, y luego la ejecución de las hipotecas. Miles de personas se han quedado sin empleo; las familias lo pierden todo; piden prestado y se endeudan, y luego tienen que renunciar a sus propiedades y salir sin dinero. Se ha invertido mucho dinero y trabajo duro en granjas compradas a crédito, o heredadas con un gravamen. Los ocupantes vivían con la esperanza de convertirse en verdaderos propietarios, y podría haber sido así, de no ser por la quiebra de los bancos en todo el país.

Ahora el caso en el que un hombre es dueño de su lugar es una feliz excepción a la regla. Los comerciantes fracasan, las familias sufren para comer y vestirse. No se presenta ningún trabajo. Pero las fiestas son igual de numerosas. Se entra en sus diversiones con el mismo entusiasmo. Todos los que pueden hacerlo, gastan sus peniques, chelines y libras duramente ganados para disfrutar de un placer, de una bebida fuerte o de alguna otra indulgencia. Los periódicos que informan de la pobreza del pueblo tienen avisos regulares de las carreras de caballos, y de los premios entregados para diferentes tipos de deportes emocionantes. Los espectáculos, los teatros y todas esas diversiones desmoralizadoras se llevan el dinero del país, y la pobreza aumenta continuamente. Los hombres pobres invierten su último chelín en la lotería, con la esperanza de asegurarse un premio, y luego tienen que mendigar comida para mantener la vida, o pasar hambre. Muchos mueren de hambre, y muchos ponen fin a su existencia. El final aún no ha llegado. Los hombres te llevan a sus huertos de naranjas y limones, y otras frutas, y te dicen que los productos no pagan el trabajo realizado en ellos. Es casi imposible llegar a fin de mes, y los padres deciden que los hijos no sean agricultores; no tienen el valor ni la esperanza de educarlos para labrar la tierra.

Lo que se necesita es que las escuelas eduquen y formen a los jóvenes para que sepan cómo superar esta condición de las cosas. Debe haber educación en las ciencias, y educación en los planes y métodos para trabajar la tierra. Hay esperanza en la tierra, pero hay que poner el cerebro, el corazón y la fuerza en el trabajo de labrarla. El dinero que se dedica a las carreras de caballos, al teatro, al juego y a las loterías, y el dinero que se gasta en las casas públicas para la cerveza y la bebida fuerte, que se gaste en hacer que la tierra sea productiva, y veremos un estado de cosas diferente.

Este país necesita agricultores educados. El Señor da las lluvias y el bendito sol. Él da a los hombres todos sus poderes; ahora ellos deben dedicar su corazón, su mente y su fuerza a hacer su voluntad en obediencia a sus mandamientos. Que corten todo hábito pernicioso, que nunca gasten un centavo en cerveza o licor de ningún tipo, ni en tabaco, que no tengan nada que ver con las carreras de caballos o deportes similares, y que luego se entreguen a Dios, trabajando con su dotación de fuerza física, y su labor no será en vano. Ese Dios que ha hecho el mundo para beneficio del hombre, proporcionará medios de la tierra para sostener al trabajador diligente. La semilla colocada en un suelo bien preparado producirá su cosecha. Dios puede extender una mesa para su pueblo en el desierto.

Los diversos oficios y ocupaciones tienen que ser aprendidos, y ponen en ejercicio una gran variedad de capacidades mentales y físicas; las ocupaciones que requieren hábitos sedentarios son las más peligrosas, porque alejan a los hombres del aire libre y del sol, y entrenan un conjunto de facultades, mientras otros órganos se debilitan por la inacción. Los hombres continúan con su trabajo, perfeccionan su actividad, y pronto se acuestan en la tumba. Es mucho más favorable la condición de aquel cuya ocupación le mantiene al aire libre, ejercitando sus músculos, mientras el cerebro es igualmente exigido, y todos los órganos tienen el privilegio de hacer su trabajo. Para aquellos que pueden vivir fuera de las ciudades, y trabajar al aire libre, contemplando las obras del gran Maestro Artista, se despliegan continuamente nuevas escenas. A medida que hacen del libro de la naturaleza su estudio, una influencia suavizante y subyugante se apodera de ellos, pues se dan cuenta de que el cuidado de Dios se encuentra, sobre todo, desde el glorioso sol en los cielos hasta el pequeño gorrión marrón o el más diminuto insecto que tiene vida. La Majestad del cielo nos ha señalado estas cosas de la creación de Dios como una prueba de su amor. El que formó las flores ha dicho: "Considerad los lirios, cómo crecen; no trabajan, ni hilan; más os digo, que ni aun Salomón con toda su gloria se vistió como uno de ellos. Y si así viste Dios la hierba que hoy está en el campo, y mañana es echada al horno, ¿cuánto más a vosotros, hombres de poca fe?" El Señor es nuestro maestro, y bajo su instrucción podemos aprender las más preciosas lecciones de la naturaleza.

El mundo está bajo la maldición del pecado y, sin embargo, incluso en su decadencia es muy hermoso. Si no estuviera contaminado por las acciones perversas y corruptas de los hombres que pisan el suelo, podríamos, con la bendición de Dios, disfrutar de nuestro mundo tal como es. Pero la ignorancia, el amor al placer y los hábitos pecaminosos, que corrompen el alma, el cuerpo y el espíritu, hacen que el mundo esté lleno de lepra moral; una malaria moral mortal que está destruyendo a miles y decenas de miles. ¿Qué se debe hacer para salvar a nuestra juventud? Nosotros podemos hacer poco, pero Dios vive y reina, y puede hacer mucho. La juventud es nuestra esperanza para la labor misionera.

Las escuelas deben establecerse en lugares en donde se pueda encontrar la naturaleza lo más posible para deleitar los sentidos y dar variedad al paisaje. Mientras evitamos lo falso y lo artificial, descartando las carreras de caballos, los juegos de cartas, las loterías, las peleas por premios y el consumo de licor y de tabaco, debemos suministrar fuentes de placer que sean puras, nobles y elevadoras. Debemos elegir un lugar para nuestra escuela alejado de las ciudades, donde la mirada no se posará continuamente en las moradas de los hombres, sino en las obras de Dios; donde habrá lugares de interés para que visiten, distintos de los que ofrece la ciudad. Que nuestros alumnos se sitúen donde la naturaleza pueda hablar a los sentidos, y en su voz puedan oír la voz de Dios. Que estén donde puedan contemplar sus obras maravillosas, y a través de la naturaleza puedan contemplar a su Creador.

La juventud de este país requiere una labor espiritual más seria que en cualquier otro país que hayamos visitado. Las tentaciones son fuertes y numerosas; los numerosos días festivos y los hábitos de ociosidad son muy desfavorables para los jóvenes. Satanás hace que el hombre ocioso sea partícipe y colaborador de sus planes, y el Señor Jesús no permanece en el corazón por la fe. Los niños y los jóvenes no están educados para darse cuenta de que su influencia es un poder para el bien o para el mal. Debería mantenerse siempre ante ellos lo mucho que pueden lograr; deberían ser alentados a alcanzar el más alto nivel de rectitud. Pero desde su juventud han sido educados en la idea popular de que las fiestas señaladas deben ser tratadas con respeto y ser observadas. Por la luz que el Señor me ha dado, estos días no tienen más influencia para el bien que la que tendría la adoración de las deidades paganas; porque esto es realmente nada menos. Estos días son las temporadas especiales de cosecha de Satanás. El dinero extraído de los hombres y las mujeres se gasta en lo que no es pan. La juventud es educada para amar aquellas cosas que son desmoralizantes, cosas que la palabra de Dios condena. La influencia es mala y sólo mala continuamente.

La ocupación manual para la juventud es esencial. La mente no debe ser sobrecargada constantemente en detrimento de las facultades físicas. La ignorancia de la fisiología, y el descuido de observar las leyes de la salud han llevado a la tumba a muchos que podrían haber vivido para trabajar y estudiar inteligentemente. El ejercicio adecuado de la mente y el cuerpo desarrollará y fortalecerá todas las facultades. Tanto la mente como el cuerpo se conservarán y serán capaces de realizar una variedad de trabajos. Los ministros y los maestros necesitan aprender con respecto a estas cosas, y también necesitan practicarlas. El uso adecuado de su fuerza física, así como de los poderes mentales, nivelará la circulación

El trabajo y la educación

de la sangre, y mantendrá cada órgano de la maquinaria viva en orden de marcha. A menudo se abusa de las mentes; se les incita a la locura por seguir una línea de pensamiento; el empleo excesivo de la potencia cerebral y el descuido de los órganos físicos crean una condición enfermiza de las cosas en el sistema. Todas las facultades de la mente pueden ejercitarse con relativa seguridad si las facultades físicas son igualmente exigidas y el tema del pensamiento es variado. Necesitamos un cambio de empleo, y la naturaleza es una maestra viva y saludable.

Cuando los alumnos entran en la escuela para obtener una educación, los instructores deben esforzarse por rodearlos de objetos del carácter más agradable e interesante, para que la mente no se vea confinada al estudio muerto de los libros. La escuela no debe estar en una ciudad o cerca de ella, donde su extravagancia, sus perversos placeres, sus perversas costumbres y prácticas requerirán un trabajo constante para contrarrestar la iniquidad imperante, para que no envenene la propia atmósfera que respiran los alumnos. Todas las escuelas deberían estar situadas, en la medida de lo posible, donde la vista se pose en las cosas de la naturaleza en lugar de en grupos de casas. El paisaje siempre cambiante gratificará el gusto y controlará la imaginación. Aquí hay un maestro vivo que instruye constantemente.

He estado preocupada por muchas cosas con respecto a nuestra escuela. En su trabajo, los jóvenes están asociados con las jóvenes, y están haciendo el trabajo que corresponde a las mujeres. Esto es casi todo lo que se puede encontrar para que hagan tal como están situados ahora; pero por la luz que se me ha dado, este no es el tipo de educación que los jóvenes necesitan. No les da los conocimientos que necesitan para llevarlos a sus hogares. Debería haber un tipo de trabajo diferente abierto ante ellos, que diera la oportunidad de exigir las facultades físicas por igual con las mentales. Debería haber tierra para cultivar. No está lejos el momento en que las leyes contra el trabajo dominical serán más estrictas, y debería hacerse un esfuerzo para asegurar terrenos lejos de las ciudades, donde se puedan cultivar frutas y verduras. La agricultura abrirá recursos para el auto sostenimiento, y también podrían aprenderse varios otros oficios. Este trabajo real y serio exige fuerza de intelecto además de músculo. Se requiere método y tacto incluso para criar frutas y verduras con éxito. Y los hábitos de la industria serán una ayuda importante para que los jóvenes resistan la tentación.

Aquí se abre un campo para dar rienda suelta a sus energías reprimidas, que, si no se gastan en un empleo útil, serán una fuente continua de pruebas para ellos mismos y para sus maestros. Se pueden idear muchos tipos de trabajo adaptados a diferentes personas. Pero el trabajo de la tierra será una bendición especial para el trabajador. Hay una gran carencia de hombres inteligentes para labrar la tierra que sean minuciosos. Este conocimiento no será un obstáculo para la educación esencial para los negocios o para la utilidad en cualquier línea. Desarrollar la capacidad del suelo requiere pensamiento e inteligencia. No sólo desarrollará el músculo, sino la capacidad de estudio, porque la acción del cerebro y del músculo se iguala. Debemos entrenar a los jóvenes de tal manera que les guste trabajar la tierra y se deleiten en mejorarla. La esperanza de hacer avanzar la causa de Dios en este país está en crear un nuevo gusto moral en el amor al trabajo, que transformará la mente y el carácter.

Se ha dado un falso testimonio al condenar tierras que, si se trabajaran adecuadamente, darían ricos rendimientos. La estrechez de los planes, la poca fuerza puesta y el poco estudio en cuanto a los mejores métodos piden a gritos una reforma. El pueblo necesita aprender que el trabajo paciente hará maravillas. Hay mucho lamento por la tierra improductiva, cuando si los hombres leyeran las Escrituras del Antiguo Testamento verían que el Señor sabía mucho más que ellos en cuanto al tratamiento adecuado de la tierra. Después de haber sido cultivada durante varios años, y de haber entregado su tesoro a la posesión del hombre, se debe dejar descansar partes de la tierra, y luego se deben cambiar las cosechas. Podríamos aprender mucho también del Antiguo Testamento con respecto al problema del trabajo. Si los hombres siguieran las indicaciones de Cristo en cuanto a acordarse de los pobres y suplir sus necesidades, ¡qué lugar tan diferente sería este mundo!

Que la gloria de Dios se mantenga siempre a la vista; y si la cosecha es un fracaso, no se desanime; inténtelo de nuevo; pero recuerde que no puede tener cosecha a menos que el terreno esté debidamente preparado para la semilla; el fracaso puede deberse totalmente a la negligencia en este punto.

La escuela que se establezca en Australia debe llevar la cuestión de la industria al frente, y revelar el hecho de que el trabajo físico tiene su lugar en el plan de Dios para cada hombre, y que su bendición lo acompañará. Las escuelas establecidas por aquellos que enseñan y practican la verdad para este tiempo, deben ser conducidas de tal manera que traigan nuevos y frescos incentivos a todo tipo de trabajo práctico. Habrá mucho en que poner a prueba a los educadores, pero se habrá logrado un objetivo grande y noble cuando los estudiantes sientan que el amor a Dios se ha de revelar, no sólo en la devoción del corazón y la mente y el alma, sino en la apropiación apta y sabia de sus fuerzas. Sus tentaciones serán mucho menores; de ellos, mediante el precepto y el ejemplo, irradiará una luz en medio de las teorías erróneas y las costumbres de moda del mundo. Su influencia tenderá a corregir la falsa idea de que la ignorancia es la marca de un caballero.

Dios sería glorificado si los hombres de otros países que han adquirido un conocimiento inteligente de la agricultura vinieran a esta tierra, y mediante el precepto y el ejemplo enseñaran a la gente cómo cultivar la tierra, para que pueda producir ricos tesoros. Se necesitan hombres que enseñen a otros cómo arar y cómo utilizar los implementos de la agricultura. ¿Quiénes serán los misioneros que realicen esta labor, que

El trabajo y la educación

enseñen los métodos adecuados a los jóvenes y a todos los que se sientan dispuestos y humildes para aprender? Si algunos no quieren que les den ideas mejoradas, que las lecciones se den en silencio, mostrando lo que se puede hacer al establecer huertos y plantar maíz y que la cosecha sea elocuente a favor de los métodos correctos de trabajo. Dirija una palabra a sus vecinos cuando pueda, mantenga el cultivo de su propia tierra, y eso educará.

Puede que algunos insistan en que nuestra escuela debe estar en la ciudad para dar influencia a nuestro trabajo, y que, si está en el campo, la influencia se pierde en las ciudades; pero esto no es necesariamente así.

Los jóvenes que asisten a nuestra escuela por primera vez no están preparados para ejercer una influencia correcta en cualquier ciudad como luces que brillan en medio de la oscuridad. No estarán preparados para reflejar la luz hasta que se disipe la oscuridad de su propia educación errónea. En el futuro, nuestra escuela no será lo mismo que ha sido en el pasado. Entre los alumnos ha habido hombres fiables y experimentados que han aprovechado la oportunidad de adquirir más conocimientos para realizar un trabajo inteligente en la causa de Dios. Estos han sido una ayuda en la escuela, pues han sido como una rueda de equilibrio; pero en el futuro la escuela consistirá mayormente de aquellos que necesitan ser transformados en su carácter, y que necesitarán que se les otorgue mucho trabajo paciente; tienen que desaprender, y aprender de nuevo. Se necesitará tiempo para desarrollar el verdadero espíritu misionero, y cuanto más alejados estén de las ciudades y de las tentaciones que las inundan, más favorable será para ellos obtener el verdadero conocimiento y desarrollar caracteres bien equilibrados.

Los agricultores necesitan mucha más inteligencia en su trabajo. En la mayoría de los casos, es su propia culpa si no ven que la tierra rinde su cosecha. Deberían aprender constantemente a obtener una variedad de tesoros de la tierra. El pueblo debe aprender a depender, en la medida de lo posible, de los productos que puede obtener de la tierra. En cada fase de este tipo de trabajo pueden estar educando la mente para trabajar por la salvación de las almas por las que Cristo ha muerto. "Y vosotros sois labranza de Dios, edificio de Dios". Que los maestros de nuestras escuelas lleven a sus alumnos a los jardines y campos, y les enseñen a trabajar la tierra de la mejor manera. Sería bueno que los ministros que trabajan en la palabra o en la doctrina pudieran entrar en los campos y pasar alguna parte del día en el ejercicio físico con los alumnos. Podrían hacer lo que hizo Cristo al dar lecciones de la naturaleza para ilustrar la verdad bíblica. Tanto los maestros como los alumnos tendrían una experiencia mucho más saludable en las cosas espirituales, y mentes mucho más fuertes y corazones más puros para interpretar los misterios eternos, de lo que pueden tener estudiando libros tan constantemente, y trabajando el cerebro sin esforzar los músculos. Dios ha dado a los hombres y a las mujeres poderes de razonamiento, y quiere que los hombres empleen su razón en proporción al uso de su maquinaria física. La pregunta puede ser: ¿Cómo puede obtener la sabiduría el que sostiene el arado y conduce los bueyes? -Buscándola como la plata, y buscándola como los tesoros escondidos. "Porque su Dios le instruye, y le enseña lo recto". "Esto también proviene del Señor de los Ejércitos, que es maravilloso en el consejo, y excelente en el trabajo".

El que enseñó a Adán y Eva en el Edén cómo cuidar el jardín, instruiría a los hombres hoy. Hay sabiduría para el que sostiene el arado y planta y siembra la semilla. La tierra tiene sus tesoros ocultos, y el Señor tendría a miles y decenas de miles que se amontonan en las ciudades a la espera de una oportunidad para ganar una insignificancia trabajando en la tierra; en muchos casos esa insignificancia no se convierte en pan, sino que se pone en la labranza del publicano, para obtener aquello que destruye la razón del hombre formado a imagen de Dios. Quienes lleven a sus familias al campo, colóquenlas donde tengan menos tentaciones. Los niños que están con padres que aman y temen a Dios, están en todo sentido mucho mejor situados para aprender del Gran Maestro, que es la fuente y el manantial de la sabiduría. Tienen una oportunidad mucho más favorable para adquirir una aptitud para el reino de los cielos. Si se envía a los niños a escuelas situadas en la ciudad, donde todas las fases de la tentación están esperando para atraerlos y desmoralizarlos, el trabajo de formación del carácter es diez veces más difícil tanto para los padres como para los niños.

La tierra debe ser hecha para dar su fuerza; pero sin la bendición de Dios no podría hacer nada. En el principio, Dios miró todo lo que había hecho y lo declaró muy bueno. La maldición fue traída a la tierra como consecuencia del pecado. Pero ¿se multiplicará esta maldición al aumentar el pecado? La ignorancia está haciendo su obra nefasta. Los siervos perezosos están aumentando el mal debido a sus hábitos perezosos. Muchos no están dispuestos a ganarse el pan con el sudor de su frente y se niegan a labrar la tierra. Pero la tierra tiene bendiciones escondidas en sus profundidades para aquellos que tienen valor, voluntad y perseverancia para recoger sus tesoros. Los padres y madres que poseen un pedazo de tierra y un hogar confortable son reyes y reinas.

Muchos agricultores no han conseguido obtener un rendimiento adecuado de sus tierras porque han emprendido el trabajo como si fuera un empleo degradante; no ven que hay una bendición en él para ellos y sus familias. Todo lo que pueden discernir es la marca de la servidumbre. Sus huertos se descuidan, las cosechas no se ponen en la estación adecuada y se realiza apenas un trabajo superficial en el cultivo de la tierra. Muchos descuidan sus granjas para tener vacaciones y asistir a las carreras de caballos y a los clubes de apuestas; su dinero se gasta en espectáculos y loterías y en ociosidad, y luego reclaman que no pueden obtener dinero para cultivar la tierra y mejorar sus granjas; sin embargo, si tuvieran más dinero, el resultado seguiría siendo el mismo: "Testimonios especiales sobre la educación", febrero de 1894.

La base de la verdadera educación

La verdadera educación es una ciencia grandiosa, pues se basa en el temor del Señor, que es el principio de la sabiduría. Cristo es el más grande Maestro que este mundo haya conocido, y no es del agrado del Señor Jesús que los súbditos de su reino, por los que Él murió, sean educados de tal manera que sean llevados a colocar la sabiduría de los hombres en la vanguardia, y deleguen a la sabiduría de Dios, como se revela en su santa palabra, un lugar en la retaguardia. La verdadera educación es la que capacitará a los niños y a los jóvenes para la vida que ahora es, y en referencia a la que está por venir; para una herencia en ese país mejor, el cielo. Deben ser entrenados para el país que los patriarcas y los profetas esperaban. "Todos estos murieron en la fe, sin haber recibido las promesas, pero habiéndolas visto de lejos, se persuadieron de ellas y las abrazaron, y confesaron que eran extranjeros y peregrinos en la tierra. Porque los que dicen tales cosas declaran claramente que buscan un país. Y en verdad, si hubieran tenido presente aquel país del que salieron, podrían haber tenido la oportunidad de haber regresado. Pero ahora desean un país mejor, es decir, uno celestial; por lo que Dios no se avergüenza de ser llamado su Dios, pues les ha preparado una ciudad".

El método general de educar a la juventud no cumple con la norma de la verdadera educación. Los sentimientos infieles se entremezclan en la materia colocada en los libros escolares, y los oráculos de Dios se colocan bajo una luz cuestionable o incluso objetable. Así, las mentes de los jóvenes se familiarizan con las sugerencias de Satanás, y las dudas que una vez se plantearon se convierten, para quienes las mantienen, en hechos seguros, y la investigación científica se vuelve engañosa por la forma en que se interpretan y pervierten sus descubrimientos. Los hombres se encargan de refrenar la palabra de Dios ante un tribunal finito, y se dicta sentencia sobre la inspiración de Dios según la medida finita, y se hace aparecer la verdad de Dios como algo incierto ante los registros de la ciencia. Estos falsos educadores exaltan a la naturaleza por encima del Dios de la naturaleza, y por encima del Autor de toda ciencia verdadera. En el mismo momento en que los educadores deberían haber sido firmes e inquebrantables en su testimonio, en el mismo momento en que debería haberse puesto de manifiesto que sus almas estaban clavadas en la Roca eterna, cuando deberían haber sido capaces de inspirar fe a los que dudaban, han admitido su propia incertidumbre en cuanto a si la palabra de Dios o los descubrimientos de la ciencia, falsamente llamada así, eran verdaderos. Aquellos que eran verdaderamente conscientes han sido hechos vacilar en su fe debido a la vacilación de aquellos que eran profesos expositores de la Biblia cuando trataban con los oráculos vivientes. Satanás se ha aprovechado de la incertidumbre de la mente, y a través de agencias invisibles, se ha agolpado en sus sofismas, y ha hecho que los hombres se ofusquen en las brumas del escepticismo.

Hombres eruditos han dado conferencias en las que se han mezclado la verdad y el error; pero han desequilibrado las mentes de aquellos que se inclinaban hacia el error en lugar de hacia la verdad. Los sofismas bien fabricados de los llamados sabios tienen un encanto para cierta clase de estudiantes; pero la impresión que estas conferencias dejan en la mente es que el Dios de la naturaleza está restringido por sus propias leyes. La inmutabilidad de la naturaleza ha sido ampliamente tratada, y las teorías escépticas han sido fácilmente adoptadas por aquellos cuyas mentes eligieron la atmósfera de la duda, porque no estaban en armonía con la santa ley de Dios, el fundamento de su gobierno en el cielo y la tierra. Su tendencia natural a la maldad les facilitó la elección de caminos falsos, y la duda sobre la credibilidad de los registros y la historia tanto del Antiguo como del Nuevo Testamento. Estando ellos mismos envenenados con el error, han observado cada oportunidad para sembrar las semillas de la duda en otras mentes. Se exalta a la naturaleza por encima del Dios de la naturaleza, y se destruye la simplicidad de la fe; pues se hace que el fundamento de la fe parezca incierto. Empañadas en el escepticismo, las mentes de los que dudan se dejan golpear en las rocas de la infidelidad. – *The Youth's Instructor*, 31 de enero de 1895.

Cuidado con las imitaciones

La asociación con hombres eruditos es más valorada por algunos que la comunión con el Dios del cielo. Se piensa que las declaraciones de los hombres eruditos tienen más valor que la más alta sabiduría revelada en la palabra de Dios. Pero mientras la infidelidad levanta orgullosamente su cabeza, el Cielo contempla la vanidad y la nulidad del razonamiento humano; porque el hombre en sí mismo es una vanidad. Todo el mérito, toda la dignidad moral de los hombres ha sido suya simplemente en y por los méritos de Jesucristo. ¿Qué son, pues, las especulaciones de las mentes más grandes de los hombres más grandes que han existido? Sin embargo, los hombres anteponen sus razonamientos humanos a la voluntad revelada de Dios, y presentan al mundo lo que pretenden que es una sabiduría más elevada que la sabiduría del Eterno. En sus vanas imaginaciones, quieren derribar la economía del cielo para adaptarla a sus propias inclinaciones y deseos.

El gran Dios tiene una ley por la cual gobernar Su reino, y aquellos que pisotean esa ley encontrarán un día que son susceptibles a sus estatutos. El remedio para la transgresión no se encuentra en declarar que la ley está abolida. Abolir la ley sería deshonrarla y despreciar al Legislador. El único escape para el transgresor de la ley se encuentra en el Señor Jesucristo; pues mediante la gracia y la expiación del Hijo unigénito de Dios, el pecador puede ser salvado y la ley vindicada. Los hombres que desfilan ante el mundo como maravillosos especímenes de grandeza, y al mismo tiempo pisotean la voluntad revelada de Dios, revisten al hombre de honor y hablan de la perfección de su naturaleza. Pintan un cuadro muy bonito, pero es una ilusión, un engaño halagador, pues caminan en las chispas de su propio fuego.

Los que presentan una doctrina contraria a la de la Biblia, se dejan guiar por el gran apóstata que fue expulsado de los atrios de Dios. De él, antes de su caída, se escribió: "Tú sellaste la suma, lleno de sabiduría y perfecto en belleza. Estuviste en el Edén, el jardín de Dios; toda piedra preciosa fue tu cubierta. . . . Tú eres el querubín ungido que cubre, y así te he puesto: estuviste en el santo monte de Dios; subiste y bajaste en medio de las piedras de fuego. Fuiste perfecto en tus caminos desde el día en que fuiste creado, hasta que se encontró en ti la iniquidad. . . . Tu corazón se enalteció a causa de tu belleza, corrompiste tu sabiduría a causa de tu brillo; te arrojaré al suelo, te pondré delante de los reyes para que te contemplen. . . . Te reduciré a cenizas en la tierra a la vista de todos los que te contemplan. Todos los que te conocen en el pueblo se asombrarán de ti: serás un terror, y nunca más serás".

Con un líder así, a saber, un ángel expulsado del cielo, estos supuestos sabios de la tierra pueden fabricar teorías hechizantes con las que infatuar las mentes de los hombres. Pablo dijo a los gálatas: "¿Quién os ha hechizado para que no obedezcáis la verdad?" Satanás tiene una mente magistral, y tiene sus agentes elegidos mediante los cuales trabaja para exaltar a los hombres, y revestirlos de honor por encima de Dios. Pero Dios está revestido de poder; es capaz de tomar a los que están muertos en delitos y pecados, y por la operación del Espíritu que resucitó a Jesús de entre los muertos, transformar el carácter humano, devolviendo al alma la imagen perdida de Dios. Los que creen en Jesucristo son cambiados de ser rebeldes contra la ley de Dios a siervos obedientes y súbditos de su reino. Nacen de nuevo, son regenerados y santificados por medio de la verdad. Este poder de Dios el escéptico no lo admite, y rechaza toda evidencia hasta que la pone bajo el dominio de sus facultades finitas. Incluso se atreve a dejar de lado la ley de Dios, y a prescribir el límite del poder de Jehová. Pero Dios ha dicho: "Destruiré la sabiduría de los sabios, y haré desaparecer el entendimiento de los prudentes. ¿Dónde está el sabio?, ¿dónde está el escriba?, ¿dónde está el disputador de este mundo?, ¿no ha hecho Dios insensata la sabiduría de este mundo? Porque después de que en la sabiduría de Dios el mundo no conoció a Dios, le agradó a Dios salvar a los creyentes por medio de la locura de la predicación. Porque los judíos exigen una señal, y los griegos buscan la sabiduría; pero nosotros predicamos a Cristo crucificado, para los judíos una piedra de tropiezo, y para los griegos una necedad; pero para los llamados, tanto judíos como griegos, Cristo es el poder de Dios y la sabiduría de Dios" -*The Youth's Instructor*, 7 de febrero de 1895.

Una preparación rápida para la obra

Llevo varias noches muy perpleja. Estoy tan preocupada que no puedo dormir bien. Se me están planteando cosas que debo presentar ante ustedes.

Los profesores de nuestras escuelas en el sanatorio y el colegio de Battle Creek deben estar en guardia constantemente, no sea que sus planes y su gestión depriman y apaguen la fe de los estudiantes cuyos corazones han sido profundamente impresionados por el Espíritu Santo. Han oído la voz de Jesús diciendo: "Hijo, ve a trabajar hoy en mi viña". Sienten la necesidad de un curso de estudio adecuado para que puedan estar preparados para trabajar para el Maestro, y se debe hacer todo lo posible para acelerar su avance; sin embargo, el objeto de su educación debe mantenerse constantemente a la vista. No debe aconsejarse ni permitirse un retraso innecesario. Las personas que se han comprometido a ayudar a sostener a los estudiantes durante su curso de estudio sufren grandes pérdidas tanto de tiempo como de dinero gastado imprudentemente. Estas personas han manifestado su seriedad y voluntad de ayudar; pero se desaniman al ver que se prolonga el tiempo originalmente estimado como necesario para que los estudiantes reciban una preparación para el trabajo, y aun así se anima a los estudiantes a tomar otro curso de estudio a costa suya. Pasan los años; y aún se insiste a los alumnos en la necesidad de más educación. Este proceso prolongado, añadiendo y añadiendo más tiempo y más ramas, es una de las trampas de Satanás para retrasar a los obreros.

Los propios estudiantes no pensarían en semejante demora para entrar en el trabajo, si no les instaran a ello quienes se supone que son pastores y guardianes, y que son sus maestros y médicos. Si tuviéramos mil años por delante, tal profundidad de conocimiento no sería necesaria, aunque podría ser mucho más apropiada; pero ahora nuestro tiempo es limitado. "Si oyereis hoy su voz, no endurezcáis vuestros corazones".

No somos de esa clase que define el período exacto de tiempo que ha de transcurrir antes de la venida de Jesús por segunda vez con poder y gran gloria. Algunos han fijado un tiempo, y cuando éste ha pasado, sus espíritus presuntuosos no han aceptado la reprimenda, sino que han fijado otro y otro tiempo; pero muchos fracasos sucesivos los han sellado como falsos profetas. "Las cosas secretas pertenecen a Jehová nuestro Dios; más las reveladas son para nosotros y para nuestros hijos para siempre". A pesar de que hay falsos profetas, también hay quienes predican la verdad tal como la señalan las Escrituras. Con profunda seriedad, con fe honesta e impulsados por el Espíritu Santo, están agitando las mentes y los corazones mostrándoles que estamos viviendo cerca de la segunda venida de Cristo; pero el día y la hora de su aparición están más allá del conocimiento del hombre; porque "Del día y la hora nadie sabe, ni aun los ángeles de los cielos, sino solo mi Padre."

Pero hay un día que Dios ha señalado para el cierre de la historia de este mundo: "Y será predicado este evangelio del reino en todo el mundo, para testimonio a todas las naciones; y entonces vendrá el fin". La profecía se está cumpliendo rápidamente. Habría que decir más, mucho más, sobre estos temas tremendamente importantes. Se acerca el día en que el destino de cada alma quedará fijado para siempre. Este día del Señor se acelera a toda velocidad. Los falsos vigilantes están lanzando el grito: "Todo está bien"; pero el día de Dios se acerca rápidamente. Sus pasos son tan apagados que no despiertan al mundo del letargo en el que ha caído. Mientras los centinelas gritan: "Paz y seguridad", les sobreviene la "destrucción repentina", de la que no escaparán; "Porque como un lazo vendrá sobre todos los que habitan sobre la faz de toda la tierra". Alcanza al amante del placer y al hombre pecador como un ladrón en la noche. Cuando todo está aparentemente seguro, y los hombres se retiran al descanso satisfecho, entonces el ladrón merodeador y sigiloso de la medianoche roba su presa. Cuando es demasiado tarde para evitar el mal, se descubre que alguna puerta o ventana no estaba asegurada. "Por tanto, también vosotros estad preparados; porque el Hijo del Hombre vendrá a la hora que no pensáis". La gente se instala ahora a descansar, imaginándose segura bajo las iglesias populares; pero que todos tengan cuidado, no sea que quede un lugar abierto para que el enemigo logre entrar. Deben tomarse grandes esfuerzos para mantener este tema ante la gente. Hay que mantener el hecho solemne de que el día del Señor vendrá repentina e inesperadamente no sólo ante la gente del mundo, sino también ante nuestras propias iglesias. La temible advertencia de la profecía se dirige a cada alma. Que nadie sienta que está seguro del peligro de ser sorprendido. Que ninguna interpretación de la profecía le robe la convicción del conocimiento de los acontecimientos que muestran que este gran evento está cerca.

El dinero que se ha gastado en edificios adicionales y en ampliaciones de los existentes en Battle Creek, debería haberse utilizado para crear instalaciones para llevar a cabo la obra en lugares en donde no se hace nada en absoluto. A Dios no le agrada la forma en que se ha dispuesto de sus bienes. No hay respeto de lugares ni de personas con él.

La práctica de proporcionar a unas pocas personas todas las ventajas para perfeccionar su educación en tantas líneas que les sería imposible hacer uso de todas ellas, es un perjuicio más que un beneficio para quien tiene tantas ventajas, además de que se priva a otros de los privilegios que tanto necesitan. Si hubiera mucho menos de esta preparación largamente continuada y mucho menos devoción exclusiva al estudio solamente, habría muchas más oportunidades para un aumento de la fe del estudiante en Dios. Aquel que dedica todas sus energías sólo a sus estudios durante mucho tiempo, se fascina, -- se absorbe realmente en sus libros, y pierde de vista el objetivo por el que empezó cuando vino a la escuela. Se me ha demostrado que algunos de los estudiantes están perdiendo su espiritualidad, que su fe se está debilitando y que no mantienen una comunión constante con Dios. Pasan casi todo su tiempo en la lectura de libros; parece que eso es todo lo que saben. Pero ¿qué ventaja supondrá para ellos toda esta preparación? ¿Qué beneficio obtendrán por todo el tiempo y el dinero gastados? Les digo que será peor que lo perdido. Debe haber menos de este tipo de trabajo, y más fe en el poder de Dios. El pueblo amante de los mandamientos de Dios debe dar testimonio al mundo de su fe con sus obras.

Cuando los estudiantes vienen a Battle Creek desde largas distancias y con grandes gastos esperando recibir instrucción sobre cómo llegar a ser misioneros de éxito, esa idea no debe perderse de vista en una variedad de estudios. Considere a Moisés; la única gran carga de su alma era que la presencia de Dios estuviera con él, y que pudiera contemplar su gloria. Pero si a los estudiantes se les dan más estudios de los que son absolutamente necesarios, se calcula que les hará olvidar el verdadero objeto de su venida a Battle Creek. Ahora es el momento en que es esencial que sólo se haga el trabajo necesario. Los largos años de preparación no son una necesidad positiva. La preparación de los estudiantes se ha gestionado según el mismo principio que las operaciones de construcción. Se ha añadido la construcción a la construcción, simplemente para hacer las cosas un poco más convenientes y completas. Dios está llamando, y ha estado llamando durante años, a una reforma en estas líneas. Él desea que no haya un desembolso innecesario de medios. El Señor no está a favor de que se gaste tanto tiempo y dinero en unas pocas personas que vienen a Battle Creek para obtener una mejor preparación para el trabajo. En todos los casos debe haber una consideración muy cuidadosa en cuanto a la mejor manera de gastar el dinero en la educación de los estudiantes. Mientras se gasta tanto para poner a unos pocos en un curso exhaustivo de estudio, hay muchos que están sedientos de los conocimientos que podrían obtener en unos pocos meses; uno o dos años se considerarían una gran bendición. Si se emplean todos los medios en hacer pasar a unos pocos por varios años de estudio, muchos jóvenes igual de dignos no podrán recibir ninguna ayuda.

Espero que los directores de la escuela y el sanatorio de Battle Creek consideren este asunto con oración, inteligencia y sin parcialidad. En lugar de educar en exceso a unos pocos, amplíen la esfera de sus obras de caridad. Resuelvan que los medios que se pretenden utilizar para educar a los trabajadores de la causa no se gasten simplemente en uno, permitiéndole obtener más de lo que realmente necesita, mientras otros se quedan sin nada. Dé a los estudiantes un comienzo, pero no sienta que es su deber llevarlos año tras año. Es su deber salir al campo a trabajar, y a usted le corresponde extender su caridad a otros que necesitan ayuda.

La obra de Cristo no se realizó de manera que deslumbrara a los hombres con sus habilidades superiores. Salió del seno del Todopoderoso, y podría haber asombrado al mundo con los grandes y gloriosos conocimientos que poseía; sin embargo, fue reticente y poco comunicativo. No era su misión abrumar con la inmensidad de sus talentos, sino caminar con mansedumbre y humildad, para poder instruir a los ignorantes en los caminos de la salvación. Una devoción demasiado grande al estudio, incluso de la verdadera ciencia, crea un apetito anormal, que aumenta a medida que se alimenta. Esto crea un deseo de obtener más conocimiento del que es esencial para hacer la obra del Señor. La búsqueda del conocimiento meramente por su propio bien desvía la mente de la devoción a Dios, frena el avance por el camino de la santidad práctica, e impide a las almas viajar por el camino que conduce a una vida más santa y feliz. El Señor Jesús impartió sólo la medida de instrucción que podía ser utilizada. Hermanos míos, su manera de representar la necesidad de años de estudio no es agradable a Dios.

El Señor Jesús quiere que los hombres comercien con sus talentos, y Jesús ha prometido que dará gracia por gracia. A medida que demos a otros, recibiremos más ricamente. Y mientras trabajamos así, la mente no se obstruirá con una masa de materia que se ha amontonado en ella sin oportunidad de impartir lo que se ha recibido. El estudiante se convierte en un dispéptico mental al estar atiborrado de mucho que no puede utilizar. Se ha desperdiciado mucho tiempo, y se ha obstaculizado la utilidad progresiva de los estudiantes, por la enseñanza de aquello que no puede ser utilizado por el Espíritu de Dios.

Los que vienen a la escuela de Battle Creek deben ser impulsados rápida y completamente a través de un curso de estudio que sea de valor práctico para el desarrollo saludable del cuerpo y la actividad santa del alma. En su evangelio, Dios habla no sólo para beneficiar el crecimiento de la capacidad mental del hombre, sino para instruir cómo se pueden avivar los sentidos morales. Esto se ilustra en el caso de Daniel y los tres hebreos. Ellos mantuvieron el temor y el amor de Dios siempre ante ellos, y el resultado se registra como sigue: "A estos cuatro muchachos Dios les dio conocimiento e inteligencia en todas las letras y ciencias; y Daniel tuvo entendimiento en toda visión y sueños".

Cristo dijo: "Antes bienaventurados los que oyen la palabra de Dios y la guardan". Sólo el pan de vida puede satisfacer el alma hambrienta. Sólo el agua de la vida calmará la sed del alma sedienta. Las mentes de los discípulos estaban a menudo excitadas por la curiosidad, pero en lugar de gratificar su deseo de saber cosas que no eran necesarias para la correcta realización de su trabajo, él abrió nuevos canales de pensamiento a sus mentes. Les dio una instrucción muy necesaria sobre la piedad práctica.

Las muchas ramas que los estudiantes son inducidos a tomar en sus estudios, reteniéndolos de la obra durante años, no están en el orden de Dios. Cristo vino a buscar y salvar lo que estaba perdido. Cuando dijo: "Sígueme", asumió la posición de instructor. Toda la luz que trajo a los hombres desde el cielo ha de servir para revelar a los hombres el pozo de destrucción en el que han sido sumidos por sus pecados, y para señalarles

Una preparación rápida para la obra 235

el único camino que puede recorrerse con esperanza de alcanzar un lugar seguro. Los brillantes rayos del Sol de Justicia brillan sobre este camino, y el caminante, aunque sea un necio, no tiene por qué equivocarse en él. Los que vienen a Battle Creek no deben ser animados a absorber varios años en el estudio.

La intemperancia en el estudio es una especie de intoxicación, y los que se entregan a ella, como el borracho, se alejan de los caminos seguros y tropiezan y caen en la oscuridad. El Señor quiere que cada estudiante tenga en mente que la mirada debe mantenerse única para la gloria de Dios. No deben agotar y malgastar sus poderes físicos y mentales buscando adquirir todo el conocimiento posible de las ciencias; sino que cada individuo debe preservar la frescura y el vigor de todos sus poderes para dedicarse a la labor que el Señor le ha asignado de ayudar a las almas a encontrar el camino de la justicia. Todos deben conservar el vigor de su vida, su energía anímica y sus ambiciones, y prepararse para dejar sus estudios en la escuela, y emprender los estudios más prácticos en la esfera de la actividad, donde los ángeles cooperan con ellos. Las inteligencias del cielo trabajarán a través de los agentes humanos. El mandato del cielo es hacer, trabajar; hacer algo que refleje la gloria de Dios al ser un beneficio para nuestros semejantes que están listos para perecer.

Existe un gran peligro de que los alumnos de las escuelas no aprendan la importantísima lección que nuestro Maestro quiere que se les enseñe. Esta lección se nos transmite en la siguiente escritura: "Llevad mi yugo sobre vosotros, y aprended de mí, que soy manso y humilde de corazón; y hallaréis descanso para vuestras almas; porque mi yugo es fácil, y ligera mi carga". Algunos no sólo no han aprendido a llevar el yugo del Jesús manso y humilde, sino que han sido incapaces de resistir las tentaciones que les han rodeado. Jóvenes inexpertos que han viajado largas distancias para obtener las ventajas de una educación en nuestra escuela han perdido su dominio de Jesús. Estas cosas no deberían ser así.

El Señor no elige ni acepta a los obreros según las numerosas ventajas que hayan disfrutado, o según la educación superior que hayan recibido. El valor del agente humano se estima según la capacidad del corazón para conocer y comprender a Dios. "Tú, pues, hijo mío, esfuérzate en la gracia que es en Cristo Jesús. Lo que has oído de mí ante muchos testigos, esto encarga a hombres fieles que sean idóneos para enseñar también a otros. Tú, pues, sufre penalidades como buen soldado de Jesucristo". El mayor bien posible se obtiene mediante el conocimiento de Dios. "Y esta es la vida eterna: que te conozcan a ti, el único Dios verdadero, y a Jesucristo, a quien has enviado".

Este conocimiento es el manantial secreto del que fluye todo el poder. Es a través del ejercicio de la facultad de la fe que somos capaces de recibir y practicar la palabra de Dios. No se puede aceptar ninguna excusa, ni recibir ningún argumento de justificación por no conocer y comprender la voluntad del Señor. El Señor iluminará el corazón del que le es fiel.

Él puede leer los pensamientos y las intenciones del corazón. Es inútil alegar que, si hubiera sido así y así, habríamos hecho tal y tal cosa. No hay ningún "si" sobre los requisitos de Dios; su palabra es sí y amén. No puede haber ninguna duda en el corazón de la fe en cuanto al poder de Dios para cumplir sus promesas. La fe pura obra por amor, y purifica el alma.

Al padre angustiado, que buscaba que el tierno amor y la piedad de Cristo se ejercieran en favor de su afligido hijo, Jesús le dijo "Si puedes creer, al que cree todo le es posible". Todo es posible con Dios, y por la fe podemos asirnos a su poder. Pero la fe no es vista; la fe no es sentimiento; la fe no es realidad. "Es, pues, la fe la certeza de lo que se espera, la convicción de lo que no se ve". Permanecer en la fe es dejar de lado el sentimiento y los deseos egoístas, caminar humildemente con el Señor, apropiarse de sus promesas y aplicarlas en todas las ocasiones, creyendo que Dios realizará sus propios planes y propósitos en su corazón y en su vida mediante la santificación de su carácter; es confiar entera e implícitamente en la fidelidad de Dios. Si se sigue este curso, los demás verán los frutos especiales del Espíritu manifestados en la vida y el carácter.

La educación que recibió Moisés, como nieto del rey, fue muy completa. No se descuidó nada que estuviera calculado para hacer de él un hombre sabio, tal como los egipcios entendían la sabiduría. Esta educación le sirvió de ayuda en muchos aspectos; pero la parte más valiosa de su preparación para el trabajo de su vida fue la que recibió mientras estaba empleado como pastor. Mientras conducía sus rebaños a través de las zonas salvajes de las montañas y en los verdes pastos de los valles, el Dios de la naturaleza le enseñó la más alta y grandiosa sabiduría. En la escuela de la naturaleza, con el propio Cristo como maestro, contempló y aprendió lecciones sobre humildad, mansedumbre, fe y confianza, y sobre una manera humilde de vivir, todo lo cual acercó su alma a Dios. En la soledad de las montañas aprendió lo que toda su instrucción en el palacio del rey fue incapaz de impartirle: una fe sencilla e inquebrantable y una confianza constante en el Señor.

Moisés suponía que su educación en la sabiduría de Egipto le había capacitado plenamente para sacar a Israel de la esclavitud. ¿No había aprendido todo lo necesario para un general de ejércitos? ¿No había tenido las mayores ventajas de las mejores escuelas de la tierra? Sí; se sentía capaz de liberarlos. Primero se puso a trabajar tratando de ganarse el favor de su propio pueblo reparando sus agravios. Mató a un egipcio que se imponía a uno de sus hermanos. En esto manifestó el espíritu de aquel que fue un asesino desde el principio, y demostró ser incapaz de representar al Dios de la misericordia, el amor y la ternura. Fracasó miserablemente en su primer intento. Como muchos otros, perdió entonces inmediatamente su confianza en Dios, y dio la espalda a la obra que le había sido asignada; huyó de la ira del Faraón. Llegó a la conclusión de que, debido a su error, a su gran pecado al quitarle la vida al cruel egipcio, Dios no le permitiría tener ninguna participación en la obra de liberar a su pueblo de su cruel esclavitud. Pero el Señor permitió estas cosas para poder enseñarle la gentileza, la bondad y la longanimidad que es necesario que posea todo obrero para el Maestro; pues son estas características las que constituyen al obrero exitoso en la causa del Señor.

El conocimiento de los atributos del carácter de Cristo Jesús no puede obtenerse mediante la más alta educación en las escuelas más científicas. Esta sabiduría se aprende sólo del Gran Maestro. Las lecciones de la mansedumbre semejante a la de Cristo, la humildad de corazón y la reverencia por las cosas sagradas no se enseñan en ningún lugar de manera eficaz sino en la escuela de Cristo. A Moisés se le había enseñado a esperar halagos y alabanzas debido a sus capacidades superiores; pero ahora debía aprender una lección diferente. Como pastor de ovejas, a Moisés se le enseñó a cuidar de los afligidos, a atender a los enfermos, a buscar pacientemente a los descarriados, a soportar largamente a los revoltosos, a suplir con amorosa solicitud las carencias de los corderos jóvenes y las necesidades de los viejos y débiles. A medida que se desarrollaban estas fases de su carácter, se acercaba más a su Pastor Principal. Se unió, se sumergió en el Santo de Israel. Creyó en el gran Dios. Mantuvo la comunión con el Padre a través de la oración humilde. Buscó en el Altísimo una educación en las cosas espirituales y el conocimiento de su deber como pastor fiel. Su vida se vinculó tan estrechamente con el cielo que Dios habló con él cara a cara.

Preparado de esta forma, estaba dispuesto a atender la llamada de Dios para cambiar su cayado de pastor por la vara de la autoridad y a dejar su rebaño de ovejas para asumir el liderazgo de más de un millón de personas idólatras y rebeldes. Pero debía depender del Líder invisible. Así como la vara era simplemente un instrumento en su mano, él debía ser un instrumento dispuesto a ser trabajado por la mano de Jesucristo. Moisés fue seleccionado para ser el pastor del propio pueblo de Dios, y fue a través de su fe firme y de su permanente confianza en el Señor que tantas bendiciones llegaron a los hijos de Israel. El Señor Jesús busca la cooperación de aquellos hombres que se conviertan en canales sin obstáculos a través de los cuales las riquezas del cielo puedan ser derramadas sobre el pueblo de su amor. Él trabaja a través del hombre para la elevación y la salvación de sus elegidos.

Moisés fue llamado a trabajar en coparticipación con el Señor, y fue la sencillez de su carácter, combinada con una educación práctica, lo que lo constituyó en un hombre tan representativo. En el mismo apogeo de su gloria humana, el Señor permitió a Moisés revelar la necedad de la sabiduría del hombre y la debilidad de la fuerza humana, para que pudiera ser llevado a comprender su total impotencia, y su ineficacia sin ser sostenido por el Señor Jesús.

La temeridad de Moisés al matar al egipcio fue impulsada por un espíritu presuntuoso. La fe se mueve en la fuerza y la sabiduría de Dios, y no en los caminos de los hombres. Con una fe simple, Moisés fue capaz de atravesar las dificultades y superar obstáculos que parecían casi insuperables. Cuando se apoyó en Él, sin confiar en su propio poder, el poderoso General de los ejércitos fue fiel a Israel. Los libró de muchas dificultades de las que nunca habrían podido escapar si se les hubiera dejado solos. Dios pudo manifestar su gran poder a través de Moisés debido a su fe constante en el poder y en las intenciones amorosas de su Libertador. Fue esta fe implícita en Dios la que hizo de Moisés lo que era. Según todo lo que el Señor le ordenó, así lo hizo. Sin embargo, todo el aprendizaje de los sabios no pudo hacer de él un canal a través del cual el Señor pudiera obrar, hasta que perdió su confianza en sí mismo, y se dio cuenta de su propia impotencia y puso su confianza en Dios; hasta que estuvo dispuesto a obedecer las órdenes de Dios, le parecieran o no adecuadas a su razón humana.

Aquellas personas que se niegan a avanzar hasta que ven cada paso claramente marcado ante ellos, nunca lograrán mucho; pero todo hombre que muestra su fe y confianza en Dios sometiéndose voluntariamente a él, soportando la disciplina divina impuesta, se convertirá en un exitoso trabajador para el Amo de la viña. En sus esfuerzos por capacitarse para ser colaboradores de Dios, los hombres se colocan con frecuencia en posiciones tales que los descalifican por completo para el moldeado y la formación que el Señor desea darles. Así no se encuentran llevando, como Moisés, la semejanza divina. Al someterse a la disciplina de Dios, Moisés se convirtió en un canal santificado a través del cual el Señor podía trabajar. No dudó en cambiar su camino por el del Señor, aunque éste le llevara por sendas extrañas y por caminos no probados. No se permitió hacer uso de su educación mostrando la irracionalidad de los mandatos de Dios y la imposibilidad de obedecerlos. No; puso una estimación muy baja sobre sus propias calificaciones para completar con éxito la gran obra que el Señor le había encomendado. Cuando comenzó su comisión de liberar al pueblo de Dios de su esclavitud, a todas las apariencias humanas era una empresa de lo más desesperada; pero confió en aquel con quien todo es posible.

Muchos en nuestros días han tenido oportunidades mucho mejores y han disfrutado de privilegios mucho mayores para obtener un conocimiento de Dios que Moisés; pero su fe avergüenza la manifiesta incredulidad de ellos. Por orden de Dios, Moisés avanzó, aunque no había nada por delante que sus pies pudieran pisar. Más de un millón de personas dependían de él, pero los condujo hacia adelante paso a paso, día a día. Dios permitió estos viajes solitarios por el desierto para que obtuvieran experiencia en soportar las dificultades, y para que, cuando estuvieran en peligro, supieran que sólo en Dios había alivio y liberación, y para que así aprendieran a conocer a Dios y a confiar en él, y a servirle con una fe viva. No fueron las enseñanzas de las escuelas de Egipto las que permitieron a Moisés triunfar sobre todos sus enemigos, sino una fe siempre constante, una fe inquebrantable, una fe que no fallaba en las circunstancias más difíciles.

Cuando Dios ordenó a Moisés que hiciera algo, lo hizo sin detenerse a considerar cuáles podrían ser las consecuencias. Atribuía a Dios la sabiduría de saber lo que quería decir y la firmeza de propósito de querer decir lo que decía; y por eso Moisés actuaba como si viera lo Invisible. Dios no busca hombres con una educación perfecta. Su obra no consiste en esperar a que sus siervos pasen por preparaciones tan maravillosamente elaboradas como las que nuestras escuelas planean dar; pero el Señor quiere hombres que aprecien el privilegio de ser obreros junto con Dios, hombres que le honren rindiendo obediencia implícita a sus requisitos, independientemente de las teorías previamente inculcadas. No hay límite para la utilidad de aquellos que se ponen a un lado, dejan lugar para la obra del Espíritu Santo en sus corazones, y viven vidas totalmente santificadas al servicio de Dios, soportando la disciplina necesaria impuesta por el Señor sin quejarse o desmayar en el camino. Si no desmayan ante la represión del Señor y se vuelven duros de corazón y obstinados, el Señor enseñará tanto a jóvenes como a ancianos, hora tras hora, día tras día. Él anhela revelar Su salvación a los hijos de los hombres; y si Su pueblo elegido elimina las obstrucciones, Él derramará las aguas de la salvación en abundantes corrientes a través de los canales humanos.

Muchos de los que buscan la eficiencia para la exaltada obra de Dios perfeccionando su educación en las escuelas de los hombres, encontrarán que han fracasado en el aprendizaje de las lecciones más importantes que el Señor les enseñaría. Al descuidar el someterse a las impresiones del Espíritu Santo y al no vivir en obediencia a todos los requerimientos de Dios, su eficiencia espiritual se ha debilitado; han perdido la capacidad que tenían para realizar una obra exitosa para el Señor. Al ausentarse de la escuela de Cristo, han olvidado el sonido de la voz del Maestro, y éste no puede dirigir su curso. Los hombres pueden adquirir todo el conocimiento posible de impartir por el maestro humano; pero hay una sabiduría aún mayor que les exige Dios. Como Moisés, deben aprender la mansedumbre, la humildad de corazón y la desconfianza en sí mismos. Nuestro Salvador mismo, llevando la prueba por la humanidad, reconoció que de sí mismo no podía hacer nada. También debemos aprender que no hay fuerza en la humanidad sola. El hombre se vuelve eficiente sólo al hacerse partícipe de la naturaleza divina.

Desde la primera vez que se abre un libro, el candidato a la educación debería reconocer a Dios como el que imparte la verdadera sabiduría. Debe buscar su consejo en cada paso del camino. No debe hacerse ningún arreglo en el que Dios no pueda ser parte, ni formarse ninguna unión que él no apruebe. El Autor de la sabiduría debe ser reconocido como el Guía desde el principio hasta el final. De este modo, el conocimiento obtenido de los libros estará ligado a una fe viva en el Dios infinito. El estudiante no debe permitirse estar atado a ningún curso particular de estudios que implique largos períodos de tiempo, sino que debe ser guiado en tales asuntos por el Espíritu de Dios.

Un curso de estudio en Ann Arbor puede considerarse esencial para algunos; pero las influencias malignas están siempre actuando sobre las mentes susceptibles, de modo que cuanto más avanzan en sus estudios, menos consideran necesario buscar un conocimiento de la voluntad y los caminos de Dios. No se debe permitir a ninguno seguir un curso de estudio que pueda debilitar de alguna manera su fe en la verdad y en el poder del Señor, o disminuir su respeto por una vida de santidad. Quisiera advertir a los estudiantes que no avancen ni un paso en estas líneas, ni siquiera por consejo de sus instructores u hombres en posiciones de autoridad, a menos que primero hayan buscado a Dios individualmente, con sus corazones abiertos a la influencia del Espíritu Santo, y hayan obtenido su consejo respecto al curso de estudio contemplado. Dejen de lado todo deseo egoísta de distinguirse; lleven toda sugerencia de la humanidad a Dios, confiando en la guía del Espíritu Santo; toda ambición impía debe ser borrada, no sea que el Señor diga: "Yo he visto al necio que echaba raíces, y en la misma hora maldije su habitación". Cada uno debe moverse de manera que pueda decir: "Tú, Señor, me conoces: me has visto y has probado mi corazón hacia ti". "Tú, Dios, me has visto". El Señor pesa cada motivo. Él es un discernidor de los pensamientos, intenciones y propósitos del corazón. Sin Dios estamos sin esperanza; por lo tanto, fijemos nuestra fe en él. "Porque tú, oh, Señor Jehová, eres mi Esperanza, seguridad mía desde mi juventud".

Todo barco que navega por el mar de la vida necesita tener al Piloto Divino a bordo; pero cuando surgen las tormentas, cuando las tempestades amenazan, muchas personas empujan a su Piloto por la borda, y confían su barca a la mano del hombre finito, o tratan de dirigirla ellos mismos. Entonces, por lo general, se produce un desastre y un naufragio, y se culpa al Piloto por haberlos llevado a aguas tan peligrosas. No os encomendéis a la custodia de los hombres, sino decid: "El Señor es mi ayudante"; buscaré su consejo, seré un hacedor de su voluntad. Todas las ventajas que puedas tener no pueden ser una bendición para ti, ni la educación de mayor clase puede calificarte para convertirte en un canal de luz, a menos que tengas la cooperación del Espíritu Divino. Es tan imposible para nosotros recibir la capacitación por parte del hombre sin la iluminación divina, como lo fue para los dioses de Egipto liberar a aquellos que confiaron en ellos. Los estudiantes no deben suponer que toda sugerencia para que prolonguen sus estudios está en armonía con el plan de Dios. Lleven cada sugerencia de este tipo al Señor en oración, y busquen seriamente su guía, no sólo una vez, sino una y otra vez. Supliquenle, hasta que se convenzan de si el consejo es de Dios o de un hombre. No se confíen a los hombres. Actúen bajo la guía divina.

Usted ha sido elegido por Cristo. Ha sido redimido por la preciosa sangre del Cordero. Reclame ante Dios la eficacia de esa sangre. Dígale: "Soy tuyo por creación; soy tuyo por redención. Respeto la autoridad humana, y el consejo de mis hermanos; pero no puedo depender totalmente de ellos. Quiero que tú, oh, Dios, me enseñes. He hecho un pacto contigo para adoptar el estándar divino de carácter, y hacerte mi consejero y guía en una parte de cada plan de mi vida; por lo tanto, enséñame". Deje que la gloria del Señor sea su primera consideración. Reprima todo deseo de distinción mundana, toda ambición de asegurarse el primer lugar. Fomente la pureza y la santidad del corazón, para que pueda representar los verdaderos principios del Evangelio. Deje que cada acto de su vida sea santificado por un santo esfuerzo por hacer la voluntad del Señor, para que su influencia no lleve a otros a caminos prohibidos. Cuando Dios sea el líder, su justicia irá delante suya, y la gloria del Señor será su retaguardia.

El Señor dice: "Velad y orad para que no entréis en tentación". El consejo de sus propios hermanos puede hacer que se desvíe del camino que el Señor le ha marcado para que camine; porque las mentes de los hombres no siempre están bajo el control del Espíritu Santo. "Velad" para que vuestros estudios no se acumulen hasta alcanzar tales proporciones, y lleguen a tener un interés tan absorbente para vosotros, que vuestra mente se vea sobrecargada, y el deseo de piedad sea aplastado de vuestra alma. Con muchos estudiantes, el motivo y el objetivo que les hizo entrar en la escuela se han perdido gradualmente de vista, y una ambición impía por asegurar una educación de clase alta los ha llevado a sacrificar la verdad. Su intenso interés por asegurarse un lugar elevado entre los hombres les ha hecho dejar la voluntad de su Padre Celestial fuera de sus cálculos; pero el verdadero conocimiento conduce a la santidad de vida mediante la santificación de la verdad.

Con demasiada frecuencia, a medida que se acumulan los estudios, se ha dado un lugar secundario a la sabiduría de lo alto, y cuanto más avanzado está el estudiante, menos confianza tiene en Dios; considera que mucho aprendizaje es la esencia misma del éxito en la vida; pero si todos dieran la debida consideración a la declaración de Cristo, harían planes diferentes: "Sin mí nada podéis hacer". Sin los principios vitales de la verdadera religión, sin el conocimiento de cómo servir y glorificar al Redentor, la educación es más perjudicial que beneficiosa. Cuando la educación en líneas humanas se lleva hasta tal punto que el amor a Dios se desvanece en el corazón, se descuida la oración y se fracasa en el cultivo de los atributos espirituales, es totalmente desastroso. Sería mucho mejor dejar de buscar una educación, y recuperar su alma de su condición lánguida, que obtener la mejor de las educaciones, y perder de vista las ventajas eternas. Hay muchos que están apiñando demasiados estudios en un período de tiempo limitado. Están sobrecargando sus poderes mentales; y como consecuencia ven muchas cosas bajo una luz pervertida. No se contentan con seguir el curso de estudio prescrito, sino que sienten que se comete una injusticia con ellos cuando, en su ambición egoísta, no se les permite realizar todos los estudios que desean. Se vuelven desequilibrados de mente. No consideran el hecho de que obtendrían una mejor capacitación para la obra del Maestro si siguieran un curso que no perjudicara sus poderes físicos, mentales y morales; pero al sobrecargar la mente, traen sobre sí enfermedades físicas de por vida que paralizan sus poderes y los incapacitan para la utilidad futura.

En ningún caso aconsejaría restringir la educación a la que Dios no ha puesto límites. Nuestra educación no termina con las ventajas que puede dar este mundo. Los elegidos de Dios serán educadores por toda la eternidad. Pero yo aconsejaría la restricción en el seguimiento de aquellos métodos de educación que ponen en peligro el alma y frustran el propósito para el que se gastan el tiempo y el dinero. La educación es una gran obra de la vida; pero para obtener la verdadera educación, es necesario poseer esa sabiduría que sólo viene de Dios. El Señor Dios debe estar representado en cada fase de la educación; pero es un error dedicar un período de años al estudio de una línea de conocimiento de libros. Después de que se haya dedicado un período de tiempo al estudio, que nadie aconseje a los estudiantes que vuelvan a entrar en una línea de estudio, sino más bien, que se les aconseje que entren en el trabajo para el que han estado estudiando. Que se les aconseje que pongan en práctica las teorías que han adquirido. Daniel siguió este curso en Babilonia. Puso en práctica lo que había aprendido bajo tutores. Que los estudiantes busquen la dirección celestial mucho más de lo que han hecho hasta ahora, y que no hagan ningún movimiento, aunque sea aconsejado por sus maestros, a menos que hayan buscado humildemente la sabiduría de Dios, y hayan recibido su guía y consejo.

Los estudiantes están autorizados a ir a la escuela durante un cierto tiempo para adquirir conocimientos científicos; pero al hacerlo deben tener siempre en cuenta sus necesidades físicas, y procurar su educación de manera que no se dañe en lo más mínimo el templo del cuerpo. Que se aseguren de no entregarse a ninguna práctica pecaminosa, de no cargarse con demasiados estudios, de no quedar tan absortos en la devoción a sus estudios que la verdad sea suplantada y el conocimiento de Dios sea expulsado del alma por las invenciones de los hombres. Que cada momento que se dedique al estudio sea un momento en el que el alma sea consciente de las responsabilidades que Dios le ha dado. No habrá entonces necesidad de exhortar a los estudiantes a ser verdaderos y justos, y a preservar la integridad de sus almas. Respirarán una atmósfera celestial, y cada transacción será inspirada por el Espíritu Santo, y se revelarán la equidad y la justicia.

Pero si se descuida el cuerpo, si se consumen horas inadecuadas en el estudio, si se sobrecarga la mente, si se dejan de lado las facultades físicas y se debilitan, entonces se entorpece la maquinaria humana, y se descuidan asuntos que son esenciales para nuestro bienestar futuro y la paz eterna. El conocimiento de los libros se convierte en lo más importante, y Dios es deshonrado. El estudiante olvida las palabras de la inspiración, y no sigue la instrucción del Señor cuando dice: "Así que, hermanos, os ruego por las misericordias de Dios, que presentéis vuestros cuerpos en sacrificio vivo, santo, agradable a Dios, que es vuestro culto racional. No os conforméis a este siglo, sino transformaos por medio de la renovación de vuestro entendimiento, para que comprobéis cuál sea la buena voluntad de Dios, agradable y perfecta". Las mentes de muchos necesitan ser renovadas, transformadas y moldeadas según el plan de Dios. Muchos se están arruinando física, mental y moralmente, por la dedicación excesiva al estudio. Se están defraudando a sí mismos para el tiempo y la eternidad mediante la práctica de hábitos de intemperancia al tratar de obtener una educación. Están perdiendo el deseo de aprender lecciones de mansedumbre y humildad de corazón en la escuela de Cristo. Cada momento que pasa está cargado de resultados eternos. La integridad será el resultado seguro de seguir el camino de la justicia.

¿Es necesario que para resolver el problema de la educación haya que cometer un robo hacia Dios, y negarse a darle a Dios el servicio voluntario de los poderes del espíritu, el alma y el cuerpo? Dios os llama a ser hacedores de su palabra, a fin de que os eduquéis a fondo en los principios que os darán una aptitud para el cielo. No se debe seguir ningún método de educación que desplace la palabra de Dios. Que la palabra de Dios sea el hombre de vuestro consejo. El propósito de la educación debe ser tomar la luz para que pueda impartirse dejando que brille para otros en buenas obras. La más alta de todas las educaciones es el conocimiento de Dios. "Así dijo Jehová: No se alabe el sabio en su sabiduría, ni en su valentía se alabe el valiente, ni el rico se alabe en sus riquezas. Mas alábese en esto el que se hubiere de alabar: en entenderme y conocerme, que yo soy Jehová, que hago misericordia, juicio y justicia en la tierra; porque estas cosas quiero, dice Jehová". Lea los capítulos primero y segundo de 1 Corintios con profundo interés, y ore para que Dios le dé entendimiento para que pueda comprender y poner en práctica las verdades allí reveladas. "Pues mirad, hermanos, vuestra vocación, que no sois muchos sabios según la carne, ni muchos poderosos, ni muchos nobles; sino que lo necio del mundo escogió Dios, para avergonzar a los sabios; y lo débil del mundo escogió Dios, para avergonzar a lo fuerte; y lo vil del mundo y lo menospreciado escogió Dios, y lo que no es, para deshacer lo que es, a fin de que nadie se jacte en su presencia. Mas por él estáis vosotros en Cristo Jesús, el cual nos ha sido hecho por Dios sabiduría, justificación, santificación y redención; para que, como está escrito: El que se gloría, gloríese en el Señor". "Será exaltado Jehová, el cual mora en las alturas; llenó a Sion de juicio y de justicia. Y reinarán en tus tiempos la sabiduría y la ciencia, y abundancia de salvación; el temor de Jehová será su tesoro."

El tiempo es corto, y hay muy pocos trabajadores en la viña del Señor. Varios han sido enviados desde esta parte del mundo para ser educados en Battle Creek, con el fin de que se conviertan en obreros junto a Dios. Se espera que el Espíritu Santo trabaje con ellos para la salvación de los que están en la sombra de la muerte. Estos estudiantes han sido sostenidos por los sacrificios de hombres y mujeres que, hasta donde yo sé, han contratado dinero para pagar la matrícula y cubrir los gastos. El mundo debe ser advertido; y, sin embargo, ustedes han creído necesario consumir tiempo y dinero en hacer una preparación innecesariamente grande para el trabajo que estos estudiantes pueden ser llamados a hacer. El mismo Dios que Isaías vio en su visión vive hoy en día, y puede dar luz a aquellos que están actuando en la obra de preparar a los hombres para un trabajo solemne y sagrado. Dice: "Porque yo Jehová soy amante del derecho, aborrecedor del latrocinio para holocausto; por tanto, afirmaré en verdad su obra, y haré con ellos pacto perpetuo".

Los que dirigen la obra de la educación están poniendo una cantidad demasiado grande de estudios ante los que han venido a Battle Creek para prepararse para la obra del Maestro. Han supuesto que era necesario que se adentraran más y más en las líneas educativas; y mientras siguen varios cursos de estudio, año tras año se va perdiendo un tiempo precioso, y las oportunidades de oro pasan fugazmente para no volver. Hay procrastinación en poner a estos hombres a trabajar; y los estudiantes están perdiendo su carga por las almas, y están dependiendo más y más de una educación en conocimiento de libros, en lugar de la eficiencia del Espíritu Santo, y de lo que el Señor ha prometido hacer por ellos.

Esta carga ha estado sobre mí durante años. En Battle Creek se sigue un curso que el Señor no aprueba. El fin de todas las cosas está cerca. El día de aflicción, de angustia, de plaga, de retribución, de juicio por el pecado, viene sobre el mundo como un ladrón en la noche. Se acerca el momento en que la destrucción repentina vendrá sobre el mundo, y no escaparán. Tengo una palabra de advertencia para ustedes. Ustedes están viendo las cosas bajo una luz demasiado débil, y desde un punto de vista meramente humano. Solo una porción muy pequeña de la gran viña moral de Dios ha sido ya trabajada. Sólo unos pocos, comparativamente, han recibido el último mensaje de misericordia que ha de darse al mundo. Se hace suponer a los estudiantes que su eficacia depende de su educación y formación; pero el éxito de la obra no depende de la cantidad de conocimientos que los hombres tienen en los estudios científicos. El pensamiento que debe mantenerse ante los estudiantes es que el tiempo es corto, y que deben prepararse rápidamente para realizar el trabajo que es esencial para este tiempo. Cada hombre, en y a través de la gracia que le ha sido dada por Dios, debe hacer el trabajo sin depender de su seriedad o capacidad humana, pues Dios puede eliminar la capacidad humana en un momento. Que cada uno, en la fuerza del Salvador vivo, que hoy es nuestro abogado en los tribunales del cielo, se esfuerce por hacer la voluntad de Dios.

Me veo obligada a decirles que no saben cuán pronto puede llegar la crisis. Está llegando poco a poco a nosotros, como un ladrón. El sol brilla en los cielos, pasando por su ronda habitual, y los cielos siguen declarando la gloria de Dios; los hombres siguen su curso habitual de comer y beber, plantar y construir, casarse y darse en matrimonio; los comerciantes siguen ocupados en comprar y vender; las publicaciones siguen emitiéndose unas sobre otras; los hombres se empujan unos contra otros, buscando obtener el lugar más alto; los amantes del placer siguen asistiendo a los teatros, a las carreras de caballos, a los infiernos de juego, y prevalece la más alta

Una preparación rápida para la obra 245

excitación; sin embargo, la hora de la probación está llegando rápidamente, y cada caso está a punto de ser decidido para la eternidad. Son pocos los que creen con el corazón y el alma que tenemos un cielo que ganar y un infierno que evitar; pero estos pocos muestran su fe por sus obras. Los signos de la venida de Cristo se están cumpliendo rápidamente. Satanás ve que no tiene más que un corto tiempo para trabajar, y ha puesto en marcha sus agencias satánicas para agitar los elementos del mundo, con el fin de que los hombres sean engañados, y mantenidos ocupados y en trance hasta que el día de prueba termine, y la puerta de la gracia se cierre para siempre.

Los reinos de este mundo aún no se han convertido en los reinos de nuestro Señor y de Cristo. No se engañen; estén bien despiertos y muévanse rápidamente, porque llega la noche en la que ningún hombre puede trabajar. No alentéis a los estudiantes, que vienen a vosotros agobiados por la obra de salvar a sus semejantes, a entrar en un curso tras otro de estudio. No alarguen el tiempo para obtener una educación a muchos años. Con este curso suponen que hay tiempo suficiente, y este mismo plan resulta una trampa para sus almas. Muchos están mejor preparados, tienen más discernimiento espiritual y conocimiento de Dios, y saben más de sus requerimientos cuando entran en un curso de estudio que cuando se gradúan. Se inspiran en la ambición de convertirse en hombres cultos, y se animan a aumentar sus estudios hasta que se encaprichan. Hacen de los libros su ídolo, y están dispuestos a sacrificar la salud y la espiritualidad para obtener una educación. Limitan el tiempo que deberían dedicar a la oración, no mejoran las oportunidades que han tenido de hacer el bien, y no comunican la luz y el conocimiento. No ponen en práctica los conocimientos que ya han obtenido y no avanzan en la ciencia de ganar almas. El trabajo misionero se vuelve cada vez menos deseable, mientras que la pasión por sobresalir en el conocimiento de los libros aumenta anormalmente. Al proseguir sus estudios, se separan del Dios de la sabiduría. Algunos los felicitan por su avance, y los alientan a tomar un grado tras otro, aunque estén menos calificados para hacer la obra de Dios según la manera de instrucción de Cristo que antes de entrar en la escuela de Battle Creek.

La pregunta fue formulada a los que se encontraban allí reunidos: "¿Creen en la verdad? ¿Creen en el mensaje del tercer ángel? Si creen, entonces actúen con su fe, y no animen a los hombres a continuar en Battle Creek cuando deberían estar fuera de ese lugar haciendo los asuntos de su Maestro". El Señor no es glorificado con esta dilación. Los hombres van a Battle Creek, y reciben una idea de sus capacidades mucho más elevada de lo que deberían. Se les anima a tomar un curso de estudio largo y prolongado; pero el camino de Dios no está en él. No tiene un respaldo celestial. El precioso tiempo de prueba no permitirá largos y prolongados años de instrucción. Dios llama; escuchad su voz cuando dice: "Ve a trabajar hoy en mi viña". Ahora, justo ahora, es el momento de trabajar. ¿Cree usted que el Señor viene, y que la última gran crisis está a punto de estallar sobre el mundo?

Pronto habrá un cambio repentino en los tratos de Dios. El mundo, en su perversidad, está siendo visitado por desastres: inundaciones, tormentas, incendios, terremotos, hambrunas, guerras y derramamiento de sangre. "Jehová es tardo para la ira y grande en poder, y no tendrá por inocente al culpable. Jehová marcha en la tempestad y el torbellino, y las nubes son el polvo de sus pies". Ojalá que los hombres comprendan la paciencia y la longanimidad de Dios. Él está poniendo bajo contención sus propios atributos. Su poder omnipotente está bajo el control de la Omnipotencia. ¡Oh, que los hombres comprendan que Dios se niega a cansarse de la perversidad del mundo, y sigue manteniendo la esperanza del perdón incluso para los más indignos! Pero su indulgencia no continuará siempre. ¿Quién está preparado para el cambio repentino que se producirá en el trato de Dios con los hombres pecadores? ¿Quién estará preparado para escapar del castigo que ciertamente caerá sobre los transgresores?

No disponemos de un milenio temporal para realizar la labor de advertencia al mundo. Se necesita una transformación del alma. La inteligencia más eficaz que se puede obtener se obtendrá en la escuela de Cristo. Comprended que no digo nada en estas palabras para depreciar la educación, sino para advertir a aquellos que corren el peligro de llevar lo que es lícito a extremos ilícitos, y de hacer demasiado de la educación humana. Insistan más bien en el desarrollo de la preciosa experiencia cristiana, pues sin ella, la educación del alumno no servirá de nada.

Si ve que los estudiantes corren el peligro de enfrascarse en sus estudios hasta el punto de descuidar el estudio de ese Libro que les da información sobre cómo asegurar el futuro bienestar de sus almas, no caiga en la tentación de profundizar, de prolongar el tiempo de la disciplina educativa. De esta manera, todo lo que hará que la educación del estudiante tenga valor para el mundo se hundirá. Cristo Jesús debe ser amado cada vez más; pero algunos han ido a Battle Creek en busca de la educación, cuando, si hubieran permanecido fuera, habrían estado mucho mejor preparados para la obra de Dios. La habrían llevado adelante con sencillez, de la manera en que Cristo trabajó. Habrían dependido más de Dios y del poder del Espíritu Santo, y mucho menos de su educación. Los largos períodos de estudio continuo son perjudiciales para el bienestar físico, mental y moral.

Lea el Antiguo y el Nuevo Testamento con un corazón contrito. Léalos con oración y fidelidad, rogando que el Espíritu Santo le dé entendimiento. Daniel escudriñó la porción del Antiguo Testamento que tenía a su disposición, e hizo de la palabra de Dios su más alto instructor. Al mismo tiempo, mejoró las oportunidades que se le dieron para volverse inteligente en todas las líneas de aprendizaje. Sus compañeros hicieron lo mismo, y leemos: "En todo asunto de sabiduría e inteligencia que el rey les consultó, los halló diez veces mejores que todos los magos y astrólogos que había en todo su reino". "A estos cuatro muchachos Dios les dio conocimiento e inteligencia en todas las letras y ciencias; y Daniel tuvo entendimiento en toda visión y sueños".

Una preparación rápida para la obra 247

Los estudiantes que exaltan las ciencias por encima del Dios de la ciencia serán ignorantes cuando se crean muy sabios. Si no se dan tiempo para orar, para la comunión con Dios y para el autoexamen, y no aprecian esa sabiduría que viene sólo de Dios, todo su aprendizaje será deficiente, y sus escuelas y colegios se encontrarán en falta. "El principio de la sabiduría es el temor de Jehová". ¿Qué fe estamos acariciando? ¿Tenemos una fe que obra por amor y purifica el alma? ¿Tenemos una fe acorde con la luz que hemos recibido? Satanás estaría exultante si pudiera trabajar en Battle Creek para impedir la obra de Dios presionando con invenciones humanas en los consejos y el asesoramiento. Estaría encantado de tener a los obreros absorbidos en años de preparación, de modo que la educación se convirtiera en un obstáculo en lugar de un avance.

El Espíritu Santo de Dios ha estado luchando con muchos jóvenes y los ha instado a entregarse a la causa y la obra de Dios. Cuando se ofrecen a la Asociación, se les aconseja que tomen un curso de estudio en Battle Creek antes de entrar en la obra. Esto está muy bien si el estudiante está equilibrado con los principios; pero no es coherente que el obrero se retrase mucho en la preparación. Se debe trabajar con la mayor seriedad para hacer progresar a los que van a ser misioneros. Todos los esfuerzos deben redundar en su beneficio, para que sean enviados tan pronto como sea posible. No pueden permitirse esperar hasta que su educación se considere completa. Esto nunca podrá lograrse; porque habrá un curso constante de educación llevado a cabo a través de las incesantes edades de la eternidad.

Hay un gran trabajo por hacer, y la viña del Señor necesita obreros. Los misioneros deben entrar en el campo antes de que se vean obligados a dejar de trabajar. Ahora hay puertas abiertas por todos lados; no pueden permitirse el lujo de esperar a completar años de formación; porque los años que tenemos por delante no son muchos, y tenemos que trabajar mientras dure el día. No es conveniente aconsejar a los hombres y mujeres que sigan un curso de estudio en Ann Arbor. Muchos de los que han estado allí no se han beneficiado en el pasado, y no lo harán en el futuro.

Observe las características de la obra de Cristo. Se movió con la mayor sencillez. Aunque sus seguidores eran pescadores, no les aconsejó que entraran primero en la escuela de los rabinos antes de emprender el trabajo. Llamó a sus discípulos de sus redes de pescadores y les dijo: "Venid en pos de mí, y os haré pescadores de hombres". Llamó a Mateo del banco de los impuestos, y le dijo: "Sígueme". Todo lo que se les pedía era que siguieran a Jesús, que hicieran lo que él les mandaba, y que entraran así en su escuela, donde Dios podía ser su maestro. Mientras dure el tiempo, tendremos necesidad de escuelas. Siempre habrá necesidad de educación; pero debemos tener cuidado para que la educación no absorba todo interés espiritual.

Hay un peligro positivo en aconsejar a los estudiantes a que sigan una línea de educación tras otra, y dejarles pensar que al hacerlo alcanzarán la perfección. La educación que se obtendrá sólo será deficiente en todos los sentidos. El Señor dice: "Destruiré la sabiduría de los sabios y desecharé el entendimiento de los entendidos ¿Dónde está el sabio? ¿Dónde está el escriba? ¿Dónde está el disputador de este siglo? ¿No ha enloquecido Dios la sabiduría del mundo? Pues ya que, en la sabiduría de Dios, el mundo no conoció a Dios mediante la sabiduría, agradó a Dios salvar a los creyentes por la locura de la predicación". Este es el plan ideado por Dios; y a través de sucesivas generaciones, a través de siglos de paganismo, este plan ha sido llevado adelante, no como un experimento, sino como una forma aprobada para la difusión del evangelio. A través de este método desde el principio, la convicción vino sobre el hombre, y el mundo fue iluminado con respecto al evangelio de Dios. El grado más alto de educación que cualquier ser humano puede alcanzar es la educación dada por el Maestro Divino. Este es el conocimiento que en un sentido especial necesitaremos en gran medida a la vez que nos acercamos al final de la historia de este mundo, y cada uno hará bien en obtener este tipo de educación. El Señor requiere que los hombres estén bajo su capacitación. Hay un gran trabajo que hacer para sacar las mentes humanas de las tinieblas y llevarlas a la maravillosa luz de Dios. Como sus instrumentos humanos, debemos llevar a cabo sus planes por medio de una fe viva. ¿Estamos en una condición en la que nuestra fe no trabajará para la gloria de Dios, o somos recipientes aptos para el uso del Maestro, preparados para toda buena obra?

Moisés fue instruido en toda la sabiduría de los egipcios. Recibió una educación en la providencia de Dios; pero una gran parte de esa educación tuvo que ser desaprendida y considerada como necedad. Su impresión tuvo que ser borrada por cuarenta años de experiencia en el cuidado de las ovejas y los tiernos corderos. Si muchos de los que están relacionados con la obra del Señor pudieran ser aislados como lo fue Moisés, y pudieran ser obligados por las circunstancias a seguir alguna vocación humilde hasta que sus corazones se volvieran tiernos, serían pastores mucho más fieles de lo que son ahora al tratar con la herencia de Dios. No serían tan propensos a engrandecer sus propias habilidades, ni tratarían de demostrar que la sabiduría de una educación avanzada podría sustituir a un sólido conocimiento de Dios. Cuando Cristo vino al mundo, el testimonio fue que "el mundo no conoció a Dios mediante la sabiduría", pero que "agradó a Dios salvar a los creyentes por la locura de la predicación".

El experimento de la sabiduría del mundo se había puesto a prueba plenamente con el advenimiento de Cristo, y la presumida sabiduría humana había demostrado ser insuficiente. Los hombres no conocían la verdadera sabiduría que proviene de la Fuente de todo bien. La sabiduría del mundo fue pesada en la balanza, y se encontró deficiente. Ustedes están dando a los estudiantes bajo su tutela ideas que no son correctas. Si hubieran recibido muchas menos de ellas, estarían mejor equipados para la realización de su trabajo. No consideran adecuadamente la instrucción y el método de nuestro Señor Jesucristo, aunque él fue el único educador perfecto en nuestro mundo. "Y nosotros no hemos recibido el espíritu del mundo, sino el Espíritu que proviene de Dios, para que sepamos lo que Dios nos ha concedido, lo cual también hablamos, no con palabras enseñadas por sabiduría humana, sino con las que enseña el Espíritu, acomodando lo espiritual a lo espiritual. Pero el hombre natural no percibe las cosas que son del Espíritu de Dios, porque para él son locura, y no las puede entender, porque se han de discernir espiritualmente. En cambio, el espiritual juzga todas las cosas; pero él no es juzgado de nadie. Porque ¿quién conoció la mente del Señor? ¿Quién le instruirá? Mas nosotros tenemos la mente de Cristo".

Es necesario que hoy aprendan en la escuela de Cristo. El Señor tiene poder para trabajar con sus propios agentes. Estáis cargando a los pobres hombres finitos con ventajas pesadas para hacer una gran obra, cuando no tendrán oportunidad ni llamamiento para utilizar una gran parte de la carga de estudios que se han comprometido a dominar. Las oportunidades de oro están pasando a la eternidad, y se han dado consejos que deberían haberse retenido; y se podría haber hecho mucho más y mejor trabajo del que se ha hecho, si el período que pasaron en Battle Creek se hubiera acortado materialmente para muchos de los trabajadores. Deberían haberse puesto a trabajar comunicando la luz y el conocimiento que han recibido a los que están en la oscuridad. El Dios de toda gracia dará gracia por gracia. Los que van a trabajar en la viña del Señor aprenderán a trabajar y recordarán la instrucción que han recibido durante su vida de estudiantes. Al Señor no le agrada animar a estos trabajadores a pasar años acumulando conocimientos que no tendrán oportunidad de impartir. Preciosos jóvenes, que deberían estar trabajando para Dios, han venido a Battle Creek para recibir una educación, y para obtener un mejor conocimiento sobre cómo trabajar. Deberían haber recibido lo esencial en un período muy corto. No deberían necesitar años para su educación antes de poder responder a la llamada: "Id a trabajar hoy en mi viña". En lugar de enviarlos como obreros después de haber pasado meses y años en el Colegio, se les aconseja que cursen otros estudios y que progresen en líneas adicionales. Se les aconseja que pasen meses y años en instituciones en donde la verdad es negada y controvertida, y donde se introduce insidiosamente el error de carácter más especioso y no bíblico, y estas doctrinas se mezclan con sus estudios. Se enfrascan en avanzar en las líneas educativas, y pierden su amor por Jesús; y antes de que sepan lo que les pasa, están lejos de Dios, y no están preparados para responder al mandato: " Id a trabajar hoy en mi viña". El deseo de realizar un esfuerzo misionero ha desaparecido. Prosiguen sus estudios con un encaprichamiento que cierra la puerta a la entrada de Cristo. Cuando se gradúan, y tienen la comisión completa para salir como estudiantes debidamente educados, algunos han perdido toda la carga para la obra, y están mucho menos preparados para comprometerse en el servicio de Dios que cuando llegaron a Battle Creek al principio.

El mensajero se dirigió a la congregación y dijo: "¿Creéis en las profecías? ¿Ustedes que conocen la verdad, entienden que el último mensaje de advertencia se está dando ahora al mundo y el último llamado de misericordia se está escuchando ahora? ¿Creéis que Satanás ha descendido con gran poder, obrando con todo engaño de injusticia en todo lugar? ¿Creen ustedes que la gran Babilonia ha subido en memoria ante Dios, y que pronto recibirá de la mano de Dios el doble por todos sus pecados e iniquidades?" A Satanás le complace retener a hombres y mujeres en Battle Creek que deberían ser obreros junto con Dios en su gran viña moral. Si el enemigo puede mantener a los trabajadores fuera del campo con cualquier pretexto, lo hará. Esta preparación anticipada que mantiene el talento fuera del campo no da oportunidad al Señor de trabajar con sus obreros. Muchos son llevados a ocupar tiempo, talento y medios de manera egoísta en obtener una educación avanzada, y al mismo tiempo el mundo perece por el conocimiento que ellos podrían impartir. Cristo llamó a los pescadores indoctos, y dio a estos hombres conocimiento y sabiduría en tal grado que sus adversarios no pudieron rebatir ni resistir sus palabras. Su testimonio ha llegado hasta los confines de la tierra.

Los discípulos de Cristo no están llamados a exaltar a los hombres, sino a exaltar a Dios, la fuente de toda sabiduría. Dejemos que los educadores den espacio al Espíritu Santo para que haga su trabajo en los corazones humanos. El mayor Maestro está representado en nuestro medio por su Espíritu Santo. Por mucho que estudiéis, por mucho que lleguéis más alto y aún más alto, por mucho que ocupéis cada momento de vuestro tiempo de prueba en la búsqueda del conocimiento, no llegaréis a ser completos. Cuando el tiempo termine, tendrá que preguntarse: "¿Qué bien he hecho a los que están en las tinieblas de la medianoche? ¿A quién he comunicado el conocimiento de Dios, o incluso el conocimiento de aquellas cosas por las que he gastado tanto tiempo y dinero?" Pronto se dirá en el cielo: "Está hecho". "El que es injusto, sea injusto todavía; y el que es inmundo, sea inmundo todavía; y el que es justo, practique la justicia todavía; y el que es santo, santifíquese todavía. He aquí yo vengo pronto, y mi galardón conmigo, para recompensar a cada uno según sea su obra". Cuando se pronuncie este decreto, todos los casos habrán sido decididos. Mucho mejor sería para los obreros tomar un trabajo más pequeño, e ir a por él lenta y humildemente, llevando el yugo de Cristo y soportando sus cargas, que dedicar años en la preparación de una gran obra, y luego fracasar en traer hijos e hijas a Dios, fracasar en tener algún trofeo que poner a los pies de Jesús. Los hombres y las mujeres están rondando demasiado tiempo en Battle Creek. Dios los llama, pero no escuchan su voz. Los campos están descuidados, y eso significa que las mentes no están iluminadas. La semilla corrupta se está sembrando rápidamente en los corazones de nuestra juventud, y las grandes verdades prácticas deben ponerse en contacto con los niños y los jóvenes; porque la verdad es poderosa.

Los maestros cristianos están llamados a trabajar para Dios. La levadura de la verdad debe ser introducida antes de que pueda obrar la

Una preparación rápida para la obra 251

transformación del carácter. Sería mucho mejor para nuestra juventud ser menos hábil en las ramas de estudio que carecer de humildad y mansedumbre, y carecer de corazones contritos. El trabajo de algunos de nuestros educadores ha sido incapacitar a los estudiantes para ser obreros junto a Dios. Deberían estudiar para conocer la manera en que Jesús trabajó y predicó. Fue abnegado y sacrificado. No rehuyó el trabajo; sufrió el reproche, el desprecio, el insulto, la burla y el abuso; pero ¿están nuestros estudiantes educados de tal manera que los preparen para caminar en sus pasos? Dios no está en su dilación. Su tentación de seguir año tras año en las líneas de estudio se está apoderando de las mentes, y están perdiendo gradualmente el espíritu con el que el Señor les inspiró para ir a trabajar en su viña. ¿Por qué los hombres responsables no pueden discernir cuáles serán los resultados seguros de detener así a los estudiantes, y de enseñarles a postergar la obra del Señor? El tiempo está pasando a la eternidad, y, sin embargo, aquellos que fueron enviados a Battle Creek para ser equipados para trabajar en la viña del Señor no son alentados a hacer lo que podrían hacer para avanzar la causa de Dios. Se suministran muchos privilegios a los que ya conocen la verdad, y sin embargo no la practican. El dinero y la fuerza que deberían gastarse en las carreteras y los senderos del mundo, se gastan en aquellos que no mejoran la luz que ya tienen comunicándola a los que están en la oscuridad. Cuando Felipe recibió la luz, fue y llamó a Natanael; pero muchos jóvenes que podrían hacer una obra especial para el Maestro no darán un paso hasta que hayan tenido múltiples oportunidades.

Los ministros de Jesucristo deben repartir alguna parte de la viña de Dios a los hombres que están parados en el mercado. Si se equivocan, corrijan sus errores y pónganlos a trabajar de nuevo. Son muchos más los que han sido impedidos de salir a la obra que los que han sido animados a comerciar con sus talentos, y, sin embargo, es utilizando su capacidad como aprenden a emplear sus talentos. Muchos han ido a Battle Creek para obtener una educación que podría haber sido mejor instruida en su propio país. Se ha perdido tiempo, se ha gastado dinero innecesariamente, se ha dejado de hacer una obra y se han perdido almas, por culpa de los cálculos erróneos de quienes pensaban que estaban sirviendo a Dios. El Señor vive, y su Espíritu Santo preside en todas partes. No debe prevalecer la impresión de que Battle Creek es la Jerusalén del mundo, y que todos deben ir allí a adorar. Aquellos que desean aprender, y que hacen todos los esfuerzos posibles para adquirir conocimientos, caminando concienzudamente a la luz de la verdad, no necesitan viajar a Battle Creek. Dios es nuestro maestro; y aquellos que quieran mejorar sus talentos donde están, serán bendecidos con maestros enviados por Dios para instruirlos, maestros que se han estado preparando para hacer una obra para el Maestro. Gastar más tiempo o gastar más dinero, es hacer algo peor que perderlo; porque aquellos que buscan obtener una educación a expensas de la piedad práctica están en el lado perdedor. Lo que adquieren en líneas educativas durante el tiempo en que deberían haber entrado en la obra, es mero desperdicio y pérdida. Las inteligencias celestiales están esperando agentes humanos con los que puedan cooperar como misioneros en las partes oscuras de la tierra. Dios está esperando que los hombres se dediquen a la obra misionera en el hogar en nuestras grandes ciudades, y los hombres y mujeres son retenidos en Battle Creek cuando deberían estar distribuidos en las ciudades y pueblos, a lo largo de las carreteras y los senderos. Deberían estar llamando y pidiendo a los hombres que vengan a la cena del matrimonio, pues ya todo está preparado. Habrá misioneros que harán un buen trabajo en la viña del Maestro que no vayan a Battle Creek.

Aquellos que van a Battle Creek se encuentran con tentaciones que no suponían que pudieran existir en ese lugar. Se encuentran con desalientos que no necesitaban tener, y no se les ayuda en su experiencia religiosa por ir a ese lugar. Pierden mucho tiempo porque no saben lo que deben hacer, y nadie está preparado para decírselo. Pierden mucho tiempo en seguir ocupaciones que no tienen relación con el trabajo para el que desean capacitarse. El trabajo común y el sagrado se mezclan, y se ponen al mismo nivel. Pero esta no es una política sabia. Dios mira y no lo aprueba. Se podrían haber hecho muchas cosas que habrían tenido una influencia duradera, si hubieran trabajado con moderación y humildad en el lugar en el que estaban. El tiempo pasa; las almas se deciden por el mal o por el bien, y la guerra aumenta constantemente. ¿Cuántos de los que conocen la verdad para este tiempo están trabajando en armonía con sus principios? Es cierto que se está haciendo algo; pero se debería haber hecho más, mucho más. El trabajo se está acumulando, y el tiempo para hacer el trabajo está disminuyendo. Ahora es el momento de que todos sean luces ardientes y brillantes; y, sin embargo, muchos están fallando en mantener sus lámparas abastecidas con el aceite de la gracia, y preparadas y encendidas para que la luz pueda brillar hoy.

Demasiados están contando con un largo tramo en un mañana; pero eso es un error. Que cada uno se eduque de tal manera que muestre la importancia para el trabajo especial de hoy. Que cada uno trabaje para Dios y trabaje por las almas; que cada uno muestre sabiduría, y que nunca se encuentre en la ociosidad, esperando que alguien venga y lo ponga a trabajar. El "alguien" que podría ponerle a trabajar está sobrecargado de responsabilidades, y el tiempo se pierde en esperar sus indicaciones. Dios le dará sabiduría para que se reforme de una vez; porque la llamada sigue siendo: "Hijo, ve a trabajar hoy en mi viña". Algunos pueden estar todavía indecisos, pero la llamada se sigue oyendo: "Id a trabajar hoy en mi viña". "Si oyereis hoy su voz, no endurezcáis vuestros corazones". El Señor precede la exigencia con el uso de la palabra "hijo". ¡Qué tierno, qué compasivo, y, sin embargo, qué urgente! Su invitación a trabajar en su viña es también un mandato. "¿O ignoráis que vuestro cuerpo es templo del Espíritu Santo, el cual está en vosotros, el cual tenéis de Dios, y que no sois vuestros? Porque habéis sido comprados por precio; glorificad, pues, a Dios en vuestro cuerpo y en vuestro espíritu, los cuales son de Dios" – "Testimonios especiales sobre la educación", 21 de marzo de 1895.

La educación esencial

He escrito en gran parte en referencia a los estudiantes que emplean un tiempo excesivamente largo en obtener una educación; pero espero que no se me malinterprete en cuanto a lo que es la educación esencial. No me refiero a que se haga un trabajo superficial como lo ilustra la forma en que se trabajan algunas porciones de tierra en Australia. El arado sólo se puso a la profundidad de unos pocos centímetros, el suelo no se preparó para la semilla, y la cosecha fue escasa, en correspondencia con la preparación superficial que se le dio a la tierra.

Dios ha dado mentes inquisitivas a los jóvenes y a los niños. Sus facultades de razonamiento les han sido confiadas como talentos preciosos. Es el deber de los padres mantener el asunto de su educación ante ellos en su verdadero significado; pues abarca muchas líneas. Se les debe enseñar a mejorar cada talento y órgano, esperando que sean utilizados en el servicio de Cristo para la elevación de la humanidad caída. Nuestras escuelas son el instrumento especial del Señor para capacitar a los niños y a los jóvenes para el trabajo misionero. Los padres deben comprender su responsabilidad y ayudar a sus hijos a apreciar los grandes privilegios y bendiciones que Dios les ha proporcionado en las ventajas educativas.

Pero su educación doméstica debe seguir el ritmo de su educación en las líneas literarias. En la infancia y en la juventud se debe combinar la formación práctica y la literaria, y la mente debe almacenar conocimientos. Los padres deben sentir que tienen un trabajo solemne que hacer, y deben asumirlo con seriedad. Deben formar y moldear el carácter de sus hijos. No deben conformarse con hacer un trabajo superficial. Ante cada hijo se abre una vida involucrada con los intereses más elevados; porque deben ser hechos completos en Cristo a través de los instrumentos que Dios ha proporcionado. La tierra del corazón debe prepararse; las semillas de la verdad deben ser sembradas en ella en los primeros años. Si los padres son descuidados en este asunto, se les pedirá cuenta de su infiel administración. Los niños deben ser tratados con ternura y amor, y se les debe enseñar que Cristo es su Salvador personal, y que por el simple proceso de entregar sus corazones y mentes a él se convierten en sus discípulos.

Hay que enseñar a los niños a participar en las tareas domésticas. Deben ser instruidos en cómo ayudar a padre y madre en las pequeñas cosas que pueden hacer. Sus mentes deben ser entrenadas para pensar, su memoria debe ser exigida para recordar el trabajo que se les ha asignado; y en el entrenamiento para los hábitos de utilidad en el hogar, se les está educando en la realización de deberes prácticos apropiados para su edad. Si los niños tienen una formación adecuada en el hogar, no se encontrarán en las calles recibiendo la educación desordenada que tantos reciben. Los padres que aman a sus hijos de manera sensata no permitirán que crezcan con hábitos perezosos e ignorantes de cómo hacer los deberes del hogar. La ignorancia no es aceptable para Dios, y es desfavorable para la realización de su obra. Ser ignorante no debe considerarse una marca de humildad, o algo por lo que los hombres deban ser alabados. Pero Dios trabaja para la gente a pesar de su ignorancia. Aquellos que no han tenido oportunidad de adquirir conocimientos, o que han tenido oportunidad y no han logrado mejorarlos y convertirse a Dios, pueden ser útiles en el servicio del Señor mediante la operación de su Espíritu Santo. Pero aquellos que tienen educación, y que se consagran al servicio de Dios, pueden hacer el servicio en una mayor variedad de formas, y pueden llevar a cabo una obra mucho más extensa en traer a las almas al conocimiento de la verdad que aquellos que no tienen educación. Están en un terreno ventajoso, debido a la disciplina de la mente que han tenido. No depreciaríamos la educación en lo más mínimo, sino que aconsejaríamos que se llevara a cabo con un pleno sentido de la brevedad del tiempo, y de la gran obra que ha de llevarse a cabo antes de la venida de Cristo. No queremos que los estudiantes reciban la idea de que pueden dedicar muchos años a adquirir una educación. Que utilicen la educación que pueden adquirir en un tiempo razonable para llevar adelante la obra de Dios. Nuestro Salvador está en el santuario suplicando en nuestro favor. Es nuestro Sumo Sacerdote intercesor, haciendo un sacrificio expiatorio por nosotros, suplicando en nuestro favor la eficacia de su sangre. Los padres deben tratar de representar a este Salvador a sus hijos, para establecer en sus mentes el plan de salvación, cómo a causa de la transgresión de la ley de Dios, Cristo se convirtió en nuestro portador del pecado. El hecho de que el Hijo unigénito de Dios dio su vida a causa de la transgresión del hombre para satisfacer la justicia y vindicar el honor de la ley de Dios, debería mantenerse constantemente ante las mentes de los niños y los jóvenes. El objeto de este gran sacrificio también debe mantenerse ante ellos; porque fue para elevar al hombre caído y degradado por el pecado que se hizo este gran sacrificio. Cristo sufrió para que, mediante la fe en él, nuestros pecados fueran perdonados. Se convirtió en el sustituto y fiador del hombre, asumiendo él mismo el castigo, aunque nada merecía, para que nosotros, que lo merecíamos, pudiéramos ser libres y volver a nuestra lealtad a Dios por los méritos de un Salvador crucificado y resucitado. Él es nuestra única esperanza de salvación. A través de su sacrificio, los que ahora estamos en libertad condicional somos prisioneros de la esperanza. Debemos revelar al universo, al mundo caído y a los mundos no caídos, que existe el perdón con Dios, que por el amor de Dios podemos reconciliarnos con él. El hombre se arrepiente, se vuelve contrito de corazón, cree en Cristo como su sacrificio expiatorio y se da cuenta de que Dios está reconciliado con él.

Debemos abrigar gratitud de corazón todos los días de nuestra vida porque el Señor ha dejado constancia de estas palabras: "Porque así dijo el Alto y Sublime, el que habita la eternidad, y cuyo nombre es el Santo:

La educación esencial

Yo habito en la altura y la santidad, y con el quebrantado y humilde de espíritu, para hacer vivir el espíritu de los humildes, y para vivificar el corazón de los quebrantados". La reconciliación de Dios con el hombre, y del hombre con Dios, es segura cuando se cumplen ciertas condiciones. El Señor dice: "Los sacrificios de Dios son el espíritu quebrantado; al corazón contrito y humillado no despreciarás tú, oh, Dios". De nuevo dice: "Cercano está Jehová a los quebrantados de corazón, y salva a los contritos de espíritu". " Porque Jehová es excelso, y atiende al humilde; Mas al altivo mira de lejos". "Jehová dijo así: El cielo es mi trono, y la tierra estrado de mis pies; ¿dónde está la casa que me habréis de edificar, y dónde el lugar de mi reposo? Mi mano hizo todas estas cosas, y así todas estas cosas fueron, dice Jehová; pero miraré a aquel que es pobre y humilde de espíritu, y que tiembla a mi palabra." "El Espíritu de Jehová el Señor está sobre mí, porque me ungió Jehová; me ha enviado a predicar buenas nuevas a los abatidos, a vendar a los quebrantados de corazón, a publicar libertad a los cautivos, y a los presos apertura de la cárcel; a proclamar el año de la buena voluntad de Jehová, y el día de venganza del Dios nuestro; a consolar a todos los enlutados; a ordenar que a los afligidos de Sion se les dé gloria en lugar de ceniza, óleo de gozo en lugar de luto, manto de alegría en lugar del espíritu angustiado; y serán llamados árboles de justicia, plantío de Jehová, para gloria suya." El salmista escribe: "Él sana a los quebrantados de corazón y venda sus heridas". Aunque es el restaurador de la humanidad caída, "Él cuenta el número de las estrellas; a todas ellas llama por sus nombres". "Grande es el Señor nuestro, y de mucho poder; su entendimiento es infinito. Jehová exalta a los humildes; y humilla a los impíos hasta la tierra. Cantad a Jehová con alabanza; cantad con arpa a nuestro Dios. . . Se complace Jehová en los que le temen, y en los que esperan en su misericordia. Alaba a Jehová, Jerusalén; alaba a tu Dios, oh Sión".

Qué preciosas son las lecciones de este salmo. Bien podríamos dedicar el estudio a los cuatro últimos salmos de David. Las palabras del profeta son también muy preciosas: "¿Faltará la nieve del Líbano de la piedra del campo? ¿Faltarán las aguas frías que corren de lejanas tierras? Porque mi pueblo me ha olvidado, incensando a lo que es vanidad, y ha tropezado en sus caminos, en las sendas antiguas, para que camine por sendas y no por camino transitado". "Así ha dicho Jehová: Maldito el varón que confía en el hombre, y pone carne por su brazo, y su corazón se aparta de Jehová. Será como la retama en el desierto, y no verá cuando viene el bien, sino que morará en los sequedales en el desierto, en tierra despoblada y deshabitada. Bendito el varón que confía en Jehová, y cuya confianza es Jehová. Porque será como el árbol plantado junto a las aguas, que junto a la corriente echará sus raíces, y no verá cuando viene el calor, sino que su hoja estará verde; y en el año de sequía no se fatigará, ni dejará de dar fruto". –"Testimonios especiales sobre la educación", 22 de abril de 1895.

Educación diligente y minuciosa

No se debe hacer ningún movimiento para bajar el nivel de la educación en nuestra escuela de Battle Creek. Los estudiantes deben poner a prueba las facultades mentales; cada facultad debe alcanzar el mayor desarrollo posible. Muchos estudiantes llegan al colegio con hábitos intelectuales parcialmente formados que son un obstáculo para ellos. El más difícil de manejar es el hábito de realizar su trabajo como una cuestión de rutina, en lugar de aportar a sus estudios un esfuerzo reflexivo y decidido para dominar las dificultades, y para captar los principios en los que se basa cada tema que se considera. Por la gracia de Cristo está en su poder cambiar este hábito de rutina, y es para su mejor interés y utilidad futura el dirigir correctamente las facultades mentales, entrenándolas para hacer el servicio del Maestro más sabio, cuyo poder pueden reclamar por fe. Esto les dará éxito en sus esfuerzos intelectuales, de acuerdo con las leyes de Dios. Cada estudiante debe sentir que, bajo Dios, ha de tener un entrenamiento especial, una cultura individual; y debe darse cuenta de que el Señor requiere de él que haga todo lo que pueda de sí mismo, para que pueda enseñar también a otros. La indolencia, la apatía y la irregularidad son de temer, al igual que la atadura de uno mismo a la rutina.

Espero que nadie reciba la impresión, a partir de las palabras que he escrito, de que el nivel de la escuela debe ser rebajado de alguna manera. Debe haber una educación muy diligente y completa en nuestra escuela, y para asegurar esto, la sabiduría que viene de Dios debe ser lo primero y más importante. La religión de Cristo nunca sanciona la pereza física o mental.

Tenemos ante nosotros el caso de Daniel y sus compañeros, que aprovecharon al máximo sus oportunidades para obtener una educación en los tribunales de Babilonia. Cuando fueron puestos a prueba por quienes cuestionaban tanto su fe como su conocimiento, fueron capaces de dar razón de la esperanza que había en ellos, y, asimismo, de soportar el examen en cuanto a su conocimiento en todo lo referente a la enseñanza y la sabiduría; y se encontró que Daniel tenía entendimiento también en todas las visiones y sueños, mostrando que tenía una conexión viva con el Dios de toda sabiduría. "En todo asunto de sabiduría e inteligencia que el rey les consultó, los halló diez veces mejores que todos los magos y astrólogos que había en todo su reino". La historia de Daniel se nos da para nuestra amonestación sobre quienes han llegado los fines del mundo. "La comunión íntima de Jehová es con los que le temen". Daniel estaba en estrecha relación con Dios. Cuando salió el decreto de un rey enojado y furioso, ordenando que todos los sabios de Babilonia fueran destruidos, Daniel y sus compañeros fueron buscados para ser asesinados. Entonces Daniel respondió, no con represalias, sino "sabia y prudentemente", al capitán de la guardia del rey, que había salido a matar a los sabios de Babilonia. Daniel preguntó: "¿Cuál es la causa de que este edicto se publique de parte del rey tan apresuradamente? ". Se presentó ante el rey, solicitando que se le diera tiempo, y su fe en el Dios al que servía le hizo decir que le mostraría al rey la interpretación. " Luego se fue Daniel a su casa e hizo saber lo que había a Ananías, Misael y Azarías, sus compañeros, para que pidiesen misericordias del Dios del cielo sobre este misterio, a fin de que Daniel y sus compañeros no pereciesen con los otros sabios de Babilonia. Entonces el secreto fue revelado a Daniel en visión de noche, por lo cual bendijo Daniel al Dios del cielo ". (Lea Daniel 2:20-28.) Aquí se le dio a conocer a Daniel la interpretación.

La intensa dedicación de aquellos estudiantes hebreos bajo el entrenamiento de Dios fue ricamente recompensada. Mientras se esforzaban con diligencia por obtener conocimientos, el Señor les dio sabiduría celestial. El conocimiento que adquirieron les fue de gran utilidad cuando se vieron en apuros. El Señor Dios del cielo no suplirá las deficiencias que resultan de la indolencia mental y espiritual. Cuando los agentes humanos ejerciten sus facultades para adquirir conocimientos y para convertirse en hombres de pensamiento profundo; cuando ellos, como los mayores testigos de Dios y de la verdad, hayan ganado en el campo de la investigación de las doctrinas vitales relativas a la salvación del alma para que se dé gloria al Dios del cielo como supremo, entonces incluso los jueces y los reyes serán llevados a reconocer, en los tribunales de justicia, en los parlamentos y en los consejos que el Dios que hizo los cielos y la tierra es el único Dios verdadero y vivo, el autor del cristianismo, el autor de toda la verdad, que instituyó el séptimo día de reposo cuando se pusieron los cimientos del mundo, cuando las estrellas de la mañana cantaron juntas, y todos los hijos de Dios gritaron juntos de alegría. Toda la naturaleza dará testimonio, tal y como ha sido diseñada, para la ilustración de la palabra de Dios.

Lo natural y lo espiritual deben combinarse en los estudios de nuestras escuelas. Las operaciones de la agricultura ilustran las lecciones bíblicas. Las leyes que la tierra obedece revelan el hecho de que está bajo el poder magistral de un Dios infinito. Los mismos principios atraviesan el mundo espiritual y el natural. Divorciad a Dios y su sabiduría de la adquisición de conocimientos, y tendréis una educación coja y unilateral, muerta para todas las cualidades salvadoras que dan poder al hombre, de modo que éste es incapaz de adquirir la inmortalidad mediante la fe en Cristo. El autor de la naturaleza es el autor de la Biblia. La creación y el cristianismo tienen un solo Dios. Todos los que se dedican a la adquisición de conocimientos deben aspirar a alcanzar la ronda más alta de progreso. Que avancen tan rápido y tan lejos como puedan; que su campo de estudio sea tan amplio como sus facultades puedan abarcar, haciendo de Dios su sabiduría, aferrándose a aquel que es infinito en conocimiento, que puede revelar los secretos ocultos desde hace siglos, que puede resolver los problemas más difíciles para las mentes que creen en aquel que sólo tiene inmortalidad, que mora en la luz a la que ningún hombre puede acercarse. El testigo vivo de Cristo, que sigue para conocer al Señor, sabrá que sus salidas están preparadas como la mañana. "Pues todo lo que el hombre sembrare, eso también segará". Mediante la honestidad y la laboriosidad, con un cuidado adecuado del cuerpo, aplicando todo el poder de la mente a la adquisición de conocimiento y sabiduría en las cosas espirituales, toda alma puede ser completa en Cristo, que es el modelo perfecto de un hombre completo.

El que elige un curso de desobediencia a la ley de Dios está decidiendo su destino futuro; está sembrando para la carne, ganando la paga del pecado, incluso la destrucción eterna, lo contrario de la vida eterna. La sumisión a Dios y la obediencia a su santa ley traen el resultado seguro. "Y esta es la vida eterna: que te conozcan a ti, el único Dios verdadero, y a Jesucristo, a quien has enviado". Este es un conocimiento de tal valor que ningún lenguaje puede describirlo; es de altísimo valor en este mundo, y es de tan largo alcance como la eternidad. "Así dijo Jehová: No se alabe el sabio en su sabiduría, ni en su valentía se alabe el valiente, ni el rico se alabe en sus riquezas. Mas alábese en esto el que se hubiere de alabar: en entenderme y conocerme, que yo soy Jehová, que hago misericordia, juicio y justicia en la tierra; porque estas cosas quiero, dice Jehová."

Si aspiramos a un nivel bajo, sólo alcanzaremos un nivel bajo. Recomendamos a cada estudiante el Libro de los libros como el estudio más grandioso para la inteligencia humana, como la educación esencial para esta vida y para la vida eterna. Pero no contemplo una reducción del nivel educativo en el estudio de las ciencias. La luz que se ha dado sobre estos temas es clara, y en ningún caso debe ser despreciada. Pero si la palabra de Dios que ilumina y da entendimiento a los sencillos hubiera sido acogida en la mente y en el templo del alma como consejera, como guía e instructora, el agente humano que vive de toda palabra que sale de la boca de Dios no habría tenido necesidad de represión a causa de los retrocesos de los estudiantes después de que la bendición de Dios hubiera llegado a ellos en ricos rayos de luz divina para brillar en el fuego sagrado del cielo sobre el altar de sus corazones. Muchos permitieron que las diversiones tuvieran la supremacía. Este no fue el curso que siguió Daniel para obtener la educación que reveló a través de él la supremacía de la sabiduría celestial por encima de toda la sabiduría y el conocimiento de las más altas escuelas de las cortes de la orgullosa Babilonia. Dios abre el entendimiento de los hombres de manera marcada si sus palabras son llevadas a la vida práctica del estudiante, y la Biblia es reconocida como el libro precioso y maravilloso que es. Nada debe interponerse entre este libro y el estudiante como más esencial; porque es esa sabiduría que, llevada a la vida práctica, hace a los hombres sabios a través del tiempo y de la eternidad. Dios se revela en la naturaleza; Dios se revela en su palabra. La Biblia es la más maravillosa de todas las historias, porque es la producción de Dios, no de la mente finita. Nos transporta a través de los siglos hasta el principio de todas las cosas, presentando la historia de tiempos y escenas que de otro modo nunca se habrían conocido. Revela la gloria de Dios en la obra de su providencia para salvar a un mundo caído. Presenta en el lenguaje más sencillo el poderoso poder del evangelio, que, recibido, cortaría las cadenas que atan a los hombres al carro de Satanás.

La luz brilla desde las páginas sagradas en rayos claros y gloriosos, mostrándonos a Dios, el Dios vivo, tal y como está representado en las leyes de su gobierno, en la creación del mundo, en los cielos que él ha engendrado. Su poder debe ser reconocido como el único medio de redimir al mundo de las supersticiones degradantes que tanto deshonran a Dios y al hombre. Todo estudiante de la Biblia que no sólo se familiarice con la verdad revelada a través de la educación del intelecto, sino también a través de su poder transformador sobre el corazón y el carácter, representará el carácter de Dios a nuestro mundo en una vida bien ordenada y una conversación piadosa. La entrada de la palabra da luz. La mente se expande, se eleva y se purifica. Pero muchos han seguido un curso de acción inconsistente con el conocimiento de la verdad y la maravillosa luz a través del descenso del Espíritu Santo de Dios de manera tan marcada sobre los corazones en Battle Creek. Grandes pecados y pérdidas resultaron de la negligencia de caminar en la luz del cielo. Al sumergirse en las diversiones, los juegos y partidos, y las actuaciones pugilísticas, declararon al mundo que Cristo no era su líder en ninguna de estas cosas. Todo esto provocó la advertencia de Dios. Ahora bien, lo que me preocupa es el peligro de ir a los extremos del otro lado; no hay necesidad de ello; si se hace de la Biblia la guía y consejera, se calcula que tendrá una influencia en la mente y el corazón de los inconversos. Su estudio, más que cualquier otro, dejará una impresión divina. Agrandará la mente del estudiante sincero, la dotará de nuevos impulsos y de un vigor fresco. Dará mayor eficacia a las facultades al ponerlas en contacto con verdades grandiosas y de gran alcance. Siempre está trabajando, atrayendo; es un instrumento eficaz en la conversión del alma. Si la mente humana se empequeñece y se vuelve débil e ineficaz, es porque se la deja ocuparse sólo de temas comunes.

Dios puede hacer, y hará, una gran obra para todo ser humano que abra el corazón a la palabra de Dios y deje que entre en el templo del alma y expulse todo ídolo. Convocados al esfuerzo, la mente y el corazón acogen las maravillosas revelaciones de la voluntad revelada de Dios. El alma convertida se hará más fuerte para resistir el mal. En el estudio de la Biblia, el alma convertida come la carne y bebe la sangre del Hijo de Dios, que él mismo interpreta como la recepción y la realización de sus palabras, que son espíritu y vida. El Verbo se hace carne y habita entre nosotros, en aquellos que reciben los santos preceptos de la palabra de Dios. El Salvador del mundo ha dejado un ejemplo santo y puro para todos los hombres. Ilumina, eleva y trae inmortalidad a todos los que obedecen los requisitos divinos. Esta es la razón por la que les escribí como lo hice. Dios no permita que por falta de discernimiento se cometan errores por la mala interpretación de mis palabras dirigidas a ustedes. No he tenido otro sentimiento que el de placer al saber que los estudiantes pueden salir del estudio de las palabras de la vida con las mentes expandidas, elevadas, ennoblecidas, y con sus poderes adormecidos despertados para dedicarse al estudio de las ciencias con una apreciación más aguda; pueden llegar a ser doctos como lo fue Daniel, con el propósito de desarrollar y emplear todo poder para glorificar a Dios. Pero a todo estudiante le corresponde aprender de Dios, que da la sabiduría, cómo aprender con el mejor provecho; porque todos son candidatos a la inmortalidad.

El Señor Dios bajó a nuestro mundo vestido con los atuendos de la humanidad, para poder resolver en su propia vida la misteriosa controversia entre Cristo y Satanás. Desafió a los poderes de las tinieblas. Toda esta historia está diciendo al hombre: Yo, tu sustituto y fiador, he tomado tu naturaleza sobre mí, mostrándote que todo hijo e hija de Adán tiene el privilegio de llegar a ser partícipe de la naturaleza divina, y por medio de Cristo Jesús echar mano de la inmortalidad. Aquellos que son candidatos a esta gran bendición deben actuar en todo de manera que represente las ventajas de su asociación con el Señor a través de su verdad revelada y mediante la santificación de su Espíritu Santo. Esto ampliará la mente del agente humano, la fijará en las cosas sagradas y la pondrá en condiciones de recibir y de comprender la verdad, lo que conducirá a la realización de la verdad mediante la santificación del corazón, del alma y del carácter.

Los que tienen esta experiencia no condescenderán a participar en las diversiones que han sido tan absorbentes y tan engañosas en su influencia, revelando que el alma no ha estado comiendo y bebiendo las palabras de la vida eterna. El alejamiento de la simplicidad de la verdadera piedad por parte de los estudiantes estaba influyendo para debilitar el carácter y disminuir el vigor mental. Su avance en las ciencias se retrasaba, mientras que, si fueran como Daniel, oidores y hacedores de la palabra de Dios, avanzarían como él en todas las ramas del saber en las que se adentraran. Siendo de mente pura, se volverían de mente fuerte. Todas las facultades intelectuales se agudizarían. Reciban la Biblia como el único alimento para el alma, ya que es el mejor y más eficaz para purificar y fortalecer el intelecto. –"Testimonios especiales sobre la educación", 22 de abril de 1895.

Libros y autores en nuestras escuelas

Tengo algunos asuntos que deseo presentarles en relación con la educación. Los profesores de nuestras escuelas tienen un gran respeto por los autores y los libros que están de actualidad en la mayoría de nuestras instituciones educativas. Todo el cielo ha estado mirando a nuestras instituciones de enseñanza y les ha preguntado: ¿Qué es la paja para el trigo? El Señor nos ha dado las más preciosas instrucciones en su palabra, enseñándonos qué caracteres debemos formar en esta vida para prepararnos para la vida futura e inmortal. Se ha acostumbrado a exaltar libros y autores que no presentan el fundamento adecuado para la verdadera educación. ¿De qué fuente obtuvieron estos autores su sabiduría, una gran parte de la cual no merece nuestro respeto, aunque los autores sean considerados como hombres sabios? ¿Han tomado sus lecciones del más grande Maestro que el mundo haya conocido? Si no es así, están decididamente en falta. Hay que recomendar a quienes se preparan para las moradas celestiales que hagan de la Biblia su principal libro de estudio.

Estos autores populares no han señalado a los estudiantes el camino que conduce a la vida eterna. "Y esta es la vida eterna: que te conozcan a ti, el único Dios verdadero, y a Jesucristo, a quien has enviado". Juan 17:3. Los autores de los libros actuales en nuestras escuelas son recomendados y exaltados como hombres eruditos; su educación es en todo sentido deficiente, a menos que ellos mismos hayan sido educados en la escuela de Cristo, y mediante el conocimiento práctico den testimonio de la palabra de Dios como el estudio más esencial para los niños y los jóvenes. "El principio de la sabiduría es el temor de Jehová". Deben prepararse libros para poner en manos de los estudiantes y para que los eduquen para tener un amor sincero y reverente por la verdad y una integridad firme. La clase de estudios que son positivamente esenciales en la formación del carácter para darles una preparación para la vida futura debería mantenerse siempre ante ellos. Cristo debe ser elevado como el primer gran maestro, el Hijo unigénito de Dios, que estuvo con el Padre desde las edades eternas. El Hijo de Dios fue el gran maestro enviado al mundo como la luz del mundo. "Y aquel Verbo fue hecho carne, y habitó entre nosotros". El padre estaba representado en Cristo, y la atención en la educación debe ser de tal carácter que se fijen en él y crean en él como la semejanza de Dios. Su misión en este mundo fue de lo más maravillosa, y su obra no estaba en la línea de dar una relación completa de sus pretensiones personales de deidad, sino que su humillación fue una ocultación de sus pretensiones. Por eso la nación judía no reconoció a Cristo como el Príncipe de la Vida; porque no vino con exhibición y apariencia externa, pues ocultó su glorioso carácter bajo el ropaje de la humanidad.

La familia humana debía considerarlo a la luz de las Sagradas Escrituras, que debían dar testimonio de la forma de su venida. Si hubiera venido mostrando la gloria que tenía con su Padre, entonces su camino hacia la cruz habría sido frustrado por el propósito de los hombres, que lo habrían tomado por la fuerza y lo habrían hecho rey. Debía cerrar su vida haciendo una oblación solemne de sí mismo. El tipo debía alcanzar el antitipo en Jesucristo. Toda su vida fue un prefacio de su muerte en la cruz. Su carácter era una vida de obediencia a todos los mandamientos de Dios, y debía ser un ejemplo para todos los hombres de la tierra. Su vida fue la vivencia de la ley en la humanidad. Esa ley la transgredió Adán. Pero Cristo, por su perfecta obediencia a la ley, redimió el vergonzoso fracaso y la caída de Adán.

Se debe estudiar las profecías y comparar la vida de Cristo con los escritos de los profetas. Él se identifica con las profecías, afirmando una y otra vez: Ellos escribieron de mí; ellos dan testimonio de mí. La Biblia es el único libro que da una descripción positiva de Cristo Jesús; y si cada ser humano la estudiara como su libro de lecciones, y la obedeciera, no se perdería ni un alma.

Todos los rayos de luz que brillan en las Escrituras apuntan a Jesucristo y dan testimonio de él, uniendo las Escrituras del Antiguo y del Nuevo Testamento. Cristo es presentado como el autor y el consumador de su fe, él mismo el que centra sus esperanzas de vida eterna. "Porque de tal manera amó Dios al mundo, que ha dado a su Hijo unigénito, para que todo aquel que en él cree, no se pierda, más tenga vida eterna".

¿Qué libro puede empezar a compararse con la Biblia? Es esencial para que lo entiendan todos los niños, los jóvenes y los de edad madura, pues es la palabra de Dios, la que guía a toda la familia humana hacia el cielo. Entonces, ¿por qué la palabra de Dios no contiene los principales elementos que constituyen la educación? Los autores no inspirados se ponen en las manos de los niños y jóvenes en nuestras escuelas como libros de lecciones, libros con los que deben ser educados. Se mantienen ante los jóvenes, ocupando su precioso tiempo en el estudio de aquellas cosas que nunca podrán utilizar. Se han introducido en las escuelas muchos libros que nunca deberían haberse colocado allí. Estos libros no expresan en ningún sentido las palabras de Juan: "He aquí el Cordero de Dios, que quita el pecado del mundo". Toda la línea de estudio en nuestras escuelas debería ser preparar a un pueblo para la vida futura e inmortal.

Jesucristo es el conocimiento del Padre, y Cristo es nuestro gran maestro enviado por Dios. Cristo ha declarado en el sexto capítulo de Juan que él es ese pan enviado desde el cielo "De cierto, de cierto os digo: El que cree en mí, tiene vida eterna. Yo soy el pan de vida. Vuestros padres comieron el maná en el desierto, y murieron. Este es el pan que desciende del cielo, para que el que de él come, no muera. Yo soy el pan vivo que descendió del cielo; si alguno comiere de este pan, vivirá para siempre; y el pan que yo daré es mi carne, la cual yo daré por la vida del mundo." Los discípulos no comprendieron sus palabras. Dice Cristo: "El espíritu

Libros y autores en nuestras escuelas

es el que da vida; la carne para nada aprovecha; las palabras que yo os he hablado son espíritu y son vida."

Es de inmensa importancia que todo ser humano estudie las Escrituras a la luz de las lecciones de Cristo, para convencerse de aquel en quién se centran sus esperanzas de vida eterna. La Biblia debería haber sido siempre el gran libro de estudio, que ha bajado a nosotros desde el cielo, y es la palabra de vida. ¿Debería ese libro, que nos dice lo que debemos hacer para salvarnos, ser apartado en un rincón, y las producciones humanas ser exaltadas como la gran sabiduría en la educación? El mismo conocimiento que los niños y los jóvenes necesitan obtener para ser útiles en esta vida, y que puedan llevar consigo en la vida futura, se encuentra en la palabra de Dios. Pero ésta no se fomenta ni se presenta ante ellos como el conocimiento más esencial, y como el que dará la información más correcta del verdadero Dios, y de Jesucristo a quien él ha enviado. Hay muchos dioses y muchas doctrinas. Hay máximas y mandamientos que se presentan ante nuestros jóvenes como los mandamientos de Dios. Es imposible que entiendan lo que es la verdad, lo que es lo sagrado y lo que es lo común, sólo en la medida en que entiendan las Escrituras, tanto del Antiguo como del Nuevo Testamento.

La palabra de Dios debe erigirse como el libro de más alta educación en nuestro mundo, y debe ser tratada con temor reverencial. Es nuestro libro guía; de él recibiremos la verdad. Debemos presentar la Biblia como el gran libro de lecciones que debemos poner en manos de nuestros niños y jóvenes, para que conozcan a Cristo, a quien, al conocer correctamente, les da la vida eterna. Es el libro que deben estudiar las personas de mediana edad, y las de edad avanzada. La palabra contiene promesas, advertencias, ánimos y garantías del amor de Dios para todos los que lo aceptan como su Salvador. Entonces coloque la Santa Palabra en sus manos. Anímelos a escudriñar la Palabra, y al hacerlo encontrarán tesoros ocultos de valor inestimable para ellos en esta vida presente, y al recibir a Cristo como el pan de vida tienen la promesa de la vida eterna.

El libro de las grandes lecciones, la Biblia, contiene la instrucción del carácter que deben tener, la excelencia moral del carácter que deben cultivar y que Dios y el cielo requieren. " Bienaventurados los de limpio corazón, porque ellos verán a Dios". "Seguid la paz con todos, y la santidad, sin la cual nadie verá al Señor". "Amados, ahora somos hijos de Dios, y aún no se ha manifestado lo que hemos de ser; pero sabemos que cuando él se manifieste, seremos semejantes a él, porque le veremos tal como él es. Y todo aquel que tiene esta esperanza en él, se purifica a sí mismo, así como él es puro. Todo aquel que comete pecado, infringe también la ley; pues el pecado es infracción de la ley. Y sabéis que él apareció para quitar nuestros pecados, y no hay pecado en él".

Este conocimiento tan importante debe mantenerse ante los niños y los jóvenes, no de una manera arbitraria y dictatorial, sino como revelaciones divinas, que son del más alto valor para asegurar su actual paz, tranquilidad y descanso de la mente en este mundo presente de agitación y lucha, y como una preparación para el futuro, la vida eterna en el reino de Dios, donde verán a Dios, y conocerán a Dios y a Jesucristo, que dio su preciosa vida para redimirlos.

Cristo vino en forma de humanidad para vivir la ley de Dios. Él era la palabra de vida. Vino para ser el evangelio de la salvación para el mundo, y para cumplir cada especificación de la ley. Jesús es la Palabra, el libro guía que debe ser recibido y obedecido en todos los aspectos. Qué necesario es que se explore esta mina de la verdad, y que se descubran los preciosos tesoros de la verdad y se aseguren como ricas joyas. La encarnación de Cristo, su divinidad, su expiación, su maravillosa vida en el cielo como nuestro abogado y el oficio del Espíritu Santo, todos estos temas vivos y vitales del cristianismo se revelan desde el Génesis hasta el Apocalipsis. Los eslabones de oro de la verdad forman una cadena de verdades evangélicas, y la primera, y la más importante, se encuentra en las grandes enseñanzas de Cristo Jesús. ¿Por qué, entonces, no deberían ennoblecerse y exaltarse las Escrituras en todas las escuelas de nuestro país? ¿Cómo se educa a los niños para que estudien la Biblia como la palabra de Dios, y se alimenten de sus verdades, que son la carne y la sangre del Hijo de Dios? "Jesús les dijo: De cierto, de cierto os digo: Si no coméis la carne del Hijo del Hombre, y bebéis su sangre, no tenéis vida en vosotros. El que come mi carne y bebe mi sangre, tiene vida eterna; y yo le resucitaré en el día postrero. Porque mi carne es verdadera comida, y mi sangre es verdadera bebida. El que come mi carne y bebe mi sangre, en mí permanece, y yo en él". "Y el que guarda sus mandamientos, permanece en Dios, y Dios en él. Y en esto sabemos que él permanece en nosotros, por el Espíritu que nos ha dado".

Es necesario que cada familia haga de la Biblia el libro de su estudio. Los dichos de Cristo son oro puro, sin una sola partícula de escoria, a menos que los hombres, con su entendimiento humano, traten de mancharla, y hagan aparecer la falsedad como una porción de la verdad. Para aquellos que han recibido la falsa interpretación de la palabra, al escudriñar las Escrituras con el decidido esfuerzo de obtener la médula misma de la verdad contenida en ellas, el Espíritu Santo puede abrir los ojos de su entendimiento, y las verdades de la palabra son para ellos como una nueva revelación. Sus corazones son vivificados a una fe nueva y viva, y contemplan cosas maravillosas de su ley. Las enseñanzas de Cristo tienen una amplitud y profundidad para muchos que nunca antes habían comprendido.

Las doctrinas de la gracia y la verdad no son realmente comprendidas por la mayoría de nuestros estudiantes y miembros de la iglesia. La ceguera de la mente le ha sucedido a Israel. Que los agentes humanos malinterpreten y pongan una construcción forzada, a medias y mística sobre los oráculos de Dios, es un acto que pone en peligro sus propias almas y las de los demás. "Yo testifico a todo aquel que oye las palabras de la profecía de este libro: Si alguno añadiere a estas cosas, Dios traerá sobre él las plagas que están escritas en este libro. Y si alguno quitare de las palabras del libro de esta profecía, Dios quitará su parte del libro de la vida, y de la santa ciudad y de las cosas que están escritas en este libro". Apocalipsis 22:18, 19. Aquellos que, por su construcción humana, hacen que la Escritura pronuncie lo que Cristo nunca ha puesto en ella, debilitan su fuerza, haciendo que la voz de Dios testifique una falsedad en la instrucción y las advertencias, para evitar los inconvenientes incurridos por la obediencia a los requerimientos de Dios y se han convertido en tableros de señales, que apuntan en la dirección equivocada, hacia caminos falsos, que conducen a la transgresión y a la muerte.

El testimonio del Alfa y la Omega respecto al castigo por hacer no esencial una palabra dicha por la boca de Dios, es la temible denuncia de que recibirán las plagas que están escritas en el libro; sus nombres serán sacados del libro de la vida, y de la ciudad santa.

¿Cuántos pueden responder con sinceridad cuál es la educación esencial para este tiempo? La educación significa mucho más de lo que muchos suponen. La verdadera educación abarca el entrenamiento físico, mental y moral, a fin de que todas las facultades estén preparadas para el mejor desarrollo, para llevar a cabo el servicio a Dios y para trabajar por la elevación de la humanidad. Buscar el reconocimiento propio o la autoglorificación dejará al agente humano desprovisto del Espíritu de Dios, desprovisto de esa gracia que lo convertirá en un trabajador útil y eficiente para Cristo. Los que sólo desean glorificar a Dios no se esforzarán por hacer notar sus supuestos méritos, ni lucharán por el reconocimiento, ni por el lugar más alto. Los que escuchen el llamado del Redentor del mundo, y obedezcan ese llamado, serán reconocidos como un pueblo distinto, abnegado y santo.

Si los alumnos de nuestras escuelas escuchan con el propósito de oír y obedecer la invitación: "Venid a mí todos los que estáis trabajados y cargados, y yo os haré descansar. Llevad mi yugo sobre vosotros, y aprended de mí, que soy manso y humilde de corazón; y hallaréis descanso para vuestras almas; porque mi yugo es fácil, y ligera mi carga", serán epístolas vivas, conocidas y leídas por todos los hombres. "De cierto os digo, que, si no os volvéis y os hacéis como niños, no entraréis en el reino de los cielos. Así que, cualquiera que se humille como este niño, ese es el mayor en el reino de los cielos ". Los jóvenes tienen necesidad de educadores que mantengan la palabra de Dios siempre ante ellos en principios vivos. Si mantienen los preceptos bíblicos siempre como su libro de texto, tendrán una mayor influencia sobre la juventud; porque los maestros serán aprendices, teniendo un contacto vivo con Dios. Todo el tiempo están inculcando ideas y principios que conducirán a un mayor conocimiento de Dios, y a una fe ferviente y creciente en su favor en la sangre de Jesús, y en el poder y la eficacia de la gracia de nuestro Señor Jesucristo para evitar que caigan, porque están buscando constantemente los baluartes de una experiencia cristiana sana y bien equilibrada, llevando consigo las calificaciones para la utilidad futura, y la inteligencia, y la piedad. Los maestros ven y sienten que deben trabajar para no empequeñecer y manchar las mentes de sus asociados con un enfermizo servicio medio religioso. Es necesario separar de nuestras instituciones educativas una literatura errónea y contaminada, para que las ideas no sean recibidas como semillas de pecado. Que nadie suponga que la educación significa un estudio de libros que conduzca a la recepción de ideas de autores que sembrarán la semilla y brotarán para dar frutos que deben ser atados en manojos con el mundo, separándolos de la Fuente de toda sabiduría, toda eficiencia y todo poder, dejándolos al deporte del poder engañador de Satanás. Una educación pura para la juventud en nuestras escuelas, no diluida con la filosofía pagana, es una necesidad positiva en las líneas literarias.

El bienestar y la felicidad de la vida religiosa en las familias con las que están relacionados y la prosperidad y la piedad de la iglesia de la que son miembros, dependen en gran medida de la educación religiosa que los jóvenes han recibido en nuestras escuelas. –"Testimonios especiales sobre la educación", 12 de junio de 1895.

El libro de las grandes lecciones

El sanatorio es un amplio campo misionero. Sus estudiantes de medicina, al estudiar la palabra de Dios con diligencia, están mucho mejor preparados para todos los demás estudios; pues la iluminación llega siempre con un estudio serio de la palabra. Que los médicos misioneros entiendan que cuanto mejor conozcan a Dios y a Jesucristo, a quien él ha enviado, y cuanto mejor conozcan la historia de la Biblia, mejor calificados estarán para hacer su trabajo. Los estudiantes del colegio de Battle Creek necesitan aspirar a un conocimiento más elevado, y nada puede darles un conocimiento de todas las lecciones, y una memoria retentiva, como el escrutinio de las Escrituras. Que haya una auténtica disciplina en el estudio. Debe haber un anhelo del alma más humilde y dedicado a la oración por conocer la verdad.

Debe haber profesores muy fieles que se esfuercen por hacer que los alumnos entiendan sus lecciones, no explicando todo ellos mismos, sino dejando que los alumnos expliquen a fondo cada pasaje que leen. Que se respeten las mentes inquisitivas de los alumnos. Traten sus preguntas con respeto. Rozar la superficie servirá de poco. Se requiere una investigación reflexiva y un estudio serio y exigente para comprenderla. Hay verdades en la palabra que son como vetas de mineral precioso ocultas bajo la superficie. Al excavar en busca de ellas, como el hombre excava en busca de oro y plata, se descubren los tesoros ocultos. Estén seguros de que la evidencia de la verdad está en la propia Escritura. Una escritura es la llave para abrir otras escrituras. El rico y oculto significado es desplegado por el Espíritu Santo de Dios, haciendo clara la palabra a nuestro entendimiento: "La exposición de tus palabras alumbra; Hace entender a los simples".

La Palabra es el gran libro de lecciones para los alumnos de nuestras escuelas. La Biblia enseña toda la voluntad de Dios respecto a los hijos e hijas de Adán. La Biblia es la regla de vida que nos enseña el carácter que debemos formar para la vida futura e inmortal. Nuestra fe, nuestra práctica, puede convertirnos en epístolas vivas, conocidas y leídas por todos los hombres. Los hombres no necesitan la tenue luz de la tradición y la costumbre para hacer comprensibles las Escrituras. Es tan sensato como suponer que el sol, que brilla en los cielos al mediodía, necesita los destellos de la luz de las antorchas de la tierra para aumentar su gloria. Las fábulas o las declaraciones de los sacerdotes o de los ministros no son necesarias para salvar al estudiante del error. Consulte el Oráculo divino, y tendrá luz. En la Biblia se aclara cada deber, y cada lección es comprensible, capaz de dotar a los hombres de una preparación para la vida eterna. El don de Cristo y la iluminación del Espíritu Santo nos revelan al Padre y al Hijo. La palabra está exactamente adaptada para hacer a los hombres y a los jóvenes sabios para la salvación. En la palabra se revela claramente la ciencia de la salvación. "Toda la Escritura es inspirada por Dios, y útil para enseñar, para redargüir, para corregir, para instruir en justicia, a fin de que el hombre de Dios sea perfecto, enteramente preparado para toda buena obra". "Escudriñad las Escrituras", porque en ellas está el consejo de Dios, la voz de Dios que habla al alma. –"Testimonios especiales sobre la educación", 1 de diciembre de 1895.

Una educación superior

El término "educación superior" debe ser considerado bajo una luz diferente de la que ha sido vista por los estudiantes de las ciencias. La oración de Cristo a su Padre está llena de verdades eternas. "Estas cosas habló Jesús, y levantando los ojos al cielo, dijo: Padre, la hora ha llegado; glorifica a tu Hijo, para que también tu Hijo te glorifique a ti; como le has dado potestad sobre toda carne, para que dé vida eterna a todos los que le diste. Y esta es la vida eterna: que te conozcan a ti, el único Dios verdadero, y a Jesucristo, a quien has enviado." "Porque el que Dios envió, las palabras de Dios habla; pues Dios no da el Espíritu por medida. El Padre ama al Hijo, y todas las cosas ha entregado en su mano. El que cree en el Hijo tiene vida eterna; pero el que rehúsa creer en el Hijo no verá la vida, sino que la ira de Dios está sobre él". El poder y el alma de la verdadera educación es el conocimiento de Dios y de Jesucristo, a quien él ha enviado. "El principio de la sabiduría es el temor de Jehová".

De Jesús está escrito: "Y el niño crecía, y se fortalecía en espíritu, y se llenaba de sabiduría; y la gracia de Dios era sobre él.... Y Jesús crecía en sabiduría y en estatura, y en gracia para con Dios y los hombres". El conocimiento de Dios constituirá un tipo de conocimiento que será tan duradero como la eternidad. Aprender y hacer las obras de Cristo, es obtener una verdadera educación. Aunque el Espíritu Santo trabajó la mente de Cristo, de modo que pudo decir a sus padres: "¿Por qué me buscabais? ¿No sabíais que en los negocios de mi Padre me es necesario estar? " Sin embargo, trabajó en el oficio de carpintero como un hijo obediente. Reveló que tenía conocimiento de su trabajo como Hijo de Dios, y sin embargo no exaltó su carácter divino. No ofreció que era de origen divino como razón para no soportar la carga del cuidado temporal, pero estaba sujeto a sus padres. Era el Señor de los mandamientos, y, sin embargo, fue obediente a todas sus exigencias, dejando así un ejemplo de obediencia durante la infancia, la juventud y la virilidad.

Si la mente se pone a la tarea de estudiar la Biblia para obtener información, las facultades de razonamiento mejorarán. Bajo el estudio de las Escrituras, la mente se expande y se vuelve más equilibrada que si se ocupa en obtener información general de los libros que se utilizan y que no tienen conexión con la Biblia. Ningún conocimiento es tan firme, tan consistente y de gran alcance, como el que se obtiene de un estudio de la palabra de Dios. Es el fundamento de todo conocimiento verdadero. La Biblia es como una fuente. Cuanto más se mira en ella, más profunda aparece. Las grandes verdades de la historia sagrada poseen una fuerza y una belleza asombrosas, y tienen un alcance tan grande como la eternidad. Ninguna ciencia es igual a la que revela el carácter de Dios. Moisés fue educado en toda la sabiduría de los egipcios, y sin embargo dijo: "Mirad, yo os he enseñado estatutos y decretos, como Jehová mi Dios me mandó, para que hagáis así en medio de la tierra en la cual entráis para tomar posesión de ella. Guardadlos, pues, y ponedlos por obra; porque esta es vuestra sabiduría y vuestra inteligencia ante los ojos de los pueblos, los cuales oirán todos estos estatutos, y dirán: Ciertamente pueblo sabio y entendido, nación grande es esta. Porque ¿qué nación grande hay que tenga dioses tan cercanos a ellos como lo está Jehová nuestro Dios en todo cuanto le pedimos? Y ¿qué nación grande hay que tenga estatutos y juicios justos como es toda esta ley que yo pongo hoy delante de vosotros? Por tanto, guárdate, y guarda tu alma con diligencia, para que no te olvides de las cosas que tus ojos han visto, ni se aparten de tu corazón todos los días de tu vida; antes bien, las enseñarás a tus hijos, y a los hijos de tus hijos".

¿Dónde encontraremos leyes más nobles, puras y justas que las que están expuestas en los libros de estatutos en los que está registrada la instrucción dada a Moisés para los hijos de Israel? Estas leyes deben perpetuarse a través de todos los tiempos para que el carácter del pueblo de Dios se forme según la similitud divina. La ley es un muro de protección para aquellos que son obedientes a los preceptos de Dios. ¿De qué otra fuente podemos obtener tal fuerza, o aprender tan noble ciencia? ¿Qué otro libro enseñará a los hombres a amar, temer y obedecer a Dios como lo hace la Biblia? ¿Qué otro libro presenta a los estudiantes una ciencia más ennoblecedora, y una historia más maravillosa? Describe claramente la justicia y predice las consecuencias de la deslealtad a la ley de Jehová. No se deja a nadie en la oscuridad en cuanto a lo que Dios aprueba o desaprueba. Al estudiar las Escrituras llegamos a conocer a Dios, y se nos lleva a comprender nuestra relación con Cristo, que es el portador del pecado, el fiador, el sustituto de nuestra raza caída. Estas verdades conciernen a nuestros intereses presentes y eternos. La Biblia es el más alto de los libros, y su estudio es valioso por encima del estudio de otra literatura para dar fuerza y expansión a la mente. Pablo dice: "Procura con diligencia presentarte a Dios aprobado, como obrero que no tiene de qué avergonzarse, que usa bien la palabra de verdad". "Pero persiste tú en lo que has aprendido y te persuadiste, sabiendo de quién has aprendido; y que desde la niñez has sabido las Sagradas Escrituras, las cuales te pueden hacer sabio para la salvación por la fe que es en Cristo Jesús. Toda la Escritura es inspirada por Dios, y útil para enseñar, para redargüir, para corregir, para instruir en justicia, a fin de que el hombre de Dios sea perfecto, enteramente preparado para toda buena obra" "Porque las cosas que se escribieron antes, para nuestra enseñanza se escribieron, a fin de que, por la paciencia y la consolación de las Escrituras, tengamos esperanza".

La palabra de Dios es el libro educativo más perfecto de nuestro mundo. Sin embargo, en nuestros colegios y escuelas, los libros producidos por el intelecto humano han sido presentados para el estudio de nuestros estudiantes, y el Libro de los libros, que Dios ha dado a los hombres para ser una guía infalible, ha sido convertido en un asunto secundario. Las

Una educación superior

producciones humanas se han utilizado como lo más esencial, y la palabra de Dios se ha estudiado simplemente para dar sabor a otros estudios. Isaías describe las escenas de la gloria del cielo que se le presentaron, en el lenguaje más vívido. A lo largo de todo el libro describe las cosas gloriosas que han de ser reveladas a los demás. Ezequiel escribe: "Vino palabra de Jehová al sacerdote Ezequiel hijo de Buzi, en la tierra de los caldeos, junto al río Quebar; vino allí sobre él la mano de Jehová. Y miré, y he aquí venía del norte un viento tempestuoso, y una gran nube, con un fuego envolvente, y alrededor de él un resplandor, y en medio del fuego algo que parecía como bronce refulgente, y en medio de ella la figura de cuatro seres vivientes. Y esta era su apariencia: había en ellos semejanza de hombre. Cada uno tenía cuatro caras y cuatro alas. Y los pies de ellos eran derechos, y la planta de sus pies como planta de pie de becerro; y centelleaban a manera de bronce muy bruñido. Debajo de sus alas, a sus cuatro lados, tenían manos de hombre; y sus caras y sus alas por los cuatro lados. Con las alas se juntaban el uno al otro. No se volvían cuando andaban, sino que cada uno caminaba derecho hacia adelante. Y el aspecto de sus caras era cara de hombre, y cara de león al lado derecho de los cuatro, y cara de buey a la izquierda en los cuatro; asimismo había en los cuatro, cara de águila". El libro de Ezequiel es profundamente instructivo.

La Biblia está diseñada por Dios para ser el libro por el que el entendimiento puede ser disciplinado y el alma guiada y dirigida. Vivir en el mundo y, sin embargo, no ser del mundo, es un problema que muchos profesos cristianos nunca han resuelto en su vida práctica. La ampliación de la mente llegará a una nación sólo cuando los hombres vuelvan a su lealtad a Dios. El mundo está inundado de libros de información general, y los hombres aplican sus mentes en la búsqueda de historias no inspiradas; pero descuidan el Libro más maravilloso que puede darles las ideas más correctas y una amplia comprensión.

El Divino Maestro

Aquellos que están aprendiendo diariamente de Jesucristo están capacitados para tomar su posición como obreros junto a Dios, y cualquiera que sea su oficio o negocio, pueden ejercer los poderes que Dios les ha dado según la similitud del carácter de Cristo mientras habitó en la carne. Los jóvenes llevarán consigo solamente la influencia que recibieron en su vida hogareña y en su educación escolar. Dios hace responsables a los maestros de su labor como educadores. Deben aprender diariamente en la escuela de Cristo, a fin de elevar a los jóvenes que han tenido una formación poco rigurosa en el hogar, que no han formado hábitos de estudio y que tienen poco conocimiento de la futura vida inmortal, por la que el Dios del cielo pagó el precio más alto al dar a su Hijo unigénito para que viviera una vida de humillación y muriera una muerte sumamente vergonzosa, "para que todo aquel que en él cree, no se pierda, más tenga vida eterna."

Dios nos ha dado un período de prueba en el que podemos prepararnos para la escuela superior. Para esta escuela, los jóvenes deben ser educados, disciplinados y entrenados formando caracteres, morales e intelectuales tales, que Dios aprobaría. Deben recibir una formación, no en las costumbres y diversiones y juegos de esta sociedad mundanamente contaminada, sino en las líneas de Cristo; una formación que los capacite para ser colaboradores de las inteligencias celestiales. Pero qué farsa es esa educación obtenida en las líneas literarias, si debe ser despojada del aprendiz para que se le considere digno de entrar en esa vida que se mide con la vida de Dios, él mismo salvado como por el fuego.

En el pasado, la educación ha consistido en cargar laboriosamente las mentes de los estudiantes con material que no puede tener el menor valor para ellos, y que no será reconocido en la escuela superior. Los maestros de la nación judía profesaban educar a la juventud para que comprendiera la pureza y la excelencia de las leyes de ese reino que ha de permanecer por los siglos de los siglos, pero pervirtieron la verdad y la pureza. Aunque decían de sí mismos: "El templo del Señor, el templo del Señor somos nosotros", sin embargo, crucificaron al originador de toda la economía judía, a quien todas sus ordenanzas apuntaban. No lograron discernir el misterio velado de la piedad; Cristo Jesús permaneció velado para ellos. La verdad, la vida y el corazón de todo su servicio fue descartado. Mantuvieron, y todavía mantienen apenas las cáscaras, las sombras, las figuras que simbolizan lo verdadero. Una figura para el tiempo señalado para que pudieran discernir lo verdadero, se pervirtió tanto por sus propias invenciones, que sus ojos se cegaron. No se dieron cuenta de que el tipo se encontró con el antitipo en la muerte de Jesucristo. Cuanto mayor era su perversión de las figuras y los símbolos, más confusa se volvía su mente, de modo que no podían ver el cumplimiento perfecto de la economía judía, instituida y establecida por Cristo, y que apuntaba a él como la sustancia. Las carnes y las bebidas y las diversas ordenanzas se multiplicaron hasta que la religión ceremonial constituyó su único culto.

En su enseñanza, Cristo trató de educar y entrenar a los judíos para que vieran el objeto de lo que iba a ser abolido por la verdadera ofrenda de sí mismo, el sacrificio vivo. "Id", dijo, "y aprended lo que significa: misericordia quiero y no sacrificio". Presentó un carácter puro como de suprema importancia. Prescindió de toda pompa, exigiendo esa fe que obra por amor y purifica el alma, como la única calificación requerida para el reino de los cielos. Enseñó que la verdadera religión no consiste en formas o ceremonias, en atracciones externas o en la exhibición exterior. Cristo las habría tomado para sí si hubieran sido esenciales en la formación de un carácter según la semejanza divina. Pero su ciudadanía y su autoridad divina descansaba en sus propios méritos intrínsecos. Él, la Majestad del cielo, caminaba por la tierra envuelto en el manto de la humanidad. Todos sus atractivos y triunfos debían revelarse en favor del hombre, y debían dar testimonio de su conexión viva con Dios.

La predicción de Cristo con respecto a la destrucción del templo fue una lección sobre la purificación de la religión, haciendo que no tuvieran efecto las formas y las ceremonias. Se anunció a sí mismo como algo más grande que el templo, y se levantó proclamando: "Yo soy el camino, la verdad y la vida"; él era aquel en quien toda la ceremonia judía y el servicio típico debían encontrar su cumplimiento. Se erigió en el lugar del templo; todos los oficios de la iglesia se centraron sólo en él.

En el pasado, Cristo había sido abordado a través de formas y ceremonias, pero ahora estaba en la tierra, llamando la atención directamente sobre sí mismo, presentando un sacerdocio espiritual, y colocando al agente humano pecador en el escabel de la misericordia. "Pedid, y se os dará", prometió; "buscad, y hallareis; llamad, y se os abrirá". "Si algo pidiereis en mi nombre, yo lo haré. Si me amáis, guardad mis mandamientos". " El que tiene mis mandamientos, y los guarda, ese es el que me ama; y el que me ama, será amado por mi Padre, y yo le amaré, y me manifestaré a él". "Como el Padre me ha amado, así también yo os he amado; permaneced en mi amor. Si guardareis mis mandamientos, permaneceréis en mi amor; así como yo he guardado los mandamientos de mi Padre, y permanezco en su amor."

Estas lecciones las dio Cristo en su enseñanza, mostrando que el servicio ritual estaba pasando, y no poseía ninguna virtud. "Más la hora viene", dijo, "y ahora es, cuando los verdaderos adoradores adorarán al Padre en espíritu y en verdad; porque también el Padre tales adoradores busca que le adoren. Dios es Espíritu; y los que le adoran, en espíritu y en verdad es necesario que adoren". La verdadera circuncisión es la adoración de Cristo en espíritu y en verdad, no en formas y ceremonias, con pretensiones hipócritas.

El Divino Maestro

La profunda necesidad del hombre de un maestro divino fue conocida en el cielo. La piedad y la simpatía de Dios se ejercieron en favor del hombre, caído y atado al carro de Satanás; y cuando llegó la plenitud del tiempo, envió a su Hijo. El designado en los consejos del cielo vino a la tierra como instructor. No era un ser menor que el Creador del mundo, el Hijo del Dios Infinito. La rica benevolencia de Dios lo entregó a nuestro mundo; y para satisfacer las necesidades de la humanidad, tomó sobre sí la naturaleza humana. Ante el asombro de la hueste celestial, caminó por esta tierra como el Verbo Eterno. Totalmente preparado, dejó las cortes reales para venir a un mundo estropeado y contaminado por el pecado. Misteriosamente se alió con la naturaleza humana. "Y aquel Verbo fue hecho carne, y habitó entre nosotros". El exceso de bondad, benevolencia y amor de Dios fue una sorpresa para el mundo, de una gracia que se podía realizar, pero no contar.

Que Cristo, durante su infancia, creciera en sabiduría y en gracia con Dios y los hombres, no fue motivo de asombro; pues fue según las leyes de su designación divina que sus talentos se desarrollaran y sus facultades se fortalecieran con el ejercicio. No buscó las escuelas de los profetas ni el aprendizaje recibido de los maestros rabínicos; no necesitaba la educación obtenida en estas escuelas, pues Dios era su instructor. Cuando estaba en presencia de los maestros y gobernantes, sus preguntas eran lecciones instructivas, y asombraba a los grandes hombres con su sabiduría y profunda penetración. Las respuestas que daba a sus preguntas abrieron campos de pensamiento sobre temas en referencia a la misión de Cristo que nunca antes habían entrado en sus mentes.

El cúmulo de sabiduría y los conocimientos científicos que Cristo desplegó en presencia de los sabios fueron motivo de sorpresa para sus padres y hermanos; pues sabían que nunca había recibido de los grandes maestros instrucción en ciencias humanas. Sus hermanos se sintieron molestos por sus preguntas y respuestas; pues podían discernir que era un instructor de los doctos maestros. No podían comprenderle; porque no sabían que tenía acceso al árbol de la vida, una fuente de conocimiento de la que ellos no sabían nada. Siempre poseyó una dignidad e individualidad peculiares, distintas del orgullo o la presunción terrenales; pues no se esforzaba por alcanzar la grandeza.

Después de que Cristo condescendiera a dejar su alto mando, bajar de una altura infinita y asumir la humanidad, podría haber tomado cualquier condición de humanidad que eligiera. Pero la grandeza y el rango no eran nada para él, y eligió el camino más bajo y humilde de la vida. El lugar de su nacimiento fue Belén, y por un lado su filiación era pobre, pero Dios, el dueño del mundo, era su Padre. Ningún rastro de lujo, facilidad, gratificación egoísta o indulgencia entró en su vida, que fue una ronda continua de abnegación y autosacrificio. De acuerdo con su humilde nacimiento, aparentemente no tuvo grandezas ni riquezas, para que el creyente más humilde no tenga que decir que Cristo nunca conoció la tensión de la pobreza agobiante. Si hubiera poseído la apariencia de espectáculo exterior, de riquezas y de grandeza, la clase más pobre de la humanidad habría rehuido su sociedad; por eso eligió la condición humilde de la mayor parte del pueblo. La verdad de origen celestial debía ser su tema: debía sembrar la tierra con la verdad; y vino de tal manera que fuera accesible a todos, para que sólo la verdad pudiera hacer una impresión en los corazones humanos.

El contentamiento de Cristo en cualquier posición provocaba a sus hermanos. No podían explicar la razón de su paz y serenidad; y ninguna persuasión de ellos podía llevarle a entrar en ningún plan o acuerdo que diera la impresión de ser común o de ser culpable. En cada ocasión se apartaba de ellos, afirmando claramente que engañaban a los demás y que eran indignos de los hijos de Abraham. Debía dar un ejemplo tal que los niños pequeños, los miembros más jóvenes de la familia del Señor, no vieran nada en su vida o en su carácter que justificara ninguna mala acción. Eres demasiado particular y peculiar, dijeron los miembros de su propia familia. ¿Por qué no ser como los demás niños? Pero esto no podía ser; porque Cristo debía ser una señal y una maravilla desde su juventud, en lo que respecta a la estricta obediencia e integridad.

Siempre amable, cortés, tomando siempre la parte de los oprimidos, ya sean judíos o gentiles, Cristo fue amado por todos. Por su vida y carácter perfectos, respondió a la pregunta formulada en el Salmo 15: "Señor, ¿quién habitará en tu tabernáculo? ¿quién morará en tu monte santo? El que anda en integridad, y hace justicia, y habla verdad en su corazón". En la infancia y la juventud su trayectoria fue tal que, cuando se dedicaba a la labor de maestro, podía decir a sus discípulos "Si guardareis mis mandamientos, permaneceréis en mi amor; así como yo he guardado los mandamientos de mi Padre, y permanezco en su amor".

A medida que Cristo crecía, la obra iniciada en su infancia continuó, y siguió aumentando en sabiduría y en favor de Dios y de los hombres. No tomó la parte de su propia familia simplemente porque estaban relacionados con él por lazos naturales; no reivindicó su caso en un solo caso en el que hubieran sido culpables de injusticia o maldad; pero siempre reivindicó lo que sabía que era la verdad.

Cristo se aplicaba con diligencia al estudio de las Escrituras, pues sabía que estaban llenas de preciosa instrucción para todos los que hicieran de él el hombre de su consejo. Era fiel en el cumplimiento de sus deberes hogareños, y las primeras horas de la mañana, en lugar de ser desperdiciadas en la cama, lo encontraban a menudo en un lugar retirado, meditando y escudriñando las Escrituras, y en oración. Todas las profecías relativas a su obra y mediación le eran familiares, especialmente las que hacían referencia a su humillación, expiación e intercesión. En la infancia y la juventud, el objeto de su vida estaba siempre ante él, un aliciente para que emprendiera la obra de mediar en favor del hombre caído. Vería la semilla que prolongaría sus días, y el bondadoso propósito del Señor prosperaría en sus manos.

El Divino Maestro

"Por tanto, nosotros también, teniendo en derredor nuestro tan grande nube de testigos, despojémonos de todo peso y del pecado que nos asedia, y corramos con paciencia la carrera que tenemos por delante, puestos los ojos en Jesús, el autor y consumador de la fe, el cual por el gozo puesto delante de él sufrió la cruz, menospreciando el oprobio, y se sentó a la diestra del trono de Dios." Estos temas fueron estudiados por Cristo en su juventud, y el universo celestial contempló con interés a Aquel que por el gozo que le fue propuesto soportó la cruz, despreciando el oprobio. Al ofrecerse para interceder por la transgresión del género humano, Cristo ejecutó el oficio de sacerdote. Como recompensa, debía ver de los trabajos de su alma, y estar satisfecho. Su descendencia debería prolongar sus días en la tierra para siempre. "Honra a tu padre y a tu madre, para que tus días se alarguen en la tierra que Jehová tu Dios te da". Por su obediencia a su padre y a su madre, Cristo fue un ejemplo para todos los niños y jóvenes; pero hoy los niños no están siguiendo el ejemplo que él ha dado, y el resultado seguro será un acortamiento de sus días.

"Bendito sea el Dios y Padre de nuestro Señor Jesucristo, que nos bendijo con toda bendición espiritual en los lugares celestiales en Cristo, según nos escogió en él antes de la fundación del mundo, para que fuésemos santos y sin mancha delante de él, en amor habiéndonos predestinado para ser adoptados hijos suyos por medio de Jesucristo, según el puro afecto de su voluntad". Antes de que se pusieran los cimientos de la tierra, se hizo el pacto de que todos los que fueran obedientes, todos los que, mediante la abundante gracia provista, llegaran a ser santos en carácter y sin culpa ante Dios, al apropiarse de esa gracia, serían hijos de Dios. Este pacto, hecho desde la eternidad, fue dado a Abraham cientos de años antes de que viniera Cristo. Con qué interés y qué intensidad estudió Cristo en la humanidad a la raza humana para ver si se aprovecharía de la provisión ofrecida.

"Y esta es la vida eterna: que te conozcan a ti, el único Dios verdadero, y a Jesucristo, a quien has enviado". Estas palabras abren los ojos a todos los que quieran ver. El conocimiento de Dios es un conocimiento que no tendrá que dejarse atrás cuando se cierre nuestro período de prueba, un conocimiento que es del beneficio más duradero para el mundo y para nosotros individualmente. ¿Por qué, entonces, deberíamos dejar la palabra de Dios en segundo plano cuando es sabiduría para la salvación? " Por tanto, es necesario que con más diligencia atendamos a las cosas que hemos oído, no sea que nos deslicemos. Porque si la palabra dicha por medio de los ángeles fue firme, y toda transgresión y desobediencia recibió justa retribución, ¿cómo escaparemos nosotros, si descuidamos una salvación tan grande?" Estamos descuidando nuestra salvación si damos a autores que no tienen más que una idea confusa de lo que significa la religión, el lugar más conspicuo y el respeto más devoto, y hacemos que la Biblia sea secundaria. Aquellos que han sido iluminados en referencia a la verdad para estos últimos días no encontrarán instrucción en los libros que generalmente se estudian hoy, con respecto a las cosas que vienen sobre nuestro mundo; pero la Biblia está llena del conocimiento de Dios, y es competente para educar al estudiante para la utilidad en esta vida y para la vida eterna.

Estudien detenidamente el primer capítulo de Hebreos. Interésense por las Escrituras. Léanlas y estúdienlas con diligencia. "A vosotros os parece que en ellas tenéis la vida eterna", dijo Cristo, "y ellas son las que dan testimonio de mí". Significa todo para nosotros tener un conocimiento experimental e individual de Dios y de Jesucristo, "a quien él ha enviado". "Y esta es la vida eterna: que te conozcan a ti, el único Dios verdadero, y a Jesucristo, a quien has enviado". –"Testimonios especiales sobre la educación", 23 de marzo de 1896.

La verdadera educación

"La entrada de tus palabras da luz; da entendimiento a los simples", a aquellos que no son autosuficientes, pero que están dispuestos a aprender. ¿Cuál fue la obra del mensajero de Dios para nuestro mundo? El Hijo unigénito de Dios revistió su divinidad con humanidad, y vino a nuestro mundo como maestro, como instructor, para revelar la verdad en contraste con el error. La verdad, la verdad salvadora, nunca languideció en su lengua ni sufrió en sus manos, sino que se hizo destacar de forma clara y definida en medio de la oscuridad moral que prevalece en nuestro mundo. Para esta obra dejó los atrios celestiales. Dijo de sí mismo: "Para esto he venido al mundo, para dar testimonio de la verdad". La verdad salió de sus labios con frescura y poder, como una nueva revelación. Él era el camino, la verdad y la vida. Su vida, que fue entregada a este mundo pecador, estaba llena de franqueza y de resultados trascendentales, pues su obra era salvar a las almas que perecían. Salió para ser la Luz Verdadera, brillando en medio de las tinieblas morales de la superstición y el error, y fue anunciado por una voz del cielo, proclamando: "Este es mi Hijo amado, en quien me complazco". Y en su transfiguración se oyó de nuevo esta voz del cielo: "Este es mi Hijo amado, en quien me complazco; escuchadle".

"Moisés dijo en verdad a los padres: El Señor, vuestro Dios, os levantará un profeta de entre vuestros hermanos, como yo; a él escucharéis en todo lo que os diga. Y sucederá que toda persona que no escuche a ese profeta será destruida de entre el pueblo". Cristo trajo a nuestro mundo un conocimiento cierto de Dios, y a todos los que recibieron y obedecieron su palabra les dio el poder de convertirse en hijos de Dios. El que vino de Dios a nuestro mundo dio instrucción sobre todos los temas sobre los cuales es esencial que el hombre conozca para encontrar el camino al cielo. Para él, la verdad era una realidad siempre presente y evidente por sí misma; no pronunció ninguna sugerencia, no avanzó ningún sentimiento, noción u opinión, sino que sólo presentó una verdad sólida y salvadora.

Todo lo que no se comprende en la verdad es una conjetura del hombre. Los hombres profesamente elevados y eruditos pueden ser tontos a los ojos de Dios, y si es así, las elevadas y eruditas declaraciones de sus doctrinas, por más que complazcan y agraden a los sentidos, y aunque se hayan transmitido de edad en edad y se hayan mecido en la cuna de la fe popular, son un engaño y una falsedad si no se encuentran en las lecciones inspiradas de Cristo. Él es la fuente de toda sabiduría, pues se colocó directamente al nivel del Dios eterno. En su humanidad, la gloria de la iluminación celestial cayó directamente sobre él, y de él al mundo, para ser reflejada por todos los que lo reciben y creen en él, mezclada con su perfección de carácter y el brillo de su propio carácter. Mientras Cristo se presentaba claramente en su personalidad humana, y apelaba a la humanidad en un lenguaje llamativo pero sencillo, estaba en una unidad tan perfecta con Dios que su voz llegaba con autoridad, como la voz de Dios desde el centro de la gloria.

En el registro que el Espíritu Santo encargó a Juan para que presentara, dice de Cristo: "En el principio era el Verbo, y el Verbo estaba con Dios, y el Verbo era Dios. El mismo estaba en el principio con Dios. Todas las cosas fueron hechas por él; y sin él no se hizo nada de lo que se hizo". Este es el más precioso despliegue de la verdad definitiva, que destella su luz y gloria divina sobre todos los que la reciban. Qué conocimiento más importante se podría recibir que el que se da en el Libro que enseña la caída del hombre y la consecuencia de ese pecado que abrió las compuertas de la desgracia sobre nuestro mundo; que enseña también el primer advenimiento de Cristo, un bebé indefenso, nacido en un establo y acunado en un pesebre. Hay que escudriñar la historia de Cristo, comparando escritura con escritura, para que podamos aprender la lección más importante: ¿cuáles son los términos de la salvación? Como agentes inteligentes, investidos de atributos y responsabilidades personales, podemos saberlo con respecto a nuestro destino futuro y eterno; pues el registro de las Escrituras dado por Juan, al dictado del Espíritu Santo, no contiene términos que no puedan ser fácilmente comprendidos y que no soporten la investigación más escrutadora y crítica.

Cristo fue un maestro enviado por Dios, y sus palabras no contenían partículas de cizaña ni una apariencia de lo que no es esencial. Pero la fuerza de gran parte de la instrucción humana está comprendida en la afirmación, no en la verdad. Los maestros de hoy en día sólo pueden utilizar la habilidad educada de los maestros anteriores; y, sin embargo, aun con toda la importancia de peso que pueda atribuirse a las palabras de los más grandes autores, existe una incapacidad consciente de rastrearlas hasta el primer gran principio, la Fuente de la sabiduría infalible, de la que los maestros derivan su autoridad. Hay una dolorosa incertidumbre, una constante búsqueda y alcance de seguridades que sólo pueden encontrarse en Dios. La trompeta de la grandeza humana puede sonar, pero lo hace con un sonido incierto; no es fiable, y la salvación de las almas humanas no puede lanzarse sobre ella.

Se está introduciendo en la educación una masa de tradición, con apenas la apariencia de verdad, que nunca capacitará al alumno para vivir en esta vida de modo que pueda obtener la vida inmortal superior. La literatura colocada en nuestras escuelas, escrita por infieles y supuestos sabios, no contiene la educación que deben tener los alumnos. No es esencial que sean educados en estas líneas para que se gradúen de estas escuelas hacia la escuela que está en el cielo. La masa de la tradición enseñada no tendrá comparación con las enseñanzas de Aquel que vino a mostrar el camino al cielo. Cristo enseñó con autoridad. El sermón de la montaña es una producción maravillosa, pero es tan sencillo que hasta un niño puede estudiarlo sin ser engañado. El monte de las bienaventuranzas

La verdadera educación

es un emblema de la alta elevación en la que se encontraba Cristo. Habló con una autoridad que era exclusivamente suya. Cada frase que pronunciaba procedía de Dios. Él era la Palabra y la Sabiduría de Dios, y siempre presentó la verdad con la autoridad de Dios. "Las palabras que os hablo", dijo, "son espíritu y son vida".

Lo que el Padre y el Hijo consideraron esencial para la salvación del hombre en los consensos del cielo, fue definido desde la eternidad por verdades infinitas que los seres finitos no pueden dejar de comprender. Las revelaciones han sido hechas para su instrucción en la justicia, para que el hombre de Dios pueda glorificar su propia vida y la de sus semejantes, no sólo por la posesión de la verdad, sino comunicándola. "Toda la Escritura es inspirada por Dios, y es útil para enseñar, para redargüir, para corregir, para instruir en justicia, a fin de que el hombre de Dios sea perfecto, enteramente preparado para toda buena obra. Te encarezco delante de Dios y del Señor Jesucristo, que juzgará a los vivos y a los muertos en su manifestación y en su reino, que prediques la palabra; que instes a tiempo y a fuera de tiempo; redarguye, reprende, exhorta con toda paciencia y doctrina. Porque vendrá tiempo cuando no sufrirán la sana doctrina, sino que teniendo comezón de oír".

Jesús no introdujo en su enseñanza nada de la ciencia de los hombres. Su enseñanza está llena de verdades grandiosas, ennoblecedoras y salvadoras, con las que las ambiciones más elevadas y las invenciones más orgullosas del hombre no pueden compararse; y, sin embargo, cosas de menor importancia absorben la mente de los hombres. El gran plan de la redención de una raza caída se llevó a cabo en la vida de Cristo en carne humana. Este esquema de restaurar la imagen moral de Dios en la humanidad degradada entró en cada propósito de la vida y el carácter de Cristo. Su majestad no podía mezclarse con la ciencia humana, la cual se desconectará de la gran Fuente de toda sabiduría en un día. El tema de la ciencia humana nunca escapó de sus sagrados labios. Al creer y hacer las palabras de Dios, separaba a la familia humana del carro de Satanás. Estaba consciente de la terrible ruina que se cernía sobre la raza humana, y vino a salvar a las almas por su propia justicia, trayendo al mundo una seguridad definitiva de esperanza y un alivio completo. El conocimiento actual en el mundo puede ser adquirido; porque todos los hombres son propiedad de Dios, y son trabajados por Dios para cumplir su voluntad en ciertas líneas, incluso cuando rechazan al hombre Cristo Jesús como su Salvador. La forma en que Dios utiliza a los hombres no siempre se discierne, pero los utiliza. Dios confía a los hombres talentos y genio inventivo para que su gran obra en nuestro mundo se lleve a cabo. Se supone que las invenciones de las mentes humanas surgen de la humanidad, pero Dios está detrás de todo. Él ha hecho que se inventen los medios para viajar rápidamente, para el gran día de su preparación.

El uso que los hombres han hecho de sus capacidades, haciendo mal uso y abusando de los talentos que Dios les ha dado, ha traído confusión al mundo. Han dejado la tutela de Cristo por la del gran rebelde, el príncipe de las tinieblas. El hombre es el único responsable del fuego extraño que se ha mezclado con lo sagrado. La acumulación de muchas cosas que sirven para la lujuria y la ambición ha traído al mundo el juicio de Dios. Cuando están en dificultades, los filósofos y los grandes hombres de la tierra desean satisfacer sus mentes sin apelar a Dios. Ventilan su filosofía con respecto a los cielos y la tierra, dando cuenta de las plagas, las pestes, las epidemias y los terremotos y hambrunas mediante su supuesta ciencia. Intentarán resolver cientos de cuestiones relacionadas con la creación y la providencia diciendo: Esta es una ley de la naturaleza.

Si hay leyes de la naturaleza, pero son armoniosas y se ajustan a todo el obrar de Dios; pero cuando los muchos señores y dioses se ponen a explicar los propios principios y providencias de Dios, presentando al mundo un fuego extraño en lugar del divino, hay confusión. La maquinaria de la tierra y del cielo necesita muchas caras para cada rueda a fin de ver la Mano bajo las ruedas, obteniendo orden perfecto de la confusión. El Dios vivo y verdadero es una necesidad en todas partes.

En Daniel 2 se relata una historia muy interesante e importante. Nabucodonosor, rey de Babilonia, soñó un sueño que no pudo traer a su memoria cuando despertó. "Entonces el rey mandó llamar a los magos, a los astrólogos, a los hechiceros y a los caldeos", aquellos a los que había exaltado y de los que dependía, y, relatando las circunstancias, les exigió que le contaran el sueño. Los sabios se presentaron ante el rey aterrorizados, pues no tenían ningún rayo de luz respecto a su sueño. Sólo pudieron decir: "Rey, para siempre vive; di el sueño a tus siervos, y te mostraremos la interpretación". "El rey respondió y dijo a los caldeos: El asunto lo olvidé; si no me mostráis el sueño y su interpretación, seréis hechos pedazos, y vuestras casas serán convertidas en muladares. Y si me mostrareis el sueño y su interpretación, recibiréis de mí dones y favores y gran honra. Decidme, pues, el sueño y su interpretación." Pero los sabios volvieron a dar la misma respuesta: "Diga el rey el sueño a sus siervos, y le mostraremos la interpretación".

Nabucodonosor comenzó a ver que los hombres en los que confiaba para que le revelaran los misterios por su presumida sabiduría, le fallaban en su gran perplejidad, y dijo: "Yo conozco ciertamente que vosotros ponéis dilaciones, porque veis que el asunto se me ha ido. Si no me mostráis el sueño, una sola sentencia hay para vosotros. Ciertamente preparáis respuesta mentirosa y perversa que decir delante de mí, entre tanto que pasa el tiempo. Decidme, pues, el sueño, para que yo sepa que me podéis dar su interpretación. Los caldeos respondieron delante del rey, y dijeron: No hay hombre sobre la tierra que pueda declarar el asunto del rey; ... porque el asunto que el rey demanda es difícil, y no hay quien lo pueda declarar al rey, salvo los dioses cuya morada no es con la carne". Entonces el rey "con ira y con gran enojo mandó que matasen a todos los sabios de Babilonia."

Al oír este decreto, "Daniel entró y pidió al rey que le diese tiempo, y que él mostraría la interpretación al rey. Luego se fue Daniel a su casa e hizo saber lo que había a Ananías, Misael y Azarías, sus compañeros, para que pidiesen misericordias del Dios del cielo sobre este misterio." El Espíritu del Señor se posó sobre Daniel y sus compañeros, y el secreto le fue revelado a Daniel en una visión nocturna. Mientras relataba los hechos, el sueño vino fresco a la mente del rey, y se dio la interpretación, mostrando los notables acontecimientos que iban a ocurrir en la historia profética.

El Señor estaba trabajando en el reino de Babilonia, comunicando la luz a los cuatro cautivos hebreos, para poder representar su obra ante el pueblo. Revelaría que tenía poder sobre los reinos del mundo, para erigir reyes y derribar reyes. El Rey sobre todos los reyes estaba comunicando una gran verdad al rey de Babilonia, despertando en su mente un sentido de su responsabilidad ante Dios. Vio el contraste entre la sabiduría de Dios y la sabiduría de los hombres más sabios de su reino.

El Señor dio a sus fieles representantes lecciones del cielo, y Daniel declaró ante los grandes hombres del rey de Babilonia: "Sea bendito el nombre de Dios de siglos en siglos, porque suyos son el poder y la sabiduría. Él muda los tiempos y las edades; quita reyes, y pone reyes; da la sabiduría a los sabios, y la ciencia a los entendidos. Él revela lo profundo y lo escondido; conoce lo que está en tinieblas, y con él mora la luz." "Hay un Dios en los cielos, el cual revela los misterios, y él ha hecho saber al rey Nabucodonosor lo que ha de acontecer en los postreros días". La gloria no fue dada a los hombres que se presentaron como oráculos en el reino; pero los hombres que pusieron toda su confianza en Dios, buscando la gracia, la fuerza y la iluminación divina, fueron elegidos representantes del reino de Dios en la malvada e idólatra Babilonia.

Los acontecimientos históricos relatados en el sueño del rey eran de importancia para él; pero el sueño le fue arrebatado para que los sabios, por su pretendida comprensión de los misterios, no pusieran en él una falsa interpretación. Las lecciones que se enseñan en él fueron dadas por Dios para los que viven en nuestros días. La incapacidad de los sabios para contar el sueño es una representación de los sabios de la actualidad, que no tienen discernimiento, ni aprendizaje, ni conocimiento del Altísimo, y por lo tanto son incapaces de entender las profecías. Los más eruditos en la sabiduría del mundo, que no están atentos para escuchar lo que Dios dice en su palabra, ni abren sus corazones para recibir esa palabra y darla a otros, no son representantes suyos. No son los hombres grandes y eruditos de la tierra, los reyes y los nobles, los que recibirán la verdad para la vida eterna, aunque les será llevada.

La exposición del sueño dado por Dios al rey por parte de Daniel hizo que recibiera honor y dignidad. "Entonces el rey Nabucodonosor se postró sobre su rostro y se humilló ante Daniel, y mandó que le ofreciesen presentes e incienso. El rey habló a Daniel, y dijo: Ciertamente el Dios vuestro es Dios de dioses, y Señor de los reyes, y el que revela los misterios, pues pudiste revelar este misterio. Entonces el rey engrandeció a Daniel, y le dio muchos honores y grandes dones, y le hizo gobernador de toda la provincia de Babilonia, y jefe supremo de todos los sabios de Babilonia. Y Daniel solicitó del rey, y obtuvo que pusiera sobre los negocios de la provincia de Babilonia a Sadrac, Mesac y Abed-nego; y Daniel estaba en la corte del rey". "Daniel estaba en la corte del rey", un lugar donde se impartía el juicio, y sus tres compañeros fueron nombrados consejeros, jueces y gobernantes en medio de la tierra. Estos hombres no estaban hinchados de vanidad, sino que vieron y se regocijaron de que Dios era reconocido por encima de todos los potentados terrenales, y de que su reino era ensalzado por encima de todos los reinos terrenales.

Así vemos que se puede obtener la más alta línea de educación terrenal y, sin embargo, los hombres que la poseen pueden ser ignorantes de los primeros principios que los harían sujetos del reino de Dios. El aprendizaje humano no puede calificar para ese reino. Los súbditos del reino de Cristo no se hacen así por formas y ceremonias ni por un gran estudio de libros. "Esta es la vida eterna: que te conozcan a ti, el único Dios verdadero, y a Jesucristo, a quien has enviado". Los miembros del reino de Cristo son miembros de su cuerpo, del que él mismo es la cabeza. Son los hijos elegidos de Dios, "un real sacerdocio, una nación santa, un pueblo adquirido", para que manifiesten las alabanzas de aquel que los ha llamado de las tinieblas a su luz maravillosa.

"Porque tú eres pueblo santo para Jehová tu Dios; Jehová tu Dios te ha escogido para serle un pueblo especial, más que todos los pueblos que están sobre la tierra. No por ser vosotros más que todos los pueblos, os ha querido Jehová y os ha escogido, pues vosotros erais el más insignificante de todos los pueblos; sino por cuanto Jehová os amó, y quiso guardar el juramento que juró a vuestros padres, os ha sacado Jehová con mano poderosa, y os ha rescatado de servidumbre, de la mano de Faraón rey de Egipto. Conoce, pues, que Jehová tu Dios es Dios, Dios fiel, que guarda el pacto y la misericordia a los que le aman y guardan sus mandamientos, hasta mil generaciones; y que da el pago en persona al que le aborrece, destruyéndolo; y no se demora con el que le odia, en persona le dará el pago. Guarda, por tanto, los mandamientos, estatutos y decretos que yo te mando hoy que cumplas". Si los mandamientos de Dios han de ser vinculantes para mil generaciones, los llevará al reino de Dios, a la presencia de Dios y de sus santos ángeles. Este es un argumento que no puede ser controvertido. Los mandamientos de Dios perdurarán por todo el tiempo y la eternidad. ¿Se nos han dado, pues, como una carga? -No. "Y nos mandó Jehová que cumplamos todos estos estatutos, y que temamos a Jehová nuestro Dios, para que nos vaya bien todos los días, y para que nos conserve la vida, como hasta hoy". El Señor le dio a su pueblo mandamientos para que, obedeciéndolos, pudieran preservar su salud física, mental y moral. Debían vivir mediante la obediencia; pero la muerte es el resultado seguro de la desobediencia de la ley de Dios.

La verdadera educación

Las Escrituras del Antiguo y del Nuevo Testamento deben estudiarse a diario. El conocimiento de Dios y la sabiduría de Dios llegan al estudiante que es un constante aprendiz de sus caminos y obras. La Biblia debe ser nuestra luz, nuestra educadora. Cuando reconozcamos a Dios en todos nuestros caminos; cuando se eduque a los jóvenes para que crean que Dios envía la lluvia y el sol desde el cielo, haciendo florecer la vegetación; cuando se les enseñe que todas las bendiciones proceden de él, y que se le deben agradecimiento y alabanza; cuando con fidelidad reconozcan a Dios, y cumplan con sus deberes día a día, Dios estará en todos sus pensamientos; podrán confiar en él para el día de mañana, y se evitará esa ansiosa preocupación que trae la infelicidad a tantas vidas. "Mas buscad primeramente el reino de Dios y su justicia, y todas estas cosas os serán añadidas".

La primera gran lección de toda educación es conocer y comprender la voluntad de Dios. Lleve el conocimiento de Dios con usted cada día de la vida. Deje que absorba la mente y todo el ser. Dios dio a Salomón sabiduría, pero esta sabiduría dada por Dios se pervirtió cuando se apartó de Dios para obtener sabiduría de otras fuentes. Necesitamos la sabiduría de Salomón después de haber aprendido la sabiduría de Uno más grande que Salomón. No debemos pasar por la sabiduría humana, que se califica como necedad, para buscar la verdadera sabiduría. Para los hombres aprender la ciencia a través de la interpretación de los hombres es obtener una falsa educación, pero aprender de Dios y de Jesucristo es aprender la ciencia de la Biblia. La confusión en la educación ha llegado porque la sabiduría y el conocimiento de Dios no han sido honrados y exaltados por el mundo religioso. Los puros de corazón ven a Dios en cada providencia, en cada fase de la verdadera educación. Vibran al primer acercamiento de la luz que irradia desde el trono de Dios. Las comunicaciones del cielo se dirigen a aquellos que captan los primeros destellos del conocimiento espiritual.

Los alumnos de nuestras escuelas deben considerar el conocimiento de Dios como algo superior a todo lo demás. Escudriñar las Escrituras es lo único que traerá el conocimiento del verdadero Dios y de Jesucristo, a quien él ha enviado. "Porque la palabra de la cruz es locura a los que se pierden; pero a los que se salvan, esto es, a nosotros, es poder de Dios. Pues está escrito: Destruiré la sabiduría de los sabios, y desecharé el entendimiento de los entendidos". "Porque lo insensato de Dios es más sabio que los hombres, y lo débil de Dios es más fuerte que los hombres". "Mas por él estáis vosotros en Cristo Jesús, el cual nos ha sido hecho por Dios sabiduría, justificación, santificación y redención; para que, como está escrito: El que se gloría, gloríese en el Señor". –"Testimonios especiales sobre la educación", 26 de marzo de 1896.

La educación manual

La vida no se nos ha dado para que la pasemos en la ociosidad o en la autocomplacencia, sino que se han colocado grandes posibilidades ante cada uno para que desarrolle las capacidades que Dios le ha dado. Por esta razón, la formación de los jóvenes es un asunto de la mayor importancia. Cada niño que nace en el hogar es una encomienda sagrada. Dios dice a los padres: Tomad a este niño y criadlo para mí, para que sea un honor para mi nombre y un canal a través del cual fluyan mis bendiciones al mundo. Para preparar al niño para una vida así, se requiere algo más que una educación parcial y unilateral que desarrolle lo mental a expensas de las facultades físicas. Es necesario desarrollar todas las facultades de la mente y del cuerpo; y esta es la labor que los padres, ayudados por el maestro, deben hacer por los niños y jóvenes puestos bajo su cuidado.

Las primeras lecciones son de gran importancia. Es la costumbre enviar a los niños muy pequeños a la escuela. Se les exige que estudien en los libros cosas que gravan sus jóvenes mentes, y a menudo se les enseña música. A menudo los padres no tienen más que medios limitados, y se incurre en un gasto que no pueden permitirse; pero hay que hacer todo lo posible para que se adapte a esta línea artificial de educación. Este rumbo no es sabio. Un niño nervioso no debe ser sobrecargado en ninguna dirección, y no debe aprender música hasta que esté bien desarrollado físicamente.

La madre debe ser la maestra, y el hogar, la escuela donde cada niño recibe sus primeras lecciones; y estas lecciones deben incluir hábitos de laboriosidad. Madres, dejad que los pequeños jueguen al aire libre; dejad que escuchen los cantos de los pájaros, y que aprendan el amor de Dios expresado en sus bellas obras. Enséñenles lecciones sencillas del libro de la naturaleza y de las cosas que les rodean; y a medida que sus mentes se expanden, se pueden añadir lecciones de los libros, y fijarlas firmemente en la memoria. Pero que también aprendan, incluso en sus primeros años, a ser útiles. Enséñeles a pensar que, como miembros del hogar, deben desempeñar una parte interesada y útil en el reparto de las cargas domésticas, y a buscar un ejercicio saludable en el desempeño de las tareas domésticas necesarias.

Es esencial que los padres encuentren un empleo útil para sus hijos, el cual implique asumir las responsabilidades que su edad y sus fuerzas les permitan. Hay que dar a los niños algo que hacer que no sólo les mantenga ocupados, sino que les interese. Las manos y los cerebros activos deben emplearse desde los primeros años. Si los padres descuidan convertir las energías de sus hijos en canales útiles, les hacen un gran daño, porque Satanás está listo para encontrarles algo que hacer. ¿No debería elegirse el qué hacer por ellos, siendo los padres los instructores?

Cuando el niño tiene la edad suficiente para ser enviado a la escuela, el maestro debe cooperar con los padres, y la formación manual debe continuar como parte de sus deberes escolares. Hay muchos alumnos que se oponen a este tipo de trabajo en las escuelas. Piensan que los empleos útiles, como el aprendizaje de un oficio, son degradantes; pero tales personas tienen una idea incorrecta de lo que constituye la verdadera dignidad. Nuestro Señor y Salvador Jesucristo, que es uno con el Padre, el Comandante en los atrios celestiales, fue el instructor y guía personal de los hijos de Israel; y entre ellos se exigía que todo joven aprendiera a trabajar. Todos debían ser educados en alguna línea de negocios para que pudieran poseer un conocimiento de la vida práctica, y ser no sólo autosuficientes, sino útiles. Esta fue la instrucción que Dios dio a su pueblo.

En su vida terrenal, Cristo fue un ejemplo para toda la familia humana, y fue obediente y servicial en el hogar. Aprendió el oficio de carpintero y trabajó con sus propias manos en el pequeño taller de Nazaret. Había vivido en medio de las glorias del cielo; y, sin embargo, vistió su divinidad con humanidad para poder asociarse con la humanidad y llegar a los corazones a través de la vía común de la simpatía. Cuando se encontró en forma de hombre, se humilló, y trabajó por la recuperación del alma humana adaptándose a la situación en la que encontró a la humanidad.

La Biblia dice de Jesús: "Y el niño crecía y se fortalecía, y se llenaba de sabiduría; y la gracia de Dios era sobre él". Mientras trabajaba durante la infancia y la juventud, la mente y el cuerpo se desarrollaron. No utilizó sus poderes físicos imprudentemente, sino que les dio el ejercicio que los mantuviera sanos, para que pudiera hacer el mejor trabajo en cada línea. No estaba dispuesto a ser defectuoso, ni siquiera en el manejo de las herramientas. Era perfecto como obrero, así como era perfecto de carácter. Cristo ha dignificado el trabajo útil por precepto y ejemplo.

El tiempo dedicado al ejercicio físico no se pierde. El estudiante que está continuamente estudiando sus libros, mientras hace poco ejercicio al aire libre, se perjudica a sí mismo. Un ejercicio proporcionado de todos los órganos y facultades del cuerpo es esencial para el mejor trabajo de cada uno. Cuando el cerebro se ve sometido a una carga constante mientras los demás órganos de la maquinaria viva están inactivos, se produce una pérdida de fuerza, tanto física como mental. El sistema físico es despojado de su tono saludable, la mente pierde su frescura y vigor, y el resultado es una excitabilidad mórbida.

El mayor beneficio no se obtiene del ejercicio que se toma como un mero juego o un simple ejercicio. Hay beneficios derivados de estar al aire libre, y también del ejercicio de los músculos; pero que se dé la misma cantidad de energía al cumplimiento de deberes útiles, y el beneficio será mayor, y se obtendrá un sentimiento de satisfacción; porque tal ejercicio lleva consigo el sentido de ayuda y la aprobación de la conciencia por el deber bien hecho.

En los niños y en los jóvenes debe despertarse la ambición de ejercitarse en algo que sea beneficioso para ellos mismos y útil para los demás. El ejercicio que desarrolla la mente y el carácter, que enseña a las manos a ser

La educación manual

útiles, y entrena a los jóvenes a soportar su parte de las cargas de la vida, es el que da fuerza física, y agiliza cada facultad. Y hay una recompensa en la industria virtuosa, en el cultivo del hábito de vivir para hacer el bien.

Los hijos de los ricos no deben ser privados de la gran bendición de tener algo que hacer para aumentar la fuerza del cerebro y los músculos. El trabajo no es una maldición, sino una bendición. Dios dio a Adán y Eva, antes del pecado, un hermoso jardín para que lo cuidaran. Este era un trabajo agradable, y nada más que el trabajo agradable habría entrado en nuestro mundo, si la primera pareja no hubiera transgredido los mandamientos de Dios. La ociosidad delicada y la gratificación egoísta producen invalidez; pueden hacer que la vida sea vacía y estéril en todos los sentidos. Dios no ha dado a los seres humanos la razón, ni ha coronado sus vidas con su bondad, para que sean maldecidos con los resultados seguros de la ociosidad. Los ricos no deben verse privados del privilegio y la bendición de ocupar un lugar entre los trabajadores del mundo. Deben darse cuenta de que son responsables del uso que hacen de las posesiones que se les han confiado; que su fuerza, su tiempo y su dinero deben ser utilizados sabiamente y no para fines egoístas.

La religión cristiana es práctica. No le incapacita a uno para el fiel cumplimiento de ninguno de los deberes esenciales de la vida. Cuando el abogado preguntó a Jesús: "¿Haciendo qué cosa heredaré la vida eterna?" Jesús devolvió la pregunta a sí mismo, diciendo: "¿Qué está escrito en la ley? " Y él respondió: "Amarás al Señor tu Dios con todo tu corazón, y con toda tu alma, y con todas tus fuerzas, y con toda tu mente; y a tu prójimo como a ti mismo.". Jesús le dijo: "Bien has respondido; haz esto, y vivirás". Lucas 10:25-28. No es una religión de inacción la que se esboza aquí, sino una que requiere el uso enérgico de todos los poderes mentales y físicos.

La mera meditación indolente y la contemplación ociosa no es religión. Dios requiere que apreciemos nuestros diversos dones, y que los multipliquemos mediante su uso constante y práctico. Su pueblo debe ser modelo de corrección en todas las relaciones de la vida. A cada uno de nosotros nos ha dado un trabajo que hacer, según nuestra capacidad; y es nuestro privilegio disfrutar de su bendición mientras dedicamos la fuerza del cuerpo y la mente a su fiel desempeño, con la gloria de su nombre en vista.

La aprobación de Dios descansa con amorosa seguridad sobre los hijos que toman alegremente su parte en los deberes de la vida doméstica, compartiendo las cargas del padre y la madre. Serán recompensados con la salud del cuerpo y la paz de la mente; y gozarán del placer de ver a sus padres tomar su parte en el disfrute social y el recreo saludable, prolongando así sus vidas. Los niños entrenados para los deberes prácticos de la vida saldrán del hogar para ser miembros útiles de la sociedad. Su educación es muy superior a la que se obtiene mediante el confinamiento estrecho en el aula a una edad temprana, cuando ni la mente ni el cuerpo son lo suficientemente fuertes para soportar la tensión.

Los niños y los jóvenes deben tener la lección de ser veraces, desinteresados y laboriosos de forma continua ante ellos, tanto en casa como en la escuela, por precepto y ejemplo. No debe permitirse que pasen su tiempo en la ociosidad; sus manos no deben estar cruzadas en la inacción. Los padres y los maestros deben trabajar para lograr este objetivo: el desarrollo de todas las facultades y la formación de un carácter correcto; y cuando los padres se den cuenta de sus responsabilidades, quedará mucho menos por hacer para los maestros en la formación de sus hijos.

El cielo está interesado en esta obra en favor de los jóvenes. Los padres y los maestros que, mediante una sabia instrucción, de manera tranquila y decidida, los acostumbren a pensar en los demás y a preocuparse por ellos, los ayudarán a superar su egoísmo, y cerrarán la puerta contra muchas tentaciones. Los ángeles de Dios cooperarán con estos fieles instructores. Los ángeles no están comisionados para hacer este trabajo por sí mismos; pero darán fuerza y eficiencia a aquellos que, en el temor de Dios, buscan entrenar a los jóvenes para una vida de utilidad. –"Testimonios especiales sobre la educación", 11 de mayo de 1896.

La influencia educativa del entorno

En la selección de un hogar, los padres no deben regirse por consideraciones meramente temporales. No se trata de elegir el lugar en donde puedan ganar más dinero, o donde tendrán el entorno más agradable, o las mayores ventajas sociales. Las influencias que rodearán a sus hijos, y los influirán para bien o para mal, son de mayor importancia que cualquiera de estas consideraciones. Una responsabilidad muy solemne recae sobre los padres al elegir un lugar de residencia. En la medida de lo posible, deben colocar a sus familias en el canal de la luz, en donde sus afectos se mantendrán puros, y su amor a Dios y a los demás, activo. El mismo principio se aplica a la ubicación de nuestras escuelas donde se reunirá la juventud, y las familias serán atraídas por las ventajas educativas.

No hay que escatimar esfuerzos para seleccionar lugares para nuestras escuelas en los que la atmósfera moral sea lo más saludable posible, ya que las influencias que prevalecen dejarán una profunda huella en los caracteres jóvenes y en formación. Por esta razón, lo mejor es una localidad retirada. Las grandes ciudades y los centros de negocios y de aprendizaje pueden parecer presentar algunas ventajas; pero estas ventajas son superadas por otras consideraciones.

La sociedad actual está corrompida, como lo estaba en los días de Noé. A la longeva raza antediluviana, a sólo un paso del paraíso, Dios le concedió ricos dones, y poseían una fuerza de cuerpo y mente de la que los hombres tienen ahora sólo una débil idea; pero utilizaron sus bondades, y la fuerza y la habilidad que les dio para fines egoístas, para atender a los apetitos ilícitos, y para gratificar el orgullo. Expulsaron a Dios de sus pensamientos; despreciaron su ley; pisotearon su norma de carácter en el polvo. Se deleitaron en el placer pecaminoso, corrompiendo sus caminos ante Dios, y corrompiéndose unos a otros. La violencia y el crimen llenaron la tierra. No se respetaron las relaciones matrimoniales ni los derechos de propiedad; y los gritos de los oprimidos llegaron a los oídos del Señor de los Ejércitos. Al contemplar el mal, los hombres se transformaron en su imagen, hasta que Dios no pudo soportar más su maldad, y fueron arrastrados por el diluvio.

La juventud educada en las grandes ciudades está rodeada de influencias similares a las que prevalecían antes del diluvio. Los mismos principios de desprecio a Dios y a su ley, el mismo amor al placer de la gratificación egoísta y al orgullo y la vanidad están actuando en la actualidad. El mundo está entregado al placer; la inmoralidad prevalece; los derechos de los débiles e indefensos son ignorados; y, en todo el mundo, las grandes ciudades se están convirtiendo rápidamente en focos de iniquidad.

El amor al placer es una de las tentaciones más peligrosas, por ser una de las más sutiles, de las muchas que asaltan a los niños y jóvenes en las ciudades. Las vacaciones son numerosas; los juegos y las carreras de caballos atraen a miles de personas, y el torbellino de la excitación y el placer los atrae lejos de los sobrios deberes de la vida. El dinero que debería haberse ahorrado para mejores usos, en muchos casos los escasos ingresos de los pobres, se despilfarra en diversiones.

El continuo anhelo de diversiones placenteras revela los profundos anhelos del alma. Pero los que beben en esta fuente de placeres mundanos, encontrarán su sed de alma aún insatisfecha. Se engañan; confunden la alegría con la felicidad; y cuando la excitación cesa, muchos se hunden en las profundidades del abatimiento y la desesperación. ¡Oh, qué locura, qué insensatez abandonar la "Fuente de aguas vivas" por las "cisternas rotas" del placer mundano! Sentimos hasta lo más profundo del alma el peligro que rodea a la juventud en estos últimos días; y los que acuden a nosotros en busca de una educación, y las familias que son atraídas a nuestras escuelas, ¿no deberían ser apartados, en la medida de lo posible, de estas influencias seductoras y desmoralizadoras?

Al elegir localidades retiradas para nuestras escuelas, no suponemos ni por un momento que estamos poniendo a los jóvenes fuera del alcance de la tentación. Satanás es un trabajador muy diligente, y es incansable a la hora de idear formas de corromper toda mente que esté abierta a sus sugerencias. Se encuentra con las familias y los individuos en su propio terreno, adaptando sus tentaciones a sus inclinaciones y debilidades. Pero en las grandes ciudades su poder sobre las mentes es mayor, y sus redes para enredar los pies incautos son más numerosas. En relación con nuestras escuelas, se deben proporcionar amplios terrenos. Hay algunos estudiantes que nunca han aprendido a economizar, y siempre han gastado cada chelín que han podido conseguir. A éstos no se les debe privar de los medios para obtener una educación. Se les debe proporcionar un empleo, y con su estudio de los libros se debe mezclar un entrenamiento en hábitos industriosos y frugales. Que aprendan así a apreciar la necesidad de ayudarse a sí mismos.

Debe haber trabajo para todos los estudiantes, tanto si pueden pagarse el sueldo como si no; las facultades físicas y mentales deben recibir una atención proporcionada. Los estudiantes deben aprender a cultivar la tierra, pues ello les pondrá en estrecho contacto con la naturaleza.

Hay una influencia refinadora y subyugadora en la naturaleza que debe tenerse en cuenta al seleccionar la localidad para una escuela. Dios ha tenido en cuenta este principio a la hora de entrenar a los hombres para su obra. Moisés pasó cuarenta años en las tierras salvajes de Madián. Juan el Bautista no fue capacitado para su alto llamado como precursor de Cristo a través de su asociación con los grandes hombres de la nación en las escuelas de Jerusalén. Salió al desierto, donde las costumbres y doctrinas de los hombres no podían moldear su mente, y donde podía mantener una comunión con Dios sin ningún obstáculo.

La influencia educativa del entorno

Cuando los perseguidores de Juan, el discípulo amado, intentaron acallar su voz y destruir su influencia entre la gente, lo exiliaron a la isla de Patmos. Pero no pudieron separarlo del Maestro Divino. En la solitaria Patmos, Juan pudo estudiar las cosas que Dios había creado. En las escarpadas rocas y en las aguas que rodeaban la isla, pudo ver la grandeza y majestuosidad de Dios. Y mientras estaba en comunión con Dios, y estudiando el libro de la naturaleza, oyó una voz que le hablaba, la voz del Hijo de Dios. Jesús fue el maestro de Juan en la Isla de Patmos, y allí le reveló a su siervo cosas maravillosas que iban a ocurrir en el tiempo venidero.

Dios quiere que apreciemos sus bendiciones en sus obras creadas. Cuántos niños hay en las abarrotadas ciudades que no tienen ni siquiera una mancha de hierba verde en la que poner los pies. Si pudieran ser educados en el campo, en medio de la belleza, la paz y la pureza de la naturaleza, les parecería el lugar más cercano al cielo. En los lugares retirados, en donde estamos más lejos de las máximas, las costumbres y las excitaciones corruptoras del mundo, y más cerca del corazón de la naturaleza, Cristo nos hace real su presencia, y habla a nuestras almas de su paz y su amor. –"Testimonios especiales sobre la educación", 11 de mayo de 1896.

Importancia de la formación física

La formación física es una parte esencial de todos los métodos correctos de educación. Hay que enseñar a los jóvenes cómo desarrollar sus facultades físicas, cómo conservarlas en las mejores condiciones y cómo hacerlas útiles en los deberes prácticos de la vida. Muchos piensan que estas cosas no forman parte del trabajo escolar; pero esto es un error. Las lecciones necesarias para capacitarlo a uno para la utilidad práctica deberían enseñarse a todos los niños en el hogar y a todos los estudiantes en las escuelas.

El lugar en donde debe comenzar el entrenamiento físico es en el hogar, con el niño pequeño. Los padres deben sentar las bases de una vida sana y feliz. Una de las primeras cuestiones que deben decidir es la de la comida en sus mesas, pues es un asunto del que dependen en gran medida el desarrollo de los pequeños y la salud de la familia. La habilidad en la preparación de los alimentos es muy importante, y no lo es menos que la comida sea de la cantidad y la calidad adecuadas.

Todos debemos ejercer la sabiduría al comer. Si se ingiere más comida de la que se puede digerir y apropiar, se acumula una masa putrefacta en el estómago, lo que provoca un aliento ofensivo y un mal sabor de boca. Las fuerzas vitales se agotan en un esfuerzo por desprenderse del exceso, y el cerebro se ve privado de fuerza nerviosa. Una menor cantidad de alimentos habría nutrido el sistema, y no habría malgastado sus poderes en el exceso de trabajo. Sin embargo, hay que suministrar alimentos sanos y suficientes en cantidad y calidad para nutrir el sistema. Si seguimos la regla bíblica: "Así que, ya sea que comáis o bebáis, o que hagáis cualquier cosa, hacedlo todo para la gloria de Dios", no complaceremos el apetito a expensas de la salud física, que es nuestro deber preservar.

Toda madre debe procurar que sus hijos entiendan su propio cuerpo y comprendan cómo cuidarlo. Ella debería explicar la construcción y el uso de los músculos que nos ha dado nuestro bondadoso Padre Celestial. Somos hechura de Dios, y su palabra declara que estamos "temerosa y maravillosamente hechos". Él ha preparado esta morada viva para la mente; es "curiosamente forjada", un templo que el Señor mismo ha acondicionado para la morada de su Espíritu Santo. La mente controla a todo el hombre. Todas nuestras acciones, buenas o malas, tienen su origen en la mente. Es la mente la que adora a Dios y nos alía a los seres celestiales. Sin embargo, muchos pasan toda su vida sin llegar a ser inteligentes con respecto al cofre que contiene este tesoro.

Todos los órganos físicos son los servidores de la mente, y los nervios son los mensajeros que transmiten sus órdenes a cada parte del cuerpo, guiando los movimientos de la maquinaria viva. El ejercicio es una ayuda importante para el desarrollo físico. Acelera la circulación de la sangre y da tono al sistema. Si se deja que los músculos permanezcan sin uso, pronto se verá que la sangre no los nutre lo suficiente. En lugar de aumentar en tamaño y fuerza, perderán su firmeza y elasticidad, y se volverán blandos y débiles. La inactividad no es la ley que el Señor ha establecido en el cuerpo humano. La acción armoniosa de todas las partes --cerebro, hueso y músculo-- es necesaria para el desarrollo pleno y saludable de todo el organismo humano.

La labor de formación física iniciada en el hogar debe continuarse en la escuela. Es el designio del Creador que el hombre se conozca a sí mismo; pero con demasiada frecuencia, se pierde de vista este designio en la búsqueda del conocimiento. Los estudiantes dedican años a diferentes líneas educativas; se enfrascan en el estudio de las ciencias y de las cosas del mundo natural; son inteligentes en la mayoría de los temas, pero no llegan a conocerse a sí mismos. Consideran el delicado organismo humano como algo que se ocupará de sí mismo; se descuida y lo que es en grado sumo esencial, a saber, el conocimiento de su propio cuerpo.

Todo estudiante debe saber cómo cuidar de sí mismo para preservar el mejor estado de salud posible, resistiendo a la debilidad y a la enfermedad; y si por cualquier causa sobreviene la enfermedad, o se producen accidentes, debe saber cómo hacer frente a las emergencias ordinarias sin tener que llamar a un médico y tomar sus drogas venenosas.

El Señor mismo ha hablado sobre este tema del cuidado del cuerpo. Dice en su palabra: "Si alguno destruyere el templo de Dios, Dios le destruirá a él; porque el templo de Dios, el cual sois vosotros, santo es". 1 Corintios 3:17 (R. V.). Esta escritura ordena un cuidado concienzudo del cuerpo, y condena toda negligencia ignorante o descuidada. Y de nuevo: "¿O ignoráis que vuestro cuerpo es templo del Espíritu Santo, el cual está en vosotros, el cual tenéis de Dios, y que no sois vuestros? Porque habéis sido comprados por precio; glorificad, pues, a Dios en vuestro cuerpo y en vuestro espíritu, los cuales son de Dios". "Si, pues, coméis o bebéis, o hacéis otra cosa, hacedlo todo para la gloria de Dios.". 1 Corintios 6:19, 20; 10:31.

El cuidado inteligente y consciente de nuestros cuerpos se debe a nuestro Padre Celestial, que "de tal manera amó Dios al mundo, que ha dado a su Hijo unigénito, para que todo aquel que en él cree, no se pierda, más tenga vida eterna". Somos individualmente propiedad de Cristo, su posesión comprada. Se requiere que cada uno de nosotros preserve su salud y su fuerza mediante la práctica de la templanza en todas las cosas. Los apetitos y las pasiones deben ser controlados, para que a través de ellos no debilitemos ni contaminemos el templo humano de Dios.

Cualquier cosa que disminuya el poder físico debilita la mente, y la hace menos clara para discriminar entre el bien y el mal, entre lo correcto y lo incorrecto. Este principio se ilustra en el caso de Nadab y Abiú. Dios les dio un trabajo muy sagrado para realizar, permitiéndoles acercarse a sí mismo en su servicio designado; pero tenían el hábito de beber vino, y entraron en el servicio sagrado en el santuario con mentes confusas. Allí estaba el fuego sagrado, que era encendido por Dios mismo; pero ellos usaron el fuego común en sus incensarios cuando ofrecían incienso para que ascendiera como una dulce fragancia con las oraciones del pueblo de Dios. Debido a que sus mentes estaban nubladas por una indulgencia impía, hicieron caso omiso del requerimiento divino; "Y salió fuego de delante de Jehová y los quemó, y murieron delante de Jehová".

Dios prohibió el uso del vino a los sacerdotes que servían en su santuario, y el mismo mandato se habría hecho contra el tabaco si se hubiera conocido su uso; porque también tiene una influencia adormecedora sobre el cerebro. Y además de nublar la mente, es impuro y contaminante. Que cada uno resista la tentación de usar vino, tabaco, carnes, té o café. La experiencia ha demostrado que se puede realizar un trabajo mucho mejor sin estas cosas dañinas.

Que tanto los padres como los maestros graben profundamente en las mentes de los jóvenes que Cristo ha pagado un precio infinito por nuestra redención. No ha dejado nada sin hacer para poder ganarnos de nuevo en lealtad a Dios. Quiere que recordemos nuestro nacimiento real y nuestro elevado destino como hijos e hijas de Dios, y que tengamos un verdadero respeto por nosotros mismos. Quiere que todas nuestras facultades se desarrollen y se mantengan en las mejores condiciones posibles, para poder llenarnos de su gracia y utilizarnos en su servicio, haciéndonos colaboradores con él la salvación de las almas.

Es el deber de cada estudiante, de cada individuo, hacer todo lo que esté en su poder para presentar su cuerpo a Cristo, un templo limpio, físicamente perfecto, así como moralmente libre de contaminación; una morada adecuada para la presencia de Dios que mora en él. –"Testimonios especiales sobre la educación", 11 de mayo de 1896.

La verdadera educación superior

Dios es amor. El mal que hay en el mundo no procede de sus manos, sino de nuestro gran adversario, cuya obra ha sido siempre depravar al hombre y debilitar y pervertir sus facultades. Pero Dios no nos ha dejado en la ruina provocada por la caída. Todas las facilidades han sido puestas a nuestro alcance por parte de nuestro Padre Celestial, para que los hombres puedan, mediante esfuerzos bien dirigidos, recuperar su primera perfección, y permanecer completos en Cristo. En esta obra Dios espera que hagamos nuestra parte. Somos suyos... su posesión comprada. La familia humana le costó a Dios y a su Hijo Jesucristo un precio infinito.

El Redentor del mundo, el Hijo unigénito de Dios, por su perfecta obediencia a la ley, por su vida y carácter, redimió lo que se perdió en la caída, e hizo posible que el hombre obedeciera esa santa ley de justicia que Adán transgredió. Cristo no cambió su divinidad por la humanidad, sino que combinó la humanidad con la divinidad; y en la humanidad vivió la ley en nombre de la familia humana. Los pecados de cada uno de los que recibirán a Cristo fueron puestos en su cuenta, y él ha satisfecho plenamente la justicia de Dios.

Todo el plan de redención está expresado en estas preciosas palabras: "Porque de tal manera amó Dios al mundo, que ha dado a su Hijo unigénito, para que todo aquel que en él cree, no se pierda, más tenga vida eterna". Cristo soportó realmente el castigo de los pecados del mundo, para que su justicia fuera imputada a los pecadores, y mediante el arrepentimiento y la fe pudieran llegar a ser como él en santidad de carácter. Él dice: "Yo llevo la culpa de los pecados de ese hombre. Deja que yo cargue con el castigo y que el pecador arrepentido se presente ante ti inocente". En el momento en que el pecador cree en Cristo, está ante los ojos de Dios sin ser condenado, porque la justicia de Cristo es suya: La perfecta obediencia de Cristo le es imputada. Pero debe cooperar con el poder divino, y poner su esfuerzo humano para someter al pecado, y permanecer completo en Cristo.

El rescate pagado por Cristo es suficiente para la salvación de todos los hombres; pero sólo servirá para aquellos que se conviertan en nuevas criaturas en Cristo Jesús, sujetos leales del reino eterno de Dios. Su sufrimiento no protegerá del castigo al pecador impenitente y desleal.

La obra de Cristo fue restaurar al hombre a su estado original, y sanarlo de las heridas y contusiones hechas por el pecado mediante el poder divino. La parte que le toca al hombre es aferrarse por la fe a los méritos de Cristo, y cooperar con las agencias divinas en la formación de un carácter justo; para que Dios pueda salvar al pecador, y sin embargo ser justo y su justa ley sea vindicada.

El precio pagado por nuestra redención impone una gran obligación a cada uno de nosotros. Es nuestro deber comprender lo que Dios exige de nosotros y lo que quiere que seamos. Los educadores de la juventud deberían darse cuenta de la obligación que recae sobre ellos, y hacer todo lo posible por borrar sus defectos, ya sean físicos, mentales o morales. Deben aspirar a la perfección en su propio caso, para que los alumnos tengan un modelo correcto.

Los maestros deben trabajar con circunspección. Los que están a menudo con Dios en la oración tienen a su lado a los ángeles santos. La atmósfera que rodea sus almas es pura y santa, pues toda su alma está impregnada de la influencia santificadora del Espíritu de Dios. Deben ser aprendices cada día en la escuela de Cristo, para poder ser maestros bajo el Gran Maestro. Deben aprender de Cristo, y llegar a ser uno con él en el trabajo de formar mentes, antes de que puedan ser maestros eficientes en la educación superior, a saber, el conocimiento de Dios.

Dios se revela en su palabra. "Porque las cosas que se escribieron antes, para nuestra enseñanza se escribieron, a fin de que, por la paciencia y la consolación de las Escrituras, tengamos esperanza". "Y otra vez alabad al Señor todos los gentiles, y magnificadle todos los pueblos". Y otra vez dice Isaías: "Estará la raíz de Isaí, y el que se levantará a regir los gentiles; los gentiles esperarán en él".

La verdadera educación superior es la que hace que los estudiantes conozcan a Dios y su palabra, y los capacita para la vida eterna. Fue para poner esta vida a su alcance que Cristo se entregó como ofrenda por el pecado. Su propósito de amor y misericordia se expresa en su oración por sus discípulos. "Estas cosas habló Jesús, y levantando los ojos al cielo, dijo: Padre, la hora ha llegado; glorifica a tu Hijo, para que también tu Hijo te glorifique a ti; como le has dado potestad sobre toda carne, para que dé vida eterna a todos los que le diste. Y esta es la vida eterna: que te conozcan a ti, el único Dios verdadero, y a Jesucristo, a quien has enviado". Todo instructor de jóvenes debe trabajar en armonía con esta oración, conduciendo a los alumnos a Cristo.

Jesús continúa, expresando su cuidado por los suyos: "Y ya no estoy en el mundo; más estos están en el mundo, y yo voy a ti. Padre santo, a los que me has dado, guárdalos en tu nombre, para que sean uno, así como nosotros. Cuando estaba con ellos en el mundo, yo los guardaba en tu nombre; a los que me diste, yo los guardé, y ninguno de ellos se perdió, sino el hijo de perdición, para que la Escritura se cumpliese. Pero ahora voy a ti; y hablo esto en el mundo, para que tengan mi gozo cumplido en sí mismos. Yo les he dado tu palabra; y el mundo los aborreció, porque no son del mundo".

Supongamos que captamos el espíritu que se respiraba en esta oración que ascendió al cielo. Cristo muestra aquí los métodos y la fuerza que utilizó para alejar a sus discípulos de las prácticas, las máximas y las disposiciones mundanas: " Yo les he dado tu palabra; y el mundo los aborreció, porque no son del mundo". Sus acciones, sus palabras, y su espíritu no están en armonía con el mundo, "como tampoco yo soy del mundo". Y el Salvador

La verdadera educación superior

añade: "No ruego que los quites del mundo, sino que los guardes del mal". Los niños y los jóvenes deben recibir una educación en la línea que Cristo ha indicado aquí, para que estén separados del mundo.

"Santifícalos en tu verdad: tu palabra es verdad". La palabra de Dios debe convertirse en el gran poder educador. ¿Cómo conocerán los estudiantes la verdad, si no es por medio de un estudio minucioso, serio y perseverante de la palabra? Aquí está el gran estímulo, la fuerza oculta que aviva los poderes mentales y físicos, y dirige la vida hacia los canales correctos. Aquí en la palabra está la sabiduría, la poesía, la historia, la biografía y la filosofía más profunda. Aquí hay un estudio que acelera la mente hacia una vida vigorosa y saludable, y la despierta para el ejercicio más elevado. Es imposible estudiar la Biblia con un espíritu humilde y enseñable sin que se desarrolle y fortalezca el intelecto. Aquellos que se familiarizan mejor con la sabiduría y el propósito de Dios tal como se revelan en su palabra, se convierten en hombres y mujeres de fuerza mental; y pueden llegar a ser obreros eficientes del gran Educador, Jesucristo.

"Como tú me has enviado al mundo, así también los he enviado yo al mundo". Hay una obra que realizar para el mundo, y Cristo envía a sus mensajeros, que han de ser obreros junto con él. Cristo ha dado a su pueblo las palabras de la verdad, y todos están llamados a desempeñar un rol en darlas a conocer al mundo.

"Y por ellos me santifico, para que ellos también sean santificados por medio de la verdad". Los maestros pueden suponer que pueden enseñar en su propia sabiduría, conservando sus imperfecciones humanas; pero Cristo, el Maestro divino, cuya obra es restaurar al hombre lo que se perdió por la caída, se santificó a sí mismo para su obra. Se ofreció a sí mismo a Dios como sacrificio por el pecado, dando su vida por la vida del mundo. Quiere que aquellos por los que pagó tal rescate sean "santificados por medio de la verdad", y les ha dado un ejemplo. Es en el Maestro en quien él quiere que se conviertan sus discípulos. No hay santificación aparte de la verdad -la palabra. Entonces, ¡qué esencial es que cada uno la entienda!

La oración de Cristo abarca más que a los que entonces eran sus discípulos; abarca a todos los que lo reciban en la fe. Dice: "Mas no ruego solamente por estos, sino también por los que han de creer en mí por la palabra de ellos, para que todos sean uno; como tú, oh, Padre, en mí, y yo en ti, que también ellos sean uno en nosotros; para que el mundo crea que tú me enviaste. La gloria que me diste, yo les he dado, para que sean uno, así como nosotros somos uno. Yo en ellos, y tú en mí, para que sean perfectos en unidad, para que el mundo conozca que tú me enviaste, y que los has amado a ellos como también a mí me has amado".

Maravillosas, maravillosas palabras, ¡casi incomprensibles! ¿Entenderán esto los maestros de nuestras escuelas? ¿Tomarán la palabra de Dios como el libro de lecciones capaz de hacerlos sabios para la salvación? Este libro es la voz de Dios que nos habla. La Biblia nos abre las palabras de la vida, pues nos hace conocer a Cristo, que es nuestra vida.

Para tener una fe verdadera y duradera en Cristo, debemos conocerlo tal y como está representado en la palabra. La fe es confiada. No es una cuestión de arrebatos, según el impulso y la emoción del momento, sino que es un principio que tiene su fundamento en Jesucristo. Y la fe debe mantenerse en constante ejercicio mediante el estudio diligente y perseverante de la palabra. La palabra se convierte así en una agencia viva: y somos santificados por medio de la verdad.

El Espíritu Santo nos ha sido dado como ayuda en el estudio de la palabra. Jesús promete: "Mas el Consolador, el Espíritu Santo, a quien el Padre enviará en mi nombre, él os enseñará todas las cosas, y os recordará todo lo que yo os he dicho". Aquellos que están bajo el entrenamiento del Espíritu Santo serán capaces de enseñar la palabra inteligentemente. Y cuando se hace de ella el libro de estudio con ferviente súplica por la guía del Espíritu, y se hace una plena entrega del corazón para ser santificado por medio de la verdad, se cumplirá todo lo que Cristo ha prometido. El resultado de tal estudio bíblico será una mente bien equilibrada, pues las facultades físicas, mentales y morales se desarrollarán armoniosamente. No habrá parálisis en el conocimiento espiritual. El entendimiento se agilizará; las sensibilidades se despertarán; la conciencia se volverá sensible; las simpatías y los sentimientos se purificarán; se creará una mejor atmósfera moral; y se impartirá un nuevo poder para resistir la tentación. Y todos, tanto los profesores como los alumnos se volverán activos y serios en la obra de Dios.

Pero hay una disposición por parte de muchos maestros a no ser minuciosos en la educación religiosa. Se contentan con un servicio a medias, sirviendo al Señor sólo para escapar del castigo del pecado. Su tibieza afecta a su enseñanza. No se sienten ansiosos de ver a sus alumnos ganar la experiencia que no desean para sí mismos. Lo que se les ha dado en forma de bendición ha sido desechado como un elemento peligroso. A las visitas ofrecidas del Espíritu Santo responden con las palabras de Félix a Pablo: "Ahora vete; pero cuando tenga oportunidad te llamaré". Desean otras bendiciones; más no aquello que Dios está más dispuesto a dar que un padre a dar buenos regalos a sus hijos; ese Espíritu Santo que se ofrece abundantemente según la infinita plenitud de Dios, y que, si se recibe, traería todas las demás bendiciones en su tren, - ¿qué palabras usaré suficientemente para expresar lo que ha sido con referencia a él? El mensajero celestial ha sido rechazado por la voluntad decidida. "Hasta aquí llegarás con mis alumnos, pero no más lejos. No necesitamos entusiasmo ni emoción en nuestra escuela. Nos satisface mucho más trabajar con los alumnos nosotros mismos". Es así como se ha hecho el desprecio al benévolo mensajero de Dios, el Espíritu Santo.

¿No corren los maestros de nuestras escuelas el peligro de blasfemar, de acusar al Espíritu Santo de Dios de ser un poder engañoso y de conducir al fanatismo? ¿Dónde están los educadores que eligen la nieve del Líbano que viene de la roca del campo, o las aguas frías y fluyentes que vienen de otro lugar, en lugar de las aguas turbias del valle? Una sucesión de

La verdadera educación superior

lluvias de las aguas vivas ha llegado a ustedes en Battle Creek. Cada lluvia era una afluencia consagrada de la influencia divina; pero ustedes no la reconocieron como tal. En lugar de beber copiosamente de las corrientes de salvación, tan gratuitamente ofrecidas a través de la influencia del Espíritu Santo, os dirigisteis a las cloacas comunes, y tratasteis de satisfacer vuestra sed de alma con las aguas contaminadas de la ciencia humana. El resultado ha sido corazones resecos en la escuela y en la iglesia. Aquellos que se satisfacen con poca espiritualidad han llegado muy lejos al no estar capacitados para apreciar los movimientos profundos del Espíritu de Dios. Pero espero que los maestros no hayan pasado todavía la línea en la que se entregan a la dureza de corazón y a la ceguera de mente. Si vuelven a ser visitados por el Espíritu Santo, espero que no llamen a la justicia pecado, y al pecado, justicia.

Se necesitan conversiones de corazón entre los maestros. Se requiere un cambio genuino de pensamientos y métodos de enseñanza para colocarlos en donde tendrán una relación personal con un Salvador vivo. Una cosa es asentir a la obra del Espíritu en la conversión, y otra cosa es aceptar la agencia de ese Espíritu como represor, llamando al arrepentimiento. Es necesario que tanto los maestros como los alumnos no sólo asientan a la verdad, sino que tengan un conocimiento profundo y práctico de las operaciones del Espíritu. Sus advertencias se dan a causa de la incredulidad de los que profesan ser cristianos. Dios se acercará a los estudiantes porque son engañados por los educadores en los que ponen su confianza; pero tanto los maestros como los estudiantes deben ser capaces de reconocer la voz del Pastor.

Usted, que hace tiempo ha perdido el espíritu de la oración, ore fervientemente: "Compadécete de tu causa doliente; compadécete de la iglesia; compadécete de los creyentes individuales, tú, Padre de las misericordias. Quita de nosotros todo lo que contamina, niega lo que quieras; pero no quites de nosotros tu Espíritu Santo".

Hay y siempre habrá personas que no se mueven con sabiduría; que, si se pronuncian palabras de duda o incredulidad, se desprenden de la convicción y eligen seguir su propia voluntad; y Cristo ha sido reprochado a causa de sus deficiencias. Los pobres mortales finitos han juzgado la rica y preciosa efusión del Espíritu, y han dictado sentencia sobre ella, como los judíos dictaron sentencia sobre la obra de Cristo. Que se entienda en todas las instituciones de América que no se os ha encargado dirigir la obra del Espíritu Santo, y decir cómo debe representarse. Ustedes han sido culpables de hacer esto. Que el Señor les perdone, es mi oración. En lugar de ser reprimido y rechazado, como se ha hecho, el Espíritu Santo debería ser acogido y su presencia alentada. Cuando se santifique mediante la obediencia a la palabra, el Espíritu Santo le dará vislumbres de las cosas celestiales. Cuando busquéis a Dios con humillación y seriedad, las palabras que habéis pronunciado con acentos helados arderán en vuestros corazones; la verdad no languidecerá entonces en vuestras lenguas.

El interés eterno debe ser el gran tema de profesores y alumnos. Debe evitarse estrictamente el conformismo con el mundo. Los maestros deben ser santificados a través de la verdad, y lo más importante debe ser la conversión de sus alumnos, para que tengan un corazón y una vida nuevos. El objetivo del Gran Maestro es la restauración de la imagen de Dios en el alma, y cada maestro de nuestras escuelas debe trabajar en armonía con este propósito.

Maestros, confiad en Dios y seguid adelante. "Bástate mi gracia" es la seguridad del Gran Maestro. Capten la inspiración de las palabras, y nunca, nunca hablen de duda e incredulidad. Sean enérgicos. No hay servicio a medias en la religión pura e inmaculada. "Amarás al Señor tu Dios con todo tu corazón, con toda tu alma, con toda tu mente y con todas tus fuerzas". La más alta ambición santificada se exige a los que creen en la palabra de Dios.

Maestros, digan a sus alumnos que el Señor Jesucristo ha tomado todas las disposiciones para que sigan adelante, conquistando y para conquistar. Llévenlos a confiar en la promesa divina: "Y si alguno de vosotros tiene falta de sabiduría, pídala a Dios, el cual da a todos abundantemente y sin reproche, y le será dada. Pero pida con fe, no dudando nada; porque el que duda es semejante a la onda del mar, que es arrastrada por el viento y echada de una parte a otra. No piense, pues, quien tal haga, que recibirá cosa alguna del Señor. El hombre de doble ánimo es inconstante en todos sus caminos".

De Dios, la fuente de la sabiduría procede todo el conocimiento que tiene valor para el hombre, todo lo que el intelecto puede captar o retener. El fruto del árbol que representa el bien y el mal no debe ser tomado con avidez, porque es recomendado por quien una vez fue un ángel brillante en la gloria. Ha dicho que, si los hombres comen de él, conocerán el bien y el mal. Pero dejadlo estar. El verdadero conocimiento no proviene de infieles ni de hombres malvados. La palabra de Dios es luz y verdad. La verdadera luz brilla desde Jesucristo, que "ilumina a todo hombre que viene al mundo". Del Espíritu Santo procede el conocimiento divino. Él sabe lo que la humanidad necesita para promover la paz, la felicidad y el descanso aquí en este mundo, y asegurar el descanso eterno en el reino de Dios.

"Yo Jesús he enviado mi ángel para daros testimonio de estas cosas en las iglesias. Yo soy la raíz y el linaje de David, la estrella resplandeciente de la mañana. Y el Espíritu y la Esposa dicen: Ven. Y el que oye, diga: Ven. Y el que tiene sed, venga; y el que quiera, tome del agua de la vida gratuitamente". –"Testimonios especiales sobre la educación", 12 de junio de 1896.

El ejemplo de Cristo en contraste con el formalismo

Del Señor Jesucristo en su juventud, se da el testimonio divino: " Y el niño crecía y se fortalecía, y se llenaba de sabiduría; y la gracia de Dios era sobre él". Después de la visita a Jerusalén en su niñez, regresó con sus padres, "Y volvió a Nazaret, y estaba sujeto a ellos. . . Y Jesús crecía en sabiduría y en estatura, y en gracia para con Dios y los hombres".

En los días de Cristo, los educadores de la juventud eran formalistas. Durante su ministerio, Jesús declaró a los rabinos: "Erráis, ignorando las Escrituras y el poder de Dios". Y les acusó de "Enseñar como doctrinas mandamientos de hombres". La tradición fue destacada, ampliada y reverenciada muy por encima de las Escrituras. Los dichos de los hombres, y una ronda interminable de ceremonias, ocupaban una parte tan grande de la vida del estudiante que se descuidaba la educación que imparte un conocimiento de Dios. Los grandes maestros se extendían continuamente sobre pequeñas cosas, especificando cada detalle que debía observarse en las ceremonias de la religión, y haciendo de su observancia un asunto de máxima obligación. Pagaban "el diezmo de la menta, el eneldo y el comino", mientras "omitían los asuntos más importantes de la ley, la justicia, la misericordia y la fe". De este modo, se introdujo una masa de basura que ocultó a la vista de los jóvenes los grandes aspectos esenciales del servicio de Dios.

En el sistema educativo no había lugar para esa experiencia personal en la que el alma aprende por sí misma el poder de un "Así dice el Señor", y adquiere esa confianza en la palabra divina que es la única que puede traer paz, y poder con Dios. Ocupados con la ronda de formas, los estudiantes de estas escuelas no encontraban horas tranquilas en las que comulgar con Dios y escuchar su voz hablando a sus corazones. Lo que los rabinos consideraban una educación superior era en realidad el mayor obstáculo para la verdadera educación. Se oponía a todo desarrollo real. Bajo su entrenamiento, los poderes de los jóvenes eran reprimidos, y sus mentes eran encogidas y estrechadas.

A los hermanos de Jesús se les enseñaron las multitudinarias tradiciones y ceremonias de los rabinos, pero el propio Cristo no pudo ser inducido a interesarse por estos asuntos. Mientras oía por todas partes el reiterado "tú debes" y "tú no debes", se movía independientemente de estas restricciones. Las exigencias de la sociedad y las exigencias de Dios estaban siempre en colisión; y aunque en su juventud no atacó directamente las costumbres o los preceptos de los maestros eruditos, no se convirtió en un alumno de sus escuelas.

Jesús no quiso seguir ninguna costumbre que le exigiera apartarse de la voluntad de Dios, ni se puso bajo la instrucción de quienes exaltaban las palabras de los hombres por encima de la palabra de Dios. Apartó de su mente todos los sentimientos y formalidades que no tenían a Dios por fundamento. No quiso dar lugar a que estas cosas le influyeran. Así, enseñó que es mejor prevenir el mal que intentar corregirlo después de que se haya afianzado en la mente. Y Jesús no llevaría con su ejemplo a otros a colocarse donde se corromperían. Tampoco se colocaría innecesariamente en una posición en la que entraría en conflicto con los rabinos, lo que en años posteriores podría resultar en el debilitamiento de su influencia con el pueblo. Por las mismas razones no podía ser inducido a observar las formas sin sentido o a ensayar las máximas que después en su ministerio condenó tan decididamente.

Aunque Jesús estaba sometido a sus padres, comenzó a una edad muy temprana a actuar por sí mismo en la formación de su carácter. Aunque su madre fue su primer maestro humano, recibía constantemente una educación de su Padre en el cielo. En lugar de profundizar en la erudita sabiduría transmitida por los rabinos de siglo en siglo, Jesús, bajo el Maestro Divino, estudió las palabras de Dios, puras e incorruptas, y estudió también el gran libro de lecciones de la naturaleza. Las palabras "Así dice el Señor" estaban siempre en sus labios, y "Está escrito" era su razón para cada acto que variaba de las costumbres familiares. Trajo una atmósfera más pura a la vida del hogar. Aunque no se puso bajo la instrucción de los rabinos convirtiéndose en alumno de sus escuelas, sin embargo, a menudo se puso en contacto con ellos, y las preguntas que hacía, como si fuera un aprendiz, desconcertaron a los sabios; porque sus prácticas no armonizaban con las Escrituras, y no tenían la sabiduría que viene de Dios. Incluso a los que les disgustaba su incumplimiento de las costumbres populares, su educación les parecía de un tipo más elevado que la de ellos.

La vida de Jesús dio pruebas de que esperaba mucho y, por lo tanto, intentó mucho. Desde su misma infancia fue la verdadera luz que brillaba en medio de la oscuridad moral del mundo. Se reveló como la verdad y la guía de los hombres. Sus concepciones de la verdad y su poder para resistir la tentación eran proporcionales a su conformidad con la palabra que él mismo había inspirado a los hombres santos. La comunión con Dios, la entrega completa del alma a él, en el cumplimiento de su palabra sin tener en cuenta la falsa educación o las costumbres o tradiciones de su tiempo, marcaron la vida de Jesús.

Estar siempre en un ajetreo de actividad, buscando por alguna actuación exterior mostrar su piedad superior, era, en la estimación de los rabinos, la suma de la religión; mientras que, al mismo tiempo, por su constante desobediencia a la palabra de Dios, estaban pervirtiendo el camino del Señor. Pero la educación que tiene a Dios detrás de ella llevará a los hombres a buscar a Dios, "si acaso pudieran sentirlo y encontrarlo". El infinito no está, y nunca estará, atado por organizaciones o planes humanos. Cada alma debe tener una experiencia personal para obtener un conocimiento de la voluntad y los caminos de Dios. En todos los que están bajo el adiestramiento de Dios debe revelarse una vida que no está en armonía con el mundo, sus costumbres, su práctica o sus experiencias. A través del estudio de las Escrituras, a través de la oración ferviente, pueden escuchar Su mensaje para ellos: "Estad quietos, y conoced que yo soy Dios". Cuando toda otra voz se acalla, cuando todo interés terrenal se aparta, el silencio del alma hace más clara la voz de Dios. Aquí se encuentra el descanso en él. La paz, la alegría y la vida del alma es Dios.

Cuando el niño busca acercarse a su padre por encima de cualquier otra persona, muestra su amor, su fe y su perfecta confianza. Y en la sabiduría y la fuerza del padre, el niño descansa con seguridad. Así sucede con los hijos de Dios. El Señor nos pide: "Mirad a mí y sed salvos". "Venid a mí, ... y os haré descansar". "Y si alguno de vosotros tiene falta de sabiduría, pídala a Dios, el cual da a todos abundantemente y sin reproche, y le será dada".

"Así ha dicho Jehová: Maldito el varón que confía en el hombre, y pone carne por su brazo, y su corazón se aparta de Jehová. Será como la retama en el desierto, y no verá cuando viene el bien, sino que morará en los sequedales en el desierto, en tierra despoblada y deshabitada. endito el varón que confía en Jehová, y cuya confianza es Jehová. Porque será como el árbol plantado junto a las aguas, que junto a la corriente echará sus raíces, y no verá cuando viene el calor, sino que su hoja estará verde; y en el año de sequía no se fatigará, ni dejará de dar fruto". —"Testimonios especiales sobre la educación", 27 de agosto de 1896.

Un ejemplo divino

Desde los tiempos más antiguos, los fieles de Israel habían prestado mucha atención al asunto de la educación. El Señor había ordenado que, a los niños, incluso desde la infancia, se les enseñara de su bondad y su grandeza, especialmente como se revela en su ley, y se muestra en la historia de Israel. Mediante el canto y la oración, y las lecciones de las Escrituras adaptadas a la apertura de la mente, los padres y las madres debían instruir a sus hijos en que la ley de Dios es una expresión de su carácter, y que a medida que recibían los principios de la ley en el corazón, la imagen de Dios se trazaba en la mente y el alma. Tanto en la escuela como en el hogar, gran parte de la enseñanza era oral, pero los jóvenes también aprendían a leer los escritos hebreos; y los rollos de pergamino de las Escrituras del Antiguo Testamento estaban abiertos a su estudio.

En los días de Cristo, la instrucción religiosa de los jóvenes se consideraba tan importante que el pueblo o la ciudad que no proporcionaba escuelas para este fin se consideraba bajo la maldición de Dios. Sin embargo, tanto en la escuela como en el hogar, la enseñanza se había vuelto mecánica y formal. Puesto que "debía ser en todo semejante a sus hermanos" (Hebreos 2:17), y Jesús adquirió conocimientos como nosotros, el íntimo conocimiento de las Escrituras que demostró en su ministerio atestigua la diligencia con que se entregó al estudio de la palabra sagrada en aquellos primeros años.

Y día a día fue adquiriendo conocimientos de la gran biblioteca de la naturaleza animada e inanimada. El que había creado todas las cosas, era ahora un hijo de la humanidad, y estudiaba las lecciones que su propia mano había escrito en la tierra, el mar y el cielo. Las parábolas con las que le gustaba enseñar sus lecciones de verdad durante su ministerio muestran lo abierto que estaba su espíritu a las influencias de la naturaleza, y cómo, en su juventud, se había deleitado en recoger la enseñanza espiritual del entorno de su vida cotidiana. Para Jesús el significado de la palabra y de las obras de Dios se desplegó gradualmente, mientras buscaba comprender la razón de las cosas, como cualquier joven puede buscar comprenderlas. La cultura de los pensamientos y las comuniones santas era suya. Todas las ventanas de su alma estaban abiertas hacia el sol; y su naturaleza espiritual se fortaleció a la luz del cielo, y su vida puso de manifiesto la sabiduría y la gracia de Dios.

Todo niño puede adquirir conocimientos como lo hizo Jesús, a partir de las obras de la naturaleza y de las páginas de la santa palabra de Dios. A medida que tratemos de conocer a nuestro Padre Celestial a través de su palabra, los ángeles se acercarán, nuestras mentes se fortalecerán, nuestro carácter se elevará y refinará, y nos pareceremos más a nuestro Salvador. Y al contemplar lo bello y grandioso de la naturaleza, nuestros afectos buscan a Dios mientras el espíritu se sobrecoge y el alma se vigoriza al entrar en contacto con el Infinito a través de sus obras. La comunión con Dios a través de la oración desarrolla las facultades mentales y morales, y los poderes espirituales se fortalecen a medida que cultivamos los pensamientos sobre las cosas espirituales.

La vida de Jesús fue una vida en armonía con Dios. Mientras fue un niño, pensó y habló como un niño, pero ningún rastro de pecado estropeó la imagen de Dios que había en él. Desde el primer amanecer de la inteligencia fue creciendo continuamente en la gracia celestial, y en el conocimiento de la verdad. -"Testimonios especiales sobre la educación", 1896.

La Biblia, el libro más importante para la educación en nuestras escuelas

La Biblia es la revelación de Dios a nuestro mundo, y nos habla del carácter que debemos tener para alcanzar el paraíso de Dios. Debemos considerarla como la revelación de Dios a nosotros sobre las cosas eternas; las cosas de mayor importancia que debemos conocer. El mundo la arroja a un lado, como si su lectura estuviera terminada, pero mil años de investigación no agotarían el tesoro oculto que contiene. Sólo la eternidad revelará la sabiduría de este libro. Las joyas enterradas en él son inagotables, pues es la sabiduría de una mente infinita.

En ningún momento el hombre ha aprendido todo lo que se puede aprender de la palabra de Dios. Todavía hay nuevos puntos de vista de la verdad que ver, y mucho que entender del carácter y los atributos de Dios, a saber, su benevolencia, su misericordia, su larga tolerancia, su ejemplo de perfecta obediencia. "Y aquel Verbo fue hecho carne, y habitó entre nosotros (y vimos su gloria, gloria como del unigénito del Padre), lleno de gracia y de verdad". Este es un estudio muy valioso, que pone a prueba el intelecto y da fuerza a la capacidad mental. Después de escudriñar diligentemente la palabra, se descubren los tesoros ocultos, y el amante de la verdad estalla en triunfo. "E indiscutiblemente, grande es el misterio de la piedad: Dios fue manifestado en carne, justificado en el Espíritu, visto de los ángeles, predicado a los gentiles, creído en el mundo, recibido arriba en gloria". "Haya, pues, en vosotros este sentir que hubo también en Cristo Jesús, el cual, siendo en forma de Dios, no estimó el ser igual a Dios como cosa a que aferrarse, sino que se despojó a sí mismo, tomando forma de siervo, hecho semejante a los hombres."

La Biblia, plenamente recibida y estudiada como la voz de Dios, dice a la familia humana cómo alcanzar las moradas de la felicidad eterna y asegurar los tesoros del cielo. "Toda la Escritura es inspirada por Dios, y útil para enseñar, para redargüir, para corregir, para instruir en justicia, a fin de que el hombre de Dios sea perfecto, enteramente preparado para toda buena obra". ¿Estamos entonces tan embotados que no podemos comprenderla? ¿Cultivaremos un profundo anhelo por las producciones de los autores eruditos, y despreciaremos la palabra de Dios? Es este gran anhelo por algo que nunca deberían anhelar lo que hace que los hombres sustituyan el conocimiento por aquello que no puede hacerlos sabios para la salvación.

"Porque no os hemos dado a conocer el poder y la venida de nuestro Señor Jesucristo siguiendo fábulas artificiosas, sino como habiendo visto con nuestros propios ojos su majestad. Pues cuando él recibió de Dios Padre honra y gloria, le fue enviada desde la magnífica gloria una voz que decía: Este es mi Hijo amado, en el cual tengo complacencia. Y nosotros oímos esta voz enviada del cielo, cuando estábamos con él en el monte santo. Tenemos también la palabra profética más segura, a la cual hacéis bien en estar atentos como a una antorcha que alumbra en lugar oscuro, hasta que el día esclarezca y el lucero de la mañana salga en vuestros corazones; entendiendo primero esto, que ninguna profecía de la Escritura es de interpretación privada, porque nunca la profecía fue traída por voluntad humana, sino que los santos hombres de Dios hablaron siendo inspirados por el Espíritu Santo". "Porque las cosas que se escribieron antes, para nuestra enseñanza se escribieron, a fin de que, por la paciencia y la consolación de las Escrituras, tengamos esperanza". "Ocúpate en estas cosas; permanece en ellas, para que tu aprovechamiento sea manifiesto a todos". "Porque toda carne es como hierba, y toda la gloria del hombre como flor de la hierba. La hierba se seca, y la flor se cae; más la palabra del Señor permanece para siempre."

Es por la lectura de la Biblia que la mente se fortalece, se refina y se eleva. Si no hubiera otro libro en el ancho mundo, la palabra de Dios, vivida por la gracia de Cristo, haría al hombre perfecto en este mundo, con un carácter apto para la vida futura e inmortal. Aquellos que estudian la palabra, tomándola en fe como la verdad, y recibiéndola en el carácter, serán completos en Aquel que es todo y en todos. Gracias a Dios por las posibilidades que se presentan ante la humanidad. Sin embargo, un estudio de los muchos autores diferentes confunde y cansa la mente, y tiene una influencia perjudicial en la vida religiosa. En la Biblia se especifican claramente los deberes del hombre para con Dios y sus semejantes; pero sin un estudio de la palabra, ¿cómo pueden cumplirse estos requisitos? Debemos tener un conocimiento de Dios; porque "esta es la vida eterna", dijo Cristo, "que te conozcan a ti, el único Dios verdadero, y a Jesucristo, a quien has enviado."

No consideren como verdades las afirmaciones del hombre cuando son contrarias a la palabra de Dios. El Señor Dios, el Creador de los cielos y de la tierra, y la fuente de toda sabiduría es insuperable. Pero esos supuestos grandes autores, que dan a nuestras escuelas sus libros de texto para el estudio, son recibidos y glorificados, aunque no tengan ninguna conexión vital con Dios. Por tal estudio, el hombre ha sido alejado de Dios hacia caminos prohibidos; las mentes se han fatigado hasta la muerte por medio de un trabajo innecesario al tratar de obtener lo que para ellos es como el conocimiento que Adán y Eva obtuvieron al desobedecer a Dios. Si Adán y Eva no hubieran tocado nunca el árbol del conocimiento, habrían estado donde el Señor podía impartirles el conocimiento de su palabra, un conocimiento que no habrían tenido que dejar atrás con las cosas de este mundo, sino que podrían llevar consigo al paraíso de Dios. Pero hoy en día los jóvenes pasan años y años en adquirir una educación que no es más que madera y rastrojo, que se consumirá en la última gran conflagración. Muchos gastan años de su vida en el estudio de libros, obteniendo una educación que morirá con ellos. A tal educación Dios no le da ningún valor. Esta supuesta sabiduría obtenida del estudio de diferentes autores ha excluido y disminuido el brillo y el valor de la palabra de Dios. Muchos estudiantes han salido de la escuela incapaces de recibir la palabra de Dios con la reverencia y el respeto que le daban antes de entrar; su fe se ha eclipsado en el esfuerzo por sobresalir en los diversos estudios. La Biblia no se ha convertido en una materia estándar en su educación, sino que se han colocado ante ellos libros mezclados con infidelidad y que propagan teorías poco sólidas.

No hay nada tan ennoblecedor y vigorizante como el estudio de los grandes temas que conciernen a nuestra vida eterna. Que los estudiantes traten de captar estas verdades dadas por Dios; que traten de medir estas cosas preciosas, y sus mentes se expandirán y se fortalecerán en el esfuerzo. Pero una mente abarrotada de una masa de materia que nunca podrá utilizar es una mente empequeñecida y debilitada, porque sólo se la ha puesto a la tarea de tratar con material corriente. No ha sido puesta a la tarea de considerar las altas y elevadas revelaciones que vienen de Dios.

"Porque de tal manera amó Dios al mundo, que ha dado a su Hijo unigénito, para que todo aquel que en él cree, no se pierda, más tenga vida eterna". A medida que la mente es convocada a la consideración de estos grandes temas, se elevará más y más en la comprensión de estos temas de importancia eterna, dejando caer como un peso muerto los asuntos más baratos e insignificantes.

Todos los asuntos innecesarios deben ser eliminados del curso de estudio, y deben dejarse ante el estudiante sólo los estudios que serán de verdadero valor para él. Sólo con estos necesita familiarizarse, para que pueda asegurar para sí mismo esa vida que mide con la vida de Dios. Y a medida que aprenda de ellos, su mente se fortalecerá y se expandirá como lo hizo la mente de Cristo y de Juan el Bautista. ¿Qué fue lo que hizo grande a Juan? El cerró su mente a la masa de tradición enseñada por los maestros de la nación judía, abriéndola a la sabiduría "que desciende de lo alto". Antes de su nacimiento, el Espíritu Santo testificó de Juan: "Porque será grande delante de Dios. No beberá vino ni sidra, y será lleno del Espíritu Santo, aun desde el vientre de su madre. Y hará que muchos de los hijos de Israel se conviertan al Señor Dios de ellos. E irá delante de él con el espíritu y el poder de Elías, para hacer volver los corazones de los padres a los hijos, y de los rebeldes a la prudencia de los justos, para preparar al Señor un pueblo bien dispuesto". Y en su profecía, Zacarías dijo de Juan: "Y tú, niño, profeta del Altísimo serás llamado; porque irás delante de la presencia del Señor, para preparar sus caminos; para dar conocimiento de salvación a su pueblo, para perdón de sus pecados, por la entrañable misericordia de nuestro Dios, con que nos visitó desde lo alto la aurora, para dar luz a los que habitan en tinieblas y en sombra de muerte, para encaminar nuestros pies por camino de paz". "Y el niño crecía, y se fortalecía en espíritu; y estuvo en lugares desiertos hasta el día de su manifestación a Israel".

Simeón dijo de Cristo: "Ahora, Señor, despide a tu siervo en paz, conforme a tu palabra; porque han visto mis ojos tu salvación, la cual has preparado en presencia de todos los pueblos; luz para revelación a los gentiles, y gloria de tu pueblo Israel." "Y Jesús crecía en sabiduría y en estatura, y en gracia para con Dios y los hombres". Jesús y Juan fueron representados por los educadores de aquel tiempo como ignorantes, porque no habían aprendido bajo ellos. Pero el Dios del cielo era su maestro, y todos los que escuchaban se asombraban de su conocimiento de la Escritura, sin haber aprendido nunca. De ellos no lo habían hecho, en verdad; pero de Dios habían aprendido la más alta clase de sabiduría.

El juicio de los hombres, incluso de los maestros, puede ser muy amplio en cuanto a lo que constituye la verdadera educación. Los maestros en los días de Cristo no educaban a los jóvenes en el conocimiento correcto de las Escrituras, que son el fundamento de toda educación digna de ese nombre. Cristo declaró a los fariseos: "Erráis, ignorando las Escrituras y el poder de Dios", "enseñando como doctrinas, mandamientos de hombres". Y oró por sus discípulos: "Santifícalos en tu verdad; tu palabra es verdad. Como tú me enviaste al mundo, así yo los he enviado al mundo. Y por ellos yo me santifico a mí mismo, para que también ellos sean santificados en la verdad".

"Tú hablarás a los hijos de Israel, diciendo: En verdad vosotros guardaréis mis días de reposo; porque es señal entre mí y vosotros por vuestras generaciones, para que sepáis que yo soy Jehová que os santifico". "Seis días se trabajará, más el día séptimo es día de reposo consagrado a Jehová; cualquiera que trabaje en el día de reposo, ciertamente morirá". ¿Ha logrado Satanás eliminar la santidad del día así distinguido sobre todos los demás? Ha logrado poner otro día en su lugar, pero nunca podrá quitarle la bendición del Señor. "Guardarán, pues, el día de reposo los hijos de Israel, celebrándolo por sus generaciones por pacto perpetuo". ¿Qué puede ser más positivo y claro que estas palabras? ¿Y ha cambiado Dios? Él seguirá siendo el mismo por toda la eternidad, pero el hombre "ha buscado muchas invenciones".

La Biblia está llena de conocimiento, y todos los que se acerquen a su estudio con un corazón para entender, encontrarán que la mente se amplía y las facultades se fortalecen para comprender estas verdades preciosas y de gran alcance. El Espíritu Santo las imprimirá en la mente y el alma. Pero aquellos que dan instrucción a los jóvenes, necesitan primero convertirse en tontos para poder ser sabios. Si ignoran un claro "Así dice el Señor", y toman del árbol del conocimiento lo que Dios les ha prohibido tener, que es un conocimiento de desobediencia, su transgresión los lleva a la condenación y al pecado. ¿Exaltamos a tales hombres por su gran conocimiento? ¿Nos sentaremos a los pies de aquellos que ignoran las verdades que santifican el alma? "Vivo yo, dice Jehová el Señor, que, con mano fuerte y brazo extendido, y enojo derramado, he de reinar sobre vosotros ". ¿Por qué los educadores de hoy no prestan atención a estas advertencias? ¿Por qué tropiezan, sin saber en qué tropiezan? Es porque Satanás les ha cegado los ojos, y el tropiezo de su iniquidad se presenta ante los demás por su precepto y ejemplo. Así se ciegan los ojos de los demás, y los que deberían andar en la luz, andan en las tinieblas; porque no contemplan firmemente a Jesús, la Luz del mundo.

Los reformadores recibieron una gran luz, pero muchos de ellos recibieron el sofisma del error a través de una mala interpretación de las Escrituras. Estos errores han llegado a través de los siglos, pero, aunque estén envejecidos por la edad, no tienen detrás un "Así dice el Señor". Porque el Señor ha dicho: "No mudaré lo que ha salido de mis labios". En su gran misericordia, el Señor ha permitido que brille una luz aún mayor en estos últimos días. A nosotros nos ha enviado su mensaje, revelando su ley y mostrándonos lo que es verdad.

En Cristo está la fuente de todo conocimiento. En él se centran nuestras esperanzas de vida eterna. Él es el mayor maestro que el mundo ha conocido, y si deseamos ampliar las mentes de los niños y los jóvenes, y ganarles, si es posible, el amor a la Biblia, debemos fijar sus mentes en la verdad simple y llana, desenterrando lo que ha sido enterrado bajo la basura de la tradición, y dejando que las joyas brillen. Anímelos a indagar en estos temas, y el esfuerzo realizado será una disciplina inestimable. El despliegue de Dios, representado en Jesucristo, proporciona un tema grandioso de contemplar y que, si se estudia, agudizará la mente y elevará y ennoblecerá las facultades. A medida que el agente humano aprende estas lecciones en la escuela de Cristo, tratando de llegar a ser como Cristo fue, manso y humilde de corazón, aprenderá la más útil de todas las lecciones: que el intelecto es supremo sólo en la medida en que es santificado por una conexión viva con Dios.

La advertencia y la instrucción dadas en la palabra de Dios con respecto a los falsos pastores deberían tener algún peso con los profesores y los estudiantes en nuestras escuelas. Se debería aconsejar a los estudiantes que no tomen a tales pastores como su máxima autoridad. ¿Qué necesidad hay de que los estudiantes aten su educación asistiendo a Ann Arbor para recibir el toque final? Ha demostrado ser el toque final para muchos en lo que respecta a la espiritualidad y la creencia en la verdad. Es una disciplina innecesaria, que abre la mente a la siembra de cizaña entre el trigo; y no es agradable para nuestro Gran Maestro glorificar así a maestros que no tienen oídos para oír ni mentes para comprender un claro "Así dice el Señor". Al honrar así a los que están educando directamente lejos de la verdad, no encontramos la aprobación de Dios. Que las palabras del Señor, pronunciadas al mundo a través del profeta Isaías, tengan peso con nosotros. "Porque así dijo el Alto y Sublime, el que habita la eternidad, y cuyo nombre es el Santo: Yo habito en la altura y la santidad, y con el quebrantado y humilde de espíritu, para hacer vivir el espíritu de los humildes, y para vivificar el corazón de los quebrantados". "Cercano está Jehová a los quebrantados de corazón, y salva a los contritos de espíritu". "A éste miraré", dice el Señor, "pero miraré a aquel que es pobre y humilde de espíritu, y que tiembla a mi palabra". Los humildes, que buscan al Señor, tienen sabiduría para la vida eterna.

La mayor sabiduría, y la más esencial, es el conocimiento de Dios. El yo se hunde en la insignificancia al contemplar a Dios y a Jesucristo, a quien él ha enviado. La Biblia debe ser el fundamento de todo estudio. Cada uno debemos aprender de este libro de lecciones que Dios nos ha dado; la condición de la salvación de nuestra alma; porque es el único libro que nos dice lo que debemos hacer para ser salvados. No sólo esto, sino que de él se puede recibir fuerza para el intelecto. Los muchos libros que se cree que abarca la educación, son un engaño y una ilusión. "¿Qué es la paja para el trigo?" Satanás está agitando ahora las mentes de los hombres para proporcionar al mundo una literatura que es de orden barato y superficial, pero que fascina la mente y la sujeta en una red de artificios de Satanás. Después de leer estos libros, la mente vive en un mundo irreal, y la vida, en lo que respecta a la utilidad, es tan estéril como un árbol sin fruto. El cerebro está intoxicado, lo que hace imposible que las realidades eternas, que son esenciales para el presente y el futuro, sean presionadas. Una mente educada para alimentarse de basura es incapaz de ver en la palabra de Dios la belleza que hay en ella. El amor por Jesús y la inclinación a la rectitud se pierden; porque la mente se construye a partir de aquello de lo que se alimenta. Al alimentar la mente con emocionantes historias de ficción, el hombre está aportando a los cimientos "madera, heno y rastrojo". Pierde todo el gusto por el Libro Guía divino, y no se preocupa de estudiar el carácter que debe formar para morar con la hueste redimida, y habitar las mansiones que Cristo ha ido a preparar.

Dios, en su gran bondad, nos ha concedido un período de prueba en el que podemos prepararnos para la prueba que nos espera. Todas las ventajas se nos conceden a través de la mediación de Cristo. Si el agente humano estudia la palabra, verá que toda facilidad ha sido provista libremente para aquellos que buscan ser vencedores. El Espíritu Santo está presente para dar fuerza para la victoria, y Cristo ha prometido: "Y he aquí yo estoy con vosotros todos los días, hasta el fin del mundo". -- "Testimonios especiales sobre la educación", 1896.

Disciplina escolar correcta

Tuvimos en la escuela de ----- alumnos revoltosos, que estaban dispuestos a despreciar las instrucciones dadas por la palabra de Dios, y traicionar las confianzas sagradas por su forma de actuar. El Señor miró desde el cielo sobre ellos, y contempló sus prácticas engañosas, y su falsa negación de las acciones que realizaban. Trabajaban fielmente; pero estaban demasiado cerca de la ciudad, y las tentaciones surgían constantemente. Se olvidaron de ser fieles y leales a la santa ley de Dios. Transgredieron sus mandamientos. Se encapricharon, y revelaron que, como estudiantes, no tenían integridad moral para ser verdaderos. Parecía haber una agencia satánica trabajando para desanimar a los profesores y desmoralizar la escuela. Algunos que actuaban como profesores no ejercían una influencia correcta. Cuando cada pizca de influencia debería haberse puesto del lado de la disciplina y el orden, estos maestros, aunque conocían todas las pruebas que los alumnos desordenados estaban trayendo al director y a sus colaboradores, que estaban agobiados y oprimidos, y que buscaban al Señor con más empeño, mostraron simpatía por los que estaban sirviendo al enemigo con más empeño. Los estudiantes (los malhechores) lo sabían. Unos pocos se armaron de valor para sacar a relucir su conducta errónea, hasta que se les hizo ver con tanta fuerza que reconocieron que habían desobedecido las normas de la escuela, y que luego habían tratado de ocultarse tras la falsedad.

El personal docente de la escuela celebró consultas privadas para considerar qué era lo mejor que se podía hacer. En estos consejos había una voz que intentaba contrarrestar los planes introducidos para mantener la disciplina y el orden. Por esta voz simpatizante se soltaron palabras indiscretas a los alumnos en referencia a los asuntos que se estaban considerando en el consejo. Estas cosas fueron captadas por los alumnos. Pensaron que tal profesora estaba bien; que era una profesora inteligente. Ella tendría simpatía por el malhechor. Así, las manos de los que llevaban una pesada carga no se fortalecieron, sino que se debilitaron. Los esfuerzos realizados para reprimir el mal se consideraban duros y poco caritativos. "Los jóvenes deben tener sus momentos de alegría", se repetía, con otros discursos insípidos. Una palabra dicha aquí y otra allá dejaban su impresión nefasta; y los malhechores sabían que había quienes en la escuela no pensaban que su curso de engaño y falsedad era un gran pecado. Pero tomar continuamente la causa del malhechor, sin tener en cuenta su alejamiento de la rectitud y la verdad y su firmeza en la integridad, es un grave pecado contra Dios.

Hubo algunos en la escuela que fueron llevados a través de los términos de estudio porque no tenían medios por sí mismos. Estos deberían haber hecho todo lo posible para obtener todas las ventajas posibles, y mostrar así su gratitud a Dios, y por la bondad de los amigos que les habían ayudado.

Cuando los jóvenes y las jóvenes se conviertan de hecho y en verdad, todos los que tengan alguna relación con ellos verán un cambio decidido. Su frivolidad les abandonará; el continuo deseo de diversión y de placer egoísta, el anhelo de algún cambio, de estar en fiestas y excursiones, ya no se verá.

Escuchen las palabras del gran Maestro: "Porque el pan de Dios es el que baja del cielo y da vida al mundo". No hay necesidad de ser aburrido e indolente, de vivir sólo para la excitación común y terrenal. A todo creyente se le da vida, así como consuelo y sobriedad. Todos pueden tener alegría, por la satisfacción de tener a Cristo como huésped permanente en el alma.

Cuando Jesús dijo a la multitud: "El pan de Dios es el que desciende del cielo y da vida al mundo", algunos de la multitud dijeron: "Señor, danos siempre ese pan". El pan del cielo estaba en medio de ellos, pero no lo reconocían como el pan de la vida. Entonces Jesús dijo claramente: "Yo soy el pan de vida, el que viene a mí nunca tendrá hambre, y el que cree en mí nunca tendrá sed".

Este sexto capítulo de Juan contiene las lecciones más preciosas e importantes para todos los que están siendo educados en nuestras escuelas. Si quieren esa educación que perdurará a través del tiempo y de la eternidad, deberán llevar las maravillosas verdades de este capítulo a su vida práctica. Todo el capítulo es muy instructivo, pero se entiende muy poco. Instamos a los estudiantes a que asuman estas palabras de Cristo, para que puedan comprender sus privilegios. El Señor Jesús nos enseña lo que Él es para nosotros, y qué ventaja será para nosotros, en forma individual, asimilar sus palabras, dándonos cuenta de que Él mismo es el gran centro de nuestra vida. "Las palabras que os hablo", dijo, "son espíritu y son vida".

Teniendo a Cristo en el corazón, tenemos un objetivo único para la gloria de Dios. Deberíamos esforzarnos por comprender lo que significa estar en completa unión con Cristo, que es la propiciación por nuestros pecados, y por los de toda la palabra, nuestro sustituto y fiador ante el Señor Dios del cielo. Nuestra vida debería estar ligada a la vida de Cristo, deberíamos extraer constantemente de Él, participando de Él, el pan vivo que bajó del cielo, extrayendo de una fuente siempre fresca, siempre dando sus abundantes tesoros. Cuando ésta es en verdad la experiencia del cristiano, se ve en su vida una frescura, una sencillez, una humildad, una mansedumbre y una humildad de corazón, que muestran a todos con los que se asocia que ha estado con Jesús y ha aprendido de Él.

Esta experiencia da a cada maestro las mismas calificaciones que lo convertirán en un representante de Cristo Jesús. Los métodos de la enseñanza de Cristo, si se siguen, darán fuerza y franqueza a sus comunicaciones y a sus oraciones. Su testimonio por Cristo no será un testimonio estrecho, insípido y sin vida, sino que será como arar el campo, avivar la conciencia, abrir el corazón y prepararlo para las semillas de la verdad.

Los que tratan con la juventud no deben tener un corazón de hierro, sino que deben ser afectuosos, tiernos, piadosos, corteses, agradables y sociables; sin embargo, deben saber que hay que amonestar, y que incluso puede ser necesario reprender para cortar alguna mala acción. Anime a los jóvenes a glorificar a Dios dando expresión a su gratitud al Señor por todas sus misericordias. Que den las gracias a menudo con el corazón y con la voz, y que muestren abnegación y autosacrificio. Si los que dicen ser discípulos de Cristo comen su carne y beben su sangre, que es su palabra, tendrán la vida eterna. "Y yo lo resucitaré en el último día", dice Cristo. "Porque mi carne es verdadera comida, y mi sangre es verdadera bebida. El que come mi carne y bebe mi sangre, habita en mí, y yo en él".

"Como el Padre viviente me ha enviado, y yo vivo por el Padre; así el que me come, vivirá por mí". ¿Cuántos han experimentado esto? ¿Cuántos se dan cuenta del verdadero significado de estas palabras? ¿Buscaremos individualmente entender la palabra de Dios, y practicarla? Esta palabra, creída, es para toda alma verdaderamente convertida, el don gratuito de la gracia. No se puede comprar con dinero. Debemos darnos cuenta continuamente de que no merecemos la gracia por nuestros méritos, pues todo lo que tenemos es un regalo de Dios. Él nos dice: "Gratis habéis recibido, dad gratuitamente".

La atmósfera de la incredulidad es pesada y opresiva. La risa vertiginosa, las bromas y los chistes enferman el alma que se alimenta de Cristo. La charla barata y tonta es dolorosa para Él. Con un corazón humilde, lea atentamente 1 Pedro 1:13-18. Los que disfrutan hablando deben procurar que sus palabras sean selectas y bien escogidas. Tenga cuidado con su forma de hablar. Tenga cuidado de cómo representa la religión que ha aceptado. Puede que no le parezca pecado chismorrear y decir tonterías, pero esto aflige a su Salvador y entristece a los ángeles celestiales.

¿Qué testimonio da Pedro? "Por tanto, desechando toda malicia, todo engaño, toda hipocresía, toda envidia y toda mala palabra, desead, como niños recién nacidos, la leche sincera de la palabra, para que por ella crezcáis; si es que habéis gustado que el Señor es clemente". Aquí también se pone de manifiesto el mismo principio de forma distinta. Nadie debe equivocarse. Si como bebés recién nacidos desean la leche sincera de la palabra, para que puedan crecer por ella, no tendrán apetito para participar en un plato de maledicencia, sino que todo ese alimento será rechazado de inmediato, porque los que han probado que el Señor es bondadoso no pueden participar en el plato de la insensatez, la locura y la murmuración. Dirán decididamente: "Quita este plato. No quiero comer esa comida. No es el pan del cielo. Es comer y beber el mismísimo espíritu del diablo; porque su negocio es ser un acusador de los hermanos".

Es mejor que cada alma investigue de cerca qué alimento mental se le sirve para comer. Cuando vengan a ustedes los que viven para hablar, y que están todos armados y equipados para decir: "Informen, y nosotros lo informaremos", deténganse y piensen si la conversación les dará ayuda espiritual, eficiencia espiritual, para que en la comunicación espiritual puedan comer de la carne y beber la sangre del Hijo de Dios. "A quien viene, como a una piedra viva, ciertamente rechazada por los hombres, pero escogida por Dios, y preciosa". Estas palabras expresan mucho. No debemos ser charlatanes, ni chismosos, ni murmuradores; no debemos dar falso testimonio. Dios nos prohíbe participar en conversaciones triviales y tontas, en bromas, chistes o en cualquier palabra ociosa. Debemos dar cuenta de lo que decimos a Dios. Seremos juzgados por nuestras palabras apresuradas, que no hacen ningún bien ni al que habla ni al que escucha.

Entonces, hablemos todos de palabras que tiendan a la edificación. Recordad que sois valiosos para Dios. No permita que ninguna charla barata y tonta o principios erróneos constituyan su experiencia cristiana.

"Elegido por Dios y precioso". Considerad, todos los que nombran el nombre de Cristo, ¿habéis probado que el Señor es bondadoso? ¿Se ha convertido esto en una parte de vuestra experiencia real, representada en Juan seis como comer la carne y beber la sangre del Hijo de Dios? Como niños recién nacidos, ¿estáis aprendiendo a desear la leche sincera de la palabra, para crecer con ella? ¿Se han convertido verdaderamente en algún momento de su vida? ¿Habéis nacido de nuevo? Si no lo habéis hecho, entonces es hora de que obtengáis la experiencia que Cristo le dijo a uno de los principales gobernantes que debía tener. "Tenéis que nacer de nuevo", dijo Él. "Si un hombre no nace de nuevo, no puede ver el reino de Dios". Es decir, no puede discernir los requisitos esenciales para tener una parte en ese reino espiritual. "No te maravilles de que te haya dicho: Es necesario nacer de nuevo". Si abre su mente a la entrada de la palabra de Dios, con la determinación de practicar esa palabra, la luz vendrá; porque la palabra da entendimiento a los simples.

Esta es la educación que todo estudiante necesita. Cuando se obtenga esto, si se convierten, la vida frívola que han vivido hasta ahora cambiará. El universo del cielo contemplará los caracteres que se han transformado. El nivel frívolo y común será abandonado, y sus pies se colocarán en el primer peldaño de la escalera, que es Cristo Jesús. Subirán peldaño a peldaño, una ronda tras otra, hacia el cielo. Cristo será revelado en su espíritu, en sus palabras, en sus acciones.

"Vosotros también, como piedras vivas, sois edificados como una casa espiritual, un sacerdocio santo, para ofrecer sacrificios espirituales aceptables a Dios por Jesucristo". Estudiarán los maestros y los estudiantes esta representación, y verán si están en esa clase que, mediante la abundante gracia dada, están obteniendo una experiencia que está en armonía con la experiencia real y genuina que todo hijo de Dios debe tener si entra en el grado superior.

Cuando Nicodemo acudió a Jesús, Cristo le expuso las condiciones de la vida divina, enseñándole el mismísimo alfabeto de la conversión. Nicodemo preguntó: "¿Cómo pueden ser estas cosas?". "¿Eres un maestro de Israel", respondió Cristo, "y no sabes estas cosas?" Esta pregunta podría dirigirse a muchos que ocupan puestos de responsabilidad como maestros, pero que han descuidado el trabajo esencial que debían hacer antes de estar capacitados para ser maestros. Si las palabras de Cristo fueran recibidas en el alma, habría una inteligencia mucho más elevada, y un conocimiento espiritual mucho más profundo de lo que constituye un discípulo y un seguidor sincero de Cristo. Cuando la prueba y el juicio lleguen a cada alma, habrá apostasías. Los traidores, los hombres prepotentes y autosuficientes se apartarán de la verdad, haciendo naufragar su fe. ¿Por qué? - Porque no cavaron en lo profundo, y no aseguraron sus cimientos. No se remacharon a la Roca eterna. Cuando las palabras del Señor, a través de sus mensajeros elegidos, son llevadas a ellos, murmuran y piensan que el camino es demasiado estrecho. Como aquellos que se creían discípulos de Cristo, pero que se disgustaron con sus palabras y no caminaron más con él, se apartarán de Cristo.

"Nadie puede venir a mí, si el Padre que me envió no lo atrae; y yo lo resucitaré en el último día". ¿Qué es la atracción? - "Está escrito en los profetas: Y todos serán enseñados por Dios. Por lo tanto, todo hombre que ha oído y ha aprendido del Padre, viene a Mí". Hay hombres que oyen, pero que no aprenden la lección como estudiantes diligentes. Tienen una forma de piedad, pero no son creyentes. No conocen la verdad por la práctica. No reciben la palabra injertada. "Por lo tanto, despojaos de toda suciedad y superfluidad de la maldad, y recibid con mansedumbre la palabra injertada, que puede salvar vuestras almas. Pero sed hacedores de la palabra, y no sólo oidores, engañándoos a vosotros mismos. Porque si alguno es oidor de la palabra, y no hacedor, es semejante a un hombre que mira su rostro natural en un cristal; porque se mira a sí mismo, y sigue su camino, y enseguida se olvida de la clase de hombre que era". No recibió la impresión que se hizo en su mente al comparar su curso de acción con el gran espejo moral. No vio sus defectos de carácter. No se reformó, y olvidándose de la impresión hecha, no siguió el camino de Dios, sino el suyo, continuando sin reformarse.

Escucha el único camino correcto que debe hacer cada ser humano si quiere tener una experiencia segura y completa. "Pero el que mira la ley perfecta de la libertad y persevera en ella, no siendo un oidor olvidadizo, sino un hacedor de la obra, [porque hay una obra que hacer, que se descuida por peligro del alma], este hombre será bendecido en su obra. Si alguno de vosotros parece ser religioso, y no refrena su lengua, sino que engaña a su propio corazón, la religión de este hombre es vana. La religión pura y sin mácula ante Dios y el Padre es ésta: visitar a los huérfanos y a las viudas en su aflicción, y mantenerse sin mancha del mundo". Lleve a cabo esto, como una prueba de religión pura e inmaculada, y la bendición de Dios seguramente le seguirá.

"Por eso también está contenido en la Escritura: He aquí que pongo en Sión una piedra angular, elegida, preciosa; y el que crea en ella no será confundido". Observe la figura presentada en el versículo cinco: "Vosotros también, como piedras vivas, sois edificados como una casa espiritual, un sacerdocio santo, para ofrecer sacrificios espirituales, agradables a Dios por medio de Jesucristo". Entonces estas piedras vivas están ejerciendo una influencia tangible y práctica en la casa espiritual del Señor. Son un sacerdocio santo, que realiza un servicio puro y sagrado. Ofrecen sacrificios espirituales, aceptables a Dios.

El Señor no aceptará un servicio sin corazón, una ronda de ceremonias realmente sin Cristo. Sus hijos deben ser piedras vivas en el edificio de Dios. Si todos se entregaran sin reservas a Dios, si dejaran de estudiar y planear sus diversiones, sus excursiones y sus asociaciones de placer, y estudiaran las palabras: "No sois vuestros, porque habéis sido comprados por un precio; glorificad, pues, a Dios en vuestro cuerpo y en vuestro espíritu, que son de Dios", nunca tendrían hambre ni sed de excitación ni de cambio. Si nuestro verdadero interés es ser espirituales y si la salvación de nuestro pueblo depende de que estemos remachados a la Roca Eterna, ¿no sería mejor que nos dedicáramos a buscar aquello que sujete todo el edificio a la piedra angular principal, para no confundirnos ni turbar nuestra fe?

"Para vosotros, pues, los que creéis, él es precioso; pero para los desobedientes, la piedra que los edificadores desecharon es la cabeza del ángulo, piedra de tropiezo y roca de escándalo, para los que tropiezan con la palabra, siendo desobedientes, para lo cual también fueron designados". Todos los hombres, las mujeres y los jóvenes son designados para hacer una determinada obra. Pero algunos tropiezan con la palabra de la verdad. No armoniza con sus inclinaciones, y por eso se niegan a ser hacedores de la palabra. No quieren llevar el yugo de Cristo de perfecta obediencia a la ley de Dios. Consideran este yugo como una carga, y Satanás les dice que, si se desprenden de él, llegarán a ser como dioses. Nadie los gobernará ni les dictará nada; podrán hacer lo que quieran y tendrán toda la libertad que deseen. Es cierto que han sido oprimidos y acorralados en todos los sentidos en su vida religiosa, pero esa vida religiosa era una farsa. Fueron designados para ser colaboradores de Jesucristo, y unirse a Cristo era su única oportunidad de lograr el descanso y la libertad perfectos. Si hubieran hecho esto, nunca se habrían confundido.

"Pero vosotros sois una generación elegida, un sacerdocio real, una nación santa, un pueblo peculiar; para que mostréis [vuestra propia suficiencia, y atraigáis la atención hacia vosotros mismos, y busquéis vuestra propia gloria... -No; no] para que mostréis las alabanzas de Aquel que os ha llamado [a una vida desagradable y dura de esclavitud...] de las tinieblas a su luz admirable".

¿Pensarán en la elevada posición a la que fuimos designados? ¿Se apartarán de todo mal los que nombran el nombre de Cristo? ¿Nos inquietaremos usted o yo bajo el yugo de Cristo? Cuando abrigues el descontento y el amor por la diversión, y para tener un alto tiempo de exhibición del yo, disfrutando y complaciendo la voluntad natural en lugar de hacer la voluntad de Dios, ¿hay algún descanso? ¿Está el templo de Dios edificado en su vida por la visión frívola que tiene del cristianismo? "Tened una conducta honesta entre los gentiles, para que mientras ellos hablen de vosotros como malhechores, puedan por vuestras buenas obras que contemplarán, glorificar a Dios en el día de la visitación". ¿No ha de ser la palabra de Dios nuestra guía y nuestro director? ¿Se demorará alguien en estudiar esa palabra? ¿Profesará alguno ser cristiano y, sin embargo, por su forma de actuar se convertirá en un reproche a la fe, sólo porque desea vivir para complacer sus propias inclinaciones naturales? ¿Seguirán, aunque profesen la fe en la verdad, un curso para abusar de esa fe y deshonrar la verdad de origen celestial? ¿Quiénes han apreciado las preciosas oportunidades que se les conceden en el tiempo de prueba para formar caracteres que Dios pueda aprobar, por llevar el yugo de la obediencia que llevó Cristo? ¿Qué dice Él con respecto a esto? "Tomad mi yugo sobre vosotros y aprended de mí, que soy manso y humilde de corazón, y hallaréis descanso para vuestras almas. Porque Mi yugo es fácil, y Mi carga es ligera".

Muchos que profesan creer en Cristo no llevan su yugo. Piensan que lo hacen, pero si no estuvieran engañados y engañadas por Satanás, tendrían pensamientos correspondientes con su fe, y con las grandes verdades que profesan creer. Se

Disciplina escolar correcta

darían cuenta de que las palabras de Cristo significan algo para ellos. "Si alguno quiere venir en pos de mí, niéguese a sí mismo, tome su cruz y sígame". Si sigues a Jesús, eres su discípulo; si sigues tus propios impulsos y tu propio corazón no santificado, dices claramente: no quiero tu camino, Señor, sino el mío.

Hemos de asimilar la situación y decidir cuál es nuestro propósito. Tengo un profundo interés en los jóvenes y las jóvenes que se han alistado en el ejército del Señor. Mi amor por Jesucristo me infunde un amor por las almas de todos aquellos por los que Cristo ha muerto. Las palabras: "Sois obreros junto a Dios", significan mucho. Nadie puede poner condiciones a Dios. Somos siervos del Dios vivo, y todos los que se eduquen en nuestra escuela, deben ser entrenados para ser trabajadores.

Deben trabajar para adquirir principios correctos. Deben conectarse con Cristo por la fe. Así podrán dar una gran satisfacción al universo celestial. Si cada voluntario del ejército del Señor hace lo mejor que puede, Dios hará el resto. No deben considerar nada como propio. Cuando se esfuercen por la victoria, han de esforzarse legítimamente. La Palabra ha de ser su maestra. La ambición impía no les hará avanzar, pues sólo Dios puede darles la verdadera sabiduría y comprensión; pero Él no trabajará con Satanás. Si se abrigan la envidia y la ambición impía, si luchan por la victoria para obtener la gloria humana, la mente se llenará de confusión. Haga todo lo posible. Avance lo más rápido posible para alcanzar un alto nivel en las cosas espirituales. Húndase en Jesucristo, y apunte siempre a glorificar su nombre. Tenga en cuenta que el talento, el aprendizaje, la posición, la riqueza y la influencia son dones de Dios; por lo tanto, deben ser consagrados a Él. Procurad obtener una educación que os capacite para ser sabios administradores de la multiforme gracia de Cristo Jesús, siervos bajo Cristo, para cumplir sus órdenes.

Que todos los estudiantes procuren tener una visión lo más amplia posible de sus obligaciones para con Dios. No han de esperar a que llegue un momento, después de que termine el curso escolar, en el que realicen alguna obra importante y notoria. Sino que han de estudiar seriamente cómo pueden empezar a trabajar de forma práctica en su vida estudiantil uniéndose a Cristo. Que todo impulso esté del lado del Señor. No derriben y desanimen a los que son sus maestros. No carguéis sus almas manifestando un espíritu de frivolidad y una despreocupación por las normas.

Alumnos, ustedes pueden hacer que esta escuela sea de primera clase en cuanto al éxito siendo trabajadores junto con sus maestros para ayudar a otros alumnos, y elevándose celosamente de un estándar barato, común y bajo. Que cada uno vea qué mejora puede hacer para conformar su conducta a las reglas bíblicas. Aquellos que busquen ser ellos mismos elevados y ennoblecidos están cooperando con Jesucristo al volverse refinados en el habla y en el temperamento bajo el control del Espíritu Santo. Están unidos a Jesucristo. No se desviven ni se vuelven revoltosos y egoístas, estudiando sus propios placeres y gratificaciones egoístas. Ellos doblan todos sus esfuerzos con Jesucristo como los mensajeros de su misericordia y amor, ministrando a otros de su gracia. Sus corazones laten al unísono con el corazón de Cristo.

Son uno con Cristo en espíritu, uno con Cristo en acción. Buscan almacenar la mente con los preciosos tesoros de la palabra de Dios, para que cada uno pueda hacer el trabajo que Dios le ha asignado, para recoger los brillantes rayos del Sol de la Rectitud, para que puedan brillar para otros.

Si vigilan y oran, y hacen esfuerzos serios en la dirección correcta, se impregnarán completamente del espíritu de Jesucristo. "Revestíos del Señor Jesucristo y no os desviéis de la carne para satisfacer sus deseos". Estén decididos a hacer de esta escuela un éxito, y si prestan atención a las instrucciones dadas en la palabra de Dios, podrán salir con un desarrollo de poder intelectual y moral que hará que hasta los ángeles se regocijen, y Dios se regocijará sobre ustedes con cantos. Si estáis bajo la disciplina de Dios, os aseguraréis la armonía y la cooperación de los poderes físicos, mentales y morales, y el desarrollo más completo de las facultades que Dios os ha dado. No permitas que la flojera y la lujuria de la juventud, a través de múltiples tentaciones, hagan fracasar tus oportunidades y privilegios. Revístanse día a día de Cristo, y en la breve temporada de su prueba y ensayo aquí abajo, mantengan su dignidad en la fuerza de Dios, como colaboradores de los más altos organismos durante su vida escolástica.

Todos deben decir: no fallaré. No me traicionaré a mí mismo ni a mis compañeros en manos del enemigo. Haré caso a las palabras del Señor. "Que se aferre a mi fuerza, para que haga las paces conmigo, y hará las paces conmigo". Recuerda siempre que tienes a Uno a tu lado que te dice: "No temas". "Yo he vencido al mundo". Tened en cuenta que Cristo vino como el Príncipe del cielo, y ha emprendido una guerra eterna contra los principios del pecado. Todos los que se unan a Cristo serán trabajadores junto a Dios en esta guerra.

"Por ellos me santifico", dijo Cristo, "para que ellos también sean santificados por medio de la verdad". El Señor Jesús es el camino, la verdad y la vida; y los que se unen a él, vistiéndolo, trabajarán como colaboradores con él, conformándose a los principios de la verdad. Al contemplar, se impregnan de la verdad, y se unen a Cristo para transformar el templo vivo entregado a los ídolos, para que los seres humanos se conviertan en templos limpios, refinados y santificados para la morada del Espíritu Santo.

"Les he declarado tu nombre", dijo Cristo, "y lo declararé, para que el amor con que me has amado esté en ellos, y yo en ellos". El Señor ha hecho abundante provisión para que su amor nos sea dado como su gracia gratuita y abundante, como nuestra herencia en esta vida, para permitirnos difundir el mismo al estar unidos a Cristo. Jesús transmite la vitalidad circulante de un amor puro y santificado como el de Cristo a través de cada parte de nuestra naturaleza humana. Cuando este amor se expresa en el carácter, revela a todos aquellos con los que nos asociamos que es posible que Dios se forme dentro, la esperanza de la gloria. Muestra que Dios amó a los obedientes como ama a Jesucristo; y nada menos que esto satisface sus deseos en nuestro favor. Tan pronto como el agente humano se une a Cristo en corazón, alma y espíritu, el Padre ama a esa alma como una parte de Cristo, como un miembro del cuerpo de Cristo, siendo Él mismo la cabeza gloriosa. –MSS, 21 de junio de 1897.

La Biblia en nuestras escuelas

No es prudente enviar a nuestros jóvenes a las universidades donde se dedican a adquirir conocimientos de griego y latín, mientras sus cabezas y corazones se llenan de los sentimientos de los autores infieles que estudian para dominar estas lenguas. Adquieren un conocimiento que no es en absoluto necesario, ni está en armonía con las lecciones del gran Maestro. Por lo general, los educados de esta manera tienen mucha autoestima. Piensan que han alcanzado la cima de la educación superior, y se comportan con orgullo, como si ya no fueran aprendices. Están arruinados para el servicio de Dios. El tiempo, los medios y el estudio que muchos han gastado en obtener una educación comparativamente inútil deberían haber sido utilizados en obtener una educación que les hiciera hombres y mujeres integrales, aptos para la vida práctica. Una educación así tendría el máximo valor para ellos.

¿Qué se llevan los estudiantes cuando salen de nuestras escuelas? ¿Adónde van? ¿Qué van a hacer? ¿Tienen los conocimientos que les permitirán enseñar a otros? ¿Han sido educados para ser padres y madres sabios? ¿Pueden ponerse al frente de una familia como sabios instructores? ¿Pueden instruir a sus hijos en su vida hogareña de tal manera que la suya sea una familia que Dios pueda contemplar con placer, porque es un símbolo de la familia del cielo? ¿Han recibido la única educación que puede llamarse verdaderamente "educación superior"?

¿Qué es la educación superior? Ninguna educación puede llamarse educación superior a menos que tenga la similitud del cielo, a menos que lleve a los jóvenes y a las jóvenes a ser semejantes a Cristo, y los capacite para estar a la cabeza de sus familias en el lugar de Dios. Si, durante su vida escolar, un joven no ha adquirido un conocimiento del griego y del latín y de los sentimientos contenidos en las obras de autores infieles, no ha sufrido una gran pérdida. Si Jesucristo hubiera considerado esencial este tipo de educación, ¿no se la habría dado a sus discípulos, a los que estaba educando para realizar la mayor obra jamás encomendada a los mortales, la de representarle en el mundo? Pero, en cambio, puso la verdad sagrada en sus manos, para que la entregaran al mundo en su sencillez.

Hay momentos en que se necesitan eruditos en griego y latín. Algunos deben estudiar estas lenguas. Esto está bien. Pero no todos, ni muchos deben estudiarlos. Los que piensan que el conocimiento del griego y del latín es esencial para una educación superior, no pueden ver de lejos. Tampoco es necesario un conocimiento de los misterios de eso que los hombres del mundo llaman ciencia para entrar en el reino de Dios. Es Satanás quien llena la mente de sofismas y tradiciones, que excluyen la verdadera educación superior, y que perecerán con el alumno.

Los que han recibido una falsa educación no miran hacia el cielo. No pueden ver a Aquel que es la verdadera Luz, "que ilumina a todo hombre que viene al mundo". Miran las realidades eternas como fantasmas, llamando a un átomo un mundo, y a un mundo un átomo. De muchos que han recibido la llamada educación superior, Dios declara: "Se te pesa en la balanza y se te encuentra falto", falto en el conocimiento de los negocios prácticos, falto en el conocimiento de cómo hacer el mejor uso del tiempo, falto en el conocimiento de cómo trabajar para Jesús.

La naturaleza práctica de la enseñanza de Aquel que dio su vida para salvar a los hombres es una evidencia del valor que Él otorga a los hombres. Él dio la educación que sólo puede ser llamada la educación superior. No rechazó a sus discípulos porque no hubieran recibido su instrucción de maestros paganos e infieles. Estos discípulos debían proclamar la verdad que iba a sacudir al mundo, pero antes de que pudieran hacer esto, antes de que pudieran ser la sal de la tierra, debían formar nuevos hábitos, debían desaprender muchas cosas aprendidas de los sacerdotes y rabinos. Y hoy en día los que quieren representar a Cristo deben formar nuevos hábitos. Deben renunciar a las teorías que se originan en el mundo. Sus palabras y sus obras deben ser según la similitud divina. No deben ponerse en relación con los principios y sentimientos degradantes que pertenecen a la adoración de otros dioses. No pueden recibir con seguridad su educación de aquellos que no conocen a Dios y no lo reconocen como la vida y la luz de los hombres. Estos hombres pertenecen a otro reino. Están gobernados por un príncipe desleal, y confunden fantasmas con realidades.

Nuestras escuelas no son lo que deberían ser. El tiempo que debería dedicarse a trabajar por Cristo se agota en temas indignos y de autocomplacencia. La controversia surge en un momento si se cruzan las opiniones antes expuestas. Así ocurrió con los judíos. Para reivindicar la opinión personal y los intereses mezquinos, para gratificar la ambición mundana, rechazaron al Hijo de Dios. El tiempo pasa. Nos acercamos a la gran crisis de la historia de esta tierra. Si los maestros siguen cerrando los ojos a las necesidades de la época en que vivimos, deben ser desconectados de la obra.

Muchos de los instructores en las escuelas de la actualidad están practicando el engaño al conducir a sus alumnos por un campo de estudio que es comparativamente inútil, que requiere tiempo, estudio y medios que deberían utilizarse para obtener esa educación superior que Cristo vino a dar. Él tomó la forma de la humanidad, para poder elevar la mente de las lecciones que los hombres consideran esenciales a las lecciones que implican resultados eternos. Él vio al mundo envuelto en la decepción satánica. Él vio a los hombres siguiendo fervientemente su propia imaginación, pensando que lo habían ganado todo si habían encontrado la forma de ser llamados grandes en el mundo. Pero no ganaron nada más que la muerte. Cristo tomó su puesto en las carreteras y caminos de esta tierra, y miró a la multitud que buscaba ansiosamente la felicidad, pensando que en cada nuevo esquema habían descubierto cómo podrían ser dioses en este mundo. Cristo señaló a los hombres hacia arriba, diciéndoles que el único conocimiento verdadero es el conocimiento de Dios y de Cristo. Este conocimiento traerá paz y felicidad en esta vida presente, y asegurará el don gratuito de Dios, la vida eterna. Instó a sus oyentes, como hombres que poseen facultades de razonamiento, a no perder la eternidad fuera de sus cálculos. "Buscad primero el reino de Dios y su justicia", dijo, "y todas estas cosas os serán añadidas". Ustedes son entonces colaboradores de Dios. Para ello os he comprado con mi sufrimiento, humillación y muerte.

La gran lección que hay que dar a los jóvenes es que, como adoradores de Dios, deben apreciar los principios bíblicos, y tener al mundo como subordinado. Dios quiere que todos sean instruidos en cuanto a cómo pueden realizar las obras de Cristo, y entrar por las puertas en la ciudad celestial. No debemos dejar que el mundo nos convierta; debemos esforzarnos con el mayor empeño por convertir al mundo. Cristo ha hecho que sea nuestro privilegio y nuestro deber defenderle en cualquier circunstancia. Les ruego a los padres que coloquen a sus hijos donde no se dejen engañar por una falsa educación. Su única seguridad está en aprender de Cristo. Él es la gran Luz central del mundo. Todas las demás luces, todas las demás sabidurías, son una tontería.

Los hombres y las mujeres son la compra de la sangre del Hijo unigénito de Dios. Son propiedad de Cristo, y su educación y formación deben darse, no con referencia a esta vida corta e incierta, sino a la vida inmortal, que mide con la vida de Dios. No es su designio que aquellos cuyos servicios Él ha comprado, sean entrenados para servir a mamón, entrenados para recibir alabanzas y glorificación humana, o para ser serviles al mundo.

"Entonces Jesús les dijo: En verdad, en verdad os digo que, si no coméis la carne del Hijo del Hombre y bebéis su sangre, no tenéis vida en vosotros. El que come mi carne y bebe mi sangre tiene vida eterna, y yo lo resucitaré en el último día. Porque mi carne es verdadera comida, y mi sangre es verdadera bebida. El que come mi carne y bebe mi sangre, habita en mí, y yo en él". Estos son los términos de la vida hechos por el Redentor del mundo, antes de que se pusieran los cimientos de la tierra. ¿Están los maestros en nuestras escuelas dando a los estudiantes a comer del pan de la vida? Muchos de ellos están conduciendo a sus alumnos por el mismo camino que ellos mismos han recorrido. Creen que éste es el único camino correcto. Dan a los alumnos un alimento que no sostendrá la vida espiritual, sino que hará morir a los que participen de él. Les fascina lo que Dios no les exige que conozcan.

Aquellos maestros que están tan decididos como lo estaban los sacerdotes y los gobernantes a llevar a sus alumnos por el mismo viejo camino en el que el mundo sigue viajando, se adentrarán en una oscuridad aún mayor. Aquellos que podrían haber sido colaboradores de Cristo, pero que han despreciado a los mensajeros y su mensaje, perderán su orientación. Caminarán en las tinieblas, sin saber en qué tropiezan. Los tales están dispuestos a ser engañados por los engaños del último día. Sus mentes están preocupadas por intereses menores, y pierden la bendita oportunidad de unirse a Cristo, y ser labradores junto a Dios.

El llamado árbol del conocimiento se ha convertido en un instrumento de muerte. Satanás se ha entretejido astutamente a sí mismo, a sus dogmas, a sus falsas teorías en la instrucción dada. Del árbol del conocimiento habla la más agradable adulación respecto a la educación superior. Miles de personas participan del fruto de este árbol, pero para ellos significa la muerte. Cristo les dice: "Gastáis dinero en lo que no es pan. Estáis utilizando vuestros talentos confiados por Dios para aseguraros una educación que Dios pronuncia como una tontería".

Satanás se esfuerza por obtener cualquier ventaja. Desea asegurarse, no sólo a los estudiantes, sino a los maestros. Tiene sus planes trazados. Disfrazado de ángel de luz, caminará por la tierra como hacedor de maravillas. Con un lenguaje hermoso presentará sentimientos elevados. Pronunciará buenas palabras y realizará buenas acciones. Cristo será personificado, pero en un punto habrá una marcada distinción. Satanás apartará al pueblo de la ley de Dios. A pesar de esto, falsificará tan bien la justicia, que, si fuera posible, engañará a los mismos elegidos. Las cabezas coronadas, los presidentes y los gobernantes en las altas esferas se inclinarán ante sus falsas teorías. En lugar de dar lugar a la crítica, la división, los celos y la rivalidad, los de nuestras escuelas deberían ser uno en Cristo. Sólo así podrán resistir las tentaciones del archiengañador.

El tiempo pasa, y Dios pide que cada vigilante esté en su lugar. Se ha complicado en llevarnos a una crisis mayor que cualquier otra desde el primer advenimiento de nuestro Salvador. ¿Qué debemos hacer? El Espíritu Santo de Dios nos ha dicho lo que debemos hacer; pero, como los judíos en los días de Cristo rechazaron la luz y eligieron las tinieblas, así el mundo religioso rechazará el mensaje para hoy. Los hombres que profesan la piedad han despreciado a Cristo en la persona de sus mensajeros. Al igual que los judíos, rechazan el mensaje de Dios. Los judíos preguntaron con respecto a Cristo: "¿Quién es éste? ¿No es éste el hijo de José?". No era el Cristo que los judíos buscaban. Así hoy, los organismos que Dios envía no son lo que los hombres han buscado. Pero el Señor no preguntará a ningún hombre por quién enviar. Él enviará por quien quiera. Los hombres pueden no ser capaces de entender por qué Dios envía a éste o a aquél. Su obra puede ser una cuestión de curiosidad. Dios no satisfará esta curiosidad; y su palabra no volverá a él vacía.

Que la obra de preparar a un pueblo para estar en el día de la preparación de Dios sea emprendida por todos los que creen en la palabra. Durante los últimos años se ha realizado un trabajo serio. Cuestiones serias han agitado las mentes de aquellos que creen en la verdad presente. La luz del Hijo de la Justicia ha estado brillando en todos los lugares, y por algunos ha sido recibida y sostenida con perseverancia. La obra ha sido llevada adelante en las líneas de Cristo.

Toda alma que pronuncie el nombre de Cristo debería estar bajo servicio. Todos deberían decir: "Aquí estoy; envíame". Los labios que desean hablar, aunque estén sucios, serán tocados con el carbón vivo y purificados. Serán capacitados para decir palabras que arderán en el alma. Llegará el momento en que los hombres serán llamados a dar cuenta de las almas a las que deberían haber comunicado la luz, pero que no la han recibido. Aquellos que han fallado así en su deber, a quienes se les ha dado luz, pero que no la han apreciado de modo que no tienen ninguna que impartir, son clasificados en los libros del cielo con aquellos que están en enemistad con Dios, no sujetos a su voluntad ni bajo su guía.

Una influencia cristiana debe impregnar nuestras escuelas, nuestros sanatorios, nuestras editoriales. Bajo la dirección de Satanás, se están formando confederaciones, y se formarán para eclipsar la verdad mediante la influencia humana. Aquellos que se unen a estas confederaciones nunca podrán oír la bienvenida: "Bien hecho, siervo bueno y fiel; . . . entra en el gozo de tu Señor". Los instrumentos establecidos por Dios deben seguir adelante, sin hacer concesiones al poder de las tinieblas. Se debe hacer mucho más en las líneas de Cristo de lo que se ha hecho hasta ahora.

La estricta integridad debe ser apreciada por cada estudiante. Toda mente debe dirigirse con atención reverente a la palabra revelada de Dios. La luz y la gracia serán dadas a aquellos que así obedezcan a Dios. Contemplarán cosas maravillosas de Su ley. Grandes verdades que han permanecido desatendidas y sin ver desde el día de Pentecostés, van a brillar desde la palabra de Dios en su pureza nativa. A aquellos que verdaderamente aman a Dios, el Espíritu Santo les revelará verdades que se han desvanecido de la mente, y también les revelará verdades que son completamente nuevas. Aquellos que coman la carne y beban la sangre del Hijo de Dios traerán de los libros de Daniel y Apocalipsis verdades inspiradas por el Espíritu Santo. Pondrán en marcha fuerzas que no pueden ser representadas. Los labios de los niños se abrirán para proclamar los misterios que han estado ocultos a la mente de los hombres. El Señor ha elegido las cosas necias de este mundo para confundir a los sabios, y las cosas débiles del mundo para confundir a los poderosos.

La Biblia no debe ser llevada a nuestras escuelas para ser maquillada con arena entre la infidelidad. La Biblia debe convertirse en la base y la materia de la educación. Es cierto que sabemos mucho más de la palabra del Dios vivo de lo que sabíamos en el pasado, pero todavía hay mucho más que aprender. Hay que utilizarla como la palabra del Dios vivo, y estimarla como la primera, la última y la mejor en todo. Entonces se verá el verdadero crecimiento espiritual. Los alumnos desarrollarán caracteres religiosos sanos, porque comen la carne y beben la sangre del Hijo de Dios. Pero si no se vigila y se nutre, la salud del alma decae. Manténgase en el canal de la luz. Estúdiese la Biblia. Los que sirven a Dios fielmente serán bendecidos. Él, que no permite que ninguna obra fiel quede sin recompensa, coronará cada acto de lealtad e integridad con muestras especiales de su amor y aprobación. –*Review and Herald*, 17 de agosto de 1897.

Testimonio especial relacionado con la política

A los profesores y directores de nuestras escuelas:

Los que tienen a su cargo nuestras instituciones y nuestras escuelas deben guardarse con diligencia, no sea que con sus palabras y sentimientos lleven a los alumnos por caminos falsos. Los que enseñan la Biblia en nuestras iglesias y en nuestras escuelas no tienen la libertad de unirse para hacer evidentes sus prejuicios a favor o en contra de hombres o medidas políticas, porque al hacerlo agitan las mentes de los demás, llevando a cada uno a defender su teoría favorita. Hay entre los que profesan creer en la verdad presente algunos que serán así azuzados para expresar sus sentimientos y preferencias políticas, de modo que se traerá la división a la iglesia.

El Señor quiere que su pueblo entierre las cuestiones políticas. En estos temas el silencio es la elocuencia. Cristo llama a sus seguidores a entrar en la unidad sobre los principios puros del evangelio que están claramente revelados en la palabra de Dios. No podemos con seguridad votar por partidos políticos; porque no sabemos a quién estamos votando. No podemos con seguridad tomar parte en ningún plan político. No podemos trabajar para complacer a hombres que usarán su influencia para reprimir la libertad religiosa, y para poner en marcha medidas opresivas para llevar u obligar a sus semejantes a guardar el domingo como día de reposo. El primer día de la semana no es un día que deba ser reverenciado. Es un sábado espurio, y los miembros de la familia del Señor no pueden participar con los hombres que exaltan este día, y violan la ley de Dios pisoteando su sábado. El pueblo de Dios no debe votar para colocar a tales hombres en sus cargos; porque cuando lo hacen, son partícipes con ellos de los pecados que cometen mientras están en sus cargos.

No debemos comprometer los principios cediendo a las opiniones y prejuicios que hayamos fomentado antes de unirnos al pueblo guardador de los mandamientos de Dios. Nos hemos alistado en el ejército del Señor, y no debemos luchar en el bando del enemigo, sino en el de Cristo, donde podemos ser un todo unido, en sentimiento, en acción, en espíritu, en comunión. Los que son cristianos de verdad serán sarmientos de la verdadera vid, y darán el mismo fruto que la vid. Actuarán en armonía, en comunión cristiana. No llevarán insignias políticas, sino la insignia de Cristo.

¿Qué debemos hacer, entonces? - Dejar de lado las cuestiones políticas. "No os unáis en yugo desigual con los incrédulos; porque ¿qué relación tiene la justicia con la injusticia? y ¿qué comunión tiene la luz con las tinieblas? y ¿qué concordia tiene Cristo con Belial? o ¿qué parte tiene el que cree con un infiel?" ¿Qué puede haber en común entre estas partes? No puede haber compañerismo, ni comunión. La palabra compañerismo significa participación, asociación. Dios emplea las figuras más fuertes para mostrar que no debe haber unión entre los partidos mundanos y los que buscan la justicia de Cristo. ¿Qué comunión puede haber entre la luz y las tinieblas, la verdad, y la injusticia? -Ninguna. La luz representa la justicia; las tinieblas, el error, el pecado, la injusticia. Los cristianos han salido de las tinieblas a la luz. Se han revestido de Cristo, y llevan la insignia de la verdad y la obediencia. Se rigen por los principios elevados y santos que Cristo expresó en su vida. Pero el mundo se rige por principios de deshonestidad e injusticia.

"Por lo tanto, teniendo este ministerio, como hemos recibido la misericordia, no desmayamos, sino que hemos renunciado a las cosas ocultas de la deshonestidad, no andando con astucia, ni manejando la palabra de Dios con engaño, sino que, mediante la manifestación de la verdad, nos recomendamos a la conciencia de todo hombre a los ojos de Dios. Pero si nuestro evangelio está oculto, lo está para los que se pierden; en quienes el dios de este mundo ha cegado la mente de los que no creen, para que no les brille la luz del glorioso evangelio de Cristo, que es la imagen de Dios. Porque no nos predicamos a nosotros mismos, sino a Cristo Jesús, el Señor, y a nosotros, sus siervos por causa de Jesús. Porque Dios, que mandó que la luz brillara en las tinieblas, ha brillado en nuestros corazones, para dar la luz del conocimiento de la gloria de Dios en la faz de Jesucristo". Aquí se ponen a la vista dos partes, y se demuestra que no puede haber unión entre ellas.

Aquellos maestros en la iglesia o en la escuela que se distinguen por su celo en la política, deben ser relevados de su trabajo y responsabilidades sin demora; porque el Señor no cooperará con ellos. El diezmo no debe utilizarse para pagar a nadie por hablar de cuestiones políticas. Todo maestro, ministro o líder en nuestras filas que se sienta agitado por el deseo de ventilar sus opiniones sobre cuestiones políticas, debe convertirse por una creencia en la verdad, o abandonar su trabajo. Su influencia debe decir como un trabajador junto a Dios en la ganancia de almas para Cristo, o sus credenciales deben ser retiradas. Si no cambia, hará daño, y sólo daño.

En el nombre del Señor les diría a los maestros de nuestras escuelas: Atiendan su trabajo asignado. No estáis llamados por Dios a hacer política. "Todos vosotros sois hermanos", declara Cristo, "y como uno solo debéis permanecer bajo el estandarte del príncipe Emanuel". "¿Qué exige el Señor tu Dios de ti, sino que temas al Señor tu Dios, que andes en todos sus caminos, que lo ames y que sirvas al Señor tu Dios con todo tu corazón y con toda tu alma, que guardes los mandamientos del Señor y sus estatutos, que yo te mando hoy para tu bien? . . . Porque el Señor tu Dios es Dios de dioses, y Señor de señores, un Dios grande, poderoso y terrible, que no hace acepción de personas, ni toma recompensa; él hace justicia al huérfano y

Testimonio especial relacionado con la política

a la viuda, y ama al extranjero, dándole comida y abrigo. Amad, pues, al extranjero, porque fuisteis extranjeros en la tierra de Egipto. Temerás al Señor tu Dios; a él servirás, a él te apegarás y jurarás por su nombre. Él es tu alabanza, y Él es tu Dios".

El Señor ha dado gran luz y privilegios a su pueblo. "He aquí que os he enseñado estatutos y juicios", dice; "guardadlos, pues, y ponedlos por obra; porque ésta es vuestra sabiduría y vuestro entendimiento a los ojos de las naciones, que oirán todos estos estatutos y dirán: Ciertamente esta gran nación es un pueblo sabio y entendido. Porque ¿qué nación hay tan grande, que tenga a Dios tan cerca de ella, como el Señor, nuestro Dios, en todo lo que le invocamos? ¿Y qué nación hay tan grande, que tenga estatutos y juicios tan justos como toda esta ley, que he puesto hoy delante de ti? Sólo cuídate, y guarda tu alma con diligencia, para que no olvides las cosas que tus ojos han visto, y para que no se aparten de tu corazón todos los días de tu vida; pero enséñalas a tus hijos y a los hijos de tus hijos".

Como pueblo debemos permanecer bajo el estandarte de Jesucristo. Hemos de consagrarnos a Dios como un pueblo distinto, separado y peculiar. Él nos habla diciendo: "Inclinad vuestro oído y venid a mí; oíd, y vivirá vuestra alma; y haré con vosotros un pacto eterno, las misericordias seguras de David". "En la justicia serás establecido; estarás lejos de la opresión, porque no temerás, y del terror, porque no se acercará a ti. He aquí que ciertamente se reunirán, pero no por mí; cualquiera que se reúna contra ti, caerá por tu causa. . . . Ningún arma que se forme contra ti prosperará; y toda lengua que se levante contra ti en juicio la condenarás. Esta es la herencia de los siervos del Señor, y su justicia proviene de mí, dice el Señor".

Hago un llamamiento a mis hermanos designados para educar, para que cambien su forma de actuar. Es un error que vinculen sus intereses con cualquier partido político, que emitan su voto con ellos o por ellos. Los que se mantienen como educadores, como ministros, como trabajadores junto a Dios en cualquier línea, no tienen batallas que librar en el mundo político. Su ciudadanía está en el cielo. El Señor les pide que se mantengan como un pueblo separado y peculiar. Él no quiere que haya cismas en el cuerpo de los creyentes. Su pueblo debe poseer los elementos de la reconciliación. ¿Es su trabajo hacer enemigos en el mundo político? -No, no. Deben permanecer como súbditos del reino de Cristo, llevando el estandarte en el que está inscrito: "Los mandamientos de Dios y la fe de Jesús". Deben llevar la carga de una obra especial, un mensaje especial. Tenemos una responsabilidad personal, y ésta ha de ser revelada ante el universo celestial, ante los ángeles y ante los hombres. Dios no nos llama a ampliar nuestra influencia mezclándonos con la sociedad, vinculándonos con los hombres en cuestiones políticas, sino manteniéndonos como partes individuales de su gran conjunto, con Cristo como nuestra cabeza. Cristo es nuestro Príncipe, y como sus súbditos debemos hacer la obra que Dios nos ha asignado.

Es de la mayor importancia que los jóvenes comprendan que el pueblo de Cristo debe estar unido en uno; porque esta unidad une a los hombres con Dios mediante los cordones de oro del amor, y pone a cada uno bajo la obligación de trabajar por sus semejantes. El Capitán de nuestra salvación murió por la raza humana para que los hombres fueran uno con Él y entre sí. Como miembros de la familia humana somos partes individuales de un todo poderoso. Ningún alma puede hacerse independiente del resto. En la familia de Dios no debe haber luchas partidistas, pues el bienestar de cada uno es la felicidad del conjunto. No deben levantarse muros de separación entre hombre y hombre. Cristo siendo el gran centro debe unir a todos en uno.

Cristo es nuestro maestro, nuestro gobernante, nuestra fuerza, nuestra justicia; y en Él estamos comprometidos a evitar cualquier curso de acción que cause cisma. Las cuestiones que se plantean en el mundo no deben ser el tema de nuestra conversación. Hemos de pedir al mundo que contemple a un Salvador elevado, a través del cual nos hacemos necesarios los unos a los otros y a Dios. Cristo entrena a sus súbditos para que imiten sus virtudes, su mansedumbre y humildad, su bondad, su paciencia y su amor. Así consagra el corazón y la mano a su servicio, haciendo del hombre un canal a través del cual el amor de Dios puede fluir en ricas corrientes para bendecir a los demás. Entonces, que no haya sombra de contienda entre los adventistas del séptimo día. El Salvador invita a cada alma: "Venid a mí todos los que estáis fatigados y cargados, y yo os haré descansar. Tomad mi yugo sobre vosotros y aprended de mí, que soy manso y humilde de corazón, y hallaréis descanso para vuestras almas. Porque Mi yugo es fácil, y Mi carga es ligera". Aquel que se acerca más a la perfección de la benevolencia divina de Cristo causa alegría entre los ángeles celestiales. El Padre se regocija por él con cantos; porque ¿no está trabajando en el espíritu del Maestro, uno con Cristo como Él es uno con el Padre?

En nuestras publicaciones periódicas no debemos exaltar el trabajo y los caracteres de los hombres en posiciones de influencia, manteniendo constantemente a los seres humanos ante la gente. Pero, en la medida de lo posible, podemos exaltar a Cristo, nuestro Salvador. "Todos nosotros, mirando a cara descubierta como en un espejo la gloria del Señor, somos transformados de gloria en gloria en la misma imagen [de carácter en carácter], como por el Espíritu del Señor". Los que aman y sirven a Dios han de ser la luz del mundo, brillando en medio de la oscuridad moral. Pero en los lugares donde se ha dado la mayor luz, donde más se ha predicado el evangelio, la gente, a saber, padres, madres e hijos, ha sido movida por un poder de abajo para unir sus intereses con proyectos y empresas mundanas.

Una gran ceguera se cierne sobre las iglesias, y el Señor dice a su pueblo: "¿Qué acuerdo tiene el templo de Dios con los ídolos? porque vosotros sois el templo del Dios vivo; como Dios ha dicho, habitaré en ellos, y andaré en ellos; y seré su Dios, y ellos serán mi pueblo. Por lo tanto, salid de entre ellos y apartaos, dice el Señor, y no toquéis lo inmundo; y yo os recibiré y seré un padre para vosotros, y seréis mis hijos e hijas, dice el Señor Todopoderoso".

La condición para ser recibido en la familia del Señor es salir del mundo y separarse de todas sus influencias contaminantes. El pueblo de Dios no debe tener ninguna conexión con la idolatría en ninguna de sus formas. Deben alcanzar un nivel superior. Hemos de distinguirnos del mundo, y entonces Dios dice: "Os volveré a recibir como miembros de mi familia real, hijos del Rey celestial". Como creyentes en la verdad debemos distinguirnos en la práctica del pecado y de los pecadores. Nuestra ciudadanía está en el cielo.

Debemos darnos cuenta más claramente del valor de las promesas que Dios nos ha hecho, y apreciar más profundamente el honor que nos ha concedido. Dios no puede conceder un honor más alto a los mortales que adoptarlos en su familia, dándoles el privilegio de llamarle Padre. No hay degradación en convertirse en hijos de Dios. "Mi pueblo conocerá mi nombre", declara el Señor; "por eso sabrán en aquel día que yo soy el que habla: he aquí que soy yo". El Señor Dios omnipotente reina. "¡Qué hermosos son sobre los montes los pies del que trae buenas noticias, del que publica la paz, del que trae buenas noticias del bien, del que publica la salvación, del que dice a Sión: Tu Dios reina! Tus centinelas alzarán la voz; con la voz unida cantarán; porque verán ojo a ojo, cuando el Señor haga volver a Sión".

¿Por qué se presta tanta atención a los organismos humanos, mientras que se eleva tan poco la mente hacia el Dios eterno? ¿Por qué los que dicen ser hijos del Rey celestial están tan absortos en las cosas de este mundo? Que el Señor sea exaltado. Que la palabra del Señor sea magnificada. Que los seres humanos sean rebajados, y que el Señor sea exaltado. Recordad que los reinos terrenales, las naciones, los monarcas, los estadistas, los consejeros, los grandes ejércitos y toda la magnificencia y gloria mundanas son como el polvo de la balanza. Dios tiene que hacer un ajuste de cuentas con todas las naciones. Todo reino ha de ser abatido. La autoridad humana ha de quedar reducida a la nada. Cristo es el Rey del mundo, y su Reino ha de ser exaltado.

El Señor desea que todos los que llevan el mensaje para estos últimos días comprendan que hay una gran diferencia entre los profesantes de la religión que no son hacedores de la palabra, y los hijos de Dios, que son santificados por medio de la verdad, que tienen esa fe que obra por amor y purifica el alma. El Señor habla de aquellos que afirman creer en la verdad para este tiempo, y sin embargo no ven nada inconsistente en que tomen parte en la política, mezclándose con los elementos contendientes de estos últimos días, como los circuncisos que se mezclan con los incircuncisos, y declara que destruirá a ambas clases juntas sin distinción. Están haciendo una obra que Dios no les ha encomendado. Deshonran a Dios por su espíritu de partido y contención, y Él condenará a ambos por igual.

Se puede preguntar: ¿No debemos tener ninguna unión con el mundo?

La palabra del Señor debe ser nuestra guía. Cualquier conexión con infieles e incrédulos que nos identifique con ellos está prohibida por la palabra. Debemos salir de ellos y estar separados. En ningún caso debemos vincularnos con ellos en sus planes o trabajos. Pero no debemos llevar una vida reclusa. Debemos hacer a los mundanos todo el bien que podamos. Cristo nos ha dado un ejemplo de esto. Cuando fue invitado a comer con publicanos y pecadores, no se negó; porque de ninguna otra manera que mezclándose con ellos podía llegar a esta clase. Pero en todas las ocasiones les dio talentos de palabras e influencia. Abrió temas de conversación que trajeron a sus mentes cosas de interés eterno. Y este Maestro nos ordena: "Brille así vuestra luz delante de los hombres, para que vean vuestras buenas obras y glorifiquen a vuestro Padre que está en los cielos". En la cuestión de la templanza adopte su posición sin vacilar. Sed firmes como una roca. No seas partícipe de los pecados de otros hombres. Los actos de deshonestidad en los negocios, con creyentes o no creyentes, deben ser reprobados; y si no dan evidencia de reformación, salgan de entre ellos y sepárense.

Hay una gran viña que debe ser cultivada; pero mientras los cristianos deben trabajar entre los incrédulos, no deben aparecer como mundanos. No deben pasar su tiempo hablando de política o actuando como políticos; porque al hacerlo, le dan al enemigo la oportunidad de entrar y causar desacuerdo y discordia. A los que en el ministerio desean actuar como políticos se les deben quitar sus credenciales; porque este trabajo Dios no lo ha dado ni a altos ni a bajos de su pueblo. Dios llama a todos los que ministran en la doctrina para que den el sonido de la trompeta. Todos los que han recibido a Cristo, ministros y miembros laicos, deben levantarse y brillar; porque un gran peligro está justo sobre nosotros. Satanás está agitando los poderes de la tierra. Todo en el mundo está en confusión. Dios llama a su pueblo a mantener en alto el estandarte que lleva el mensaje del tercer ángel. No hemos de ir a Cristo a través de ningún ser humano, sino que a través de Cristo hemos de entender la obra que Él nos ha dado para hacer por los demás.

Dios llama a su pueblo diciendo: "Salid de entre ellos y apartaos". Pide que el amor que Él ha mostrado por ellos sea recíproco y se revele mediante la obediencia voluntaria a sus mandamientos. Sus hijos deben separarse de la política, de cualquier alianza con los incrédulos. No deben vincular sus intereses con los intereses del mundo. "Den prueba de su lealtad a mí", dice Él, "manteniéndose como mi herencia elegida, como un pueblo celoso de las buenas obras". No tomen parte en las luchas políticas. Sepárense del mundo, y absténganse de traer a la iglesia o a la escuela ideas que lleven a la contención o al desorden. La disensión es el veneno moral introducido en el sistema por los seres humanos que son egoístas. Dios quiere que sus siervos tengan percepciones claras, dignidad verdadera y noble, para que su influencia demuestre el poder de la verdad. La vida cristiana no debe ser una vida emocional y desordenada. La verdadera influencia cristiana, ejercida para la realización de la obra que Dios ha designado, es una agencia preciosa, y no debe estar unida a la política, ni ligada a una confederación con los incrédulos. Dios debe ser el centro de atracción. Toda mente que sea trabajada por el Espíritu Santo estará satisfecha con Él.

Dios pide a los maestros de nuestras escuelas que no se interesen por el estudio de las cuestiones políticas. Lleven el conocimiento de Dios a nuestras escuelas. Puede que se les llame la atención sobre los sabios mundanos, que no son lo suficientemente sabios como para entender lo que dicen las Escrituras en relación con las leyes del reino de Dios; pero diríjanse de ellos a Aquel que es la fuente de toda sabiduría. Busquen primero el reino de Dios y su justicia. Haced que esto sea lo primero y lo último. Buscad con empeño conocer a Aquel a quien conocer correctamente es la vida eterna. Cristo y su justicia es la salvación del alma. Enseña a los niños pequeños lo que significa la obediencia y la sumisión. En nuestras escuelas, la ciencia, la literatura, la pintura y la música, y todo lo que el aprendizaje del mundo puede enseñar, no deben ser lo primero. Que el conocimiento de Aquel en quien se centra nuestra vida eterna sea lo primero. Plantee en los corazones de los estudiantes lo que adornará el carácter y capacitará el alma, mediante la santificación del Espíritu, para aprender lecciones del mayor Maestro que el mundo ha conocido. Así, los alumnos estarán capacitados para ser herederos del reino de Dios. - 16 de junio de 1899.

Sembrando junto a todas las aguas

Por invitación, asistí a la reunión celebrada en Healdsburg con motivo de la clausura del año escolar, el 29 de mayo de 1903. Me alegró saber que los profesores y los alumnos se habían unido para prescindir de los ejercicios fastidiosos y sin provecho que suelen acompañar a la clausura de una escuela, y que las energías de todos, hasta el último momento, se dedicaron al estudio provechoso.

El viernes por la mañana se entregaron tranquilamente los certificados a quienes tenían derecho a ellos, y luego alumnos y profesores se unieron en una reunión de experiencias, en la que muchos contaron las bendiciones que habían recibido gratuitamente de Dios durante el año.

El sábado por la mañana hablé ante una gran audiencia en la cómoda casa de reuniones de la iglesia de Healdsburg. Los estudiantes y los profesores estaban sentados al frente, y tuve la bendición de presentarles su responsabilidad como obreros junto a Dios. El Salvador llama a nuestros maestros y estudiantes a prestar un servicio eficiente como pescadores de hombres.

Por la noche, un gran público se reunió en la iglesia para escuchar un programa musical interpretado por el hermano Beardslee y sus alumnos. El buen canto es una parte importante de la adoración a Dios. Me alegro de que el hermano Beardslee esté formando a los alumnos para que puedan ser evangelistas cantantes.

Me ha gustado mucho lo que he visto de la escuela. Durante el año pasado ha hecho un marcado progreso. Tanto los profesores como los alumnos están llegando más y más alto en la vida espiritual. Durante el año ha habido conversiones notables. Se han encontrado ovejas perdidas y se han devuelto al redil. –*Review and Herald*, 14 de julio de 1903.

El trabajo de nuestras escuelas de formación

El trabajo de nuestros colegios y escuelas de formación debe reforzarse año tras año.

No hay tiempo para retrasos

El tiempo es corto. Se necesitan obreros para Cristo en todas partes. Debería haber cien obreros sinceros y fieles en los campos misioneros nacionales y extranjeros donde ahora hay uno. Las carreteras y los caminos están todavía sin trabajar. Deberían ofrecerse urgentes incentivos a quienes deberían estar ahora comprometidos en la obra misionera para el Maestro.

Las señales que muestran que la venida de Cristo está cerca se están cumpliendo rápidamente. El Señor llama a nuestros jóvenes para que trabajen como encuestadores y evangelistas, para que trabajen casa por casa en lugares que aún no han escuchado la verdad. Se dirige a nuestros jóvenes diciendo: "No sois vuestros, porque habéis sido comprados por un precio; glorificad, pues, a Dios en vuestro cuerpo y en vuestro espíritu, que son de Dios". Aquellos que salgan a la obra bajo la dirección de Dios serán maravillosamente bendecidos. Los que en esta vida den lo mejor de sí mismos obtendrán una aptitud para la vida futura e inmortal.

El Señor pide voluntarios que tomen su posición firmemente de su lado, y se comprometan a unirse a Jesús de Nazaret para hacer el trabajo que debe hacerse ahora, justo ahora.

Hay entre nosotros muchos hombres y mujeres jóvenes que, si se les ofrecen incentivos, se inclinarían naturalmente a tomar un curso de varios años de estudio en Battle Creek. Pero ¿será rentable? Los talentos del pueblo de Dios deben ser empleados en dar el último mensaje de misericordia al mundo. El Señor llama a los que están relacionados con nuestros sanatorios, editoriales y otras instituciones para que enseñen a los jóvenes a hacer el trabajo evangelístico. Nuestro tiempo y dinero no deben emplearse tanto en establecer sanatorios, fábricas de alimentos, tiendas de alimentos y restaurantes, que se descuiden otras líneas de trabajo. Los jóvenes, hombres y mujeres, que deberían dedicarse al ministerio, a la obra bíblica y al trabajo de colportaje, no deben estar atados a un empleo mecánico.

Hay que animar a los jóvenes a asistir a nuestras escuelas, que deberían parecerse cada vez más a las escuelas de los profetas. Nuestras escuelas han sido establecidas por el Señor; y si se dirigen en armonía con su propósito, los jóvenes enviados a ellas estarán rápidamente preparados para dedicarse a diversas ramas de la labor misionera. Algunos serán entrenados para entrar en el campo como enfermeros misioneros, otros como promotores, otros como evangelistas, otros como maestros y otros como ministros del evangelio.

El Señor me ha instruido claramente para que no se anime a nuestros jóvenes a dedicar tanto tiempo y fuerzas a la obra médica misionera como se ha llevado a cabo últimamente. La instrucción que reciben con respecto a las doctrinas bíblicas no es tal que los capacite para realizar adecuadamente la obra que Dios ha confiado a su pueblo.

Satanás se esfuerza fervientemente por alejar a las almas de los principios correctos. Multitudes que profesan pertenecer a la verdadera iglesia de Dios están cayendo bajo los engaños del enemigo. Están siendo llevados a desviarse de su lealtad al bendito y único Potentado.

Un deber actual

Todos nuestros colegios y escuelas de formación denominacional deberían tomar medidas para dar a sus estudiantes la educación esencial para los evangelistas y para los hombres de negocios cristianos. Los jóvenes y los más avanzados en edad que sientan el deber de capacitarse para el trabajo que requiere la superación de ciertas pruebas legales deberían poder obtener todo lo esencial en nuestras escuelas de capacitación de la Conferencia de la Unión, sin tener que ir a Battle Creek para su educación preparatoria.

La oración logrará maravillas para aquellos que se entregan a la oración, velando por ella. Dios desea que todos estemos en una posición de espera, de esperanza. Lo que Él ha prometido lo hará, y si hay requisitos legales que hacen necesario que los estudiantes de medicina tomen un determinado curso preparatorio de estudio, dejemos que nuestras universidades enseñen los estudios adicionales requeridos de una manera consistente con la educación cristiana. El Señor ha manifestado su disgusto por el hecho de que tanta de nuestra gente se esté desviando hacia Battle Creek; y puesto que Él no quiere que tantos vayan allí, deberíamos entender que quiere que nuestras escuelas en otros lugares tengan profesores eficientes y que hagan bien el trabajo que debe hacerse. Deben hacer arreglos para llevar a sus alumnos al punto de formación literaria y científica necesario. Muchos de estos requisitos se han hecho porque gran parte del trabajo preparatorio realizado en las escuelas ordinarias es superficial. Que todo nuestro trabajo sea minucioso, fiel y verdadero.

En nuestras escuelas de formación, la Biblia debe ser la base de toda la educación. Y en los estudios requeridos, no es necesario que nuestros maestros traigan los libros objetables que el Señor nos ha instruido a no usar en nuestras escuelas. Por la luz que el Señor me ha dado, sé que nuestras escuelas de formación en varias partes del campo deben colocarse en la posición más favorable posible para calificar a nuestros jóvenes para cumplir con las pruebas especificadas por las leyes estatales en relación con los estudiantes de medicina. Con este fin, debe asegurarse el mejor talento docente, para que nuestras escuelas alcancen el nivel requerido.

Pero que no se aconseje a los jóvenes de nuestras iglesias que vayan a Battle Creek para obtener una educación preparatoria. Hay un estado de cosas congestionado en Battle Creek que lo convierte en un lugar desfavorable para la educación adecuada de los trabajadores cristianos. Debido a que las advertencias con respecto al trabajo en ese centro congestionado no han sido escuchadas, el Señor permitió que dos de nuestras instituciones fueran consumidas por el fuego. Incluso después de esta revelación de su disgusto, sus advertencias no fueron atendidas. El Sanatorio sigue allí. Si se hubiera dividido en varias plantas, y su trabajo e influencia se hubiera repartido en varios lugares diferentes, ¡cuánto más se habría glorificado a Dios! Pero ahora que el Sanatorio ha sido reconstruido, debemos hacer todo lo posible para ayudar a los que están allí luchando con muchas dificultades.

Permítanme repetirlo: no es necesario que tantos de nuestros jóvenes estudien medicina. Pero para aquellos que deban cursar estudios de medicina, nuestras escuelas de formación de la Conferencia de la Unión deben hacer una amplia provisión en instalaciones para la educación preparatoria. Así la juventud de cada Conferencia de la Unión puede ser entrenada más cerca de casa, y se le ahorrarán las tentaciones especiales que acompañan al trabajo en Battle Creek. –*Review and Herald*, 15 de octubre de 1903.

Debemos colonizar alrededor de nuestras instituciones

Se me ha dado una luz especial con respecto a trasladar nuestras editoriales, sanatorios y escuelas fuera de las ciudades a lugares más favorables para su trabajo, donde los relacionados con ellos no estén expuestos a todas las tentaciones de la vida de la ciudad. Especialmente, nuestras escuelas deberían estar lejos de las ciudades. No es para el bien espiritual de los trabajadores de nuestras instituciones que estén ubicados en las ciudades, donde las tentaciones del enemigo abundan por todas partes.

La instrucción dada con respecto al traslado de la obra editorial de Battle Creek a algún lugar rural cerca de Washington, D.C., ha sido clara y nítida, y espero sinceramente que esta obra se acelere.

También se han dado instrucciones para que la Pacific Press se traslade de Oakland. Con el paso de los años, la ciudad ha crecido y ahora es necesario establecer la imprenta en algún lugar más rural, donde se puedan conseguir terrenos para las viviendas de los empleados. Las personas relacionadas con nuestras oficinas de publicación no deberían verse obligadas a vivir en las ciudades abarrotadas. Deberían tener la oportunidad de obtener casas donde puedan vivir sin exigir salarios elevados.

Los aprendices de nuestras editoriales deben recibir más cuidados paternales de los que han tenido. Se les debe dar una formación completa en las diferentes líneas del negocio de la imprenta; y también se les debe dar todas las oportunidades para que adquieran un conocimiento de la Biblia; porque se acerca el momento en que los creyentes se dispersarán por muchas tierras. Hay que enseñar a los trabajadores de nuestras editoriales lo que significa ser seguidores sinceros de nuestro Señor y Salvador Jesucristo. En el pasado, muchas almas se han quedado sin vigilancia. No se les ha enseñado lo que comprende la ciencia de la divinidad. No todos los que han asumido responsabilidades han vivido la vida cristiana.

Se necesitan trabajadores consagrados

Escuché las palabras pronunciadas por Alguien que comprende el pasado, el presente y el futuro. Se dio una representación de lo más solemne, delineando los caracteres que deben poseer aquellos que son aceptados como compañeros de yugo en nuestras instituciones. Estas instituciones necesitan hombres que sean templados en la plena aceptación del término. Dios no permita que los hombres que no han aprendido a controlarse a sí mismos, y que descuidan la formación de su propio carácter para hacer planes para otra persona, sean traídos a nuestras instituciones en Washington, D.C., y Mountain View, California.

Los trabajadores de nuestras instituciones deben prestar atención a la instrucción dada por Cristo. Cuando la verdad permanece en los corazones de los responsables, cuando caminan en la luz que brilla de la palabra de Dios, los obreros más jóvenes desearán comprender mejor las palabras que escuchan en la asamblea del pueblo de Dios. Pedirán explicaciones más completas, y habrá temporadas especiales de búsqueda del Señor y de estudio de su palabra. Fue en alguna habitación tranquila o en algún lugar retirado del campo donde Cristo explicó a los discípulos las parábolas que había dicho ante la multitud. Este es el trabajo que habrá que hacer para los jóvenes en nuestras editoriales.

La tendencia a la colonización

Aquellos que se encuentran necesariamente cerca de nuestras instituciones deben tener cuidado con la forma en que envían informes elogiosos sobre el lugar. En todas partes hay personas inquietas e insatisfechas que anhelan ir a algún lugar donde creen que les irá mejor que en su entorno actual. Piensan que, si se les diera trabajo en relación con alguna de nuestras instituciones, tendrían una mejor oportunidad de ganarse la vida.

Los que tienen la tentación de reunirse en torno a nuestras instituciones deben comprender que lo que se necesita son trabajadores cualificados y que las pesadas cargas recaen sobre todos los que están debidamente relacionados con el trabajo. Los que están relacionados con nuestras instituciones deben ser productores y también consumidores. A los que desean cambiar de ubicación y establecerse cerca de una de nuestras instituciones, les diría: ¿Creen que al establecerse cerca de una institución podrán ganarse la vida sin perplejidad ni trabajo duro? ¿Ha consultado con el Señor respecto a este asunto? ¿Tiene pruebas de que su deseo de un cambio de ubicación está libre de motivos egoístas, y que sería para el honor de Dios?

Por las cartas recibidas por quienes están relacionados con nuestras instituciones, y por los movimientos ya realizados, vemos que muchos desean obtener hogares cerca de estas instituciones. Mi mente está agobiada por la perplejidad con respecto a esto, porque he recibido instrucciones del Señor con respecto a la influencia que se ejercería sobre los individuos y sobre nuestra obra si nuestra gente se reuniera egoístamente alrededor de nuestras instituciones.

Durante años, en advertencias repetidas a menudo, he testificado a nuestro pueblo que a Dios no le agradaba ver a las familias abandonar las iglesias más pequeñas y reunirse en los lugares donde se establecen nuestras casas editoriales, sanatorios y escuelas, para su propia conveniencia, facilidad o beneficio mundano.

En Australia, nos adentramos en el bosque y conseguimos una gran extensión de terreno para nuestra escuela. Se hicieron planes para vender a nuestros hermanos lotes de construcción cerca de las casas de la escuela y cerca de la casa de reuniones. Pero se me instruyó para que protestara en contra de permitir que las familias se establecieran cerca de las casas de nuestra escuela. El consejo que se dio fue que sería mucho mejor que las familias no vivieran cerca de la escuela, y que no vivieran demasiado cerca unas de otras.

Aquellos que tengan ganas de establecerse cerca de nuestra editorial o de nuestro sanatorio y escuela en Takoma Park, deberían asesorarse antes de mudarse.

A los que miran hacia Mountain View como un lugar favorable para vivir, porque la Pacific Press va a establecerse allí, les diría: Miren a otras partes del mundo, que necesitan la luz que ustedes han recibido en confianza. Recuerde que Dios ha dado a cada hombre su trabajo. Elija alguna localidad en la que tenga la oportunidad de hacer brillar su luz en medio de la oscuridad moral.

Siempre ocurre que cuando se establece una institución en un lugar, hay muchas familias que desean establecerse cerca de ella. Así ha sucedido en Battle Creek y en Oakland, y, hasta cierto punto, en casi todos los lugares donde tenemos una escuela o un sanatorio.

Hay personas inquietas que, si fueran a un nuevo lugar a vivir, seguirían estando insatisfechas, porque el espíritu de desamor está en sus corazones, y un cambio de lugar no trae un cambio de corazón. Sus caracteres no han sido refinados y ennoblecidos por el Espíritu de Cristo. Necesitan aprender la lección del contentamiento. No estudian de la causa al efecto. No buscan desentrañar las pruebas bíblicas del carácter, que son esenciales para el verdadero éxito.

Hay muchos que están deseando cambiar de empleo. Desean obtener ventajas que suponen que existen en algún otro lugar. Que se pregunten en qué les beneficiaría mudarse si no han aprendido a ser amables, pacientes y serviciales donde están. Que se miren a sí mismos a la luz de la palabra de Dios, y entonces trabajen hasta el punto en el que es necesario mejorar.

Que aquellos que están pensando en establecerse en Mountain View recuerden que esto no es sabiduría a menos que sean llamados allí para conectarse con el trabajo de publicación. El mundo es grande; sus necesidades son grandes. Vayan, hagan nuevos centros en lugares donde haya necesidad de luz. No se amontonen en un solo lugar, cometiendo el mismo error que se ha cometido en Battle Creek. Hay cientos de lugares que necesitan la luz que Dios les ha dado.

Y dondequiera que vivan, sean cuales sean sus circunstancias, asegúrense de llevar las enseñanzas de la Palabra de Dios a sus hogares, a su vida diaria. Busca a Dios como tu luz, tu fuerza, tu camino al cielo. Recuerden que a cada hombre Dios le ha confiado talentos, para que los utilice para Él. Aprendan a los pies de Jesús las lecciones de mansedumbre y humildad, y luego trabajen con el espíritu del Salvador por los que le rodean. Por medio de la obediencia voluntaria a los mandamientos, hagan de su hogar un lugar donde el honor de Dios amará morar. "Así dice el alto y excelso que habita en la eternidad, cuyo nombre es Santo: Yo habito en el lugar alto y santo, también con el que tiene un espíritu contrito y humilde, para reanimar el espíritu de los humildes y reanimar el corazón de los contritos".

Cada uno de nosotros tiene un trabajo individual que hacer. Debemos consagrarnos a Dios en cuerpo, alma y espíritu. Cada hijo suyo tiene algo que hacer para el honor y la gloria de su nombre. Dondequiera que estén, pueden ser una bendición.

Si parece que no hay más que una escasa posibilidad de obtener un sustento en el lugar donde se encuentra, aproveche al máximo cada oportunidad. Diseñe planes sabios. Ponga en práctica cada pizca de habilidad que Dios le ha dado. Cumpla con su deber para con usted mismo, mejorando en comprensión y adaptabilidad, volviéndose cada día más capaz de aprovechar al máximo los poderes mentales y físicos que Dios le ha dado. Él quiere que tenga éxito. Quiere que sea una bendición en su hogar y en el vecindario en el que vive.

Padres, ayuden a sus hijos a ayudarles y a ayudarse mutuamente. Sean amables y corteses con sus vecinos. Con las buenas obras dejad que vuestra luz brille en medio de la oscuridad moral. Si sois verdaderos cristianos, seréis cada vez más capaces de comprender cuál es la voluntad del Señor, y avanzaréis paso a paso a la luz de su palabra.

Estudiad la vida de Cristo y esforzaos por seguir el modelo que Él os ha dado. Pregúntense si han cumplido con su deber para con la iglesia en su propia casa, y con su deber para con sus vecinos. ¿Habéis sido fieles a la hora de enseñar a vuestros hijos lecciones de cortesía cristiana? ¿No hay muchas oportunidades de mejora en el gobierno de su hogar? No descuiden a sus hijos. Aprended a disciplinaros a vosotros mismos, para que seáis dignos del respeto de vuestros hijos y de vuestros vecinos. Si Cristo no mora en vuestros corazones, ¿cómo podéis enseñar a los demás las lecciones de paciencia y bondad que deben manifestarse en la vida de todo cristiano? Asegúrense de que están guardando el camino del Señor, y luego enseñen la verdad a los que les rodean. –*Review and Herald*, 2 de junio de 1904.

Lecciones de la vida de Salomón

"Ser Singulares"

Colocado a la cabeza de una nación que había sido puesta como luz para las naciones circundantes, Salomón podría haber traído gran gloria al Señor del universo mediante una vida de obediencia. Podría haber animado al pueblo de Dios a evitar los males que se practicaban en las naciones circundantes. Podría haber utilizado la sabiduría y el poder de influencia que Dios le había dado para organizar y dirigir un gran movimiento misionero para la iluminación de aquellos que eran ignorantes de Dios y de su verdad. Así, multitudes podrían haber sido ganadas a una lealtad al Rey de reyes.

Satanás conocía bien los resultados que acompañarían a la obediencia, y durante los primeros años del reinado de Salomón, años gloriosos por la sabiduría, la beneficencia y la rectitud del rey, trató de introducir influencias que socavaran insidiosamente la lealtad de Salomón a los principios y le hicieran separarse de Dios. Y que el enemigo tuvo éxito en este esfuerzo, lo sabemos por el registro: "Salomón hizo afinidad con el faraón, rey de Egipto, y tomó a la hija del faraón y la llevó a la ciudad de David".

Al formar una alianza con una nación pagana, y sellar el pacto por medio de un matrimonio con una princesa idólatra, Salomón ignoró precipitadamente las sabias disposiciones que Dios había hecho para mantener la pureza de su pueblo. La esperanza de que esta esposa egipcia pudiera convertirse no era más que una débil excusa para el pecado. En violación de un mandato directo de permanecer separado de otras naciones, el rey unió su fuerza con el brazo de la carne.

Por un tiempo, Dios en su compasiva misericordia anuló este terrible error. La esposa de Salomón se convirtió; y el rey, con un proceder sabio, podría haber hecho mucho para frenar las fuerzas malignas que su imprudencia había puesto en marcha. Pero Salomón comenzó a perder de vista la Fuente de su poder y gloria. La inclinación ganó la ascendencia sobre la razón. A medida que aumentaba su confianza en sí mismo, trató de llevar a cabo el propósito del Señor a su manera. Razonó que las alianzas políticas y comerciales con las naciones circundantes las llevarían al conocimiento del verdadero Dios; y así entró en una alianza impía con una nación tras otra. A menudo estas alianzas se sellaban mediante el matrimonio con princesas paganas. Los mandatos de Jehová fueron dejados de lado por las costumbres de las naciones cercanas.

Durante los años de la apostasía de Salomón, la decadencia espiritual de Israel fue rápida. ¿Cómo podría haber sido de otra manera, cuando su rey se unió a las agencias satánicas? A través de estas agencias, el enemigo trabajó para confundir las mentes del pueblo con respecto a la adoración verdadera y la falsa. Se convirtieron en una presa fácil. Llegó a ser una práctica común casarse con los paganos. Los israelitas perdieron rápidamente su aborrecimiento de la idolatría. Se introdujeron costumbres paganas. Las madres idólatras educaron a sus hijos para que observaran los ritos paganos. La fe hebrea se convirtió rápidamente en una mezcla de ideas confusas. El comercio con otras naciones puso a los israelitas en íntimo contacto con los que no tenían amor a Dios, y su propio amor a Él disminuyó considerablemente. Su agudo sentido del elevado y santo carácter de Dios se vio amortiguado. Negándose a seguir el camino de la obediencia, transfirieron su lealtad a Satanás. El enemigo se regocijó de su éxito en borrar la imagen divina de las mentes del pueblo que Dios había elegido como sus representantes. A través de los matrimonios con idólatras y la asociación constante con ellos, Satanás llevó a cabo aquello para lo que había estado trabajando durante mucho tiempo: una apostasía nacional.

Alianzas no bíblicas

El Señor desea que sus siervos conserven su carácter santo y peculiar. "No os unáis en yugo desigual con los incrédulos", es Su mandato; "porque ¿qué compañerismo tiene la justicia con la injusticia? y ¿qué comunión tiene la luz con las tinieblas? y ¿qué concordancia tiene Cristo con Belial? o ¿qué parte tiene el que cree con un infiel? y ¿qué acuerdo tiene el templo de Dios con los ídolos? porque vosotros sois el templo del Dios vivo; como Dios ha dicho: Habitaré en ellos y andaré en ellos; y seré su Dios, y ellos serán mi pueblo. Por tanto, salid de en medio de ellos y apartaos, dice el Señor, y no toquéis lo inmundo; y yo os recibiré y seré un Padre para vosotros, y seréis mis hijos e hijas, dice el Señor Todopoderoso".

Nunca hubo una época en la historia de la tierra en la que esta advertencia fuera más apropiada que en el momento actual. Muchos profesos cristianos piensan, como Salomón, que pueden unirse a los impíos, porque su influencia sobre los que están en el mal será beneficiosa; pero con demasiada frecuencia ellos mismos, atrapados y vencidos, ceden su fe sagrada, sacrifican los principios y se separan de Dios. Un paso en falso lleva a otro, hasta que al final se colocan donde no pueden esperar romper las cadenas que los atan.

La juventud cristiana debe tener mucho cuidado en la formación de amistades y en la elección de compañeros. Tengan cuidado, no sea que lo que ahora piensan que es oro puro se convierta en metal vil. Las asociaciones mundanas tienden a poner obstáculos en el camino de su servicio a Dios, y muchas almas se arruinan por uniones infelices, ya sea de negocios o matrimoniales, con aquellos que nunca pueden elevar o ennoblecer. El pueblo de Dios nunca debe aventurarse en terreno prohibido. El matrimonio entre creyentes e incrédulos está prohibido por Dios. Pero con demasiada frecuencia el corazón inconverso sigue sus propios deseos, y se forman matrimonios no sancionados por Dios. Debido a esto, muchos hombres y mujeres están sin esperanza y sin Dios en el mundo. Sus nobles aspiraciones están muertas; están sujetos en la red de Satanás por una cadena de circunstancias. Los que se rigen por la pasión y el impulso tendrán una amarga cosecha que recoger en esta vida, y su curso puede resultar en la pérdida de sus almas.

El trabajo institucional

Aquellos que son puestos a cargo de las instituciones del Señor tienen mucha necesidad de la fuerza, la gracia y la protección de Dios, para que no caminen en contra de los principios sagrados de la verdad. Muchos, muchos están muy embotados de comprensión en lo que respecta a su obligación de preservar la verdad en su pureza y no contaminada por un vestigio de error. Su peligro está en tener la verdad en poca estima, dejando así en las mentes la impresión de que es de poca importancia lo que creamos, si, llevando a cabo planes de invención humana, podemos exaltarnos ante el mundo como si tuviéramos una posición superior, como si ocupáramos el asiento más alto.

Dios pide hombres cuyos corazones sean tan verdaderos como el acero, y que se mantengan firmes en la integridad e inmunes a las circunstancias. Pide hombres que se mantengan separados de los enemigos de la verdad. Pide hombres que no se atrevan a recurrir al brazo de la carne entrando en sociedad con mundanos a fin de asegurar los medios para el avance de Su obra, incluso para la construcción de instituciones. Salomón, por sus alianzas con incrédulos, se aseguró una abundancia de oro y plata, pero su prosperidad resultó su ruina. Los hombres de hoy no son más sabios que él, y son igualmente propensos a ceder a las influencias que causaron su caída. Durante miles de años Satanás ha ido adquiriendo experiencia en aprender a engañar; y a los que viven en esta época llega con un poder casi abrumador. Nuestra única seguridad se encuentra en la obediencia a la palabra de Dios, que nos ha sido dada como guía y consejero seguro. El pueblo de Dios hoy debe ser distinto y mantenerse separado del mundo, su espíritu y sus influencias.

"Salid de entre ellos y apartaos". ¿Escucharemos la voz de Dios y obedeceremos, o haremos un trabajo a medias del asunto, y trataremos de servir a Dios y a Mamón?

Hay un trabajo serio ante cada uno de nosotros. Los pensamientos correctos y los propósitos puros y santos, no nos vienen naturalmente. Tendremos que esforzarnos por conseguirlos. En todas nuestras instituciones, nuestras editoriales y colegios y sanatorios deben arraigar principios puros y santos. Si nuestras instituciones son lo que Dios diseña que sean, los que están relacionados con ellas no seguirán el modelo de las instituciones mundanas. Se mantendrán como peculiares, gobernadas y controladas por la norma bíblica. No entrarán en armonía con los principios del mundo para ganar patrocinio. Ningún motivo tendrá la fuerza suficiente para apartarlos de la línea recta del deber. Los que están bajo el control del Espíritu de Dios no buscarán su propio placer o diversión. Si Cristo preside en los corazones de los miembros de su iglesia, responderán a la llamada: "Salid de en medio de ellos y apartaos". "No seáis partícipes de sus pecados".

Dios quiere que aprendamos la solemne lección de que estamos labrando nuestro propio destino. El carácter que formamos en esta vida decide si somos aptos o no para vivir en las edades eternas. Ningún hombre puede intentar con seguridad servir a la vez a Dios y a Mamón. Dios es plenamente capaz de mantenernos en el mundo, pero no del mundo. Su amor no es incierto ni fluctuante. Siempre vela por sus hijos con un cuidado que no tiene medida y es eterno. Pero Él requiere que le demos nuestra lealtad indivisa. "Ningún hombre puede servir a dos amos: porque o bien odiará a uno y amará al otro, o bien se aferrará a uno y despreciará al otro. No podéis servir a Dios y a Mamón".

Salomón estaba dotado de una maravillosa sabiduría; pero el mundo lo alejó de Dios. Necesitamos guardar nuestras almas con toda diligencia, no sea que los cuidados y las atracciones del mundo absorban el tiempo que debería dedicarse a las cosas eternas. Dios advirtió a Salomón de su peligro, y hoy nos advierte que no pongamos en peligro nuestras almas por la afinidad con el mundo. "Salid de en medio de ellos", nos suplica, "y apartaos... y no toquéis lo inmundo; y yo os recibiré, y seré un Padre para vosotros, y seréis mis hijos e hijas, dice el Señor Dios Todopoderoso" –*Review and Herald*, 1 de febrero de 1906.

Los maestros como ejemplos de integridad cristiana

Tengo un mensaje para aquellos que están a la cabeza de nuestras instituciones educativas. Tengo instrucciones de llamar la atención de todos los que ocupan un puesto de responsabilidad sobre la ley divina como base de toda conducta correcta. Debo comenzar llamando la atención sobre la ley dada en el Edén, y sobre la recompensa de la obediencia y el castigo de la desobediencia.

Como consecuencia de la transgresión de Adán, el pecado se introdujo en el bello mundo que Dios había creado, y los hombres y las mujeres se volvieron más y más audaces en desobedecer su ley. El Señor miró al mundo impenitente y decidió que debía dar a los transgresores una muestra de su poder. Hizo que Noé conociera su propósito, y le instruyó para que advirtiera a la gente mientras construía un arca en la que los obedientes pudieran encontrar refugio hasta que la indignación de Dios fuera superada. Durante ciento veinte años Noé proclamó el mensaje de advertencia al mundo antediluviano; pero sólo unos pocos se arrepintieron. Algunos de los carpinteros que empleó en la construcción del arca, creyeron el mensaje, pero murieron antes del diluvio; otros de los conversos de Noé se arrepintieron. Los justos en la tierra eran pocos, y sólo ocho vivieron para entrar en el arca. Estos fueron Noé y su familia.

La raza rebelde fue barrida por el diluvio. La muerte fue su porción. Con el cumplimiento de la advertencia profética de que todos los que no guardaran los mandamientos del cielo beberían las aguas del diluvio, se ejemplificó la verdad de la palabra de Dios.

Después del diluvio, el pueblo volvió a aumentar en la tierra, y también aumentó la maldad. La idolatría se hizo casi universal, y el Señor finalmente dejó que los transgresores empedernidos siguieran sus malos caminos, mientras que eligió a Abraham, del linaje de Sem, y lo hizo el guardián de su ley para las generaciones futuras. A él le llegó el mensaje: "Sal de tu país, de tu parentela y de la casa de tu padre a una tierra que te mostraré". Y por fe Abraham obedeció. "Salió sin saber a dónde iba".

La descendencia de Abraham se multiplicó, y al final Jacob y sus hijos y sus familias bajaron a Egipto. Aquí permanecieron ellos y sus descendientes durante muchos años, hasta que por fin el Señor los llamó para conducirlos a la tierra de Canaán. Era su propósito hacer de esta nación de esclavos un pueblo que revelara su carácter a las naciones idólatras del mundo. Si hubieran sido obedientes a Su palabra, pronto habrían entrado en la tierra prometida. Pero fueron desobedientes y rebeldes, y durante cuarenta años viajaron por el desierto. Sólo dos de los adultos que salieron de Egipto entraron en Canaán.

Fue durante el peregrinaje de los israelitas por el desierto cuando Dios les dio su ley. Los condujo al Sinaí, y allí, en medio de escenas de espantosa grandeza, proclamó los diez mandamientos.

Podemos estudiar con provecho el registro de la preparación hecha por la congregación de Israel para escuchar la ley. "En el tercer mes, cuando los hijos de Israel salieron de la tierra de Egipto, el mismo día llegaron al desierto del Sinaí. Pues partiendo de Refidim, llegaron al desierto del Sinaí, y acamparon en el desierto; y allí acampó Israel ante el monte. Y Moisés subió a Dios, y el Señor le llamó desde el monte, diciendo: "Así dirás a la casa de Jacob, y a los hijos de Israel: Habéis visto lo que hice a los egipcios, y cómo os llevé sobre las alas de las águilas y os traje a mí. Ahora, pues, si en verdad obedecéis mi voz y guardáis mi pacto, seréis para mí un tesoro especial sobre todos los pueblos, porque toda la tierra es mía".

¿Quién, entonces, debe ser considerado como el Gobernante de las naciones? - El Señor Dios Omnipotente. Todos los reyes, todos los gobernantes y todas las naciones son Suyas bajo Su dominio y gobierno.

"Y Moisés vino y llamó a los ancianos del pueblo, y expuso ante ellos todas estas palabras que el Señor le había ordenado".

¿Cuál fue la respuesta de la congregación, que contaba con más de un millón de personas?

"Y todo el pueblo respondió junto, y dijo: Todo lo que el Señor ha dicho lo haremos. Y Moisés devolvió al Señor las palabras del pueblo".

Así los hijos de Israel fueron denominados un pueblo especial. Mediante un pacto muy solemne se comprometieron a ser fieles a Dios.

Luego se pidió al pueblo que se preparara para escuchar la ley. En la mañana del tercer día se oyó la voz de Dios. Hablando desde la espesa oscuridad que lo envolvía, mientras estaba en el monte, rodeado de un séquito de ángeles, el Señor dio a conocer su ley.

Dios acompañó la proclamación de su ley con manifestaciones de su poder y gloria, para que su pueblo quedara impresionado con una profunda veneración por el Autor de la ley, el Creador del cielo y de la tierra. También quería mostrar a todos los hombres el carácter sagrado, la importancia y la permanencia de su ley.

El pueblo de Israel estaba sobrecogido de terror. Se alejaron de la montaña con miedo y temor. La multitud gritó a Moisés: "Habla tú con nosotros, pero que no hable Dios con nosotros, no sea que muramos".

Las mentes del pueblo, cegadas y degradadas por la esclavitud, no estaban preparadas para apreciar plenamente los principios de gran alcance de los diez preceptos de Dios. Para que las obligaciones del decálogo pudieran ser comprendidas y aplicadas más plenamente, se dieron preceptos adicionales que ilustraban y aplicaban los preceptos de los diez mandamientos. A diferencia del decálogo, éstos fueron entregados en privado a Moisés, quien debía comunicarlos al pueblo.

Al descender del monte, Moisés "se acercó y contó al pueblo todas las palabras del Señor y todos los juicios; y todo el pueblo respondió a una voz, diciendo: Haremos todas las palabras que el Señor ha dicho. Y Moisés escribió todas las palabras del Señor, y se levantó de madrugada, y construyó un altar bajo el monte, y doce columnas, según las doce tribus de Israel. Y envió a jóvenes de los hijos de Israel, que ofrecieron holocaustos y sacrificaron ofrendas de paz de bueyes al Señor. Y Moisés tomó la mitad de la sangre, y la puso en cuencos; y la mitad de la sangre la roció sobre el altar. Y tomó el libro de la alianza, y leyó en la audiencia del pueblo; y ellos dijeron: Haremos todo lo que el Señor ha dicho, y seremos obedientes. Y Moisés tomó la sangre y la roció sobre el pueblo, y dijo: He aquí la sangre de la alianza que el Señor ha hecho con vosotros sobre todas estas palabras".

Así, por medio de un servicio sumamente solemne, los hijos de Israel fueron apartados una vez más como un pueblo peculiar. La aspersión de la sangre representaba el derramamiento de la sangre de Jesús, por la que los seres humanos son limpiados del pecado.

Una vez más el Señor tiene palabras especiales para hablar a su pueblo. En el capítulo treinta y uno del Éxodo leemos:

"El Señor habló a Moisés, diciendo: Habla tú también a los hijos de Israel, diciendo: Ciertamente mis sábados guardaréis, porque es una señal entre mí y vosotros por vuestras generaciones, para que sepáis que yo soy el Señor que os santifica. . . . De modo que los hijos de Israel guardarán el sábado, para observar el sábado a través de sus generaciones, como un pacto perpetuo. Es una señal entre Yo y los hijos de Israel para siempre, porque en seis días el Señor hizo el cielo y la tierra, y en el séptimo día descansó y se refrescó. Y le dio a Moisés, cuando terminó de conversar con él en el monte Sinaí, dos tablas de testimonio, tablas de piedra, escritas con el dedo de Dios".

Se han presentado ante mí muchas otras escrituras sobre el carácter sagrado de la ley de Dios. Escena tras escena, hasta el momento actual, pasaron ante mí. La palabra pronunciada por Dios a Israel se verificó. El pueblo desobedeció, y sólo dos de los adultos que salieron de Egipto entraron en Canaán. El resto murió en el desierto. ¿No vindicará hoy el Señor su palabra si los dirigentes de su pueblo se apartan de sus mandamientos?

Me han remitido al cuarto capítulo de Deuteronomio. Hay que estudiar la letra de este capítulo. Fíjese particularmente en la declaración: "Conoce, pues, hoy, y considéralo en tu corazón, que el Señor es Dios arriba en el cielo y abajo en la tierra; no hay otro. Guardarás, pues, sus estatutos y sus mandamientos, que yo te mando hoy, para que te vaya bien a ti y a tus hijos después de ti, y para que prolongues tus días sobre la tierra que el Señor, tu Dios, te da para siempre".

Los capítulos octavo y undécimo de Deuteronomio también significan mucho para nosotros. Las lecciones que contienen son de la mayor importancia, y se nos dan a nosotros con la misma veracidad que a los israelitas. En el capítulo undécimo Dios dice: "He aquí que hoy pongo ante vosotros una bendición y una maldición; una bendición si obedecéis los mandamientos del Señor vuestro Dios, que yo os ordeno hoy; y una maldición, si no obedecéis los mandamientos del Señor vuestro Dios, sino que os apartáis del camino que yo os ordeno hoy, para ir en pos de otros dioses que no habéis conocido".

Se me ha instruido, como mensajera de Dios, para que me detenga particularmente en el registro del pecado de Moisés y su triste resultado, como una lección solemne para aquellos que ocupan puestos de responsabilidad en nuestras escuelas, y especialmente para aquellos que actúan como presidentes de estas instituciones.

De Moisés, la palabra de Dios declara: "El hombre Moisés era muy manso, más que todos los hombres que había sobre la faz de la tierra". Durante mucho tiempo había soportado la rebelión y la obstinación de Israel. Pero al final su paciencia cedió. Estaban en las fronteras de la tierra prometida. Pero antes de entrar en Canaán, debían demostrar que creían en la promesa de Dios. El suministro de agua cesó. Aquí tenían la oportunidad de caminar por la fe en vez de por la vista. Pero se olvidaron de la mano que durante tantos años había suplido sus necesidades, y en lugar de acudir a Dios en busca de ayuda, murmuraron contra él.

Sus gritos se dirigieron contra Moisés y Aarón: "¿Por qué habéis hecho subir a la congregación del Señor a este desierto, para que muramos allí nosotros y nuestro ganado? ¿Y por qué nos habéis hecho subir de Egipto, para traernos a este mal lugar? No es lugar de semillas, ni de higos, ni de vides, ni de granadas; tampoco hay agua para beber".

Los dos hermanos se presentaron ante la multitud. Pero en lugar de hablar a la roca, como Dios les había indicado, Moisés golpeó la roca con furia, gritando: "Oíd ahora, rebeldes; ¿tenemos que sacaros agua de esta roca?"

Amargo y profundamente humillante fue el juicio inmediatamente pronunciado. "El Señor habló a Moisés y a Aarón: "Por cuanto no me creísteis para santificarme a los ojos de los hijos de Israel, no introduciréis esta congregación en la tierra que les he dado". Con el Israel rebelde deben morir antes de cruzar el Jordán.

De la experiencia de Moisés, el Señor quiere que su pueblo aprenda que cuando hacen lo que da prominencia al yo, su obra es descuidada y él es deshonrado. El Señor trabajará en contra de aquellos que trabajan en contra de Él. Su nombre, y sólo el suyo, debe ser magnificado en la tierra.

Desde hace más de veinte años, cosas extrañas han entrado en diferentes momentos entre nosotros. Aquellos que se han vuelto infieles, que no han exaltado los principios de la justicia, necesitan ahora buscar al Señor con profunda humillación de alma, y convertirse, para que Dios sane sus transgresiones.

El que está a la cabeza de una escuela debe poner todo su interés en el trabajo de hacer que la escuela sea lo que el Señor diseñó que fuera. Si tiene la ambición de subir más y más alto, si se sitúa por encima de las verdaderas virtudes de su trabajo y de su simplicidad, y desprecia los santos principios del cielo, que aprenda de la experiencia de Moisés que el Señor seguramente manifestará su desagrado por su fracaso en alcanzar el estándar que se le ha fijado.

Especialmente, el presidente de una escuela debe vigilar cuidadosamente las finanzas de la institución. Debe entender los principios infalibles de la contabilidad. Debe informar fielmente del uso de todo el dinero que pase por sus manos para el uso de la escuela. Los fondos de la escuela no deben ser sobregirados, sino que se debe hacer todo lo posible para aumentar la utilidad de la escuela. Los encargados de la gestión financiera de nuestras instituciones educativas no deben permitir ningún descuido en el gasto de los medios. Todo lo relacionado con las finanzas de nuestras escuelas debe ser perfectamente recto. Debe seguirse estrictamente el camino del Señor, aunque éste no esté en armonía con los caminos del hombre.

A los responsables de nuestras escuelas les diría: ¿Están haciendo de Dios y de su ley su deleite? ¿Son los principios que seguís, sanos y puros y no adulterados? ¿Están manteniendo sus vidas, en la práctica de la vida, bajo el control de Dios? ¿Ves la necesidad de obedecerle a Él en todos los aspectos? Si estáis tentados a apropiaros del dinero que entra en la escuela, en formas que no aportan ningún beneficio especial a la escuela, vuestra norma de principios debe ser cuidadosamente criticada, para que no llegue el momento en que tengáis que ser criticados y encontrados en falta. ¿Quién es su contador? ¿Quién es su tesorero? ¿Quién es su gerente de negocios? ¿Son cuidadosos y competentes? Fíjese en esto. Es posible que el dinero sea malversado sin que nadie entienda claramente cómo se produjo; y es posible que una escuela esté perdiendo continuamente a causa de gastos imprudentes. Los responsables pueden sentir esta pérdida con fuerza y, sin embargo, suponer que han hecho todo lo posible. Pero ¿por qué permiten que se acumulen las deudas? Que los responsables de una escuela averigüen cada mes la verdadera situación financiera de la misma.

Mis hermanos, en la responsabilidad exalten la ley del reino de Cristo dándole una obediencia voluntaria. Si ustedes mismos no están bajo el control del Gobernante del universo, ¿cómo pueden obedecer su ley, tal como lo exige su palabra? Aquellos que están colocados en posiciones de autoridad son los que más necesitan darse cuenta de su sometimiento a la ley de Dios y de la importancia de obedecer todos sus requerimientos.

En algunos aspectos, muchos de los que están relacionados con nuestras escuelas deberían estar parados en una plataforma más alta. Sabemos que el propósito decidido de algunos es ser obedientes a toda palabra que salga de la boca de Dios. A tales hombres y mujeres se les dará poder de intelecto para discernir la diferencia entre la rectitud y la injusticia. Tienen la fe que obra por amor y purifica el alma, y revelan a Dios al mundo.

Todos necesitamos obtener una experiencia mucho más profunda en las cosas de Dios de la que hemos obtenido. El yo debe morir, y Cristo debe tomar posesión del templo del alma. Los médicos, los ministros, los maestros y todos los demás que ocupan puestos de responsabilidad deben aprender la humildad de Cristo antes de que Él pueda revelarse en ellos. Con demasiada frecuencia el yo es una agencia tan importante en la vida de un hombre que el Señor no es capaz de moldearlo y formarlo. El yo gobierna a la derecha y a la izquierda, y el hombre avanza a su antojo. Cristo le dice al yo: "Apártate de mi camino. El que quiera venir en pos de mí, que se niegue a sí mismo, tome su cruz y me siga. Entonces podré aceptarlo como Mi discípulo. Para servirme aceptablemente, debe hacer el trabajo que le he dado en armonía con mis instrucciones" - Review and Herald, 16 y 23 de agosto de 1906.

Lo esencial en la educación

La educación más esencial que debe adquirir nuestra juventud hoy en día, y la que les capacitará para los grados superiores de la escuela superior, es una educación que les enseñe a revelar la voluntad de Dios al mundo. Descuidar esta fase de su formación, e introducir en nuestras escuelas un método mundano, es traer una pérdida tanto para los profesores como para los alumnos.

Justo antes de que Elías fuera llevado al cielo, visitó las escuelas de los profetas, e instruyó a los alumnos en los puntos más importantes de su educación. Las lecciones que les había dado en las visitas anteriores, las repitió ahora, impregnando las mentes de los jóvenes de la importancia de dejar que la sencillez marcara cada rasgo de su educación. Sólo así podrían recibir el molde del cielo y salir a trabajar en los caminos del Señor. Si se conducen como Dios diseña que lo hagan, nuestras escuelas en estos días finales del mensaje harán una obra similar a la que hicieron las escuelas de los profetas.

Los que salgan de nuestras escuelas para dedicarse a la obra misionera tendrán necesidad de una experiencia en el cultivo de la tierra y en otras líneas de trabajo manual. Deben recibir un entrenamiento que los capacite para apoderarse de cualquier línea de trabajo en los campos a los que serán llamados. Ningún trabajo será más eficaz que el realizado por aquellos que, habiendo obtenido una educación en la vida práctica, salen preparados para instruir como han sido instruidos.

En sus enseñanzas, el Salvador representó el mundo como una viña. Haríamos bien en estudiar las parábolas en las que se utiliza esta figura. Si en nuestras escuelas se cultivara más fielmente la tierra y se cuidaran más desinteresadamente los edificios por parte de los alumnos, desaparecería la afición a los deportes y a las diversiones, que causa tanta perplejidad en nuestro trabajo escolar.

Cuando el Señor colocó a nuestros primeros padres en el jardín del Edén, fue con el mandato de que lo "labraran" y lo "guardaran". Dios había terminado su obra de creación y había declarado que todas las cosas eran muy buenas. Todo estaba adaptado al fin para el que fue hecho. Mientras Adán y Eva obedecieron a Dios, sus labores en el jardín fueron un placer; la tierra cedió de su abundancia para sus necesidades. Pero cuando el hombre se apartó de su obediencia a Dios, se vio obligado a luchar con las semillas de la siembra de Satanás, y a ganarse el pan con el sudor de su frente. En lo sucesivo, debía luchar con esfuerzo y dificultad contra el poder al que había cedido su voluntad.

El propósito de Dios era eliminar el mal que el hombre trajo al mundo por su desobediencia mediante el trabajo. A través de esto, las tentaciones de Satanás podrían quedar sin efecto y la marea del mal podría detenerse. El Hijo de Dios fue dado al mundo por su muerte para hacer expiación por los pecados del mundo, y por su vida para enseñar a los hombres cómo debían frustrarse los planes del enemigo. Tomando sobre sí la naturaleza del hombre,

Cristo entró en las simpatías e intereses de sus hermanos, y mediante una vida de incansable labor enseñó cómo los hombres podían convertirse en obreros junto con Dios en la construcción de su reino en el mundo.

Si aquellos que han recibido instrucción sobre el plan de Dios para la educación de la juventud en estos últimos días entregan su voluntad a Dios, Él les enseñará Su voluntad y Su camino. Cristo debe ser el maestro en todas nuestras escuelas. Si los maestros y los estudiantes le dan el lugar que le corresponde, Él trabajará a través de ellos para llevar a cabo el plan de redención.

Hay que enseñar a los alumnos a buscar el consejo de Dios en la oración. Se les debe enseñar a mirar a su Creador como su guía infalible. Se les ha de enseñar lecciones de tolerancia y confianza, y de la verdadera bondad y amabilidad de corazón. Deben aprender la lección de la perseverancia. Sus caracteres han de responder a las palabras de David: "Que nuestros hijos sean como plantas crecidas en su juventud; que nuestras hijas sean como piedras angulares, pulidas a semejanza de un palacio". En todo esto están calificando para el servicio en el campo misionero.

El estudiante convertido ha roto la cadena que lo ataba al servicio del pecado, y se ha colocado en la relación correcta con Dios. Su nombre está inscrito en el libro de la vida del Cordero. Está bajo la solemne obligación de renunciar al mal, y ponerse bajo la jurisdicción de Dios. A través de la oración ferviente debe adherirse a Cristo. Descuidar esto y rechazar su servicio, es perder el favor del Gran Maestro, y convertirse en el deporte de las artimañas de Satanás. El sacrificio infinito de Cristo fue la señal del cielo para que los hombres y las mujeres recuperaran el favor de Dios. La educación que pone al estudiante en estrecha relación con el Maestro enviado por Dios es la verdadera educación.

El pueblo de Dios es su instrumento elegido para el engrandecimiento de su iglesia en la tierra. Deben buscar el consejo de Dios. Las diversiones y entretenimientos mundanos no deben tener lugar en la vida del cristiano. Seguir el camino del Señor ha de ser la fuerza de su pueblo. Su fe en el don del Hijo unigénito de Dios ha de ser manifiesta. Esto hará su impresión en la mente del mundano. El que toma su posición como separado del mundo, y se esfuerza por hacerse uno con Cristo, tendrá éxito en atraer almas a Dios. La gracia de Cristo será tan evidente en su vida que el mundo tomará conocimiento de él que ha estado con Jesús, y ha aprendido de Él.

"Id a trabajar hoy en mi viña", ordena el Salvador. "Por lo tanto, ya sea que comáis o bebáis, o cualquier cosa que hagáis, hacedlo todo para la gloria de Dios". Que cada uno de los que dicen ser hijos del Rey celestial busque constantemente representar los principios del reino de Dios. Que cada uno recuerde que, en espíritu, en palabras y en obras, debe ser leal y fiel a todos los preceptos y mandamientos del Señor. Debemos ser súbditos fieles y dignos de confianza del reino de Cristo, para que aquellos que son mundanos tengan una verdadera representación de las riquezas, la bondad, la misericordia, la ternura y la cortesía de los ciudadanos del reino de Dios.
–*Review and Herald*, 24 de octubre de 1907.

Un mensaje para los maestros

Se me ha dado un mensaje para los profesores de todas nuestras escuelas. Los que aceptan la sagrada responsabilidad que recae sobre los maestros deben avanzar constantemente en su experiencia. No deben contentarse con permanecer en las tierras bajas, sino que deben estar siempre subiendo hacia el cielo. Con la palabra de Dios en sus manos, y el amor de las almas apuntando a la diligencia, deben avanzar paso a paso en la eficiencia.

Una profunda experiencia cristiana se combinará con el trabajo de la verdadera educación. Nuestras escuelas han de avanzar constantemente en el desarrollo cristiano; y para ello, las palabras y el ejemplo del maestro deben ser una ayuda constante. "Vosotros también, como piedras vivas", declara el apóstol, "sois edificados como una casa espiritual, un sacerdocio santo, para ofrecer sacrificios espirituales, agradables a Dios por Jesucristo". Sería bueno que cada maestro y estudiante estudiara cuidadosamente estas palabras, haciéndose la pregunta: ¿Estoy obteniendo, mediante la abundante gracia otorgada, la experiencia que como hijo de Dios debo tener para avanzar constantemente paso a paso hacia el grado superior?

En cada línea de instrucción, los maestros deben tratar de impartir la luz de la palabra de Dios, y mostrar la importancia de la obediencia a un "Así dice el Señor". La educación debe ser tal que los alumnos hagan de los principios correctos la guía de toda acción: Esta es la educación que permanecerá a través de las edades eternas.

Me han dado palabras de advertencia para los maestros de todas nuestras escuelas establecidas. El trabajo de nuestras escuelas debe llevar un sello diferente del que llevan algunas de nuestras escuelas más populares. El mero estudio del libro de texto ordinario no es suficiente; y muchos de los libros que se utilizan son innecesarios para aquellas escuelas que se establecen para preparar a los alumnos para la escuela superior. Como resultado, los alumnos de estas escuelas no están recibiendo la más perfecta educación cristiana. Se descuidan precisamente los puntos de estudio que más se necesitan para preparar a los alumnos para soportar el último gran examen, y para capacitarlos para el trabajo misionero en los campos nacionales y extranjeros. La educación que se necesita ahora es una que califique a los estudiantes para el trabajo misionero práctico, enseñándoles a poner cada facultad bajo el control del Espíritu de Dios. El libro de estudio de mayor valor es el que contiene la instrucción de Cristo, el Maestro de maestros.

El Señor espera que nuestros maestros expulsen de nuestras escuelas aquellos libros que enseñan sentimientos que no están de acuerdo con Su palabra, y que den lugar a aquellos libros que son del más alto valor. El Señor quiere que los maestros de nuestras escuelas superen en sabiduría a la sabiduría del mundo, porque estudian Su sabiduría. Dios se sentirá honrado cuando los maestros de nuestras escuelas, desde los grados más altos hasta los más bajos, muestren al mundo que la suya es una sabiduría superior a la humana, porque el Maestro está a su cabeza.

Nuestros profesores deben ser aprendices constantes. Todos los reformadores necesitan ponerse bajo la disciplina de Dios. Sus propias vidas necesitan ser reformadas y sus propios corazones sometidos por la gracia de Cristo. Hay que renunciar a todo hábito e idea mundana que no esté en armonía con la mente de Dios.

Cuando Nicodemo, un erudito maestro de Israel, se acercó a Jesús para preguntarle, Cristo le expuso los primeros principios. Nicodemo, aunque ocupaba una posición honorable en Israel, no tenía una verdadera concepción de lo que debía ser un maestro en Israel. Necesitaba instrucción en los primeros principios de la vida divina, pues no había aprendido el alfabeto de la verdadera experiencia cristiana.

En respuesta a la instrucción de Cristo, Nicodemo dijo: "¿Cómo pueden ser estas cosas?". Cristo le contestó: "¿Eres maestro de Israel y no sabes estas cosas?". La misma pregunta podría hacerse a muchos que ocupan puestos de responsabilidad como maestros, médicos y ministros del evangelio, pero que han descuidado la parte más esencial de su educación, la que les capacitaría para tratar de manera semejante a la de Cristo con las mentes humanas.

En la instrucción que Cristo dio a sus discípulos, y a las personas de todas las clases que acudieron a escuchar sus palabras, había aquello que los elevaba a un plano elevado de pensamiento y acción. Si las palabras de Cristo, en lugar de las palabras de los hombres, se dieran al aprendiz de hoy, veríamos evidencias de una inteligencia más elevada, una comprensión más clara de las cosas celestiales, un conocimiento más profundo de Dios y una vida cristiana más pura y vigorosa. "En verdad, en verdad os digo", dijo Cristo, "el que cree en mí tiene vida eterna. Yo soy ese pan de vida. Vuestros padres comieron el maná en el desierto, y están muertos. Este es el pan que baja del cielo, para que el hombre coma de él y no muera. Yo soy el pan de vida que bajó del cielo; si alguno come de este pan, vivirá para siempre".

"Cuando Jesús supo en sí mismo que sus discípulos murmuraban por ello, les dijo: "¿Os ofende esto? ¿Qué y si vierais al Hijo del Hombre subir a donde estaba antes? El espíritu es el que vivifica; la carne no aprovecha nada: las palabras que yo os digo son espíritu y son vida".

Somos lentos en comprender cuánto necesitamos estudiar las palabras de Cristo y sus métodos de trabajo. Si se comprendieran mejor Sus enseñanzas, gran parte de la instrucción que se imparte ahora en nuestras escuelas se valoraría en su verdadero valor. Se vería que mucho de lo que ahora se enseña no desarrolla la sencillez de la divinidad en la vida del estudiante. Entonces la sabiduría finita recibiría menos honor, y la palabra de Dios tendría un lugar más honrado.

Un mensaje para los maestros

Cuando nuestros maestros estén verdaderamente convertidos, experimentarán un hambre del alma por el conocimiento de Dios, y como humildes aprendices en la escuela de Cristo, estudiarán para conocer su justicia. Los principios justos regirán la vida, y serán enseñados como los principios que rigen en la educación del cielo. Cuando los maestros buscan con todo su corazón llevar los verdaderos principios a la obra de la educación, los ángeles de Dios estarán presentes para hacer impresiones en el corazón y la mente. –*Review and Herald*, 7 de noviembre de 1907.

Provisión hecha para nuestras escuelas

Un llamado a los ministros, médicos y profesores del sur de California:

Los hombres que se erigen como líderes en cualquier parte de la solemne obra del último mensaje del evangelio deben cultivar y abrigar opiniones e ideas amplias. Es el privilegio de todos los que tienen responsabilidades en la obra del evangelio ser aprendices aptos en la escuela de Cristo. El seguidor profeso de Cristo no debe guiarse por los dictados de su propia voluntad; su mente debe ser entrenada para pensar los pensamientos de Cristo, e iluminada para comprender la voluntad y el camino de Dios. Un creyente así será un seguidor de los métodos de trabajo de Cristo.

Nuestros hermanos no deben olvidar que la sabiduría de Dios ha hecho provisión para nuestras escuelas de una manera que traerá bendición a todos los que participen en la empresa. El libro "Palabras de Vida del Gran Maestro" fue donado a la obra educativa, para que los estudiantes y otros amigos de las escuelas pudieran manejar estos libros, y mediante su venta recaudar gran parte de los medios necesarios para levantar la deuda de las escuelas. Pero este plan no ha sido presentado a nuestras escuelas como debería haber sido; los profesores y alumnos no han sido educados para apoderarse de este libro e impulsar valientemente su venta en beneficio de la obra educativa.

Hace tiempo que los profesores y alumnos de nuestras escuelas deberían haber aprendido a aprovechar la oportunidad de recaudar medios mediante la venta de "Palabras de Vida del Gran Maestro". Al vender estos libros, los alumnos servirán a la causa de Dios y, al mismo tiempo, mediante la difusión de la preciosa luz, aprenderán lecciones inestimables en la experiencia cristiana. Todas nuestras escuelas deberían ahora ponerse en línea, y esforzarse seriamente por llevar a cabo el plan que se nos ha presentado para la educación de los trabajadores, para el alivio de las escuelas, y para ganar almas para la causa de Cristo.

En las ciudades de Riverside, Redlands y San Bernardino se nos abre un campo de misión que hasta ahora sólo hemos tocado con la punta de los dedos. Allí se ha hecho un buen trabajo en la medida en que nuestros obreros han tenido ánimo para hacerlo; pero se necesitan medios para llevar adelante la obra con éxito. Era el propósito de Dios que con la venta de "El Ministerio de Curación" y "Palabras de Vida del Gran Maestro" se recaudaran muchos medios para el trabajo de nuestros sanatorios y escuelas, y que nuestra gente quedara así más libre para donar de sus medios para la apertura de la obra en nuevos campos misioneros. Si nuestra gente se dedica ahora a la venta de estos libros como debería, tendremos muchos más medios para llevar a cabo la obra de la manera que el Señor diseñó.

Dondequiera que la obra de vender "Palabras de Vida del Gran Maestro" se ha emprendido con seriedad, el libro ha hecho bien. Y las lecciones que han aprendido los que se han comprometido con esta obra, han recompensado bien sus esfuerzos. Y ahora nuestra gente debería animarse a participar en este esfuerzo misionero especial. Se me ha dado luz para que de todas las maneras posibles se instruya a nuestra gente sobre los mejores métodos para presentar estos libros a la gente.

Se me ha instruido para que en nuestras grandes reuniones estén presentes trabajadores que enseñen a nuestra gente cómo sembrar las semillas de la verdad. Esto significa más que instruirlos en cómo vender "Signs of the Times" y otras publicaciones periódicas. Incluye una instrucción exhaustiva sobre cómo manejar libros como "Palabras de Vida del Gran Maestro" y "El Ministerio de Curación". Estos son libros que contienen verdades preciadas, y de los cuales el lector puede extraer lecciones de gran valor.

¿Por qué no se designó a alguien en su reunión de campestre [en 1907] para presentar los intereses de esta línea de trabajo a nuestra gente? Al no hacerlo, perdieron una preciosa oportunidad de poner grandes bendiciones al alcance de la gente, y también perdieron una oportunidad de recaudar medios para el alivio de nuestras instituciones. Hermanos míos, animemos a nuestro pueblo a emprender esta labor sin más demora.

Hay algunos que han tenido experiencia en la venta de alimentos saludables que deberían interesarse ahora por la venta de nuestros preciados libros, pues en ellos hay alimento para la vida eterna. Los Ángeles se me ha presentado como un campo muy fructífero para la venta de "Palabras de Vida del Gran Maestro" y "El Ministerio de Curación". Los miles de residentes y visitantes transeúntes se beneficiarían de las lecciones que contienen, y los que tienen responsabilidades en nuestros sanatorios deberían actuar sabiamente en este asunto, animando a todos, enfermeras, ayudantes y estudiantes, a reunir por este medio la mayor parte posible del dinero necesario para sufragar los gastos de las diferentes instituciones.

¿Por qué nuestra gente es tan lenta para entender lo que el Señor quiere que hagan? Nuestros principales obreros deberían prepararse de antemano para aprovechar oportunidades en nuestras reuniones grandes y pequeñas para presentar estos libros a nuestra gente, y pedir voluntarios que se dediquen a su venta. Cuando esta labor se emprenda con la seriedad que exigen nuestros tiempos, el endeudamiento que ahora pesa sobre nuestras escuelas se reducirá en gran medida. Y entonces, las personas a las que ahora se les pide que den gran parte de sus medios para sostener estas instituciones, estarán libres para destinar una mayor parte de sus ofrendas a la obra misionera en otros lugares necesitados, donde aún no se han hecho esfuerzos especiales.

Un gran bien resultará de llevar estos libros a la atención de las líderes de la Unión Cristiana de Mujeres por la Templanza. Deberíamos invitar a estas trabajadoras a nuestras reuniones y darles la oportunidad de conocer a nuestra gente. Ponga estos preciosos libros en sus manos, y cuénteles la historia de su donación a la causa, y sus resultados. Explique cómo, gracias a la venta de "El Ministerio de Curación", se puede traer al sanatorio a pacientes que nunca podrían llegar allí sin ayuda; y cómo a través de este medio se prestará ayuda para el establecimiento de sanatorios en lugares donde son muy necesarios. Si nuestros sanatorios son sabiamente administrados por hombres y mujeres que tienen el temor de Dios ante ellos, serán un medio para ponernos en contacto con los trabajadores de la Unión Cristiana de Mujeres por la Templanza, y estos trabajadores no tardarán en ver la ventaja de la rama médica de nuestro trabajo. Como resultado de su contacto con nuestro trabajo médico, algunas de ellas aprenderán verdades que necesitan conocer para la perfección del carácter cristiano.

Un punto que nunca deben olvidar nuestros trabajadores es que el Señor Jesucristo es nuestro director principal. Él ha trazado un plan por el cual las escuelas pueden ser aliviadas de su endeudamiento; y Él no reivindicará el curso de aquellos que dejan de lado este plan por falta de confianza en su éxito. Cuando su pueblo acuda unido en ayuda de su causa en la tierra, no se le negará ningún bien que Dios haya prometido.

En lugares como Los Ángeles, donde la población cambia constantemente, se presentan maravillosas oportunidades para la venta de nuestros libros. Se ha producido una gran pérdida porque nuestra gente no ha aprovechado más esta oportunidad. ¿Por qué no deberían los profesores y alumnos de la Escuela de San Fernando hacer de Los Ángeles un campo especial para la venta de "Palabras de Vida del Gran Maestro"? Si con seriedad y fe llevan a cabo el plan que se nos ha dado para el uso de este libro, los ángeles de Dios acompañarán sus pasos y la bendición del cielo estará sobre sus esfuerzos.

Habría sido excelente que los profesores de la Escuela de San Fernando hubieran aprovechado durante las vacaciones esta oportunidad para impulsar el trabajo con "Palabras de Vida del Gran Maestro". Habrían encontrado una bendición al salir con los alumnos y enseñarles cómo conocer a la gente y cómo presentar el libro. La historia del regalo del libro y su objeto llevaría a algunos a tener un interés especial en el libro y en la escuela para la que se vende.

¿Por qué los profesores de nuestras escuelas no han hecho más esta labor? Si nuestra gente se diera cuenta, no hay trabajo más aceptable que hacer en el campo doméstico que dedicarse a la venta de "Palabras de Vida del Gran Maestro"; porque mientras están ayudando así a llevar a cabo el plan del Señor para el alivio de nuestras escuelas, también están llevando las preciosas verdades de la palabra de Dios a la atención del pueblo.

La indiferencia que han manifestado algunos hacia esta empresa es desagradable para Dios. Él desea que sea reconocido por todo nuestro pueblo como Su método para aliviar a nuestras escuelas de las deudas. Es porque este plan ha sido descuidado que ahora sentimos tan agudamente nuestra falta de medios para la obra que avanza. Si las escuelas hubieran aprovechado la provisión así hecha para ellas, habría más dinero en la tesorería de las escuelas, y más dinero en las manos de Su pueblo, para aliviar las necesidades de otros departamentos necesitados de la causa, y, lo mejor de todo, los maestros y los estudiantes habrían recibido las mismas lecciones que necesitaban aprender en el servicio del Maestro.

Les envío estas líneas porque veo que se necesita una intuición más profunda y una percepción más amplia por parte de nuestros trabajadores médicos y educativos, si quieren obtener todo el beneficio que Dios pretende que les llegue a través del uso de las "Palabras de Vida del Gran Maestro" y el "Ministerio de Curación". Les pido, hermanos míos, que lean estas palabras a nuestra gente, para que aprendan a mostrar el espíritu de sabiduría, y de poder, y de una mente sana. –Review and Herald, 3 de septiembre de 1908.

Docente, conózcase a sí mismo

Conocerse a sí mismo es un gran conocimiento. El verdadero conocimiento de uno mismo conducirá a una humildad que permitirá al Señor entrenar la mente y moldear y disciplinar el carácter. La gracia de la humildad es muy necesaria para los obreros de Cristo en este período de la historia del mundo. Ningún maestro puede hacer un trabajo aceptable que no tenga en cuenta sus propias deficiencias y que no deje de lado todos los planes que debiliten su vida espiritual. Cuando los maestros están dispuestos a descartar de su trabajo todo lo que no es esencial para la vida eterna, entonces puede decirse que realmente están trabajando en su salvación con temor y temblor, y que están construyendo sabiamente para la eternidad.

Se me instruye para decir que algunos de nuestros maestros están muy atrasados en la comprensión del tipo de educación que se necesita para este período de la historia de la tierra. Este no es un momento para que los estudiantes estén acumulando una masa de conocimientos que no puedan llevar consigo a la escuela de arriba. Extirpemos cuidadosamente de nuestro curso de estudio todo lo que pueda ahorrarse, para que podamos tener espacio en las mentes de los estudiantes en el que plantar las semillas de la justicia. Esta instrucción dará fruto para la vida eterna.

Todo maestro debe ser un aprendiz diario en la escuela de Cristo, para no perder el sentido de lo que constituye la verdadera excelencia física, mental y moral. Nadie que no esté trabajando constantemente en su propia salvación recibiendo e impartiendo una educación integral debe colocarse como maestro de otros. El verdadero maestro se educará a sí mismo en la excelencia moral, para que mediante el precepto y el ejemplo pueda llevar a las almas a comprender las lecciones del Gran Maestro. No se debe animar a nadie a realizar el trabajo de la enseñanza que se conforme con un nivel bajo. Nadie está capacitado para enseñar los grandes misterios de la piedad hasta que se forme Cristo en su interior, la esperanza de la gloria.

Todo maestro necesita recibir la verdad en el amor de sus principios sagrados; entonces no puede dejar de ejercer una influencia que sea purificadora y elevadora. El maestro cuya alma está detenida en Cristo hablará y actuará como un cristiano. Tal persona no estará satisfecha hasta que la verdad limpie su vida de toda cosa no esencial. No estará satisfecho hasta que su mente sea moldeada día a día por las santas influencias del Espíritu de Dios. Entonces Cristo puede hablar al corazón, y su voz, diciendo: "Este es el camino; andad por él", será escuchada y obedecida.

El maestro que tiene una comprensión correcta de la obra de la verdadera educación no pensará que hacer una referencia casual a Cristo de vez en cuando es suficiente. Con su propio corazón calentado por el amor de Dios, elevará constantemente al Hombre del Calvario. Con su propia alma llena del Espíritu de Dios, tratará de fijar la atención de los alumnos en el modelo, Cristo Jesús, el más importante entre diez mil, el único totalmente encantador.

El Espíritu Santo es muy necesario en nuestras escuelas. Esta agencia divina viene al mundo como representante de Cristo. No sólo es el testigo fiel y verdadero de la Palabra de Dios, sino que es el escudriñador de los pensamientos y propósitos del corazón. Es la fuente a la que debemos buscar la eficacia en la restauración de la imagen moral de Dios en el hombre. El Espíritu Santo se buscaba ansiosamente en las escuelas de los profetas; su influencia transformadora debía poner incluso los pensamientos en armonía con la voluntad de Dios, y establecer una conexión viva entre la tierra y el cielo.

Maestros, si abrís vuestros corazones a la morada del Espíritu de Dios, si acogéis al Huésped celestial, Dios os hará obreros junto a Él. En cooperación con el Maestro, el espíritu de egoísmo será expulsado y se producirán maravillosas transformaciones.

En la estación nocturna se me dijeron estas palabras "Encarga a los maestros de nuestras escuelas que preparen a los alumnos para lo que se avecina en el mundo". El Señor ha estado esperando mucho tiempo para que nuestros maestros caminen en la luz que Él les ha enviado. Hay necesidad de una humillación del yo, para que Cristo pueda restaurar la imagen moral de Dios en el hombre. El carácter de la educación impartida debe cambiar mucho antes de que pueda dar el molde correcto a nuestras instituciones. Sólo cuando se combinan los poderes intelectuales y morales para el logro de la educación, se alcanza el estándar de la palabra de Dios.

Estas palabras fueron pronunciadas con claridad y fuerza: "Confesaos vuestras faltas unos a otros, y orad unos por otros, para que seáis sanados. Presionad juntos; presionad juntos, y amad como hermanos. Orad juntos". El Señor ha pagado el precio de su propia sangre por la salvación del mundo. Sufrió todas las indignidades que los hombres pudieron idear y que Satanás pudo inventar, para llevar a cabo el plan de salvación. Que el maestro no busque exaltarse a sí mismo, sino que vea la necesidad de aprender de Cristo a diario, y hacer de Él el modelo. Para los maestros y alumnos, nuestro Señor y Salvador Jesucristo debe ser el único ejemplo.

Tenga en cuenta que el Señor aceptará como maestros sólo a aquellos que sean maestros del Evangelio. Una gran responsabilidad recae sobre aquellos que intentan enseñar el último mensaje del evangelio. Deben ser obreros junto con Dios en la formación de las mentes humanas. El maestro que no mantiene el estándar bíblico siempre ante él pierde la oportunidad de ser un obrero junto con Dios en dar a la mente el molde que es esencial para un lugar en las cortes celestiales. –*Review and Herald*, 3 de septiembre de 1908.

El Trabajo que tenemos por Delante

Hay un trabajo muy grande e importante que deben realizar nuestras conferencias en América. Debemos llevar la obra en América de tal manera que seamos una fuerza y una ayuda para los que están proclamando el mensaje en países lejanos. Cada nación, lengua y pueblo debe ser despertado y llevado al conocimiento de la verdad. Algo se está haciendo, pero aún queda mucho por hacer y mucho por aprender aquí mismo en esta Conferencia, para que la obra pueda avanzar de una manera que honre y glorifique a Dios.

Mi alma ha estado tan cargada que no he podido descansar. ¿En qué línea podemos detenernos para causar la más profunda impresión en la mente humana? Están nuestras escuelas. Deben ser conducidas de tal manera que desarrollen misioneros que salgan a los caminos y montes para sembrar las semillas de la verdad. Este fue el encargo de Cristo a sus seguidores. Debían ir a las carreteras y a los caminos llevando el mensaje de la verdad a las almas que serían llevadas a la fe del evangelio. Me sentí profundamente en apuros al ver lo mucho que hay que hacer en los lugares que he visitado recientemente. Debemos apoyarnos en la fuerza de Dios si queremos realizar esta obra.

En sus labores, cada trabajador debe mirar a Dios. Debemos trabajar como hombres y mujeres que tienen una conexión viva con Dios. Hemos de aprender a encontrarnos con la gente donde está. No permitamos que existan condiciones como las que encontramos en algunos lugares cuando regresamos a América, en los que los miembros individuales de la iglesia, en lugar de darse cuenta de su responsabilidad, buscaban a los hombres para que los guiaran, y los hombres a los que se les había encomendado la sagrada y santa confianza de llevar adelante la obra, no comprendieron el valor de la responsabilidad personal y tomaron sobre sí el trabajo de ordenar y dictar lo que sus hermanos debían o no debían hacer. Estas son cosas que Dios no permitirá en su obra. Él pondrá Sus cargas sobre Sus portadores de cargas. Cada alma individual tiene una responsabilidad ante Dios, y no debe ser instruida arbitrariamente por los hombres en cuanto a lo que debe hacer, lo que debe decir y a dónde debe ir. No debemos poner nuestra confianza en el consejo de los hombres y asentir a todo lo que digan, a menos que tengamos pruebas de que están bajo la influencia del Espíritu de Dios.

Estudie los capítulos primero y segundo de los Hechos. Se me ha dado la luz de que nuestro trabajo debe llevarse a cabo de una manera más alta y más amplia de lo que nunca se ha llevado a cabo. La luz del cielo debe ser apreciada y valorada. Esta luz es para los trabajadores. Es para aquellos que sienten que Dios les ha dado un mensaje, y que tienen una responsabilidad sagrada en su proclamación.

El mensaje de la verdad presente es para preparar a un pueblo para la venida del Señor. Entendamos esto, y dejemos que los que están colocados en posiciones de responsabilidad lleguen a una unidad tal que la obra avance sólidamente. No permitamos que ningún hombre entre como un gobernante arbitrario y diga: Debes ir aquí, y no debes ir allí; y debes hacer esto, y no debes hacer aquello. Tenemos un trabajo grande e importante que hacer, y Dios quiere que nos ocupemos de ese trabajo con inteligencia. La colocación de hombres en puestos de responsabilidad en las distintas conferencias no los convierte en dioses. Nadie tiene suficiente sabiduría para actuar sin consejo. Los hombres necesitan consultar con sus hermanos, aconsejarse unos a otros, orar juntos y planificar juntos el avance de la obra. Que los obreros se arrodillen juntos y oren a Dios, pidiéndole que dirija su curso. Ha habido una gran carencia con nosotros en este punto. Hemos confiado demasiado en los designios de los hombres. No podemos permitirnos hacer esto. Tiempos peligrosos están sobre nosotros, y debemos llegar al lugar donde sabemos que el Señor vive y gobierna, y que habita en los corazones de los hijos de los hombres. Debemos tener confianza en Dios.

Dondequiera que seáis enviados, mantened en vuestros corazones y mentes el temor y el amor de Dios. Acudan diariamente al Señor en busca de instrucción y guía; dependan de Dios para obtener luz y conocimiento. Orad por esta instrucción y esta luz, hasta que la obtengáis. No servirá de nada que pidáis y luego olvidéis la cosa por la que habéis orado. Mantenga su mente en su oración. Puede hacer esto mientras trabaja con sus manos. Puede decir: Señor, creo; con todo mi corazón creo. Que el poder del Espíritu Santo venga sobre mí.

Si hubiera más oración entre nosotros, más ejercicio de una fe viva, y menos dependencia de otra persona para tener una experiencia por nosotros, estaríamos muy por delante de donde estamos hoy en inteligencia espiritual. Lo que necesitamos es una experiencia profunda e individual del corazón y del alma. Entonces seremos capaces de decir lo que Dios está haciendo y cómo está trabajando. Necesitamos tener una experiencia viva en las cosas de Dios; y no estamos seguros a menos que tengamos esto. Hay algunos que tienen una buena experiencia, y te la cuentan; pero cuando llegas a sopesarla, ves que no es una experiencia correcta, porque no está de acuerdo con un claro "Así dice el Señor". Si alguna vez hubo un momento en nuestra historia en que necesitamos humillar nuestras almas individuales ante Dios, es hoy. Necesitamos venir a Dios con fe en todo lo que se promete en la palabra, y luego caminar en toda la luz y el poder que Dios da.

Sentí muy profundamente cuando nuestros hermanos que han venido de campos extranjeros me contaron un poco de sus experiencias y de lo que el Señor está haciendo al traer almas a la verdad. Esto es lo que queremos en este momento. Dios no quiere que sigamos en la ignorancia. Quiere que entendamos nuestras responsabilidades individuales hacia Él.

Él se revelará a cada alma que venga a Él con toda humildad y le busque con todo el corazón.

Hay que establecer escuelas en países extranjeros y en nuestro propio país. Debemos aprender de Dios cómo dirigir estas escuelas. No deben ser conducidas como muchas de ellas han sido conducidas. Nuestras instituciones deben ser consideradas como instrumentos de Dios para el avance de su obra en la tierra. Debemos buscar a Dios para que nos guíe y nos dé sabiduría; debemos suplicarle que nos enseñe a llevar la obra con solidez. Reconozcamos al Señor como nuestro maestro y guía, y entonces llevaremos la obra en líneas correctas. Tenemos que permanecer como una compañía unida que se vea cara a cara. Entonces veremos la salvación de Dios revelada a la derecha y a la izquierda. Si trabajamos en armonía, le damos a Dios la oportunidad de trabajar para nosotros.

En todo nuestro trabajo escolar necesitamos tener una comprensión correcta de lo que es la educación esencial. Los hombres hablan mucho de educación superior, pero ¿quién puede definir lo que es la educación superior? La educación superior se encuentra en la palabra del Dios vivo. Esa educación que nos enseña a someter nuestras almas a Dios con toda humildad, y que nos capacita para tomar la palabra de Dios y creer justo lo que dice, es la educación más necesaria. Con esta educación veremos la salvación de Dios. Con el Espíritu de Dios sobre nosotros, hemos de llevar la luz de la verdad a las carreteras y a los caminos, para que la salvación de Dios se revele de manera notable.

¿Llevaremos adelante la obra a la manera del Señor? ¿Estamos dispuestos a ser enseñados por Dios? ¿Lucharemos con Dios en la oración? ¿Recibiremos el bautismo del Espíritu Santo? Esto es lo que necesitamos y podemos tener en este momento. Entonces saldremos con un mensaje del Señor, y la luz de la verdad brillará como una lámpara que arde, llegando a todas las partes del mundo. Si caminamos humildemente con Dios, Dios caminará con nosotros. Humillemos nuestras almas ante Él, y veremos de su salvación. –*Review and Herald*, 21 de octubre de 1909.

Consejos a los Profesores

[La Sra. E. G. White y su grupo, de camino a la conferencia general, pasaron cinco días en Collegeview. El viernes por la mañana habló a quinientos estudiantes en la capilla del colegio, y el sábado y el domingo habló a grandes congregaciones en la iglesia. El lunes por la mañana, a petición, se reunió con el profesorado del colegio. Lo que sigue es una parte de su discurso a los treinta profesores reunidos. –W. C. White]

Leeré 2 Corintios, el sexto capítulo:

"Nosotros, pues, como colaboradores de Él, os rogamos también que no recibáis en vano la gracia de Dios. (Porque Él dice: Te he escuchado en el tiempo aceptable, y en el día de la salvación te he socorrido; he aquí que ahora es el tiempo aceptable; he aquí que ahora es el día de la salvación). Sin ofender en nada, para que no se culpe al ministerio; sino aprobándonos en todo como ministros de Dios, en mucha paciencia, en aflicciones, en necesidades, en angustias, en azotes, en prisiones, en tumultos, en trabajos, en vigilias, en ayunos; por la pureza, por el conocimiento, por la longanimidad, por la bondad, por el Espíritu Santo, por el amor no fingido, por la palabra de verdad, por el poder de Dios, por la armadura de la justicia a la derecha y a la izquierda, por el honor y la deshonra, por la mala fama y la buena: como engañadores, y sin embargo verdaderos; como desconocidos, y sin embargo bien conocidos; como moribundos, y he aquí que vivimos; como castigados, y no muertos; como tristes, y sin embargo siempre alegres; como pobres, y sin embargo haciendo ricos a muchos; como sin tener nada, y sin embargo poseyendo todas las cosas. . . . No os unáis en yugo desigual con los incrédulos; porque ¿qué compañerismo tiene la justicia con la injusticia? y ¿qué comunión tiene la luz con las tinieblas? y ¿qué concordancia tiene Cristo con Belial? o ¿qué parte tiene el que cree con un infiel? y ¿qué acuerdo tiene el templo de Dios con los ídolos? porque vosotros sois el templo del Dios vivo; como Dios ha dicho: Habitaré en ellos, y andaré en ellos; y seré su Dios, y ellos serán mi pueblo. Por tanto, salid de en medio de ellos y apartaos, dice el Señor, y no toquéis lo inmundo; y yo os recibiré y seré un Padre para vosotros, y seréis mis hijos e hijas, dice el Señor Todopoderoso".

Deberían estudiar también el séptimo capítulo, pero no me tomaré el tiempo de leerlo ahora.

Existe el peligro constante entre nuestra gente de que los que se dedican a trabajar en nuestras escuelas y sanatorios tengan la idea de que deben alinearse con el mundo, estudiar las cosas que el mundo estudia y familiarizarse con las cosas con las que el mundo se familiariza. Este es uno de los mayores errores que se pueden cometer. Cometeremos graves errores si no prestamos una atención especial a la búsqueda de la palabra.

Se plantea la pregunta: ¿Cuál es la educación superior? No hay educación más elevada que la contenida en los principios establecidos en las palabras que les he leído de este sexto capítulo de la Segunda de Corintios. Que nuestros alumnos estudien diligentemente para comprender esto. No hay educación más elevada que la que se dio a los primeros discípulos, y que se nos da a nosotros a través de la palabra. Que el Espíritu Santo de Dios impresione sus mentes con la convicción de que no hay nada en todo el mundo en la línea de la educación que sea tan exaltada como la instrucción contenida en los capítulos sexto y séptimo de la segunda carta a los Corintios. Avancemos en nuestro trabajo hasta donde la palabra de Dios nos lleve. Trabajemos con empeño por esta educación superior. Que nuestra rectitud sea la señal de nuestra comprensión de la voluntad de Dios encomendada a nosotros a través de sus mensajeros.

Es el privilegio de todo creyente tomar la vida de Cristo y las enseñanzas de Cristo como su estudio diario. La educación cristiana significa la aceptación, en sentimiento y principio, de las enseñanzas del Salvador. Incluye un caminar diario y concienzudo tras las huellas de Cristo, que consintió en despojarse de su manto real y de su corona y venir a nuestro mundo en forma de humanidad, para poder dar a la raza humana un poder que no podría obtener por ningún otro medio. ¿Cuál era ese poder? Era el poder resultante de la unión de la naturaleza humana con la divina, el poder de tomar las enseñanzas de Cristo y seguirlas al pie de la letra. En su resistencia al mal y en su trabajo por los demás, Cristo estaba dando a los hombres un ejemplo de la más alta educación que es posible que alguien alcance.

El Hijo de Dios fue rechazado por aquellos a quienes vino a bendecir. Fue tomado por manos malvadas y crucificado. Pero después de haber resucitado de entre los muertos, estuvo con sus discípulos cuarenta días, y en este tiempo les dio mucha instrucción preciosa. Estableció a Sus seguidores los principios en los que se basa la educación superior. Y cuando estaba a punto de dejarlos e ir a su Padre, sus últimas palabras fueron: "Yo estoy con vosotros siempre, hasta el fin del mundo".

A muchos de los que colocan a sus hijos en nuestras escuelas, les vendrán fuertes tentaciones, porque desean que les aseguren lo que el mundo considera la educación más esencial. ¿Quién sabe lo que constituye la educación más esencial, a menos que sea la educación que se obtiene de ese Libro que es el fundamento de todo conocimiento verdadero? Aquellos que consideran como esencial el conocimiento que se obtiene en la línea de la educación mundana están cometiendo un gran error, que les hará dejarse llevar por opiniones individuales que son humanas y erróneas. A aquellos que sienten que sus hijos deben tener lo que el mundo llama la educación esencial, les diría: Lleven a sus hijos a la simplicidad de la palabra de Dios, y estarán a salvo. Vamos a estar muy dispersos antes de mucho tiempo, y lo que hagamos debe hacerse rápidamente.

Se me ha dado la luz de que se ejercerán tremendas presiones sobre todos los adventistas del séptimo día con los que el mundo pueda entrar en estrecha relación. Los que buscan la educación que el mundo estima tanto, son conducidos gradualmente más y más lejos de los principios de la verdad hasta que se convierten en mundanos educados. ¡A qué precio han obtenido su educación! Se han separado del Espíritu Santo de Dios. Han elegido aceptar lo que el mundo llama conocimiento en lugar de las verdades que Dios ha encomendado a los hombres a través de sus ministros y profetas y apóstoles. Y hay algunos que, habiendo conseguido esta educación mundana, piensan que pueden introducirla en nuestras escuelas. Pero permítanme decirles que no deben tomar lo que el mundo llama la educación superior y traerla a nuestras escuelas y sanatorios e iglesias. Tenemos que entender estas cosas. Me dirijo a ustedes definitivamente. Esto no debe hacerse.

En la mente de cada estudiante debe quedar impreso el pensamiento de que la educación es un fracaso a menos que el entendimiento haya aprendido a captar las verdades de la revelación divina, y a menos que el corazón acepte las enseñanzas del evangelio de Cristo. El estudiante que, en lugar de los amplios principios de la palabra de Dios, acepte ideas comunes, y permita que el tiempo y la atención sean absorbidos por asuntos comunes y triviales, encontrará que su mente se empequeñece y debilita. Ha perdido el poder de crecimiento. La mente debe ser entrenada para comprender las verdades importantes que conciernen a la vida eterna.

Se me ha instruido para que llevemos la mente de nuestros alumnos más alto de lo que ahora se cree que es posible. El corazón y la mente deben ser entrenados para preservar su pureza recibiendo diariamente suministros de la fuente de la verdad eterna. La mente y la mano divina han preservado a través de las edades el registro de la creación en su pureza. Sólo la palabra de Dios nos da un relato auténtico de la creación de nuestro mundo. Esta palabra debe ser el principal estudio en nuestras escuelas. En ella podemos conversar con los patriarcas y los profetas. En ella podemos aprender lo que ha costado nuestra redención a Aquel que era igual al Padre desde el principio, y que sacrificó su vida para que un pueblo pudiera presentarse ante Él redimido de todo lo terrenal y común, renovado a imagen de Dios.

Si queremos aprender de Cristo, debemos orar como lo hicieron los apóstoles cuando el Espíritu Santo fue derramado sobre ellos. Necesitamos un bautismo del Espíritu de Dios. No estamos seguros ni una hora mientras no prestemos obediencia a la palabra de Dios.

No digo que no haya que estudiar los idiomas. Los idiomas deben ser estudiados. Antes de que pase mucho tiempo habrá una necesidad positiva de que muchos dejen sus hogares y vayan a trabajar entre los de otras lenguas; y los que tengan algún conocimiento de lenguas extranjeras podrán así comunicarse con los que no conocen la verdad. Algunos de los nuestros aprenderán las lenguas de los países a los que sean enviados. Este es el mejor camino. Y hay Uno que estará al lado del trabajador fiel para abrir el entendimiento y dar sabiduría. El Señor puede hacer que su trabajo sea fructífero allí donde los hombres no conocen la lengua extranjera. Cuando vayan entre la gente y presenten las publicaciones, el Señor obrará en las mentes, impartiendo una comprensión de la verdad. Algunos de los que asumen la obra en campos extranjeros pueden enseñar la palabra a través de un intérprete. Como resultado del esfuerzo fiel, se recogerá una cosecha cuyo valor no comprendemos ahora.

Hay otra línea de trabajo que debe llevarse adelante, a saber, la obra en las grandes ciudades. Debería haber compañías de obreros sinceros trabajando en las ciudades. Los hombres deberían estudiar lo que hay que hacer en los lugares que han sido descuidados. El Señor ha estado llamando nuestra atención sobre las multitudes descuidadas en las grandes ciudades, pero se ha prestado poca atención al asunto.

No estamos lo suficientemente dispuestos a molestar al Señor con nuestras peticiones, y a pedirle el don del Espíritu Santo. El Señor quiere que le molestemos en este asunto. Quiere que presentemos nuestras peticiones hasta el trono. El poder de conversión de Dios debe sentirse en todas nuestras filas. La educación más valiosa que se puede obtener se encontrará al salir con el mensaje de la verdad hacia los lugares que ahora están en la oscuridad. Debemos salir tal como los primeros discípulos salieron en obediencia a la comisión de Cristo. El Salvador dio a los discípulos sus instrucciones. En pocas palabras les dijo lo que podían esperar encontrar. "Os envío", dijo, "como ovejas en medio de lobos; sed, pues, prudentes como serpientes y sencillos como palomas". Estos obreros debían salir como representantes de Aquel que dio su vida por la vida del mundo.

El Señor quiere que entremos en armonía con Él. Si hacemos esto, Su Espíritu puede gobernar nuestras mentes. Si tenemos una verdadera comprensión de lo que constituye la educación esencial, y nos esforzamos por enseñar sus principios, Cristo nos ayudará. Prometió a sus seguidores que cuando se presentaran ante los consejos y los jueces, no debían pensar en lo que debían decir. Yo os instruiré, dijo. Os guiaré. Sabiendo lo que es ser enseñado por Dios, cuando las palabras de la sabiduría celestial sean traídas a nuestra mente, las distinguiremos de nuestros propios pensamientos. Las entenderemos como palabras de Dios, y veremos en las palabras de Dios sabiduría, vida y poder....

Debemos educar a los jóvenes para que ejerciten las facultades mentales y las físicas por igual. El ejercicio saludable de todo el ser dará una educación amplia y completa. En Australia tuvimos que hacer una ardua labor para educar a los padres y a la juventud en esta línea; pero perseveramos en nuestros esfuerzos hasta que se aprendió la lección de que, para tener una educación que fuera completa, el tiempo de estudio debía dividirse entre la obtención de conocimientos de libros y la obtención de un conocimiento del trabajo práctico. Una parte de cada día se empleaba en trabajos útiles, los alumnos aprendían a labrar la tierra, a cultivar el suelo y a construir casas, utilizando el tiempo que de otro modo se habría empleado en juegos y diversiones. Y el Señor bendijo a los alumnos que así dedicaron su tiempo a adquirir hábitos de utilidad.

Instruya a los alumnos para que no consideren la parte teórica de su educación como lo más esencial. Que se impresione cada vez más a cada estudiante para que tenga una comprensión inteligente de cómo tratar el organismo humano. Y hay muchos que tendrían mayor inteligencia en estos asuntos si no se limitaran a años de estudio sin una experiencia práctica. Cuanto más plenamente nos pongamos bajo la dirección de Dios, mayor conocimiento recibiremos de Dios. Digamos a nuestros alumnos: Manteneos en conexión con la Fuente de todo poder. Sois obreros junto a Dios. Él debe ser nuestro principal instructor. –*Review and Herald*, 11 de noviembre de 1909.

El verdadero ideal para nuestros jóvenes

Una concepción errónea de la verdadera naturaleza y objeto de la educación ha llevado a muchos a cometer errores graves e incluso fatales. Tal error se comete cuando se descuida la regulación del corazón o el establecimiento de principios correctos en un esfuerzo por asegurar la cultura intelectual, o cuando se pasan por alto los intereses eternos en el ansioso deseo de obtener ventajas temporales.

Es correcto que la juventud sienta que debe alcanzar el más alto desarrollo de sus facultades naturales. No queremos restringir la educación a la que Dios no ha puesto límites. Pero nuestros logros no servirán de nada si no se ponen al servicio del honor de Dios y del bien de la humanidad. A menos que nuestros conocimientos sean un peldaño para la realización de los propósitos más elevados, carecen de valor.

Es urgente la necesidad de establecer escuelas cristianas. En las escuelas de hoy en día se enseñan muchas cosas que son un obstáculo más que una bendición. Se necesitan escuelas donde la palabra de Dios sea la base de la educación. Satanás es el gran enemigo de Dios, y su objetivo constante es alejar a las almas de su lealtad al Rey del cielo. Quiere que las mentes sean entrenadas de tal manera que los hombres y las mujeres ejerzan su influencia del lado del error y la corrupción moral, en lugar de utilizar sus talentos al servicio de Dios. Su objetivo se consigue eficazmente cuando, pervirtiendo sus ideas sobre la educación, consigue alistar a los padres y a los maestros de su lado; porque una educación errónea suele iniciar la mente en el camino de la infidelidad.

En muchas de las escuelas y colegios de hoy en día, las conclusiones a las que han llegado los hombres eruditos como resultado de sus investigaciones científicas se enseñan cuidadosamente y se explican en su totalidad; mientras que se da la impresión de que, si estos hombres eruditos están en lo cierto, la Biblia no puede estarlo. Las espinas del escepticismo se disimulan; se ocultan con el florecimiento y el verdor de la ciencia y la filosofía. El escepticismo es atractivo para la mente humana. Los jóvenes ven en él una independencia que cautiva la imaginación, y se dejan engañar. Satanás triunfa; es como él quería que fuera. Él alimenta cada semilla de duda que se siembra en los corazones jóvenes, y pronto se recoge una cosecha abundante de infidelidad.

No podemos permitir que las mentes de nuestra juventud sean fermentadas de esta manera; porque es de esta juventud de la que debemos depender para llevar adelante la obra del futuro. Deseamos para ellos algo más que la oportunidad de una educación en las ciencias. La ciencia de la verdadera educación es la verdad, que debe quedar tan profundamente impresa en el alma que no pueda ser borrada por el error que abunda en todas partes.

La palabra de Dios debe tener un lugar -el primero- en todo sistema de educación. Como poder educador, tiene más valor que los escritos de todos los filósofos de todas las épocas. En su amplia gama de estilos y temas hay algo para interesar e instruir a cada mente y para ennoblecer cada interés. La luz de la revelación brilla sin mácula en el pasado lejano, donde los anales humanos no arrojan ni un rayo de luz. Hay poesía que ha suscitado el asombro y la admiración del mundo. En belleza resplandeciente, en majestuosidad sublime y solemne y en patetismo conmovedor, no tiene parangón con las producciones más brillantes del genio humano. Hay una lógica sólida y una elocuencia apasionada. Se retratan las nobles hazañas de los hombres nobles, los ejemplos de virtudes privadas y de honor público, los hijos de la piedad y la pureza.

No hay posición en la vida, ninguna fase de la experiencia humana, para la que la Biblia no contenga una valiosa instrucción. Gobernante y súbdito, amo y siervo, comprador y vendedor, prestatario y prestamista, padre e hijo, maestro y alumno... todos pueden encontrar aquí lecciones de valor incalculable.

Pero por encima de todo, la palabra de Dios expone el plan de salvación: muestra cómo el hombre pecador puede reconciliarse con Dios, establece los grandes principios de la verdad y el deber que deben regir nuestras vidas, y nos promete la ayuda divina en su observancia. Llega más allá de esta vida fugaz, más allá de la breve y agitada historia de nuestra raza. Abre a nuestra vista el largo panorama de las edades eternas, edades no oscurecidas por el pecado, no empañadas por el dolor. Nos enseña cómo podemos compartir las moradas de los bienaventurados, y nos pide que anclemos nuestras esperanzas y fijemos nuestros afectos allí.

Los verdaderos motivos de servicio han de mantenerse ante viejos y jóvenes. Se debe enseñar a los alumnos de tal manera que se conviertan en hombres y mujeres útiles. Hay que emplear todos los medios que los eleven y ennoblezcan. Hay que enseñarles a aprovechar al máximo sus facultades. Hay que exigirles por igual sus facultades físicas y mentales. Hay que cultivar hábitos de orden y disciplina. El poder que ejerce una vida pura y verdadera debe mantenerse ante los alumnos. Esto les ayudará en la preparación para un servicio útil. Diariamente se harán más puros y más fuertes, mejor preparados mediante su gracia y el estudio de su palabra, para realizar esfuerzos agresivos contra el mal.

La verdadera educación es la inculcación de aquellas ideas que impriman a la mente y al corazón el conocimiento de Dios el Creador y de Jesucristo el Redentor. Tal educación renovará la mente y transformará el carácter. Fortalecerá y fortificará la mente contra los susurros engañosos del adversario de las almas, y nos capacitará para entender la voz de Dios. Capacitará a los aprendices para convertirse en colaboradores de Cristo.

Si nuestros jóvenes adquieren este conocimiento, podrán obtener todo el resto que es esencial; pero si no, todo el conocimiento que puedan adquirir del mundo no los colocará en las filas del Señor. Pueden reunir todo el conocimiento que los libros pueden dar, y sin embargo ser ignorantes de los primeros principios de esa justicia que podría darles un carácter aprobado por Dios.

Aquellos que buscan adquirir conocimientos en las escuelas de la tierra deben recordar que otra escuela también los reclama como estudiantes, a saber, la escuela de Cristo. De esta escuela los alumnos nunca se gradúan. Entre los alumnos se encuentran tanto ancianos como jóvenes. Los que prestan atención a las instrucciones del Maestro divino van ganando constantemente más sabiduría y nobleza de alma, y así se preparan para entrar en esa escuela superior, donde el avance continuará durante toda la eternidad.

La Sabiduría Infinita pone ante nosotros las grandes lecciones de la vida, las del deber y la felicidad. A menudo son difíciles de aprender, pero sin ellas no podemos hacer ningún progreso real. Pueden costarnos esfuerzo, lágrimas e incluso agonía; pero no debemos vacilar ni cansarnos. Es en este mundo, en medio de sus pruebas y tentaciones, donde debemos adquirir una aptitud para la sociedad de los ángeles puros y santos. Aquellos que se absorben tanto en estudios menos importantes que dejan de aprender en la escuela de Cristo, se encuentran con una pérdida infinita.

Cada facultad y cada atributo con el que el Creador ha dotado a los hijos de los hombres debe ser empleado para su gloria; y en este empleo se encuentra su ejercicio más puro, más noble y más feliz. Los principios del cielo deben ser primordiales en la vida, y cada paso avanzado que se dé en la adquisición de conocimientos o en el cultivo del intelecto debe ser un paso hacia la asimilación de lo humano a lo divino.

A muchos de los que colocan a sus hijos en nuestras escuelas les vendrán fuertes tentaciones porque desean que les aseguren lo que el mundo considera la educación más esencial. Pero ¿qué constituye la educación más esencial, si no es la que se obtiene de ese Libro que es el fundamento de todo conocimiento verdadero? Aquellos que consideran como esencial el conocimiento que se obtiene en la línea de la educación mundana están cometiendo un gran error, que les hará dejarse llevar por opiniones que son humanas y erróneas.

Aquellos que buscan la educación que el mundo estima tan altamente son conducidos gradualmente más y más lejos de los principios de la verdad hasta que se convierten en mundanos educados. ¡A qué precio han obtenido su educación! Se han separado del Espíritu Santo de Dios. Han elegido aceptar lo que el mundo llama conocimiento en lugar de las verdades que Dios ha encomendado a los hombres a través de sus ministros, profetas y apóstoles.

Sobre los padres y las madres recae la responsabilidad de dar una educación cristiana a los hijos que les han sido confiados. En ningún caso deben dejar que cualquier línea de negocios absorba de tal manera la mente, el tiempo y los talentos que se permita que sus hijos vayan a la deriva hasta que se separen lejos de Dios. No deben permitir que sus hijos se escapen de sus manos y caigan en las de los incrédulos. Deben hacer todo lo posible para evitar que se impregnen del espíritu del mundo. Deben entrenarlos para que se conviertan en obreros junto a Dios. Deben ser la mano humana de Dios, preparándose a sí mismos y a sus hijos para una vida sin fin.

Hay un trabajo serio que hacer por los niños. Antes de que el azote sobrevenga sobre todos los habitantes de la tierra, el Señor llama a los que son israelitas de verdad para que le sirvan. Reúnan a sus hijos en sus propias casas; retírenlos de las clases que están expresando las palabras de Satanás y que están desobedeciendo los mandamientos de Dios. Abracemos en nuestra labor educativa a muchos más niños y jóvenes, y habrá todo un ejército de misioneros levantados para trabajar por Dios.

Nuestras instituciones educativas deben hacer mucho para satisfacer la demanda de trabajadores capacitados para los campos misioneros. Se necesitan trabajadores en todo el mundo. La verdad de Dios ha de ser llevada a las tierras de formación, para que los que están en la oscuridad sean iluminados. Se necesitan talentos cultivados en cada parte de la obra de Dios. Dios ha diseñado que nuestras escuelas sean un instrumento para desarrollar obreros para Él, obreros de los que Él no se avergüence. Él hace un llamado a nuestros jóvenes para que ingresen a nuestras escuelas, y se preparen rápidamente para el servicio. –*Review and Herald*, 22 de agosto, 1912.

Un Mensaje para Nuestros Jóvenes

Hay libros de vital importancia a los que nuestros jóvenes no prestan atención. Se descuidan porque no son tan interesantes para ellos como algunas lecturas más ligeras.

Deberíamos aconsejar a los jóvenes que se apoderen de aquel material de lectura que se recomiende para la edificación del carácter cristiano. Los puntos más esenciales de nuestra fe deben quedar grabados en la memoria de los jóvenes. Han tenido una visión de estas verdades, pero no el conocimiento que los lleve a ver su estudio con buenos ojos. Nuestros jóvenes deben leer aquello que tenga un efecto saludable y santificador en la mente. Esto lo necesitan para poder discernir lo que es la verdadera religión. Hay muchas lecturas buenas que no son santificadoras.

Ahora es nuestro momento y oportunidad de trabajar por los jóvenes. Dígales que es ahora cuando estamos en una crisis peligrosa, y queremos saber cómo discernir la verdadera piedad. Nuestros jóvenes necesitan que se les ayude, se les eleve y se les anime, pero de la manera correcta; no, quizás, como ellos lo desearían, sino de una manera que les ayude a tener mentes santificadas. Necesitan una religión buena y santificadora más que cualquier otra cosa.

No espero vivir mucho tiempo. Mi trabajo está casi terminado. Diga a nuestros jóvenes que quiero que mis palabras los animen en esa forma de vida que será más atractiva para las inteligencias celestiales, y que su influencia sobre los demás sea más ennoblecedora.

Durante la temporada nocturna estuve seleccionando y apartando libros que no son de provecho para los jóvenes. Deberíamos seleccionar para ellos libros que los animen a la sinceridad de vida, y los lleven a la apertura de la palabra. Esto se me ha presentado en el pasado, y he pensado en exponerlo ante ustedes y asegurarlo. No podemos permitirnos dar lecturas sin valor a los jóvenes. Se necesitan libros que sean una bendición para la mente y el alma. Estas cosas se consideran con demasiada ligereza, por lo que nuestra gente debería familiarizarse con lo que estoy diciendo.

No creo que vaya a tener más Testimonios para nuestra gente. Nuestros hombres de mentes sólidas saben lo que es bueno para la elevación y el fortalecimiento de la obra. Pero con el amor de Dios en sus corazones, necesitan profundizar más y más en el estudio de las cosas de Dios. Estoy muy ansiosa de que nuestros jóvenes tengan la clase de lectura adecuada; entonces los mayores también la tendrán. Debemos mantener nuestros ojos en la atracción religiosa de la verdad. Debemos mantener la mente y el cerebro abiertos a las verdades de la palabra de Dios. Satanás viene cuando los hombres son inconscientes. No debemos estar satisfechos porque el mensaje de advertencia haya sido presentado una vez. Debemos presentarlo una y otra vez.

Podríamos iniciar un curso de lectura tan intensamente interesante que atraería e influiría en muchas mentes. Si se me permite seguir trabajando, con gusto ayudaría a preparar libros para los jóvenes.

Hay un trabajo que hacer para los jóvenes mediante el cual sus mentes serán impresionadas y moldeadas por la verdad santificadora de Dios. Es mi sincero deseo para nuestros jóvenes que encuentren el verdadero significado de la justificación por la fe, y la perfección del carácter que los preparará para la vida eterna. No espero vivir mucho tiempo, y dejo este mensaje para los jóvenes, para que el objetivo que se propongan no fracase.

Exhorto a mis hermanos a que animen a los jóvenes a mantener siempre en alto la preciosidad y la gracia de Dios. Trabajen y oren constantemente por un sentido de la preciosidad de la verdadera religión. Llevad la bendición y el atractivo de la santidad y la gracia de Dios. He sentido una carga con respecto a esto porque sé que está descuidado.

No tengo ninguna seguridad de que mi vida vaya a durar mucho tiempo, pero siento que soy aceptada por el Señor. Él sabe cuánto he sufrido al ser testigo de los bajos niveles de vida adoptados por los llamados cristianos. He sentido que era imperativo que la verdad se viera en mi vida, y que mi testimonio llegara a la gente. Quiero que hagan todo lo posible para que mis escritos lleguen a las manos de la gente en tierras extranjeras.

Diga a los jóvenes que han tenido muchas ventajas espirituales. Dios quiere que se esfuercen por hacer llegar la verdad a la gente. Tengo la impresión de que es mi deber especial decir estas cosas. –*Review and Herald*, 15 de abril de 1915.

www.ingramcontent.com/pod-product-compliance
Lightning Source LLC
LaVergne TN
LVHW020925090426
835512LV00020B/3199